城 市 纹 章

欧洲城市的文化遗产

◆ 许瑞生 著 ◆

URBAN HERALDRY

THE CULTURAL HERITAGE OF
EUROPEAN CITIES

SPM
南方传媒

广东人民出版社
·广州·

图书在版编目（CIP）数据

城市纹章：欧洲城市的文化遗产 / 许瑞生著 . —广州：广东人民出版社，
2023.1

ISBN 978-7-218-15935-5

Ⅰ . ①城… Ⅱ . ①许… Ⅲ . ①城市文化—文化遗产—研究—欧洲
Ⅳ . ① K500.3

中国版本图书馆 CIP 数据核字（2022）第 159571 号

CHENGSHI WENZHANG: OUZHOU CHENGSHI DE WENHUA YICHAN

城 市 纹 章 ： 欧 洲 城 市 的 文 化 遗 产

许瑞生　著

出 版 人：肖风华

责任编辑：王俊辉
特约编辑：曾婀媚
装帧设计：奔流文化
责任技编：吴彦斌

出版发行：广东人民出版社
地　　址：广州市越秀区大沙头四马路 10 号（邮政编码：510199）
电　　话：（020）85716809（总编室）
传　　真：（020）83289585
网　　址：http://www.gdpph.com
印　　刷：广州市人杰彩印厂
开　　本：787 毫米 ×1092 毫米　1/16
印　　张：38.75　字　　数：670 千
版　　次：2023 年 1 月第 1 版
印　　次：2023 年 1 月第 1 次印刷
定　　价：198.00 元

如发现印装质量问题，影响阅读，请与出版社（020-87712513）联系调换。

I

城市公共艺术的城市纹章

VI

城市纹章在现代城市生活中的运用

前　言

欧洲传统建筑中纹章装饰的文化，是以简约为美学取向的哥特式纹章表现方式，从预制的嵌贴墙面纹章和彩绘纹章，发展到哥特式晚期的西班牙的"伊莎贝拉"和葡萄牙的"曼努埃尔"建筑风格的纹章装饰，建筑纹章艺术从此进入高峰。文艺复兴风格建筑中的纹章在西班牙的表现与在意大利的表达方式是有差异的，意大利式马头形纹章在文艺复兴建筑中被广泛应用，其中具有代表性的美第奇、维斯孔蒂和斯福尔扎家族纹章在米兰的城市公共空间和建筑中随处可见。

文艺复兴晚期的图形艺术得到快速发展，如曼托瓦的茶宫中矫饰主义、手法主义（Mannerism）的建筑纹章；华丽纹章装饰语汇在巴洛克、洛可可建筑风格中的运用；巴洛克的"丰饶之角"与

葡萄牙托马尔修道院曼努埃尔建筑风格的装饰。

意大利米兰迎接世博会时的街道景观，在有族徽装饰的历史建筑面前，是"米兰世博会"会徽的刀旗，另两面分别是中国和意大利国旗。

奥地利城市克里姆夫的市政井盖。

巴洛克形式的纹章、"破山花式窗楣"等巴洛克建筑时代的纹章文化。这些纹章的运用与巴洛克华丽的追求一拍即合，纹章装饰手法极大地丰富了建筑形式。

2011年11月，广州亚运会的官方纪录片在意大利第19届米兰国际体育电影节获得最高大奖，颁奖礼在米兰"商人广场"举行。在米兰"商人广场"附近、建于1562年的手法主义风格历史建筑"朱利康素蒂宫"前，插上了米兰世博会的刀旗会徽，同时插上了中国国旗。该建筑充满纹章装饰，它曾经是米兰电报公司、米兰人民银行所在地，现在由商会拥有。

新艺术风格运动的图形绘画与建筑设计风格密不可分，布鲁塞尔新艺术运动建筑、维也纳分离派和G.克里姆特的装饰性绘画语言具有美学的共同出发点，东欧的新艺术运动更多地在公共建筑上体现民族精神。新艺术运动在建筑部件上的纹章装饰处理手法，来自于当时盛行的新古典主义，哥特式复兴建筑、"红砖建筑"乃至新艺术运动建筑的纹章装饰，是在包豪斯图形设计方法影响下的现代平面设计，纹章在建筑上的存在，从中世纪的平面开始再到20世纪的平面化纹章表现手法中产生了质的变化。

欧洲城市的公共设施用城市纹章表示公共属性和城市个性，人们也许见惯了，导致纹章难以引起瞩目。特别是城市市政厅的市政井盖，城市纹章锻铸在井盖面上，是城市具有可识别性的最普遍的公共物品。

在今天的欧洲城市现代标记中，传统纹章文化的图形仍然得到了有力传承，欧洲国家民族性和社会主义象征性的纹章文化却常被忽略，意味着社会主义纹章学在建筑上的运用还需要进行客观地回顾，我们不应该忘却每一段历史。

俄罗斯莫斯科克里姆林宫社会主义时期的纹章五角星。

城市纹章：欧洲城市的文化遗产

I

城市公共艺术
的城市纹章

公共艺术设施是公共空间的产物，对城市公共社会活动起到装饰或者赋予象征意义的作用。从古希腊、古罗马的广场，到现代市政厅的市政广场，都能寻找到各类纪念性、象征性的公共设施和艺术品，纹章和城徽的运用是画龙点睛地体现城市公共艺术品地域性的特殊手段。

葡萄牙里斯本塔霍河口
贝林塔外墙纹章装饰

一、具象的城市纹章

雕塑化、空间化的城市纹章是欧洲城市公共活动场所常见的城市公共艺术品，以城徽图像的造型为基础创作的城市公共雕塑，多选择寓意物为表现题材，盾徽的外形有时被去除，用空间化表现方式夸张地将城徽转变为公共艺术品，这种空间艺术是建设展示城市文化和历史的城市公共空间的途径之一。这类雕塑多处于城市旧区的广场，尤其是市政厅前的市政广场。

1. 雕塑化、空间化的城市纹章

1212 至 1222 年的马德里城徽采用熊为寓意物，在熊的身上有 7 颗星，这是星座大熊座的象征，这一图形出现在战场的旗帜上。从 1222 年开始，这时期的象征物变为一头熊靠在草莓树（西班牙语为 madroñe，北美称为 Arbutus）上吃果子。盾边是 7 个八角星。这一图形在近 800 年中有所变化，但最终保持传统图形——站立的熊。1982 年后，皇冠再一次被更换，盾面的形式也产生变化而更加简化。

马德里太阳门广场（Puerta del Sol）是一个历史意义丰富而且交通繁忙的城市广场，每年马德里的新年倒数活动在此举行，这里设置了马德里零公里标记。此处在 15 世纪是马德里城墙东面的一座城门。广场于 1766 年至 1768 年由法国建筑师设计，在这里建立了国家邮政总部大楼，现在是马德里联合会（Madrid Community，马德里区域管治机构）的总部。大楼前的东面于 1967 年修建了以城徽寓意物熊和草莓树为主题的城徽雕塑，将马德里的纹章立体化地展示出来。这是西班牙雕塑家安东尼（Antonio Navarro Santafe，1906–1983）的作品，成为真正意义上的马德里"标志"。

西班牙马德里现在使用的城徽。

西班牙马德里太阳门广场的马德里城徽雕塑。

城市纹章：欧洲城市的文化遗产

马德里太阳门广场原邮政办公楼入口处设置的零公里纪念碑。

政厅前是一组以古代罗马士兵布拉澳（Brabo）为主题的雕塑，士兵将在斯海河作乱的毛手（ant）斩断并扔掉（werpen），两个词语组合后就是安特卫普的名字。

意大利博洛尼亚内杜诺广场（Piazza Nettuno）的海神喷水池建于1563年，成为了市政广场的焦点，雕塑的底座用博洛尼亚城市纹章和当时教皇的纹章装饰。

比利时安特卫普市政广场上的主题雕塑。

法国诺曼底大区的城市圣洛（Saint Lo）城市纹章，其盾面的首部是金色的三朵百合花，其余盾面为红底色之上的白色独角兽，象征圣洁。城市将寓意物独角兽单独制作为雕塑来作为城市的象征。

被列入《世界遗产名录》的比利时安特卫普市政厅及广场，城徽在建筑上的使用有特殊的表达手法。安特卫普市政厅建于1561—1565年，带有文艺复兴时期的建筑风格痕迹，建筑师受到意大利建筑风格的影响，这体现在柱式和建筑部件的考究。市

意大利博洛尼亚内杜诺广场的海神喷水池建于1563年，成为了市政广场的焦点（左），雕塑的底座用博洛尼亚城市纹章和当时教皇的纹章装饰（右）。

纹章雕塑艺术品另一种表现形式是展示完整的盾徽形象，用象征性的动物、宗教人物、历史英雄持镶嵌盾徽的盾牌。柏林市政厅象征式的雕塑，为城市寓意物黑熊持着刻有德意志国家纹章鹰的盾徽盾牌。瑞士库尔（Chur）的市中心圣马丁广场的圣马丁教堂前，竖立的圣马丁雕像手扶着刻有库尔城市纹章的盾牌，底座是喷水池。这里成为城市的地标式公共空间。库尔城市纹章来自库尔主教的纹章，产生于1605年。1561年至1611年的Sebmachers纹章集收集了库尔主教的纹章。

法国圣洛城市的独角兽雕塑（左）与法国圣洛城市纹章（右）。

瑞士库尔市中心圣马丁广场的圣马丁雕像，手扶有库尔城市纹章的盾牌。

德国柏林市政厅的象征式雕塑，城市寓意物熊持着刻有德意志国家纹章鹰的盾徽。

城市纹章：欧洲城市的文化遗产

德国伊莱尔蒂森城市纹章（左）与奥格斯堡家族的族徽雕塑（右）。

塑护盾者采用坐姿，这是较为少见的。伊莱尔蒂森市现在的城徽寓意物就是三个大写字母 P 和狮子。

13 世纪时马拉塔斯塔·韦鲁基奥（Malatesta di Verucchio, 1212–1312）成为意大利艾米利亚—罗马涅大区（Emilia-Romagna）的首府城市里米尼（Rimini）的统治者，里米尼城区中具有文艺复兴前期风格的马拉塔斯塔教堂就是该家族捐建的。后来里米尼的统治者西吉斯蒙多（Sigismondo Pandolfo Malatesta, 1417–1468）捐建以他的弟弟命名的马拉塔斯塔图书馆，家族的纹章有两个，一个是斜条带的金色、黑色相间的图案，另一个是绿色盾面上的三个头像。教堂中使用家族纹章与天使结合的处理手法的雕塑成为了经典纹章雕像。

布鲁塞尔市政厅入口的城市纹章雕塑，利用三维的狮子为持盾者，所持盾牌是城市纹章，盾牌内容用浮雕的手法表现。

家族纹章也有类似纪念性雕塑的做法。德国巴伐利亚伊莱尔蒂森（Illertissen）市，建于公元 6 世纪，居住在该地区 Vöhlin 城堡的奥格斯堡（Augsburg）家族的族徽雕塑，其寓意物为三个字母 P，位于头盔和翅膀下，这些形象与符号是特殊的象征，表达了"为和平而战"的含义（Pugnāmus pro pace）。雕

比利时布鲁塞尔市政厅入口的城市纹章雕塑。

2. 城市纹章雕塑主题的纪念广场

白俄罗斯首都明斯克的独立广场是现代建设的、以城市纹章为主题的纪念广场。明斯克的城徽以圣母和天使为寓意物。明斯克是白俄罗斯的首都，1067 年成为独立君主国波洛茨克（Principality of Polotsk）的首都，该年也被定为建城之始。明斯克于 1242 年被立陶宛公国兼并，1499 年获得城市权利，1569 年后其为立陶宛和波兰联盟的一部分，1793 年为沙俄帝国吞并，1796 年正式成为白俄罗斯的首都，在苏联统治时期是白俄罗斯社会主义共和国首都。圣母是明斯克城市的保护

意大利里米尼城区中的文艺复兴前期风格的马拉塔斯塔教堂，天使持马拉塔斯塔纹章的盾牌。

白俄罗斯的明斯克市城市纹章（左）和"红色教堂"入口的城市纹章（右）。

神，也成为明斯克和明斯克地区的图形象征。城市中心的红色教堂和独立广场均可以见到以圣母为象征图像的城市纹章。"独立广场"在 1991 年之前被称为"列宁广场"，始于 19 世纪后期的建设，30 年代开始在此建设国立大学学园，在二战中广场周边的大部分建筑被摧毁，红色教堂是仅存的少数建筑之一。

"红色教堂"全称为"圣西蒙和赫伦那教堂"（Church of Saints Simon and Helena），建造于 1905 年，1910 年完工，这是一座由一位贵族捐资、为纪念其两位早逝的孩子而建立的天主教教堂，是俄罗斯帝国宗教氛围最为宽松时的产物，是一座新古典主义风格的建筑。在红色教堂、明斯克市政厅和明斯克国立师范大学（Pedagogical University）围合形成的独立广场上，有着 7 个州的首府城市如明斯克、布列斯特（Brest）、戈梅利（Gomel）和莫吉廖夫（Mogilev）

1990 年建造的明斯克国立师范大学主楼（左）和纪念广场上的城市纹章（右）。

城市纹章：欧洲城市的文化遗产

等的城市纹章，作为主题铸铁雕塑艺术品，环绕其中，铸铁纹章的盾边饰采用硬边形式，与稻穗束组合成为装饰彩带。艺术品中间是以鹤群为吉祥物的雕塑。广场形成于19世纪末至20世纪初，初建时命名为"列宁广场"，90年代命名为"独立广场"。从20世纪60年代开始，广场不断进行改造一直到2002年，其间包括建设地铁、地下商业综合体、政府大楼和教学大楼，广场面积达7公顷。

布列斯特是与波兰边境接近的城市，10世纪属于波兰，18世纪为沙俄征服；戈梅利是白俄罗斯第二大城市，现在人口50万；莫吉廖夫和前两座城市一样建立于10世纪，曾是波兰王朝的城市，也曾经是组成立陶宛—波兰联盟的城市，16世纪至17世纪从波兰皇帝手中获得城市权利，18世纪为沙俄所征服。这几座城市的纹章均是蓝色盾面，这是白俄罗斯纹章的统一色调，寓意物均具有当地的自然地理环境特征以及历史发展特点。

白俄罗斯的城市莫吉廖夫、布列斯特和戈梅利城市纹章（由左至右）。

纹章纪念碑是直接以纹章为主题的纪念牌，是纹章雕塑化表现方式之一。处于纽伦堡中心区佩格尼茨（Pegnitz）河河边的穆塞姆斯布鲁克桥靠近大集

制作于1730年纽伦堡跨越佩格尼茨河的穆塞姆斯布鲁克桥的版画和现在从桥上看到的景色（上）。

Adam Delsenbach（1687–1765）于18世纪绘制的版画描绘了桥和圣灵医院的优美景色，纪念碑的造型成为了版画的视角中心。

纽伦堡中心区大桥上的纪念碑，由各城市盾徽环绕着。

市广场，1332年在河边建立的圣灵医院（the Hospital of the Holy Spirit）是中世纪最大的医院。在桥上，左右两边建有两座由各城市的城徽环绕铭牌的纪念碑，纪念碑与桥墩结合在一起。若干砂岩浮雕形式的城徽构成了纪念碑的边饰，上方是青铜铸成的神圣罗马帝国的双头鹰标志。这座桥成为纽伦堡历史中心区最为吸引游客的地方。Johann

城市纹章：欧洲城市的文化遗产

3. 纪念性的纹章表现形式

在广场上竖立城市的历史伟人雕像是常用的纪念形式。市政广场的雕塑艺术常表现为纪念性历史人物雕塑和纪念柱，这些雕塑往往与纹章艺术紧密联系在一起。

英国不少广场有阿尔伯特亲王（Albert-Prince Consort，1819-1861）的纪念雕像，作为维多利亚女王的丈夫，来自萨尔费尔德公国（现在的德国萨克森州）的阿尔伯特亲王一直不怎么受欢迎，而今天英国市政广场上随处可见他的雕像，纪念他人生走过的不平凡的42年。英国曼彻斯特市政厅前的市政广场，是在19世纪末修建的，曼切斯特市政广场的中心有阿尔伯特亲王纪念雕像，雕像于1868—1867年建造。伦敦海德公园的阿尔伯特纪念碑建造于1863年至1872年，是擅长英国哥特式

曼彻斯特市政广场的市政厅纪念碑（上）与伦敦海德公园的阿尔伯特纪念碑（下）。

克恩赖王国首府克拉根福的建立者斯贝汉姆的雕像（左），底座上是斯贝汉姆的纹章（右）。

of Spanheim，1176–1256）为城市的建立者。

克拉根福的城市创建者和7世纪克恩赖王国的建立者斯贝汉姆的雕像竖立在克拉根福城区，在雕像的基座两侧有铜铸的克恩赖州的州徽，这也是克恩赖公爵的传统纹章，是地区历史象征。克拉根福"林德虫喷泉"是城市纹章的再现，成为城市主要的标志性景观之一，在底座上还有历史上城市领主的纹章。

克拉根福"林德虫喷泉"底座上的斯贝汉姆纹章装饰。

复兴风格的建筑师斯科特设计的，两者极为类似，都是将人物塑像置于意大利哥特式圣龛中，底座或者立柱用纹章来表达主人身份。

盾徽在纪念雕塑中的功能是说明主人的身份，通常是以浮雕的形式出现在基座上，多采用青铜浮雕的形式与花岗岩底座的材质形成对比。克恩赖王国是存在于7世纪的公国，克拉根福后来成为首府，斯贝汉姆（Bernhard

城市纹章：欧洲城市的文化遗产

克拉根福"林德虫喷泉"。

布拉格的主保圣人是圣瓦茨拉夫
（Wenceslaus I，907–935），他即是波希
米亚一世，在布拉格瓦茨拉夫广场
（Wenceslas Square）竖立着他骑马的雕
像，底座正面为嵌入式的波希米亚盾
徽，盾面以鹰为寓意物。盾徽与雕塑
结合，使盾徽成为底座富有装饰个性
的图案。雕刻家为 Josef Václav Myslbek
（1848–1922），是捷克现代雕塑艺术的
奠基人。他用了 20 年的时间完成这座
雕塑，现在它是布拉格的标志性景观
之一。英国国王爱德华七世（Edward
VII，1841–1910）的雕像也和纹章结
合为一体。

捷克布拉格瓦茨拉夫广
场波希米亚公爵一世圣
瓦兹拉夫的雕像和底座
纹章。

英国国王爱德华七世
（Edward VII，1841–
1910）的雕像（左）和
纹章（右）。

西西里岛墨西拿（Messina）市底座上刻有墨西拿市城徽，基座上为头戴壁冠女神雕塑，是为了纪念意大利统一而建的。

根特在 13 世纪是高度商业化的城市，羊毛业发达，与苏格兰、英格兰长期保持良好的关系。雅各布（Jacob van Artevelde，1290–1345）是生活在根特的弗兰德领袖人物，是代表城市行会与统治者伯爵抗争以争取利益的政治人物。19 世纪比利时雕塑家皮特（Pier de Vigne，1812–1877）创作了根特雅各布纪念雕像，在底座上用各种行会的纹章作为装饰。

人物雕像表达身份的另一种方式是将个人纹章或者城市纹章直接刻在盾牌上，欧洲城市纪念性历史题材雕塑常用盾徽作为道具表达人物的身份，它的符号图形成为城市纪念雕塑的一部分。

慕尼黑市政厅前巴伐利亚公爵雕像基座的纹章，是为了纪念巴伐利亚公爵建立巴伐利亚做出的历史贡献。意大利

慕尼黑市政厅前巴伐利亚公爵雕像基座的纹章。

底座刻有墨西拿市城徽的头戴壁冠女神雕塑（左）和墨西拿的城市纹章（右）。

根特竖立的雅各布纪念雕像。

奥地利维也纳纪念碑士兵盾牌上的纹章。

雕塑前的铸铜花环。

纽伦堡圣劳伦斯（St. Lorenz）教堂旁的喷泉铜雕，小天使手执的盾牌上有纽伦堡的城徽。

都灵市政厅前的市政广场竖立着阿梅迪奥六世（Amedeus VI，1334–1383）的铸铜纪念雕像，以纪念这位萨伏依伯爵领导萨伏依的军队打败奥斯曼帝国，显示萨伏依伯爵卓越的军事才能。雕刻家为意大利雕塑家帕拉基（Pelagio Palagi，1775–1860），萨伏依

伯爵雕像居高临下地面对奥斯曼帝国士兵，手持的盾牌上有十字架的图像，为萨伏依家族纹章，显示着人物的身份。

法国巴黎中心一处闹中取静的纪念广场公园，竖立着法国将军让·德·拉特尔·德·塔西尼（Jean de Lattre de Tassigny，1889–1952）的雕像，他常被称为黎·让。纪念碑上正面是黎·让将军的头部铜像，背面是纹章，为法国阿尔萨斯大区上莱茵省的首府城市科尔马（Colmar）城市纹章，以兵器为寓意物。科尔马建立于9世纪，城市在1226年获得自由帝国城市的地位，后来在不同历史时期处于德国和法国相互交叉征服统治之中，二战后由法国统治。科尔马现是阿尔萨斯—香槟—洛林大区上莱茵省的首府中心城市，人口7万人。城市在1226年获得帝国自由城市的地位，1354年加入了阿尔萨斯地区十座帝国自由城市联盟（Décapole city league），十座帝国自由城市包括海格纳、维森

意大利都灵市政厅前雕塑。

堡、曼斯泰等，他们结盟保护自己的权利，这一地区在 1648 年后归入法国，1679 年联盟解散。1673 年法国征服了科尔马，1871 年又被德国占用，二战后成为法国领土。现在使用的城市纹章呈现了法国风格，纪念碑使用这一纹章有其象征意义。

黎·让元帅出生于穆耶昂帕雷，参加了第一次和第二次世界大战，1945 年代表法国在德国投降书上签字。

法国上莱茵省的城市科尔马城市纹章（左）和纪念碑背面的纹章（右）。

城市纹章：欧洲城市的文化遗产

法国巴黎让·德·拉特尔·德·塔西尼元帅纪念碑。

2019.5.27.于Paris.

二、标志性的城市公共艺术

如果丢勒为神圣罗马皇帝马克西亚创作的版画《凯旋门》是在纵向高度表现封建制度历史的话，那么1904—1907年在德累斯顿市的德雷斯顿城堡外墙完成的迈森瓷砖壁画《行进的王子》（*Procession of Princes*），则是通过横向的尺度展示封侯制度，这一历史性的公共艺术品结合城市纹章文化成为了城市的地标。

1. 德雷斯顿的壁画《行进的王子》

德国德雷斯顿是一座距离捷克边界30公里远的历史文化名城，它是神圣罗马帝国的边境要塞（frontier march），建立于965年，在1270年成为迈森边疆伯爵国的首府，威汀家族在1319年成为统治者，1485年德雷斯顿成为萨克森王国的首都，后来也是萨克森选帝侯的首都。无论在德国统一前还是统一后，它都是德国乃至欧洲的文化、教育、经济和政治中心城市。战争使这里成为废墟，在二战后重建。该城的圣母大教堂，原来是巴洛克风格的天主教堂，后来改为新教教堂，2004年建筑外立面才修缮完工。

德雷斯顿城中重建的圣母大教堂。

壁画是为庆祝威汀（Wettin）王朝统治800年而制作的，用了23000块迈森（Meissen）瓷片拼砌了102米长的壁画。迈森是靠近德雷斯顿的历史瓷都，这一壁画不仅体现了35位边疆伯爵、公爵统治该地区的历史，还用各类

城市纹章：欧洲城市的文化遗产

纹章寓意统治者，充分展示了迈森瓷都的制陶工艺水准。壁画画面描绘的时间跨度为 1127 年至 1904 年。

通过纹章旗、底部装饰的纹章可以辨别出相关的历史人物。威汀王朝的家族起源于梅泽堡（Merseburg）旁的小镇，现在小镇还称为威汀市，第一位在壁画中出现的迈森边疆伯爵（Conrad, Margrave of Meissen，1097–1157），他在1123—1156 年之间为迈森的边疆伯爵，是威汀家族的成员。

德雷斯顿城中重建的圣母大教堂的纹章装饰。

第一位在壁画中出现的迈森边疆伯爵，在他的骑马形象下方写着："1127–1156, Konradd. Grosse." 这 30 年间其封号为迈森边疆伯爵。

德雷斯顿长壁画《行进的王子》（*Procession of Princes*）。

壁画下沿的纹章装饰：威汀家族族徽、德雷斯顿城市旧徽、德雷斯顿城市纹章（由上至下）。

表达了对原壁画的尊重。

在壁画的纹章纹饰中，第一个是威汀家族的族徽，纹章的寓意物是吐着红色舌头的狮子。德雷斯顿的城徽在壁画中出现在最后的纹饰中，以双蓝带为寓意物的旧徽出现在第二位。德雷斯顿的城徽首先于1309年出现在历史的印章上，寓意物是双黑带（曾经是蓝色）和吐着红色舌头的狮子，16世纪的城徽增加了盾边饰和头盔冠饰，20世纪初被简化。双蓝带也是兰兹贝格（Landsberg）市城徽的寓意物。双蓝带的纹章图形出现在中世纪，它是威汀家族的纹章寓意物，在该家族统治过的多个城市的城徽盾面上均采用这一图形，如德雷斯顿、莱比锡（Leipzig）、兰兹贝格、开姆尼茨（Chemnitz）等城市。

德国莱比斯、兰兹贝格、开姆尼茨市城徽（由左至右）。

德国德雷斯顿使用的城徽。

壁画的下沿纹饰总共有三十五个纹章，代表着不同历史时期的领地、统治者，呈现了德国制度变化轨迹。在榜首和榜尾分别注明"1873"和"1876"，

城市纹章：欧洲城市的文化遗产

图林根和黑森的红色条纹狮子纹章（左）和萨克森王国的纹章（右）。

来自威汀城镇的这一家族，首先在 1030 年成为神圣罗马帝国的萨克森东部要塞的统治者，逐步获得权力和领地，威汀家族后来还成为图林根地区和黑森地区的统治者。在神圣罗马帝国皇帝的支持下，家族的势力逐步壮大，图林根州、萨克森州等均在中世纪后期成为家族的领地。

壁画中第十个纹章就是图林根和黑森的红色条纹狮子纹章，称为黑森狮子（Lion of Hesse）。11 世纪至 13 世纪，卢多温（Ludovingians）是图林根和黑森的统治家族，家族的纹章主体是狮子和红色的条纹，1247 年因家族没有男性继承人，在 1263 年为威汀家族所替代，但纹章的寓意物被保留下来。

壁画下沿纹饰中间的第十六个纹章出现了萨克森纹章，威汀家族的成员亨利五世（Henry V，1108–1139）继承了萨克森公爵的头衔，因其母亲是萨克森公爵的女儿。萨克森的纹章是一个有长久传统的纹章图形：盾面为金色，有九条平行黑色横杠，这是原来阿斯坎

（Ascania）家族的纹章，因后来家族没有男性继承人，由迈森伯爵继承，所以纹章构图增加了对角斜穿的以绿色芸香（common rue）构成的芸香冠饰（rue crown）。

第十七个纹章是以萨克森红色双剑交叉为寓意物的纹章。

在萨克森纹章旁边紧挨着的是以红色双剑交叉为寓意物的第十七个纹章。它象征着选帝侯以及萨克森领地执

原来萨克森地区统治者阿卡尼亚家族的纹章，萨克森纹章图制作于1459年（左上）。历史纹章集中的图林根（中上）和黑森（右上）的纹章。

征符号，成为世界上最古老的商标之一。现在维腾贝格县（Wittenberg）和首府维腾贝格市的纹章传承了这一历史图形，萨克森—安哈特州维腾贝格县行政范围处于历史上萨克森选帝侯国的中心，维腾贝格市在1293年获得城市权利，1317年成立市议会，城徽是在14世纪上半叶获得的，在城门中包含萨克森公爵的盾徽并一直使用至今。

威汀王族是维持了900多年的德国豪族，统治范围包括现在的萨克森州和图林根州，家族发源地威汀市处于萨勒县的行政区内。《行进的王子》壁画作者威尔亨姆（Wilhelm Walther）在画面的队伍最末位画上了自己的头像。

2. 河堤的纹章

政官（a field marshal）在神圣罗马帝国的权威地位，它与原萨克森的芸香花（Green crancelin）条纹寓意物组合构成了萨克森王国1356—1806年的纹章。迈森瓷器的标志也是来自这一王国的象

萨克森王国双剑交叉的纹章。

作者威尔·亨姆在最末端画上自己的头像。

法国斯特拉斯堡是历史悠久的欧洲重要城市，是阿尔萨斯的历史中心，现在欧洲许多机构设立于该城市。它地处伊尔河的小法兰西区（Peite France），在狭小的地域空间内展示了15至18世纪各类建筑风格变迁的轨迹，被列入《世界遗产名录》。建于1846至1883年的斯特拉堡火车站所在的河岸建造了一片由法国城市纹章组成的纪念墙，成为了城市公共艺术品。纹章有巴黎城市纹章和阿尔萨斯—香槟—洛林大区上莱茵省的首府中心城市科尔马的纹章，还包括在阿尔萨斯地区米卢斯（Mulhouse）、维森堡（Wissembourg）以及南锡（Nancy）、梅斯（Metz）、阿尔萨斯—洛林（Alsace-Lorraine）、巴塞

尔（Basel）、沙隆（Chalons）、巴勒迪克（Bar-Le-Duc）等的城市纹章。

这些石雕纹章形式统一，用圆形的外套圈规范了纹章的表现形式，用浅浮雕的手法表达纹章盾面和壁冠细节。对于色彩的表现，采用按照传统纹章黑白表达方式的"影线表现法"。

维森堡城市纹章。

3. 最可亲的"牧鹅女孩"与城市标志

德国下萨克森州的哥廷根市（Gottingen）在10世纪左右建立于一个名为"Gutingi"的村庄基础上，在1351年成为汉萨联盟城市后经济逐步繁荣。

哥廷根大学也称乔治—奥古斯特—哥廷根大学，建立于1734年，由汉诺威君王乔治二世（George II，1683-1760）在启蒙运动精神感染下所创立，成为欧洲最古老的大学之一，与弗莱堡大学、图林根大学和海德堡大学并列成为德国最知名和古老的大学，哥廷根市也成为大学城。其城徽出现在中世纪后期，寓意物是城门内的狮子。1641年著名的地图画家梅里安在哥廷根城市全景图上描绘了这一象征标记。

哥廷根城市纹章（左）和哥廷根大学校徽（右）。

在哥廷根大学授予博士学位的时候，博士们总会在亲朋好友的簇拥下坐着由气球和鲜花装饰的马车并带

着鲜花来到哥廷根市政厅广场（the Marktplatz），新诞生的"博士"会爬上喷水池亲吻雕塑"牧鹅的女孩"（德文名字为 Ganseliesel，英文名字为 Goose Girl）并献上花束。这位平凡而可亲的女孩，可以说是世界上被亲吻次数最多的女孩，哥廷根大学这一传统毕业仪式是非常温情的毕业仪式，一直沿续至今。而这雕塑成为了另一座城市的新城徽。

保存在哥廷根市博物馆的"牧鹅的女孩"雕塑原件（右）和现在竖立在哥廷根市政厅前的雕塑（左）。

1898 年哥廷根市议会决定在市政厅前设立喷水池及雕塑，通过竞赛选出三个方案，市民最后选择了"牧鹅的女孩"而不是科学家或者名人，因为普通女孩更加贴近市民生活，充满青春气息。喷水池设计者为德国的斯德科哈德特（Heinrich Stockhardt, 1842–1920），雕塑家为尼斯（Paul Nissen, 1869–1949），1901 年雕塑建成，意料之外的是雕塑成为哥廷根城市标志，也成为大学生最

喜欢的人物。

现在大家可能记不住哥廷根的城徽，但青春朴素的"牧鹅的女孩"作为哥廷根的"城徽"留在每一位访问这座城市的人的心中，现在哥廷根市政厅的门户网页以此为标志，将"牧鹅的女孩"用抽象的表现方式转化成城市可识别的图形。

此后，北莱茵河—威斯特法伦州的莱茵河畔林茨蒙海姆（Monheim am Rhein），一座处于杜塞尔多夫城市行政区南部的小城镇，在 1937 年将"牧鹅的女孩"作为城徽的寓意物，也铸造了"牧鹅的女孩"雕像。在柏林的 Nikolsburg 公园的一处树林中，1910 年也竖立起"牧鹅的女孩"雕像。

建筑师斯德科哈德特的合作雕塑家尼斯的照片。

柏林和莱茵河畔林茨蒙海姆的"牧鹅的女孩"雕像。

在莱茵河畔林茨蒙海姆的城徽中，女孩和鹅都为白色，女孩的衣着依然是德国乡村风格；盾面上的小盾徽是贝尔格大公国（Berg）的纹章，这一地区在1150年是大公国的小渔村，1815年之前属于这一大公国。

德国莱茵河畔林茨蒙海姆的城徽。

哥廷根政府网站"牧鹅女孩"的现代表现方式。

WILLKOMMEN IN GÖTTINGEN!

GÖTTINGEN
STADT. DIE WISSEN SCHAFFT

4. 里约热内卢的"楼梯"

在巴西里约热内卢有一条世界闻名的楼梯（Selaron Staircase），是智利艺术家佐治（Jorge Selaron，1947–2013）在1990—2013年建造而成，他流浪多国后定居于此，在门前经过的楼梯上用他在建筑工地上找出的废弃瓷砖进行装饰。2000多片瓷砖装饰着215级、125米高的台阶。由于受到经济困扰，画家不得不通过卖画来完成这一作品，后来世界各国的游客带来各种瓷砖来支持其行动，不少瓷砖上有着代表地方的纹章，来自60多个国家，这里充满市井

"里约热内卢楼梯"
及其装饰细节。

来自世界各地的各种纹章瓷片。

和国际化混合的独特景观。可惜的是艺术家于 2013 年在自己创造的楼梯作品前自杀。

阿根廷的布宜诺斯艾利斯的拉博卡区（La Boca）是受到欧洲文化深远影响的社区，早期的移民不少是来自意大利的热那亚，虽然该区只有 3.3 平方公里，但文化多姿多彩，阿根廷博卡青年队就产生于此，社区的名字引自热那亚 Boccadasse 的地名。

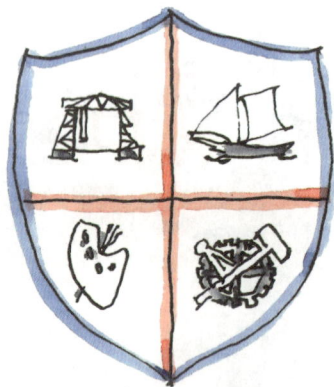

阿根廷拉博卡区的纹章。

在这一社区中出现了一座"露天街道博物馆"，就是社区的卡米尼托（Caminito）街道，这条街道因 1926 年探戈音乐代表性作品《卡米尼托》（Caminito）而闻名于世，作曲为出生于布宜诺斯艾利斯的作曲家菲利贝托（Juan de Dios Filberto，1885–1964），他的艺术家朋友金克拉·马丁（Benito Quinquela Martin，1890–1977）生活在此，这条街是由干枯的溪流和废弃的铁路形成的。1950 年左右，画家马丁早期在空置的房屋墙上刷上颜色涂上壁画，可以说马丁"绘制了拉博卡区"。多年后这条街道形成了色彩斑斓的露天博物馆，也形成了一种欧洲绘画艺术与当地风格融合的装饰绘画——菲特勒彩绘（Fileteado），这种装饰画采用与纹章盾边饰的装饰风格类似的画法，用花卉、植物树叶等元素在房屋、招牌、小贩买货车、汽车等物品上进行装饰绘画，是阿根廷富有纹章绘画变革意义的符号性装饰绘画形式。

城市纹章：欧洲城市的文化遗产

装饰绘画菲特勒彩绘（Fileteado）。

卡米尼托街哈瓦那甜品店的招牌与充满装饰艺术的露天博物馆。

　　　　城市纹章：欧洲城市的文化遗产

三、市政广场的符号

广阔的石头铺地的市政广场上，有着主题雕塑、市政厅和教堂等标志建筑，这是欧洲中世纪后市政广场逐步固化的基本因素，构成了欧洲城市市政广场的空间特征。根据空间的特征，广场的类型可划分两类：围合的市政广场和交通枢纽的市政广场；从产生广场的动力角度又可分为宗教、行政广场和市场广场两类，有时这两类广场又综合在一起。交通枢纽功能的广场与市政广场的其他功能往往是兼容的，许多市政广场在城市中成为交通网络紧密相连的核心地带，在担负城市公共客厅的作用的同时，成为了城市的交通枢纽中心。

1. 世俗与宗教共存的广场

波兰的扎莫希奇（Zamosc）是16世纪贵族扬·扎莫厄斯基（Jan Zamoyski，1542–1605）在16世纪所建，由意大利建筑师贝尔南多·莫兰多（Bernardo Morando）设计。这是按照理想城市的模式进行规划的，市政厅是风格主义的代表作品之一，而市政广场是被认为16世纪欧洲最美的广场之一。扎莫希

奇是16世纪至17世纪按照"星堡"理想城市建设的城市。意大利矫饰主义的著名建筑师波尔南多·莫兰多受扬·扎莫伊斯基的委托，在他的领地上按照理想城市的理念规划了这座城市，同时在1587—1594年设计了市政厅等多栋建筑。扬·扎莫伊斯基在1581年成为波兰—立陶宛的大指挥官（Hetman），而马莱多在1591—1593年成为这座城市的市长。这座历史城市在1992年列入《世界遗产名录》，目前城市保持完整的中世纪风貌，城市的中心广场被称为16世纪最美的广场。

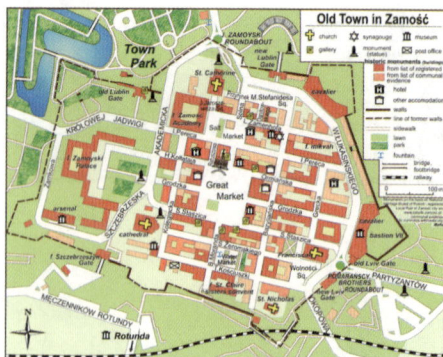

现在的扎莫希奇城市依稀可以辨别出"星堡"形状。

扎莫希奇广场的景色。

扎莫希奇市政厅，建于 1591—1622 年，18 世纪加上入口楼梯。

波南多·莫兰多的纹章、扬·扎莫伊斯基的纹章和城徽（从左至右）。

意大利中世纪形成了许多宗教和政治生活共融的城市广场，虽然不大，但充满着设计者的智慧，具有代表性的是佩鲁贾的两个相互连接的市政广场。意大利翁布里大区的历史城市佩鲁贾（Perugia），在 1303 年建立了普廖里宫并形成市政广场（palazzo dei Priori），这是将市政厅公共空间和宗教空间结合起来的城市广场。广场的形成可追溯到 1293—1297 年建造的面向广场的建筑，普廖里宫成为市政厅，成为执政官办公的地方。楼梯、露台和部分扩建的建筑是 1333 至 1337 年补建的①。"他们必曾想象到作为抽象的统一体的两个广场的空间容量，然后通过多年间建造单体建筑，逐渐限定边界，形成广场。"②这是两个空间相连接的广场，同时汇集了两种管治权力：世俗的市政管理和宗教的管理，两座象征权力的建筑都通过

佩鲁贾市政广场剖面图。

意大利佩鲁贾廖里官形成市政广场（palazzo dei Priori），蓝色为主教线路、黄色为市长活动线路（左），意大利佩鲁贾市城徽（右）。

提升入口的高度显示权威和庄重，周边的个体建筑逐年建设增多，而市政厅一直不断地扩建持续到 16 世纪。

广场剖面示意图表现了公共生活的两大主要职能位置，蓝色表示主教，黄色表示市长，市长活动流线是从楼梯直上市政厅的入口，是哥特风格的入口，两边用青铜雕铸造了城市的纹章象征物格列芬和狮子。在市政厅大厅有壁画装饰，包括圣经题材的绘画和各时期执政官（Podestà）的纹章。使用狮子象征物是代表着城市是对教廷的支持，在"教廷派"与"帝国派"的战争中，佩鲁贾多数是教廷的支持者。

普廖里官入口（左）和大堂的纹章壁画（右）。

罗马市政厅（上）和米开朗基罗设计的广场（下）。

2. 市政厅前广场

罗马市政厅处于罗马七座山丘之一的卡比托利欧山，同时也是元老宫（Palazzo Senatorio）所在地，在原古罗马时期的国家档案馆的遗址上建立起来，曾经是男爵家族的城堡，12世纪成为市政厅。文艺复兴时期的1538年，米开朗基罗受教皇之托设计了市政广场，也称卡比托利欧广场，原本是极为

零乱的空间，方尖碑、艺术宫、圣马利亚古教堂毫不相干地散落在山坡上。艺术家巧妙地通过椭圆形态的广场硬地铺地，成功地将互不关联的几栋建筑联系起来，成为有机一体的建筑群。

米开朗基罗成功地将元老宫这栋平庸的建筑，利用透视原理将视线集中到市政厅，并向元老院建议，让教皇下令将马尔库斯·奥雷柳斯（Marcus Aurelius，121–180）的雕像从拉泰罗诺

米开朗基罗设计改造的楼梯。

广场上竖立的城雕"狼"。

（Laterano）迁移到市政厅门口③。米开朗基罗保护了基本的历史建筑，巧妙地调整了轴线关系，通过楼梯的对称设计以抬高正门入口的位置，并在入口之上加上装饰性的纹章，一经改造，这栋建筑成为具有庄严公共形象的广场主建筑，它成为欧洲许多城市市政厅建造的模范。钟楼是16世纪加上的，展现了罗马的新景观。

米开朗基罗依其声望完全可以拆掉旧建筑重新建造，但他的设计证明，"谦恭和权力在同一个人的手中可以并存，可以创造一个伟大的工程而不毁坏已经存在的史迹"④。罗马市政厅和市

政广场的空间形式成为日后欧洲许多城市模仿的范例。法国建筑师、画家艾蒂安·杜佩雷克（Etienne Duperac，1525–1604）于1568年绘制了米开朗基罗设计概念的鸟瞰图与改造前的广场，这向人们提供了前后对比的机会。

面向那不勒斯海湾的索伦托（Sorrento），是欧洲重要的旅游胜地，历史上欧洲的王公贵族和电影明星曾在此度假，从悬崖上建造的众多高级酒店远眺，可以看到维苏威火山。与许多宏大的广场相比，索伦托的塔索广场是一处

Sorrento . 2018. 11. 01.

意大利索伦托教堂的内部，门的上方为索伦托的城市纹章。

宜人的小规模广场，面向那不勒斯海湾的索伦托属于那不勒斯大都市区，1902年创作的歌曲《重归索伦托》使那不勒斯海湾令人神往。分析一下历史地图，我们可以发现在陡峭山地和悬崖之间的有限平地上建立的城市也采用棱堡的城墙。历史地图上使用的城市纹章与现在使用的城市纹章是一致的。

萨莱诺（Salerno）省的行政区域是坎帕尼亚大区面积最大的省，在罗马帝国后期由于联合周边的港口而成为重要的中心城市。

索伦托城市的中心是塔索广场，以16世纪此地的著名诗人托夸托·塔索（Torquato Tasso，1544–1595）命名，为市民集中进行公共活动的地方。在索伦托的风景名胜中，有磨坊谷、古

罗马乔万娜王后浴池（Bath of Queen Giovanna）和古罗马别墅遗址，城市中的古罗马情结颇浓，广场上就有古罗马士兵的雕像。

米兰市政厅与斯卡拉歌剧院（La Scala）形成的广场是一个十分人性化的公共空间，该空间以达芬奇雕像为中心，下方基座用意大利马头型盾徽造型装饰。

法国巴黎纳伊社区市政厅前的广场，结合纳伊市的城市纹章为地砖图案，突出社区个性，又彰显市政的公共性质。

米兰市政厅与托卡斯歌剧院形成的广场。

巴黎纳伊市政厅速写。

巴黎纳伊社区市政厅有城市纹章的标识。

3. 西班牙"市长广场"

马德里的"市长广场"呈矩形，长129米，宽为94米，是一个四周由三层的市政和居住建筑围合所形成的闭合广场，建筑的阳台面对广场，墙面用壁画装饰。广场分九个出入口与城市街道连接。

西班牙马德里市政厅的入口，包括壁画、巨大的西班牙纹章、壁画。

广场于1560年开始设计，修建原因为西班牙将首都从托雷多移至马德里，国王计划改变城市景观。1590开始建设其中一边的建筑，到了1617年才开始动工。后来大火毁掉了周边建筑，1790年后，建筑师胡安·代·维拉纽瓦（Juan de Villanueva，1739–1811）承担了设计修复任务，他是西班牙新古典主义建筑风格的建筑师，后来成为皇家的御用建筑师。建筑师将原五层的建筑改为三层以确保结构的安全性。广场的名字多次改变，曾被称为"宪章广场""皇家广场""共和广场"等。

市政厅入口是巨大的皇室纹章，周边是历史题材包括神话中的天使和圣徒形象的壁画，广场中间是菲利普三世雕像，制作于1616年。1960年增加了地下停车场，1992年对壁画进行修缮。目前首层步行廊内是各类酒吧和餐厅，最有历史价值的是这里还有着1725年

广场地面以城市纹章为图案。

"市长广场"市政厅部分的建筑。

市政厅入口处西班牙王国的纹章。

开业的餐厅,为目前世界上最古老的餐厅之一。著名作家高迈尔·德·拉菲尔纳将广场称为"西班牙的大院",颇为贴切,因为这里经常举行斗牛、戏剧表演、节日庆典活动。

西班牙国王菲利普三世雕像,于1616年制作。

城市纹章:欧洲城市的文化遗产

西班牙萨拉曼市长广场的市政厅。

西班牙萨拉曼市（Salamanca）是古罗马人的聚居地，11世纪被摩尔人征服，城市成为罗马风格、哥特风格、摩尔风格和巴洛克风格共存的古城，西班牙在15世纪下半叶吸纳了意大利文艺复兴的艺术风格，形成独特的"银匠式"。西班牙将意大利柱式体系和空间布局"与当地哥特式和阿拉伯式建筑要素结合在一起，产生了一种建筑装饰风格——'银匠式'（Plateresque），这一术语指像银器般精雕细刻的建筑装饰"⑤。城市中心也有一个市长广场（Plaza Mayor），建设于1729年，1755年完工，设计师是阿尔维托·德·丘

广场的拱廊形成的休闲空间。

萨拉曼历史建筑的巴洛克装饰和纹章的表现形式。

里格拉（Alberto de Churriguera，1678–1750）。这一建筑风格被称为新银匠式建筑风格。萨拉曼历史中心已列入《世界遗产名录》，广场风格独特的拱廊及其周边的巴洛克风格建筑使城市具有强烈的个性特征。广场有六个人口，不规则的平面布局，与马德里的市长广场一样。周边为规划统一的居住建筑和市政厅，市政厅将巨大的城市纹章和巴洛克建筑元素巧妙结合起来，并设有钟楼，形成围合的市政广场，保证了空间的安全感。建筑底层是步行道和餐厅、酒吧。

"市长广场"的模式在西班牙起源于瓦拉多利德的市长广场（Plaza Mayor，Valladolid），瓦拉多利德城市是最初古罗马的军营和凯尔特部落的聚集地，安斯雷兹（Pedro Ansúrez，1065–1118）从阿方索八世手中获赠此领地并有了贸易的权利，城市迅速发展，并在13世纪中期开始形成一个广场，首先是作为市场功能的广场，后来建立了天主教领主的住地作为城市统治者的中心。天主教双王伊萨贝拉和斐迪南于1469年在这座城市结婚，形成强大的王国。在15—16世纪形成的西班牙卡斯蒂利—莱昂地区的建筑风格也称为"伊萨贝拉建筑风格"。1499年大部分重要建筑在广场周边形成，16世纪开始被称为"市长广场"，1561年大火烧毁了许多建筑，但很快得到修复，广场成为商人商业贸易活动和市民社交的公共空间，周围都

城市纹章：欧洲城市的文化遗产

是具有巴洛克风格的建筑。这里成为西班牙具有里程碑意义的广场，瓦拉多利德的市长广场模式后来影响到马德里市长广场、萨拉曼市长广场的设计，甚至影响到西班牙在美洲的城市广场建造模式。

瓦拉多利德市政厅从 16 世纪开始建造并延续到 1879 年，19 世纪中叶添加了钟楼，后来建筑改造为新艺术运动的建筑风格。钟楼塔楼与市政厅顶部的装饰使用了巨大城市纹章与"破山花式窗楣"作为标志，广场中的雕像是 1908 年建造的，为城市的奠基者安斯雷兹，他是莱昂王国国王阿方索的近亲贵族。现在城市是西班牙卡斯蒂利—莱昂自治区的首府，人口 30 万。

西班牙瓦拉多利德城市纹章是 15 世纪产生的，护盾物是西班牙军事勋章圣费迪南多十字架桂冠（Laureate Cross of Saint Ferdinand），原始图形是四把短剑构成的十字架，外加桂冠花环，是 1811 年西班牙为军事英雄设立的勋章。

西班牙瓦拉多利德市政厅入口的城市纹章装饰。

瓦拉多利德市长广场和市政厅。

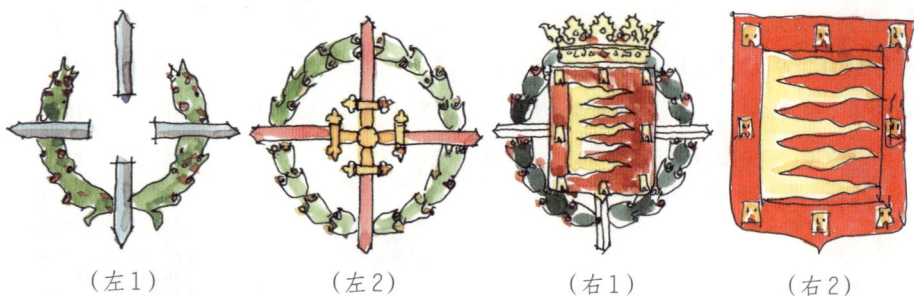

（左1）　　　（左2）　　　（右1）　　　（右2）

西班牙军事勋章圣费迪南多十字架桂冠，原始图形是四把短剑构成的十字架，外加桂冠花环，为1811年西班牙为军事英雄设立的勋章（左1、左2）；瓦拉多利德城市纹章的大徽和小徽（右1、右2）。

伊泊尔城市纹章。

在比利时伊泊尔，比利时雕塑家（Alois de Beule，1861–1935）设计的一战纪念碑。

1924—1926年，出生于泽莱的比利时雕塑家阿洛伊斯·代·布勒（Alois de Beule，1861–1935）设计的一战纪念碑（WOI monument Ieperse Furie），上有伊泊尔城市纹章，处于纪念碑的中心，成为纪念广场可识别的地方性符号。伊泊尔城市纹章寓意物是一个十字架图形，上面是被称为"fur"的中世纪特色的纹章装饰，这是来源于波罗的海的松鼠皮毛斑点图形，类似倒扣的杯子。在盾面部首是红色洛林十字架，上为金色壁冠。该城市纹章产生于1819年，后经过1844年、1925年、1988年多次修改。伊泊尔建立于古罗马时期的公元一世纪，在1200年时人口就达到4万人，是低地国家的中心城市之一。1914年，此地发生了德国军队和比利时、英国联军的战斗并持续至1918年，此纪念碑和广场就是为了纪念这场战争。城市响应全球倡导的"和平城市市长运动"秘书处设立于此。

城市纹章：欧洲城市的文化遗产

4. 在殖民地城市的移植：南美和北美地区殖民地的公共空间中的纹章运用

纹章在现代纪念碑设计中仍发挥着重要作用，通过小标志可以讲述大故事。不仅是在欧洲，世界各地如北美、南美在纪念碑的现代设计中，都吸纳了欧洲的传统纹章文化，达到以小见大的象征纪念效果。欧洲的纹章文化、城徽和公共印章的使用随着欧洲的殖民地文化扩张传到美洲，现代公共艺术仍关注着纹章艺术的生命力，殖民者通过各种

英国钟楼（右）和马尔维纳斯群岛战争纪念碑（左上），在花坛上刻着各省的纹章，背景墙上是马岛的地图，纪念墙上是阵亡将士的名字，英国广场的英国钟楼入口处阿根廷的纹章（左下）。

方式美化其行为，甚至通过命名的方式以证明其所有权。

布宜诺斯艾利斯圣马丁广场是在圣马丁这位民族英雄诞生100周年时，即1878年的特殊纪念日子所建并从19世纪延续至今。这里是以纪念圣马丁这位民族英雄的纪念碑为核心的广场，当外国元首访问时，多会在此敬献花圈、花篮。

纪念碑后面是公园，在公园的尽头是为纪念1982年马尔维纳斯群岛而建的纪念碑。"马岛纪念广场"就是圣马丁广场的延续，在纪念碑底座刻有阿根廷各省的纹章，左上角是马尔维纳斯群岛（Malvinas）的地图，主体为铜铸的阵亡将士的名字。

具有讽刺意义是在布宜诺斯艾利斯的英国社区市民为纪念阿根廷独立，于1909年提议，并在1916年建成捐赠给阿根廷的英国钟楼广场。该广场与马岛纪念广场仅隔着一条道路，钟楼底座刻有大不列颠的纹章和阿根廷的纹章，用代表英格兰的玫瑰、代表苏格兰的三叶草和代表爱尔兰的龙装饰，入口处写着"为了阿根廷人民的健康，不列颠居民"。

马尔维纳斯群岛的纹章是在1940年由英国政府通过的，上半部分是白色的绵羊，表现了岛上的产业特点，下半部分是古代帆船，意味着航海时代的发现。

阿根廷与英国关于马岛的争议由来已久，阿根廷人认为是1520年葡萄牙人发现该岛屿，英国人却认为是英国探险家于1592年发现了福克兰群岛

阿根廷和英国存在争议的马尔维纳斯群岛（福克兰群岛）的城徽。

（Falkland Islands：英国人的称呼，联合国规定除西班牙语外，在文献和统计中均称"福克兰群岛"）。实际历史上，葡萄牙、西班牙、法国和阿根廷均在岛上设置过居民点。

智利瓦尔帕莱索市的港口是海军总部的所在地，面向海港的一侧于1949年建立了伊基克海战英雄纪念碑，为纪念1879年发生的伊基克海战，以纪念碑为中心形成了纪念广场，纪念碑上是在此次海战中为国捐躯的船长阿图拉（Arturo Prat Chacon，1848–1879）的雕像，他被智利人民称颂为民族英雄。碑身上方用巨大的智利海军纹章雕塑和古希腊式石柱体现庄重的气氛，纹章艺术化地将表现形式、精美的海军将领雕像和描绘海战的壁雕融为一体。

智利瓦尔帕莱索大区的纹章（左）、大区主席和大区的旗帜（右）。

瓦尔帕莱索市的港口区列入《世界遗产名录》，它是19世纪晚期拉丁美洲城市和建筑发展的典范。19世纪由

于城市所处的海上战略位置险要——靠近连接大西洋和太平洋的麦哲伦海峡（Strait of Magellan），城市在贸易、海上补给、造船等领域迅速发展。19 世纪后半叶是城市的黄金发展时期，城市在南美建立第一家股票交易市场，还建立智利第一家图书馆，被称为"太平洋明珠"。1914 年巴拿马运河开通，城市地位开始下降。瓦尔派莱索大区的纹章突出表现了其地理特征。

智利北部的塔拉帕卡（Tarapaca）大区的伊基克（Iquique）市城徽、安托法加斯塔（Antofagasta）大区的梅希约内斯市（Mejillones）城徽采用的都是海战金冠的冠饰，这两座城市分别是 1879 年伊基克海战、1878 年安托法加斯塔海战的发生地，智利海军与秘鲁海军展开战斗而智利获胜，伊基克海战发生的时间是在 5 月 21 日，这一天后来成为智利国家公共假期"海军日"，而这两次海战发生地的城徽也骄傲地用图形展示智利这段难得一见的海军光辉瞬间，梅希约内斯市的城徽采用的寓意物与智利海军纹章相似。

伊里奇这座城市建于 16 世纪，它与中国的太平天国军队在历史上颇有渊源。1866 年太平洋战争爆发，被清朝追杀的太平天国军队流落到智利，他们帮助智利攻占了伊里奇和莫克瓜（Moquegua）两座北边的城市，为了表彰中国人的勇敢和付出，智利提出将伊里奇作为太平天国军队自治的城市，但中国人婉谢，他们选择融入当地的社会，现在这一地区有许多居民为华人后裔或者与原住民婚育的混血后代。另一批进入拉丁美洲的中国人是被招募的中国苦力。2017 年，拉丁美洲为纪念中国华人登陆美洲 170 年而将这一年定为纪念年，这些华人多来自广东省四邑地区，古巴政府为他们专门举行纪念活动。在古巴独立战争中，华人参加所在国的独立战争，为了表彰华人英勇作战的英雄行为，古巴在首都哈瓦那竖立了纪念柱。

智利阿莱马纳（Villa Alemana）城徽的寓意物是火车，这座城市是 1896 年因为铁路建设而发展起来的城镇，现在人口 11.6 万人。安托法加斯塔的城徽将城市经历太平洋战争的历史用智利海军纹章寓意物表现出来。南回归线穿过城市，而离城市 18 公里的智利自然遗产——富有海岸风景价值、展现自然地理特征的海礁（La Portada）被展示在盾面上，城市现在人口为 38 万，人均 GDP 在智利国内排第一。

阿根廷首都布宜诺斯艾利斯现在的城徽是 2012 年进一步修改通过的，原型来自 19 世纪的旧城徽，城徽上有

智利阿莱马纳的城徽（上）、安托法加斯塔的城徽（下）。

塔拉帕卡大区的伊基克市城徽（左）；安托法加斯塔大区的梅希约内斯市城徽（右）。

布宜诺斯艾利斯城市旧徽。

阿根廷布宜诺斯艾利斯新市政厅（下）和旧市城厅（上）。

市政厅前飘扬的城市旗帜（左）和旗帜上的纹章（右）。

两艘帆船，桅杆上飘扬的是西班牙国旗。在新修订的城徽上，旗帜没有符号，展翅飞翔的白鸽占据了半个版面，采用黑白的表现手法。

传统的城市旗帜上的标志就是城徽，而布宜诺斯艾利斯采用的是与城徽完全不同的图形。1995年通过的城市旗帜上，使用的是16世纪西班牙国王查理五世的"鹰"，此举引发了社会的争议。

1608年开始建设的市政厅（Buenos Aires Cabildo）于1610年基本完成。城市经济发展随着海外贸易而繁荣，很快市政厅就不能满足要求。1725年市政厅开始扩建，1764年基本完成，但主塔楼是1889年所建，后来陆陆续续进行重建和改建直到20世纪，现在是国家博物馆（National Museum of the Cabildo），保留了殖民地建筑的风格。

现在使用的市政厅为19世纪末20世纪初所建，1890年奠基，1893年开幕，是第二帝国建筑风格（Second Empire），

城市纹章：欧洲城市的文化遗产

这是法兰西第二帝国时期（1865—1880）流行的建筑风格，特别的屋顶造型是其特点（Mansard roofs），四坡的屋顶在其中的两面开窗，增加了屋顶的使用空间，该设计因为特别适配市政建筑和公司办公楼的气质而从欧洲传到其他地区。布宜诺斯艾利斯市政厅具有典型的风格特征。现在其门前飘扬着1995年开始使用的城市旗帜。

现代建筑物或者具有标志性的构筑物成为新时代的纹章寓意物。阿根廷布宜诺斯艾利斯市的若干新旧社区都有自己的纹章，马德罗港（Puerto Madero）是一个利用旧码头区改造的现代化新区，由西班牙著名的建筑师和桥梁大师圣地亚哥·卡拉特拉瓦（Santiago Calatrava Valls，1952–）设计的桥梁以其独特的造型成为该区的标志，这是一

以"女人桥"为寓意物的纹章。

阿根廷布宜诺斯艾利斯市"女人桥"。

阿根廷门多萨西班牙广场的纪念墙。

城市纹章：欧洲城市的文化遗产

门多萨西班牙广场地面纹章瓷装饰。

座可以转动的桥，设计师设计灵感来自阿根廷的世界非物质文化遗产"探戈"，地方市民将之称为"女人桥"（Woman Bridge），桥梁于2001年完工。

5. 广场公共艺术纹章图形的运用

欧洲的纹章文化和城徽、公共印章因其殖民地文化扩张而传入到美洲，现代公共艺术仍关注着纹章艺术的生命力，殖民者通过各种方式美化其行为，甚至通过城市命名证明其所有权。阿根廷的门多萨市（Mendoza）建立于1561年，城市处于干旱沙漠，以高品质的阿根廷红葡萄酒和橄榄油而闻名于世。城市的名字来自城市的殖民统治者——担任智利总督和秘鲁总督的西班牙统治者门多萨（García Hurtado de Mendoza，1535-1609），他出生于西班牙昆卡（Cuenca）贵族家庭，多次参加征服南美的战争，包括阿劳卡尼亚战争（Arauco War）。

门多萨城市中心的西班牙广场（Plaza de España）于1949年建成，通过纹章艺术将门多萨与西班牙的关系充分表现出来，广场洋溢着安达卢西亚（Andalusian）和西班牙的装饰符号，地砖使用了绘有纹章的彩色装饰瓷砖，主纪念墙用有帆船的纹章雕塑，两位女神为护盾者，下面是农夫扶犁开垦土地的浮雕。

智利首都圣地亚哥的政治中心名为"武器广场"，主座教堂、市政厅、原总督府围绕着广场而建，最早的建

门多萨市西班牙广场速写。

2015.11.26. 于门多萨西班牙广场（PLAZA España）

城市纹章：欧洲城市的文化遗产

智利圣地亚哥市政厅广场"圣地亚哥武器广场"速写。

圣地亚哥城市纹章。

2015.4.24. 各幼五客市政厅

筑建于 1541 年。市政厅前面建立的铜像是西班牙对智利的征服者骑马的雕塑。

现在的国家历史博物馆建造于 1804 年至 1807 年，曾经是皇家法院，独立后成为国会和总统办公室，1982 年成为国家历史博物馆。

国家历史博物馆（原皇家最高法院）、圣地亚哥市政厅。

圣地亚哥市主座教堂的城市纹章挂画。

圣地亚哥主座教堂耶稣会纹章的木雕装饰。

　　圣地亚哥主教的主座教堂为建于
1748年至1800年的新古典主义建筑，
功能保持不变。

　　尽管独立运动纪念广场的意义是
独立的，但形式还是殖民的。19世纪
形成的独立运动纪念广场遍布于南美洲
城市，现在成为城市政治活动的象征性
场所。

阿根廷总统府(玫瑰宫)和入口处的国家纹章装饰。

阿根廷"五月广场"是一座位于布宜诺斯艾利斯（Buenos Aires）、拥有 400 年历史的广场，是国家的政治中心，也是群众集会表达诉求的城市公共空间。在中心处有完成于 1815 年的独立纪念碑，缅怀为独立运动献身的将士，后来在碑尖上塑建了"自由女神"雕像。独立纪念碑也经多次修改完善，碑座上雕刻着国家纹章，碑体总高度为 19 米。总统府也称玫瑰宫，处于广场一端，市政厅在玫瑰宫对面，布宜诺斯艾利斯的主座教堂在一侧。各种表达政治宗教意识形态的符号均可以在此找到，包括阿根廷的国家纹章、各省的纹章、布宜诺斯艾利斯市的城徽、天主教的纹章，这一系列的意识形态符号更增加了城市广场的政治色彩。

玫瑰宫原来是一座军事城堡，最初作为海关建筑修建，后来又成为邮政局，1810 年建成为总统住所，1850年，时任总统多明戈·萨米恩托要求采用紫色的涂料，故称玫瑰宫。玫瑰宫前的铁栏杆上嵌入了铁铸的各省纹章。

布宜诺斯艾利斯主座教堂中圣马丁墓地、墓座上的阿根廷国家纹章和教堂外前的纹章。

城市公共艺术的城市纹章

美国洛杉矶日裔美军
参战纪念碑（上）和
参战老兵指着纪念碑
上自己的名字（下）。

美国陆军第 442 步兵团的肩章（左）、袖
章徽章（中）和美国第 100 步兵团的纹章
（右）。

　　在布宜诺斯艾利斯主座教堂中，圣马丁墓处于右侧，由法国雕塑家阿尔伯特（Albert-Ernest Carrier-Belleuse，1824–1887）创作了分别代表智利、阿根廷和秘鲁的女神雕像，墓地前有一面阿根廷国家纹章旗帜。

　　洛杉矶城市中心"小东京"社区的"日裔美军参战纪念碑"，是 1999 年通过竞赛从 138 份设计方案里选中的，是由美国建筑师 Roger M.Yanagita 设计的"Go For Broke Monument"纪念碑，将参战部队的纹章作为缅怀的纪念符号。如美国陆军第 442 步兵团的标志（Shoulder Sleeve Insignia of the 442nd Infantry Regiment）和纹章、美国第 100 步兵团（100th Infantry Battalion）的纹章等，这些成为了朴素黑色大理石纪念碑上最耀眼的装饰，第 442 步兵团的铭

城市纹章：欧洲城市的文化遗产

纪念碑正面和纪念碑的背面参战人员名单和部队徽号。

① Perugiaonline.com

② ［美］埃德蒙·N.培根著，黄富厢等译：《城市设计》，中国建筑工业出版社2003年版，第95页。

③ ［美］埃德蒙·N.培根著，黄富厢等译：《城市设计》，中国建筑工业出版社2003年版，第117页。

④ ［美］埃德蒙·N.培根著，黄富厢等译：《城市设计》，中国建筑工业出版社2003年版，第116页。

⑤ 陈平著：《外国建筑史》，东南大学出版社2006年版，第364页。

文 "Go For Broke" 是纪念碑的名字并被刻在碑的正面上方，其徽章单独竖立安置在地面上，16126 名参战者的名字刻在大理石的纪念墙背面上。

四、作为公共图腾象征的纪念柱

纪念立柱的象征意义从古希腊开始形成，最初的功用是边界的界桩或者是界碑，后来加强了纪念意义的表达，出现了柱碑式的纪念雕塑，在柱状头部安置人物头像，称为Herma或者Herm。柱子的象征意义是多样的，纹章和柱子的结合产生了标志性的构筑物。

1. "五月柱"与乡村公共活动空间

"五月柱"（Maypole，Maibaum）是巴伐利亚和奥地利许多村庄在村子出入口或教堂门口树立的经过装饰的高大树干。五月一日是传统的节日，村民围绕着柱子跳舞唱歌，16世纪这一传统在巴伐利亚和奥地利开始流行。在巴伐利亚，"五月柱"被蓝色和白色油漆装饰，这与巴伐利亚传统的白色和蓝色一致。横杠上是手工艺品和本地产业的象征图像，巴伐利亚阿尔卑斯山村落的"五月柱"的装饰，主要表现喝啤酒的画面，制造业等工作的场景。柱干上纹章、城徽也是装饰的重要题材，同时用鲜花、彩带作为配饰。

巴伐利亚乡村的"五月柱"。

城市纹章：欧洲城市的文化遗产

"五月柱"成为社区友好交流的象征，一般柱子竖于乡村的教堂前广场，成为乡村节日公共活动的空间的标志。

德国还将"五月柱"作为友好交往的礼物赠送友好城市，例如慕尼黑在1976年将"五月柱"作为友好城市的礼物竖立在日本北海道札幌大通公园。

在意大利，"五月柱"主要分布在东北部如费留利－威尼斯朱利亚大区（Friuli-Venezia Giulia）。英格兰认为"五月柱"发明于英格兰，14世纪已经有文学作品描述了有关"五月柱"的欢乐场面。北欧、加拿大和美国都有类似的活动和设施。

2. 苏格兰十字路口市场纪念碑。

在苏格兰约有100多处这类纪念碑，从中世纪就开始出现在苏格兰的市场路口，是纹章文化在公共空间中展示的独特建筑。这种十字纪念碑竖立于市场十字路口，成为公平交易的象征，12世纪开始在一些渔村、城镇出现，一开始为木结构。这些纪念碑体现所在城市从领主、主教或者男爵获得市场贸易的地方权利，是苏格兰作为独立王国时期的城市市场的独特纪念碑。目前在苏格兰还保存着100多处这种纪念碑，主要是16、17世纪建造的，成为独特的历史文化地标。

爱丁堡皇家大道上的十字纪念碑，有文献记录是于1365年竖立在一座教堂前，又在1617年搬迁到一处院子中，1885年将原来的纪念碑重新建立在议会广场上。该纪念碑的柱顶有苏格兰的纹章和独角兽。

苏格兰弗富地区（Fife）是建造市场十字架最多的一个地区，在县域内的金卡丁（Kincardine）小镇，早在1647年就建造了市场十字架纪念碑，小城现在还保存着17世纪、18世纪的城市景观。十字架上端是金卡丁伯爵的纹章。

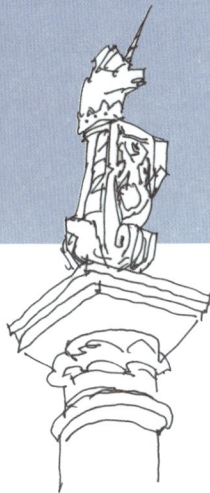

1885年重新安置的爱丁堡市场纪念碑和柱顶的苏格兰纹章及独角兽。

巴伐利亚"五月柱"局部，将城市纹章、反映日常生活的卡通人物作为装饰。

弗富的金卡丁小镇于1647年建造的市场十字架纪念碑。

苏格兰皮布尔斯市的市场十字架速写。

弗富地区的另一小镇库泊（Cupar）约在 14 世纪时获得市场权利，在 1683 年建造了市场十字架。皮布尔斯市也是中世纪时的一座市场贸易城市，在市场街中心建立了市场纪念碑。这一类纪念碑成为市民社会活动、公共集会的场所，不过现代交通模式与此类街心纪念碑的位置有冲突，导致不少纪念碑被移至一边以免阻碍交通。纪念碑在柱身、柱头或者底座多有纹章装饰，是展示纹章的合适载体。

3. 邮政里程碑柱上的纹章

里程碑也常常用纹章表现地点或者方向，德国历史上的萨克森选帝侯王

于1736年建造的德国萨克森古本的邮政里程碑（左）和巴特戈特洛伊巴—贝格斯许伯尔的邮政里程碑柱子上的纹章（右）。

国就形成了完整系统的、有纹章装饰的里程碑，被称为"萨克森邮政里程碑"（Saxon post milestone）。1695年萨克森的邮政官员开始用木桩标记从莱比锡到德雷斯顿的道路距离，18世纪建造的里程碑上标注的距离用时间计算方式加以标注，一小时等于4.53公里。1736年建造的德国古本（Guben）的邮政里程碑保留了下来，碑上有选侯帝萨克森的纹章，古本城市与波兰的古宾（Gubin）为一分为二的姐妹城市。

萨克森王国历史上为选侯国，其纹章由威汀家族的两个重要纹章组合而成。迈森属于萨克森选侯帝侯奥古斯都，是一座热衷瓷器制作的瓷都。在迈森的城区广场上保留了里程碑纪念柱。

里程碑邮政柱的形式在1747年形成了标准化的设计样式。以方尖碑的柱子为主，约4.5米高，有底座，柱身上半部分有萨克森选帝侯的纹章，后来加上波兰—立陶宛联盟的纹章，部分邮政柱上有邮政的号角纹章图形。这一系统的建设是在萨克森选帝侯、立陶宛大公和波兰国王奥古斯都（Augustus II the

德国与捷克边境的捷克城市诺伊施塔特（Neustadt in Sachsen）的邮政里程碑柱处于广场中。

嵌缀萨克森选帝侯纹章的迈森里程碑（Saxon post milestone）。

Strong，1670–1733）统治时期开始的，在萨克森纹章和波兰立陶宛联盟纹章之间加上了代表他的文织字母 A 和 R。

波兰—立陶宛联邦纹章。

萨克森王国 1747 年提供了标准化的设计样式。

印有萨克森纹章的马车。

这些里程碑柱子一般都设立在路边，而进入城区后多数设立于市政厅前的广场，构成萨克森地区特殊的城市历史景观。现在德国萨克森州还留存大量的里程碑柱，由于历史上的萨克森选帝侯国的领地比现在的萨克森州大，这一景观也出现在德国图林根州以及波兰和捷克等国家的城乡间。

在德国和捷克之间的"德雷斯顿至特普利采邮政之路"（Dresden to Teplitz Post Road）被作为历史遗产保护下来，成为一条富有历史感的仿古邮政马车观光旅游路线。

4. 葡萄牙的纪念柱

市政广场的柱子旁经常作为处罚罪犯示众的地方，同时石柱在葡萄牙的许多城市是权威的象征，在柱头上常雕刻着葡萄牙国王的纹章。阿尔库什迪瓦尔德维什市（Arcos de Valdevez）是葡萄牙北部与西班牙交界的城市，在城区设立了纪念柱（pillory of Arcos de Valdevez），柱顶雕刻着葡萄牙王室的纹章作为权威和拥有权利的纪念象征碑，标志着葡萄牙人在此居住。在葡萄牙海外殖民地也常用这类象征手法象征葡萄牙王国拥有的权威。

"德雷斯顿至特普利采邮政之路"的标记。

阿尔库什迪瓦尔德维什市城徽。

葡萄牙阿尔库什迪瓦尔德维什市的纪念柱。

阿吉亚尔达贝拉市
的城徽。

阿吉亚尔达贝拉市的纪
念柱。

内拉什市的城徽。

葡萄牙内拉什（Nelas）的纪念石柱代表着权威，象征着教区的地方世俗管治权力。

纹章在亚洲成为殖民地统治者表达所有权的标记，地理大发现时代，当葡萄牙人远航时，在大帆船中准备着一些刻有葡萄牙王国纹章的石柱，当有新发现就立柱宣称葡萄牙对该土地拥有权利。印度尼西亚国家博物馆收藏着 1918

年重新发现的 1522 年葡萄牙人制作的纪念柱，上部刻着葡萄牙浑天仪，高 1.65 米，碑身上写着："葡萄牙为地主，世界的希望。" 1958 年建造的里斯本发现者纪念碑，碑上的群像是歌颂葡萄牙探险者航海时代的伟业，竖立"发现碑"的雕像是重要的主题之一。

5. 日耳曼纹章纪念石柱

2000 年，德国开始在神圣罗马帝国的重要历史建筑的前面统一竖立纪念说明石柱，统一高度为 2.75 米，模仿蒙特城堡的平面形状呈八边形，由砂岩或者大理石为石材，纪念柱部首刻有传统统治者或者城市的纹章，称为日耳曼纹章纪念石柱（Stauferstele），Staufer 也指霍亨斯陶芬家族。第一根柱子竖立于意大利普利亚大区的托雷马焦雷（Torremaggiore）附近的于 1018 年建立的菲奥伦蒂诺城堡废墟（Castel Fiorentino）。2002 年竖立的纪念柱，是为了纪念霍亨斯陶芬家族菲特烈一世（Frederick II，1050–1105），他是第一个士瓦本公爵，并于 1050 年建立霍亨斯陶芬（Hohenstaufen）山城堡；也是为了纪念 1228—1249 年霍亨斯陶芬家

1522 年葡萄牙人制作的"发现碑"。

葡萄牙航海博物馆展示的发现柱。

澳门中心城区葡萄牙人的雕塑以"发现碑"为背景。

"里斯本发现者纪念碑"上的表现葡萄牙探险者竖立"发现碑"的雕像。

城市纹章：欧洲城市的文化遗产

2000年竖立第一根柱子位于意大利普利亚大区托雷马焦雷市镇附近的于1018年建立的城堡废墟旁。

族神圣罗马皇帝菲特烈二世（Frederick II，1194-1250）在意大利普利亚大区安德里亚（Andria）建造蒙特城堡（Castel del Monte），它是神圣罗马帝国处理政务的城堡。霍亨斯陶芬家族的辉煌在一段时期后败落，城堡严重失修，1876年为意大利国家拥有并进行维修。

的城堡废墟山坡上。石柱上是传承自士瓦本公爵（Duke of Swabia）的纹章图形，纹章是三只行走的黑色狮子，现在仍是德国巴登—符腾堡州的纹章。士瓦本作为历史地区，在霍亨斯陶芬王朝统治下包括德国巴登—符腾堡州南部、巴伐利亚西南部、瑞士东部和法国的阿尔萨斯（Alsace）地区。

士瓦本公爵（Duke of Swabia）的纹章（左）和巴登—符腾堡州的纹章（右）。

这些纪念柱至今共竖立了31根，范围覆盖了奥地利、意大利、法国、捷克和德国巴登—符腾堡州、黑森州和巴伐利亚州等。2002年竖立的纪念柱处于格平根（Goppingen）霍亨斯陶夫山

于2002年竖立的纪念柱，处于格平根霍亨斯陶夫山的城堡废墟山坡上。

德国巴登—符腾堡州施瓦本格明德市城徽是以独角兽为寓意物的纹章，在市政厅的门口上方的城市纹章与罗马神圣帝国的纹章并排。

德国施瓦本格明德市市政厅入口另一种形式的城徽装饰（左）和阿伦（Aalen）市政厅的城市纹章雕塑装饰（右）。

施瓦本格明德市（Schwäbisch Gmünd）是一座有 6 万人的历史小镇，是古罗马帝国北部边境前沿，13 世纪成为神圣罗马帝国的帝国自由城市直到 1802 年。城市纹章以独角兽为寓意物，形像来自 13 世纪一位骑士的纹章。在多本纹章集都出现过这一城市纹章的图形。

德国的巴登—符腾堡州施瓦本格明德市的城徽是以独角兽为寓意物的纹

施瓦本格明德市市政厅。

章，在市政厅门口上方的城市纹章与罗马神圣帝国的纹章并排，制作风格呈现的是平面化的空间特征，使用彩色涂绘的表现手法。

施瓦本格明德市的纹章在传统版画和历史地图中的表现形式。

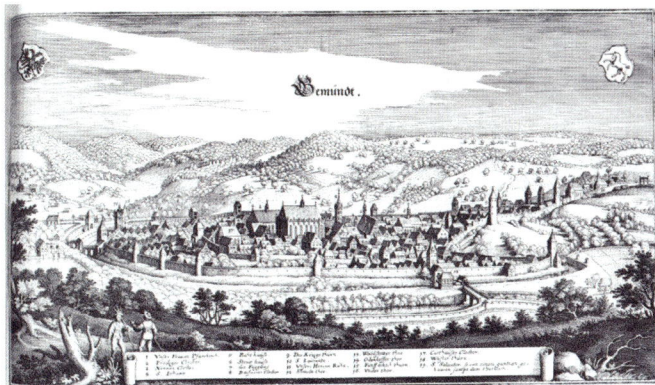

梅里安于 1643 年制作的历史地图。

建造于 1903 年的施瓦本格明德市彩色玻璃画上的城市纹章。

施瓦本格明德市现代纪念石柱上的城市纹章。

2012 年德国斯图加特地区的施瓦本格明德市市政广场（Johannisplatz）竖立的纪念石柱，以独角兽为寓意物的城市纹章刻在石柱上。

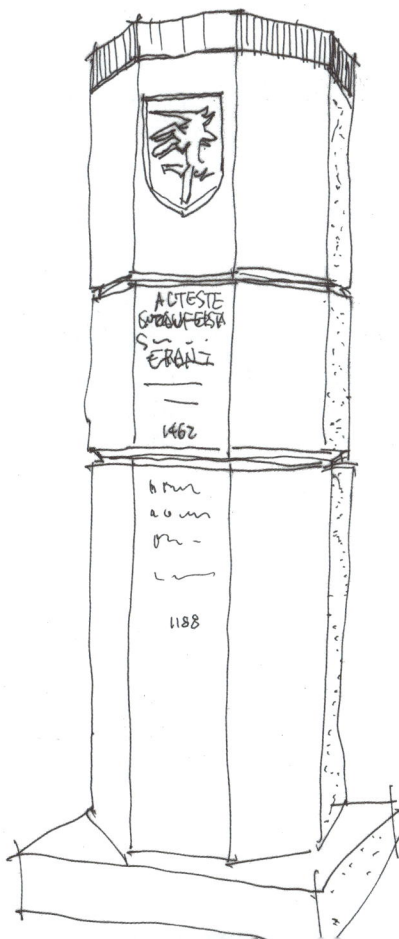

2012 年德国斯图加特地区的施瓦本格明德市市政广场竖立的纪念石柱（左）和 2007 年德国魏布林根竖立的纪念柱（右）。

立起城堡。中世纪后期城市开始衰落，在 18 世纪后期才重新发展起来，风景价值和温泉的资源被重新认识，这里建立了许多文化艺术设施，成为周边国家民众度假的旅游地。2014 年竖立于巴登—巴登山坡上的纪念柱，是为了纪念边疆伯爵（Herman II，1060–1130）建立的城堡（Hohenbaden Castle）。

加特行政区海尔布隆县的纹章，也是 13 世纪统治者拉芬伯爵（Counts of Lauffen）的纹章。

纪念柱的制作过程和巴登—符腾堡斯纹章。

2014 年巴登—巴登山坡上的纪念柱。

巴登—巴登（Baden Baden）处于法国与德国边界处，是古罗马时期就存在的居住地。1112 年这里成为巴登边疆伯爵（Margraviate of Baden）的住地，建

路德维希堡（Ludwigsburg）市距离斯图加特 12 公里，人口约 9 万，为斯图加特行政区的一部分。1.5 万人的小镇马尔克格勒宁根（Markgroningen）是路德维希堡区的一座城市，13 世纪马尔克格勒宁根成为罗马神圣帝国自由城市，在城市的巴多罗迈教堂保留着（Bartholomäuskirche）符腾堡伯爵哈特曼一世（Hartmann I，1160–1240）的墓

城市纹章：欧洲城市的文化遗产

地。14 世纪这里成为符腾堡家族统治这一地区的中心城镇，具有特别的历史价值。路德维希堡城市纹章是蓝色盾面，上有一面金色战旗，为红色旗杆，旗面上的黑鹰有着红色的喙和爪子。2012 年在马尔克格勒宁根竖立的纪念柱上出现这一纹章，纪念碑竖立于教堂前，纪念柱石柱部首刻路德维希堡的纹章。

2009 年竖立的意大利巴里市士瓦本城堡前的纪念柱（左）和巴里的城市纹章（右）。

2012 年在马尔克格勒宁根竖立的纪念柱（左）和路德维希堡的纹章（右）。

意大利巴里市（Bari）士瓦本城堡是 1132 年建立的，后被毁，神圣罗马皇帝菲特烈二世在 1156 重建士瓦本城堡（Swabian Castle）。2009 年，意大利巴里市士瓦本城堡前重新竖立起纪念柱，柱首刻着巴里市的城市纹章。

五、中世纪钟楼的城市象征意义

钟楼在欧洲的城市空间中是具有标志性意义的建筑，中世纪以来，钟楼的钟声与市民生活息息相关，而钟楼的建筑上又少不了公众象征意义的城市纹章。

1.《世界遗产名录》中的比利时和法国钟楼

入选《世界遗产名录》的比利时和法国钟楼群（Belfries of Belgium and France）基本处于弗兰德斯（Flanders）历史地区，市政厅附属的钟楼和独立的钟楼共同的装饰特点是将城徽形象融入建筑中以显示城市的身份，城市纹章图案被运用为装饰的题材并成为建筑视觉的焦点。

这一系列建筑在中世纪开始建造，分布于多个城市。钟楼的高度在 70 米至 100 米之间。根特（Ghent，91 米）、布鲁日（Bruges，83 米）、敦刻尔克（Dunkirk，90 米）、伊泊尔（Ypres，70 米）、图尔奈（Tournai，72 米）、安特卫普多座城市首先申报为第一批《世界遗产名录》，它们横跨 11 世至 17 世纪，体现不同时期的建筑风格，包括哥特式、文艺复兴式、巴洛克等历史建筑。"这些钟楼建于 11—17 世纪，无一例外地位于城市中，是封建制度向商业城市社会过渡的有力标志。当意大利、德国和英国城市修建市政厅时，在西北欧的部分地区更注重修建钟楼。"[①] 通过钟楼可以理解不同历史阶段的建筑艺术特征。

单独建设的钟楼和市政厅与钟楼结合体，是两种不同的建造方式，但当塔楼矗立于城市的上空时，就成为了城市的主要公共建筑形象象征，是公共活动聚集的空间焦点。这一地区统计共 55 座钟塔，也包括少量的宗教塔、瞭望塔。

钟楼分单独建造和结合市政厅或市场合建两种空间形式，根特、利尔（Lier）等钟楼是与市政厅结合在一起，赫伦塔尔斯（Herentals）、布鲁日、梅赫伦（Mechelen）的钟楼与布料贸易产业混合在一起。比利时蒙斯（mons）、图尔奈、让布卢（Gemblok）、那慕尔（Namur）、法国的格拉沃利纳（Gravelines）均是独立的钟楼。

布鲁日钟楼是贸易功能与钟楼结合的建筑模式，处于市场广场，始建于

1241年，被大火烧毁后于1483—1487年重建为耐火坚固的方形砖石结构钟楼，成为了城市权力和财富的象征，发挥着防火、报时、瞭望等作用。该钟楼的内庭是由44米宽、84米长的建筑围合而成，1822年将塔顶改建为哥特复兴风格。在正面塔身中间段有佛兰芒公爵的彩色纹章浮雕。市场广场约有一公顷规模，包括法院在内的一系列历史建筑环绕四周。1996年建设了停车场，广场成为步行广场。这栋钟楼建筑也是布鲁日历史中心被列入《世界遗产名录》的标志性建筑之一。

布鲁日在中世纪是欧洲重要的商业和文化中心城市，现在城市形态还保持中世纪之后形成的街道和历史建筑，早期哥特式建筑已经成为城市特征的一部分。运河系统得到保存，中世纪形成的四座城门依然屹立城中。15世纪，这里是佛兰芒原始画派的诞生地，许多作品出口到欧洲各地。由于商业贸易的发达，城市广场是商业活动的主要场所，过去储存货运的仓库为木结构，随着钟楼的建设，这里成为一座围合的商业和仓储空间。

比利时布鲁日列入《世界遗产名录》的钟楼。

布鲁日的钟楼各层的介绍性宣传画。

钟楼下巨大的内庭空间。

2. 钟楼的意义和作用

英文"钟楼"（Belfry）一词是来自法语，原是在古代战场上的攻城用的可移动木质塔楼。

作为城市标志的钟楼或是市政厅的钟楼，是欧洲众多城市在今天仍然能感受到中世纪气息的视觉象征。欧洲钟楼大体可分为四种类型：教堂的附属建筑、独立的钟楼、作为市政厅的附属建筑的钟楼、城堡哨塔功能的钟楼。意大利曼托瓦（Mantova）的钟楼建于1251年，是欧洲建造较早的钟楼之一，它与早期的城市法院建筑联为一体，后来又加入了商业功能，出于方便市民的公共服务需要，在18世纪重修。

维罗纳的"老堡"是维罗纳统治家族斯卡拉（Della Scala）的城堡，建于1354年，是一座典型的哥特红砖城堡。在三个塔楼的其中一个安装了时钟，成为兼具防御和报时功能的建筑。

意大利曼托瓦 Palazzo della ragione 的钟楼和天文钟。

佛罗伦萨的市政厅钟楼。

城市纹章：欧洲城市的文化遗产

维罗纳老城堡（castelvecchio）。

19世纪修复斯福扎尔宫时增加了时钟，同时模仿斯福扎尔纹章中太阳的表现手法，用于钟面上。

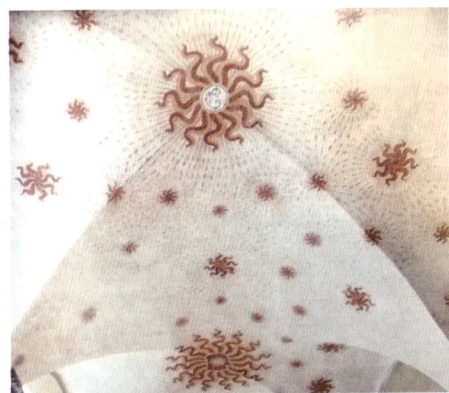

于19世纪修复的斯福扎尔宫增加了时钟。

市政厅和公共钟塔出现后，重塑了曾经教堂独享的城市天际线景观。13世纪欧洲的城市由于城市公共管理机构的产生，开始出现了公共的市政建筑（Civic architecture），它是从封建制度走向市民城市自治的象征。法国北部和比利时的55座市政厅塔楼、钟楼分两批列入《世界遗产名录》（23座在法国，32座在比利时），就是这类建筑的代表性建筑之一。在《名录》评语中写道："钟楼在建立之初是公社通过宪章获得独立的标志，象征着自由。要塞（the keep）是封建领主的标志（Symbol of seigneurs），钟塔（the bell-tower）是教堂的标志，钟楼（the belfry）是城市景观中的第三种塔，象征着贵族（the aldermen）的权力。"不断提升塔楼的高度是从中世纪后期至近代的君王、主教的追求，但最后由于地基的承受能力到了极限才作罢。独立建造钟楼，或者在教堂和市政厅旁再添加钟楼，是中世纪城市建设的重要内容。

15世纪的英国开始出现了一种随

哥本哈根市政厅后期建设的钟楼，主题为骑车的气候小姐报送天气预报。

音乐跳舞的民间舞蹈，被称为 Morris dance。许多城市钟楼用木偶模仿现实的舞蹈而增加趣味性。近代市政厅的钟楼服务功能更为丰富，它常成为城市旅游热点吸引游客。如波兹南市政厅钟楼的斗羊装置，市政厅时钟在中午时会出现两只公羊对斗的场面；哥本哈根市政厅钟楼在 1930 年增加天气预报功能：在晴天时骑车的气候小姐会带着狗报送天气晴朗预报，雨天时气候小姐则会打起雨伞。

伯尔尼的钟塔处于街的中间，1218 年开始建立。它与旧城区构成的历史中心被列入《世界遗产名录》。钟塔在城门之上建成，高 16 米，但是经过多次的加高，16 世纪塔升高至 77 米。1405 年装上了时钟，15 世纪末期对钟表进行了装饰，并加上了天文钟，1530 年增加塔顶并增高至现在的高度。钟楼的

造型从哥特式到文艺复兴式再到洛可可式，样式随潮流而动。如今的钟塔每到整点就有表演，成为重要的旅游活动地标，钟楼 800 多年的塔高和城墙关系变化过程反映了城市发展历史。塔楼装饰的故事主题是与星座有关的五个神话人物和敲钟人雅克马尔（Jacquemart）。

3. 钟楼的建造历史和城徽的装饰价值。

在比利时根特中心区的钟楼连同其附属建筑在 1998 年与比利时、法国的一系列钟楼被列入《世界遗产名录》。钟楼在 1313 年开始进行规划和设计，是一座哥特式建筑风格的钟楼，但在 1380 年才建成。钟塔高 91 米，具有报时、警报多种功能。与钟楼相连的布匹市场在 1425 年开始建设，耗时 20 年

伯尔尼钟楼的白天景观，钟面装饰着历史人物图像。

城市纹章：欧洲城市的文化遗产

才完成。有实力的商人在里面有办公室，毛织品商会在此设置了会议大厅。1741年又加建了新的附属建筑作为监狱，入口的浮雕装饰引用了古罗马的传说（Roman Charity），一名名为Pero的女子用喂奶的方式营救被判死刑的父亲，令法官感动而使她的父亲免于死罪，称为Mammelokker，即"罗马的仁慈"。钟塔的塔顶在后来几个世纪经历多次重新设计和改造，1851年塔顶采用新哥特式风格，1903年用钢结构改建成为现在的形状。

科特赖克（Kortrijk）是原罗马帝国建立的居住点，它处于交通要道。中世纪时因其交通的重要性而发展起来。钟塔是1307年在城市的布匹市场添加的，1410年开始独立建设，1712年在塔尖增加了希腊神话中商神手拿着巨大的商杖的形象和科特赖克盾徽小徽形式的城徽，钟塔的中部也有城徽。在时钟的下面是大城徽的浮雕。科特赖克城徽护盾者是"野人"，但在这里以天使的形象出现。

隆德大区的卢斯是首府里尔郊外的小城镇，卢斯的市政厅与钟楼相连

接，钟楼上用城徽与时钟进行装饰，卢斯市城徽的寓意物是在红色的盾面上有着三轮金色的新月。比利时埃诺省省府蒙斯市，公元前1世纪罗马帝国就在此建立了军事要塞。1323年蒙斯建造了市政厅。钟楼是17世纪单独建造的，为巴洛克风格，高87米。塔顶有49个钟琴（Bell carillon），在塔身的中部结合窗饰设计了一个纹章。

比利时阿尔斯特（Aalst）的老市政厅的钟楼完工于1460年。这是比利时最古老的市政厅，建于1225年，但市政厅规划建筑时没有设计钟楼。钟楼上用拉丁文写着"有希望，无恐惧"（with hope，not with fear）。比利时的图尔奈市钟塔建于12世纪，72米高，1188年开始建设，最初作为防火、防敌的瞭望台，后来随着城市的扩大于1294年再加高。在各王国混战的中世纪，图尔奈曾经在五世纪时成为法兰克王国的首都。比利时西弗兰德省布鲁日市在11世纪至13世纪是北欧繁荣的贸易港口城市，羊毛、布匹交易促进了城市经济的发展。13世纪至15世纪在市场广场建设了钟楼和布匹交易大堂，高

捷克城市奥洛穆克
（Olomouc）钟楼和
城市纹章。

83 米，历史上曾多次被大火所损。交易大厅同时兼有市政厅文档存储的功能，中世纪所建的大部分钟楼承担了市政厅文档管理存储的功能。敦刻尔克的钟楼是 1384 年开始建造。

传统欧洲城市的天际线一度由这一系列教堂景观所主宰，市政厅钟楼的出现在全景视觉下创造了壮丽的城市景观。塔楼与市政厅整体设计一并成为市政厅建筑富有建筑特征的重要组成部分，也有根据时代特点添加的钟楼或塔楼。钟塔在英语中可以有多种称谓，如 Bell tower、Belfry、Clock tower，在传统意义上，可敲响的铜钟和时钟、天文钟共存一体。城市的市政厅钟楼成为公共建筑中最为明显的形象特征，欧洲多座城市的钟楼成为城市地标。在钟楼的时钟设计中，为体现地方特点，城徽或历史故事和人物的图案常融入钟楼的时钟或天文钟的钟面上，铜钟上也经常刻有城徽。

天文学教授东迪（Giovanni Dondi）在 1364 年建造了第一台天文钟。斯特拉斯堡大教堂 1352—1354 年间就建起了第一台为市民服务的天文钟。捷克的摩拉维亚省省会城市奥洛穆克（Olomouc）是 8 世纪末摩拉维亚大公国的中心城市，在城市中心广场市政厅的基座上独立建的是的挂钟楼，有了天文钟，钟楼没有高度的追求，仅是外部保护建筑上装饰了城徽，城徽是格子鹰。18 世纪建立的纪念黑死病得到平息的 30 米高"圣三柱"（Holy Trinity Column）也在市政广场上，中欧巴洛克风格的纪念

柱与挂钟楼、市政厅形成一道城市景观，是吸引游客访问奥洛穆克的热点所在。

德国巴伐利亚兰斯卡特的红砖钟楼也很特别，在时钟的四角均有城市纹章和传统历史纹章作为装饰。

---

① 联合国教育、科学及文化组织编著，陈培等译：《世界遗产大全》，安徽科学技术出版社 2011 年版，第 575 页。图片来源：www. wappenbuch.com

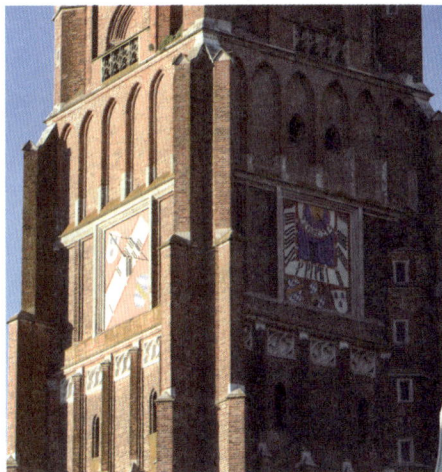

德国巴伐利亚兰斯卡特的红砖钟楼（局部）。

德国巴伐利亚兰斯卡特的红砖钟楼。

六、城市设施上的公共标记

1. 公共设施上的城徽和城市标识系统

　　随着城市的发展，需要配备越来越多的城市公共物品以满足公共生活，街头家具大量出现在城市公共活动空间是在19世纪之后，公共设施如广告筒、邮政筒、垃圾桶、公共照明、道路指示牌、市政井盖、电话亭等是城市化进步的标志，而市政厅的主要职责就是统筹城市建设。1653年第一个邮政箱出现于巴黎街头，19世纪50年代英国出现一批邮筒（pillar post boxes），19世纪末在伦敦街头出现第一批电话亭（Telephone booth）。1807年伦敦建造了第一批用气的公共路灯，1875年由俄国工程师帕维尔（Pavel Yablochkov，1847–1894）发明了第一个用电的路灯。这一系列的公共物品上多有城徽标志出现，这些公共物品美化了城市，也从细节上体现城市的历史文化。城徽广泛运用在城市的公共设施如垃圾箱、路灯杆、路牌、井盖、防护柱等街道设施上，表明物品的公共特征。城徽的应用在城市公共设施上随处可见，以城徽装饰表达设施物品的公共属性，体现管理机构的所有权。例如瑞士城市库尔和波兰首都华沙在许多设施包括火车、垃圾处理系统上均以城徽显示市政设施的公共权属。

　　英国伦敦的红色电话亭（Red telephone box）成为伦敦或者不列颠的城市街道历史符号，20世纪20年代出现的第一代电话亭有部分还在使用中。1924年英国建筑师贾莱斯·吉尔伯特·斯科特（Giles Gilbert Scott，1880–

火车头以州的纹章为
标志。

1960）的设计通过竞赛获奖，在他的设
计中，电话亭的上方有皇冠的纹章图
形，表示这是不列颠政府的制品同时也
是公共物品。

　　巴黎的告示牌、设施信息牌同样
使用纹章以显示城市公共特色，这些纹
章大多加上了花纹装饰。

华沙街头铸铁栏杆上的
城市纹章。

瑞士库尔市的城徽在火
车、垃圾处理系统等设
施上的表达。

法国巴黎的城市纹章，以铸铁形式与公共公园广场地名牌结合起来。

阿根廷布宜诺斯艾利斯的广告牌，全市统一样式，并有布宜诺斯艾利斯城市纹章作为装饰，体现市政厅的所有权。

市政道路的路灯杆底座是展示城徽的部位，在欧洲许多城市都可以看到类似有城市特征符号的路灯。华沙街头电灯杆，底部以华沙城徽为标记，体现装饰性和公共物品的概念，巴黎、都灵、波兹南等城市都采用类似做法。

都灵带有城市纹章的灯杆底座。

有华沙城徽的路灯杆。

城市纹章：欧洲城市的文化遗产

镇有波兹南城市纹章的消防栓。

葡萄牙里斯本的灯柱纹章装饰，提取了里斯本城市纹章中帆船和乌鸦的寓意物，并将装饰置于悬杆和竖杆的交接处，颇有特色。

葡萄牙里斯本的灯柱纹章装饰。

在马德里的街区可以看到许多城徽与城市建筑设施结合的范例。带有马德里城徽的消火栓在社区到处可见，它同时兼具公共饮水功能。马德里街头的垃圾箱，箱体以马德里城徽为装饰，其工艺处理方法是用金属材料一次整体锻压成型。

法国巴黎铸铁灯柱基座上铸有巴黎城市纹章。

巴塞罗那以城市纹章为造型的灯杆。

西班牙马德里市印有城徽的垃圾筒。

葡萄牙里斯本印有城徽的垃圾筒。

阿根廷布宜诺斯艾利斯印有城徽的垃圾筒。

城市纹章：欧洲城市的文化遗产

布宜诺斯艾利斯城市公园垃圾袋专用箱
（左）和里约热内卢的垃圾箱（右）均
印有城徽。

德国奥格斯堡城市井盖上的城徽。

马里兰州立大学的校园井盖上面
是学校的校徽，细致地雕刻在铜质的井
盖上，外围是细麻石，铺地用的是红
砖。在城市的市政井盖上用城徽装饰是
欧洲城市常用的做法。

印有波兹南城市纹章的
井盖。

马里兰州立大学的校园井盖（左）和布拉
格有城徽的井盖（右）。

汉堡市有汉堡城徽的市政道路井盖（左）
和意大利曼尼托瓦市有城徽的市政道路井
盖（右）。

德国奥根斯堡城市中到处可见松
果造型的城徽井盖，其他如汉堡市有汉
堡城徽的市政道路井盖、意大利曼尼托
瓦市的市政道路井盖、慕尼黑市的市政
道路井盖均使用城徽作为市政厅公共物
品的标志。

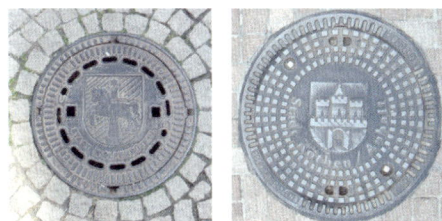

沃尔芬比特尔（Wolfenbüttel）城市纹章。

印有圣力诺纹章的邮箱。

邮政服务是一项古老的公共服务项目，而邮箱是人们日常生活接触最多的物件，涵盖了千家万户。邮箱上一般有两种纹章装饰做法：一种是在邮箱上铸锻上城市的城徽；另一种是用统一的国家符号如皇冠象征物和邮政的古老象征纹章符号"号角"等加以统一规范。

号角在欧洲古代是用于狩猎的行动工具，也是传递信号的重要工具，在现代社会中则成为邮政的象征符号。

明斯克的邮箱图（左）和拉齐维乌家族收藏的号角（右）。

里约热内卢的城市邮箱。

邮政的号角纹章图形是欧洲各国的公共符号，是各类邮政设施的标记。

瑞典邮政标志（左）和德国的邮箱（右）。

波兰波兹南市以号角为象征符号的邮箱（左）和布拉格市以号角为象征符号的邮箱（右）。

特点。

在互联网时代，无线上网是公共服务的内容，无线上网的符号成为世界共同认可的图形。圣地亚哥武器广场无线上网的指示牌将城市纹章和无线上网的符号结合在指示牌上，意味着市政厅在此提供区域无线上网的公共服务。在汽车时代，停车场是需要城市政府充分提供的公共设施，巴西里约热内卢停车场栏杆上的城市纹章是表达停车场公共属性的方式。

圣地亚哥市政厅前武器广场无线上网的指示牌。

莫斯科的历史文化遗产信息牌将二维码和莫斯科城市纹章结合在信息牌上，显示了信息时代城市纹章的运用

莫斯科信息牌上的城市纹章。

巴西里约热内卢停车场栏杆。

2. 桥梁的纹章

桥梁是城市公共设施，而从艺术性的表现方面来看，城徽是生动的题材，通过城徽的装饰能够集中体现其公共属性。从古罗马乃至欧洲中世纪的城市，城墙和城门是最为基本的防御设施，如同房子需要门牌或名字一样，城门也需要城徽表现城市独立的属性，在城门的上方，可以发现多个城市的城门

装饰了城徽或保护神、领主的纹章。

捷克首都布拉格是欧洲历史文化中心之一，因其历史交融的价值、人类历史典范与具有意义的事件入选联合国教科文组织《世界遗产名录》。布拉格的城堡充满艺术气息，也留下不少城徽的形象。通过这一系列的城徽也反映了"这一历史中心极好地描绘了城市从中世纪到今天的持续发展。"[①] 布拉格于1085年成为波希米亚王国的首都，14世纪，在神圣罗马帝国卢森堡王朝查理四世的统治下达到高峰，通过王室的联姻，捷克公主和卢森堡的长子约翰结婚，从而扩大了疆土和权力范围，1346年查理成为波希米亚国王。1355年布拉格成为神圣罗马帝国的统治范围，1526年哈布斯堡王朝成为统治者，鲁道夫二世（Rudolf Ⅱ, 1576–1612）成为神圣罗马皇帝并于1648年迁都维也纳。

布拉格城堡入选《世界遗产名录》

在1650年的布拉格鸟瞰图上，查理大桥已经建成，河流两岸十分繁荣。

城市纹章：欧洲城市的文化遗产

的理由是这样陈述的："布拉格这一历史中心较好地描绘了城市从中世纪到今天的持续发展。由于其自 14 世纪以来在中欧政治、经济、社会和文化发展中的重要作用及其丰富的建筑和艺术传统，该城成为中欧和东欧很大范围内的主要典范。"[②] 城堡相对独立，以此为中心逐年扩展，在河对岸又相对独立为城市的另一区域，通过桥梁联结起来。

17 世纪中叶，鲁道夫二世成为神圣罗马帝国皇帝后，在 17 世纪制作的全景图上绘制了象征神圣罗马帝国的双头鹰城徽。

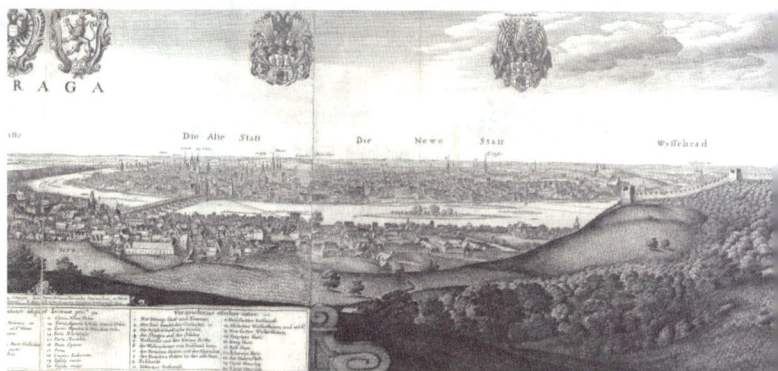

布拉格城堡的跨河的哥特式查尔斯大桥，长 520 米，大桥入口的桥塔利用布拉格的城徽作重点部位的装饰并与建筑融为一体，起到标志性的作用，也充分表现出艺术气息。查尔斯大桥 1357 年开始建造，花费了 60 年才建成。1425 年又建设了城墙，城门与大桥完美地统一在一起。桥上的雕塑是 17 至 19 世纪逐步增加上去的，所以大桥是哥特式的风格，查尔斯桥上还存有 30 个 17 世纪时的雕塑，这些雕塑是巴洛克风格。

绘制于 1650 年的布拉格全景图。

1836 年布拉格查尔斯大桥风景画，通过城门可以看到桥上的雕塑。

查尔斯桥塔上的城徽。

布达佩斯塞切尼公爵
大桥。

匈牙利布达佩斯城徽应用于联系布达、佩斯两区的塞切尼公爵桥上，此桥建于 1849 年，桥上的城徽与桥的构筑物结合在一起，形成了类似凯旋门景观的桥梁。布达佩斯是由三座独立城市聚集而成，一是古罗马建于公元前的旧布达，二是以皇宫为中心建于 13 世纪的布达，三是以商业为中心带动发展起来的佩斯。1873 年，三座独立城市合并成为布达佩斯。

柏林市的菲特列斯海因—克罗伊茨贝格（Friedrichshain-Kreuzberg）由菲特列斯海因和克罗伊茨贝格两个分区构成，城市区的纹章运用最为独特的是奥伯鲍姆桥（Oberbaum bridge），该桥跨过施普雷河。奥伯鲍姆在德语中为"树"的意思，故称其为"树桥"。菲特列斯海因—克罗伊茨贝格和辖区下的菲特列斯海因分区城徽均使用这一标志性桥梁形象。奥伯鲍姆桥建于 1732 年，最开始是利用木栅关墙（excise wall）进行隔离以征收税收，在 1879 年进行重新修建，为适应时代交通的变化改为双层的桥梁，适应了汽车和火车通行，成为连接菲特列斯海因和克罗伊茨贝格的主要通道。建筑为红砖面的北德国红砖哥特风格（Brick Gothic），在细部装饰上运用尖拱、纹章和拼砖图案进行外立面装饰。桥上的双塔是得到中世纪勃兰登堡州普伦茨劳市（Prenzlau）城

城市纹章：欧洲城市的文化遗产

门的启发。1945 年二战时期大桥被炸，1961 年建立柏林墙时成为柏林墙的其中一段，1989 年东西德统一时经过修缮恢复了桥梁原来的作用，也成为东西德国统一的象征标志。

桥上的纹章装饰方式——普伦茨劳市（Prenzlau）的城市纹章（左）、采尔布斯特市的纹章（右）。

柏林市的菲特列斯海因—克罗伊茨贝格（Friedrichshain-Kreuzberg）区的盾徽（左）及辖区下菲特列斯海因分区 1993—2000 年的盾徽（右）。

桥上的纹章不局限柏林都市区，还包括勃兰登堡州的普伦茨劳市城市纹章、萨克森—安哈尔特州的采尔布斯特市（Zerbst）的纹章等都出现在桥上。

德国柏林市分区夏洛滕堡区（Charlottenburg）是夏洛滕宫所在地，20 世纪 90 年代东西德统一形成了分区纹章，2001 年与威尔默斯多夫区合并。在

桥堡的入口。

普伦茨劳市城市纹章在
桥上墙面的装饰（上）
和桥梁全景速写（下）。

城市纹章：欧洲城市的文化遗产

伦敦桥桥横梁的中间是
伦敦城市纹章。

伦敦桥塔搂拱形门的中间是伦敦城市纹章装饰。

1900 年的历史建筑上绘制有夏洛滕堡区未合并使用的纹章。

3. 巴黎的"莫里斯柱"

巴黎街头带有巴黎城徽的绿色铸铁圆柱广告筒（a poster-covered kiosk）呈现统一样式，为巴黎城市可识别的风景线，广告筒用金色铸铁装饰的巴黎城市纹章来表明公共属性。这种统一样式来源于法国人莫里斯（Gabriel Morris）的建议，故称为"莫里斯柱"。在 1868 年巴黎建造了一批有铁皮顶的柱子，称为"Pillar with cupola"，也称为"cupola"，这是意大利小型建筑的顶盖，像小杯子倒扣的形状，源自拉

柏林历史建筑的墙面
上使用新的柏林分区
的纹章。

ERBAUT : 1900

城市纹章：欧洲城市的文化遗产

根据查理斯 1868 年拍摄的"莫里斯柱子"
绘制。

丁文的小杯子名词"cupola",这一城市街头景观,于巴黎街头站立了 100 多年。法国近代摄影家查理斯(Charles Marville,1813–1879),1850 年开始从事摄影,擅长建筑、城市风景摄影,记录了莫里斯柱子建造初始的真实景象。

出生于圣彼得堡的法国城市风景画家杰·贝劳德(Jean Béraud,1849–1935)在 1885 年创作了以"莫里斯柱"为景色主体的巴黎街头不朽景观,艺术家从巴黎日常生活的细节展示巴黎的城市风光。"莫里斯柱"处于画面中央,两侧分别站着一位男士和一位女士,男士着黑色大衣、戴礼帽盯着广告筒;女士着

巴黎街头"莫里斯柱"的速写。

巴黎纳伊社区使用了纳伊城市纹章的街头广告筒（上）和蓬皮杜艺术中心前的书报亭（下）。

维也纳市政厅旁广告筒速写。

时尚黑色礼服、凝视张贴在筒上鲜艳色彩的广告；远处忙碌走动的人群，广告柱顶的造型和光影，准确、生动地表现了雨后的氛围。后来的评论家从这一男一女的眼神作出许多不同的解读。

"莫里斯柱"用的是绿色的油漆涂料，在顶部统一使用了镀金的巴黎城市纹章，象征着巴黎特有的城市街头设施的公共属性。在部分社区也使用所在社区的纹章，如巴黎的伊纳社区。

在 1854 年，德国柏林一位出版商 Ernst Litfaβ 建议应该设立可供市民张贴

奥地利维也纳街头的广告筒。

圣彼得堡涅瓦大街公告筒上的城市纹章。

圣彼得堡涅瓦大街街景速写。

城市公共艺术的城市纹章

通知和广告的柱子，后来柏林警察局批准了该建议，在德国称为 Litfaβ 柱。1854 年柏林街头建造了 100 个广告柱，这一行动马上影响到欧洲其他城市，包括维也纳。奥地利维也纳街头的广告筒现在还保持传统的造型，在广告筒顶部嵌有维也纳城市纹章，显示设施的公共属性。

4. 作为公共服务设施的洗手盆

水的提供是最早的城市公共服务内容，城市公共洗手盆或者公共自来水筒是欧洲城市历史城区经常可以见到的街头公共服务设施，城市纹章作为表明所有权和装饰性的符号出现在这些设施

2015-11-06 13:19

爱丁堡街头镶有铜铸纹章的洗手盆。

匈牙利佩奇市（Pecs）街头以陶制纹章装饰的水池。

法国里昂街头有城市纹章的洗手池。

城市纹章：欧洲城市的文化遗产

因斯布鲁克城市的洗手池（左）和巴塞罗那街旁的洗手池（右）。

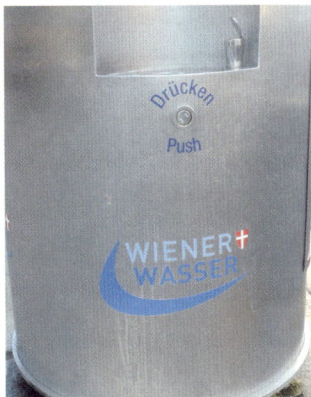

奥地利维也纳城市饮水机。

之上，也表明这是市政厅提供的公共服务。爱丁堡街头铜铸纹章装饰的洗手盆和匈牙利佩奇市（Pecs）街头陶制纹章装饰的水池，精心的设计成为街头的公共艺术品。

因斯布鲁克城市的洗手池和巴塞罗那街旁的洗手池均是铸铁的设施，同样有城市纹章表明其公共性质。

---

① 联合国教育、科学及文化组织编著，陈培等译：《世界遗产大全》，安徽科学技术出版社 2011 年版，第 384 页。
② 联合国教育、科学及文化组织编著，陈培等译：《世界遗产大全》，安徽科学技术出版社 2011 年版，第 384 页。

七、城市公共标识系统中的城市纹章

城市纹章成为识别系统中的重要识别符号，出现纹章频率较高的是历史建筑的信息牌，在政府公共管理的告示牌、街道的路牌等设施上发挥着重要作用。

城市的交通、旅游、解说标识系统经常用城市纹章突出城市独有的个性，或者是表达设施为市政厅所拥有的属性，易于识别。意大利加尔达湖畔的2万人小镇代森扎诺·博尔加达（Desenzano del Garda），是伦巴第大区的旅游城市。《世界遗产名录》中的"阿尔卑斯山地区史前湖岸木桩建筑"，

包括瑞士、意大利等国家共111处，其中一处就处于代森扎诺，这些小型定居点的年代为公元前5000年至500年，展示了阿尔卑斯山区内外湖地区早期农

意大利加尔达湖代森扎诺·博尔加达指示牌。

德国巴伐利亚州文化遗产信息牌。

奥地利维也纳文化遗产信息牌。

西班牙格拉纳达世界文化遗产信息牌。

奥地利因斯布鲁克历史建筑信息牌。

城市纹章：欧洲城市的文化遗产

业社会中人类生活与环境的关系。小镇汽车站牌上标注着城市纹章，盾面底部波浪线为加尔达湖的象征，上部为两座红色的城堡塔楼。

意大利西西里岛的卡塔尼亚城市主教广场已列入《世界遗产名录》，在其周边的系列指示牌、说明牌均使用了卡塔尼亚城市纹章和西西里岛大区大纹章。

意大利多洛米蒂山脉（Doloniti）列入《世界遗产名录》，处于山下的"慢马滑雪场"（Piancavallo）也是欧洲著名的滑雪场之一。称为"高空小径"（high path）是19世纪旅游探险的产物，也是在第一次世界大战意大利和奥匈帝国战争后保存下来的徒步小径。许多游客来到这里体验沿着小径雪地远足的铁索攀岩运动（Via ferrata），这里共8条线路，1号线为150公里长，攀岩难度最大，有铁索辅助，需用一周的时间穿越山峰。山下有近万人的城市阿维亚诺（Aviano）也因滑雪运动而繁荣，露营地的指引牌用阿维亚诺城市纹章标示，内容包括露营地的价格、逗留时间限制、交流电箱的钥匙、垃圾处理规定等。

在葡萄牙大西洋沿岸最西面有一座城市称为卡斯卡伊斯，是里斯本最受欢迎的度假胜地。二战时这里为世界的情报中心，英国著名间谍小说《詹姆斯·邦德》系列的作者弗莱明当时就是在此为英国情报部门工作，二战后他旧

意大利西西里岛卡塔尼亚城市主教广场的信息牌。

有城市纹章的指示牌和阿维亚诺城市纹章。

地重游，产生了"007"的小说作品灵感。卡斯卡伊斯城市纹章用于路牌上，采用具有葡萄牙风格的瓷砖装饰。

卡斯卡伊斯城市再往西就是葡萄牙的最西端罗卡角（Cape Roca），竖立的纪念碑铭牌上，刻着葡萄牙著名诗人卡蒙斯的名句"陆地止于此，大海饰于斯"，同时刻有葡萄牙最西端的城市辛特拉城市纹章。

葡萄牙卡斯卡伊斯城市纹章用于路牌上。

葡萄牙大西洋岸罗卡角纪念碑（左）及铭牌（右）。

维也纳车牌。

德国黑森州车牌。

奥地利下奥地利州车牌。

II

有公共标记的建筑：
欧洲市政厅发展历史

在中世纪后期，欧洲城市获得自治权利，市议会和市政厅机构成立后，需要独立的办公空间，城市的市政厅多利用城楼、城门或有盖的市场（Market hall）为市政厅，有的是购买民宅然后逐步扩展。在中世纪开始出现独立的市政厅建筑，城市的市民公共活动空间围绕市政厅形成新的市政广场，并逐步成为城市的地标建筑之一，城市纹章嵌在市政厅入口处，对市政厅的权威性和象征性起到画龙点睛作用。

市政厅的重要功能之一是对各种文件档案的保存，例如 13 世纪意大利佛罗伦萨市政厅建立的塔楼不仅是防御的需要，还是储存文件的空间。新的市政厅需要满足这一功能需求。前面讨论到安特卫普的档案和本节将涉及的斯德哥尔摩档案范例，均得益于市政厅或者相关城市的公共机构的档案保存，它们均已被列入《世界记忆名录》。

实际上古希腊和古罗马时期已经有了类似功能的公共建筑。在古罗马时期，大厅称为巴西利卡（Basilica），巴西利卡这一名称来自希腊语，是君

庞贝古城遗址中法院和议会的公共建筑遗址。

主和最高贵族执政官（Tribunal）办公的地方，后来才增加建筑与宗教的含义。巴西利卡是用于集会的公共建筑，服务于城市公民行政、贸易和会面等功能，后来变为一种建筑形式，尤其是基督教产生后，教堂的建筑形式采用了大厅形式，称为"巴西利卡式"，原意是中央大厅、权威性。意大利庞贝古城的广场最南端有三座建筑就是当时的市政厅。在庞贝的广场遗址中，面对面的长条形建筑是市政建筑，左右两座相似，是执政官的正式办公地点；中间是议事堂，为元老们聚会议事的地方，有讲台并装饰华丽些 [1]。此处称为 Basilica of Maxentius，处于议事广场东南角，是罗马地区之外的巴西利卡大议事厅。

---

[1] ［德］奥古斯特·毛乌著，杨军译：《庞贝的生活与艺术》，上海三联书店 2014 年版，第 122 页。

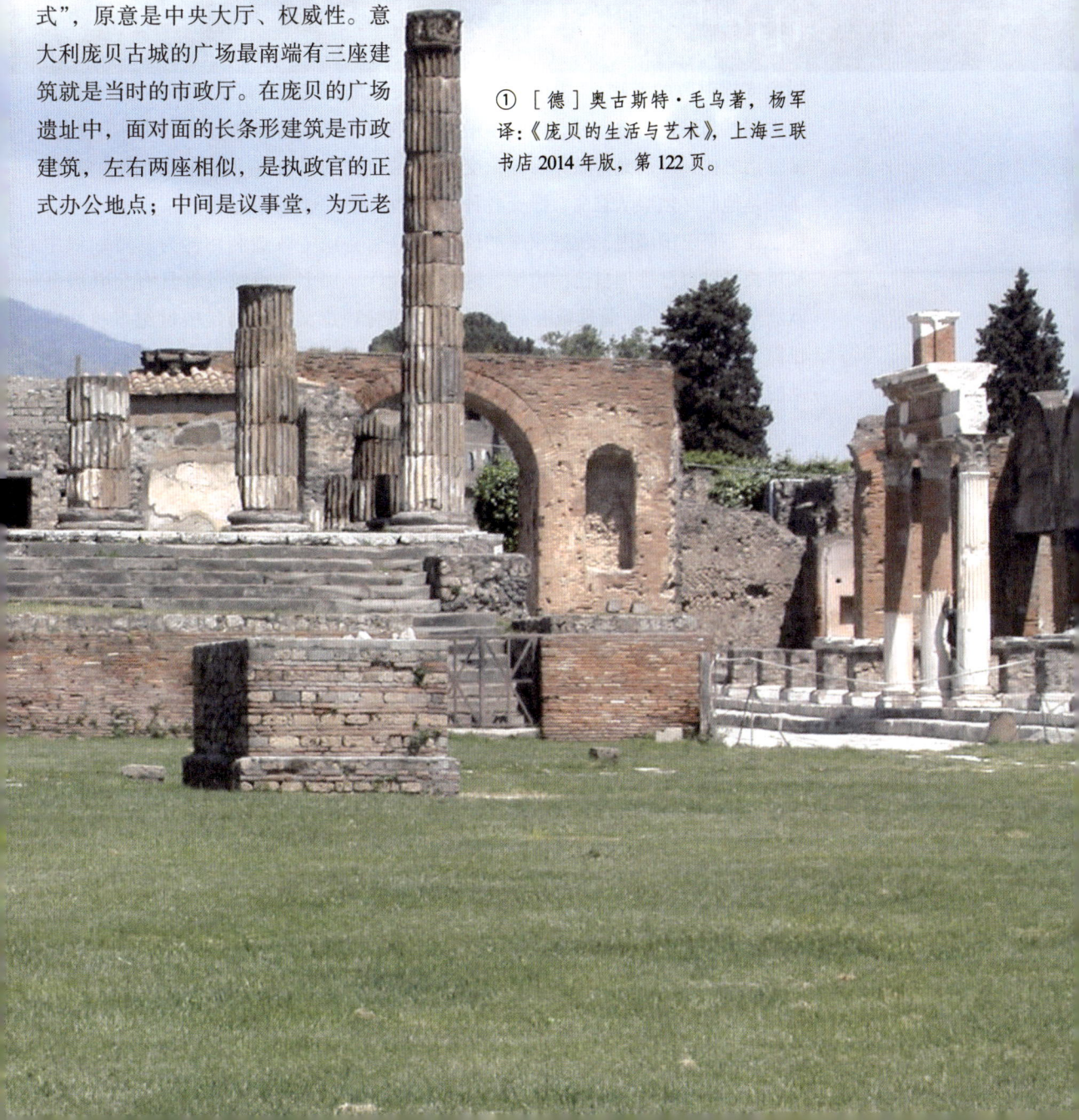

一、始于中世纪的市政厅发展历程

中世纪出现的市议会既是改变封建制度的结果，也是封建制度需要捐税支撑财政的产物，"中世纪君主委实太弱，当城镇日益发展，他们不做直接统治之徒，反而允许城镇自治，交换条件是他们必须服从君命，缴交各种捐税。在一个王国境内，民选出来的议会和市长可以自己管理自己的市镇，这是欧洲才有的发明"①。管理城市需要机构，也需要有为市民服务、开会以及市民活动的空间，市政厅建筑便产生了。

1. "罗蒙的房子"——中世纪后期民宅改建的市政厅

中世纪之前，许多城镇涉及公共事务的讨论是在领主的庄园、主教的教堂和贵族的城堡里进行，也可以说领地事务的公共管理建筑是领主的庄园、城堡或者王宫。

市政厅在开端时期是通过购买民宅或是城市贵族、市议员个人的物业捐献开始的。在中世纪城市的市政厅建立之初，市政厅建筑的产生五花八门，欧洲有的城市利用原有的公共构筑物，有的购买私人物业改造，例如将城墙的塔楼、城墙城门的上部改造为市政厅。

城市纹章与市政厅是紧密联系在一起的，城市公共建筑和作为公共符号的城市纹章基本是在同一时期出现的。城市纹章是市政厅建筑公共性的象征，也方便了对市政厅的辨认。

将民宅改造利用，为其增加议事大厅、加上城市纹章等具有公共服务和管理意义的装饰是中世纪市政厅的一种建设模式。德国法兰克福市政厅是一个典型的例子，市政厅处于城市中心罗马广场（Romerberg），城市的发源地法兰克福天主教主座教堂就处于广场旁，市议会在 1405 年 3 月从一位名为罗蒙（Römer）的商人家庭手中买得一栋房子"金天鹅"（Golden Swan），然后该家族将相近的另一栋房子"汉斯的罗蒙"（Haus' Römer）也出售给市政厅，改变用途成为市政厅。市政厅在几百年的发展中，于 1454 年、1510 年、1542 年、1596 年和 1878 年先后征用购买两边相邻房子组合成为市政厅，从 15 世纪到 19 世纪共购买了 9 栋房子。市政厅通过 6 个内院以及通廊、天桥，将 9 栋建筑串联起来形成联排式的市政厅建筑群，后来顺着联排建筑扩建了新的办

公楼并一直使用至今。现在的市政厅还保持罗蒙的房子称号。

历史上市政厅的立面装饰风格不断改变以适应时代审美需求，1896—1900 年对立面进行改造，使其成为有新哥特式风格的建筑。近代重点将各类市政厅具有装饰和功能要素的空间集中在最早购买的罗蒙这栋房子，成为市政厅的入口。在入口处加建了大阳台，代替原来木质结构的屋顶，成为接待访问客人、观光和举办节日盛事的重要活动空间。立面上添上时钟、四座神圣罗马帝国的帝王的雕像和纹章、城市纹章、两个神圣罗马帝国双头鹰纹章等反映了

市政厅特征的装饰物，市政厅在二战期间受到严重损坏，战后按照 1900 年的建筑风格进行修复，屋顶经修缮后有所

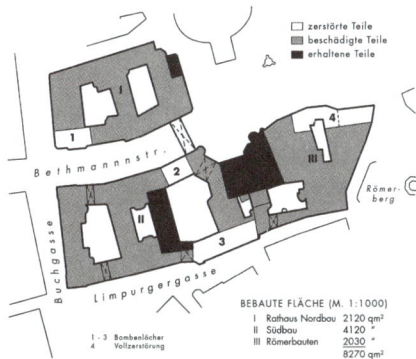

Schadensplan von 1944.

德国法兰克福市政厅主要的三栋建筑主立面，建筑使用了 600 多年。

法兰克福市政厅总平面图。

法兰克福市政厅立面上的城徽。

法兰克福市政厅立面的历史人物雕像和纹章。

简化，1955 年德国总统参加了完工仪式，之后在 1974 年和 2005 年又经过两次修缮。该建筑体现了德国传统建筑的特征。

法兰克福市政厅战后按照 1900 年的新哥特式建筑风格进行修复，城市纹章成为独特而富有象征性意义的艺术品展示在入口处。

法兰克福市政厅立面上的神圣罗马皇帝雕塑和纹章，与哥特式的建筑样式交相辉映，竖向逐渐收拢的罩顶下，是四位与法兰克福城市历史相关的神圣罗马皇帝的雕像，他们分别是在法兰克福选举出来的第一位皇帝，另三位皇帝分别在不同时期给予法兰克福城市权

利、将法兰克福确定为选举神圣罗马皇帝的城市、赋予法兰克福天主教主座教堂的皇家地位。

在市政厅内院的上下窗间饰带嵌入的是神圣罗马帝国城市纹章的浮雕，形成墙体的组成部分，红色砂岩纹章装饰与红色的德国风格的木框架建筑的组合非常合适。

2. "官邸"性质的市政公共建筑空间形式

最早一批的中世纪城镇中，具有市政管理功能的建筑是罗马风格和哥特风格兼备的房子，它们的称谓不一。

城市纹章：欧洲城市的文化遗产

锡耶纳省的小山城圣吉米亚诺（San Gimignano）在 1199 年从主教的手中获得了独立的城市管理权，1239 年建设了市政建筑（palace of the Podesta），在院子的墙壁上留下每位管理者的纹章。

意大利圣朱廖市（Orta San Giulio）的公共市政建筑"布拉雷多府邸"（Palazzo de Podestà）是最早的市政厅之一，博洛尼亚（Bologna）"布拉雷多府邸"（Palazzo de Podestà），是 1200 年建设的类似市政厅的建筑，首层是商店、二层为会议大厅，在 1435 年加建了钟楼。在意大利语中在中世纪相当于市长的城市管理者被称为长官（Potestà），源于拉丁语 Potestas，为权力之意，博洛尼亚在 1151 年开始使用此称谓。博洛尼亚是在意大利乃至整个欧洲最早拥有市政机构和市政管理者的城市。在中世纪意大利还把有市政厅或市政建筑意义的建筑称为"拉吉翁府邸"（Palazzo della Ragione），"布拉雷多府邸"这类建筑提供聚会、讨论司法、公共选举事务的功能，同时也是市场和市场管理的所在地。意大利帕多瓦（Padua）市政公共建筑"拉吉翁府邸"（Palazzo della Ragione，1172–1219），13 世纪建成后

意大利圣吉米亚诺 1239 年建设的市政建筑（左）和圣吉米亚诺市市政厅各历史时期统治长官留下来的纹章（右）[②]。

意大利圣朱廖市的城徽。

圣朱廖市的公共市政建筑"布拉雷多府邸"。

意大利理性主义建筑运动领头人罗西，对于历史建筑信息和建筑个体、城市记忆的关系有十分深刻的分析，"在参观这类建筑物如帕多瓦的拉吉翁府邸时，人们总会对与建筑物密切相关的一系列问题感到惊讶。人们会尤其强烈地感受到这类建筑物在历史中容纳多种功能的能力以及建筑形式完全超出于这些功能的魅力。"③ 早期兼有城市市政厅功能的建筑具有多功能的特点，无论现在这些功能是否延续下来，它总是城市记忆的历史关键个体，如果结合城徽加以解读，更能够理解城市历史的魅力所在。

逐步扩大。曼托瓦的"拉吉翁府邸"（Palazzo della Ragiona）建于 1250 年。

意大利博洛尼亚建于1200 年的市政公共建筑。

城市纹章：欧洲城市的文化遗产

曼托瓦建于 1250 年的"拉吉翁府邸"。

3. 沿街商铺式的市政厅

瑞士的巴塞尔虽然仅有 16 万人，但被列为瑞士第三大城市，巴塞尔地处法国、德国和瑞士交界处，具有丰富的文化、宗教历史。市政厅处于街道联排建筑的中间，前面是市场商业中心，市政厅非独立房子，而是由连续的街道商铺组成。建筑有 500 多年的历史，1290年就在这里形成了城市的管理中心，1339 年被大火所毁。从 1504 年至 1514年经多年建设，才建成了这座在北欧具有影响力的市政厅，后来建筑经多次修缮。由于建筑材料使用了红砂岩，市民也称它为"红房子"。左右的塔楼为 19

Das Basler Rathaus

瑞士巴塞尔市政厅立面图。

小汉斯—霍尔拜因为
巴塞尔市政厅绘制的壁
画，藏于巴塞尔美术馆。

世纪末修建的。

　　室内的壁画是 1521 年德国文艺复
兴代表性画家小汉斯·霍尔拜因（Hans
Holbein the Younger，1497–1543）生活
在巴塞尔时期绘制的，如今大部分已经
剥落或者受损，部分残片收藏在巴塞尔
美术馆（Kunstmuseum）。

瑞士巴塞尔市政厅速写。

城市纹章：欧洲城市的文化遗产

巴塞尔市政厅以纹章为主题的彩绘历史壁画。

在侧墙是巨幅的彩绘历史壁画，制作于1901年，表现了1515年历史人物马里尼亚诺（Battle Marignano）保护巴塞尔战旗的场景：旗手汉斯（Hans Bar，1465–1502）手持以巴塞尔黑色主教权杖头为寓意物的城市纹章战旗，脚下是汉斯以黑熊为寓意物的个人纹章。作画者为出生于巴塞尔的瑞士画家巴尔莫（Wilhelm Balmer，1865–1922）。建筑正立面数个墙垛运用彩绘的天使、骑士或者动物的形象守护着瑞士主要州的城市纹章。

1515年马里尼亚诺战争是旧瑞士联邦和法国军队的战争，发生地点为现在意大利境内的马里尼亚诺。旧瑞士联邦和米兰大公的军队与法国军队进行了惨烈的战斗。瑞士军队采用的是传统的作战方式，使用的是长矛枪对抗法国军队的野战炮，冷兵器与火器的对抗的最后结果是瑞士军队和米兰大公惨败。这场战争引发了瑞士后来宣布"永远中立"的联邦外交政策和米兰成为法国统治领地的结局。

奥地利因斯布鲁克（Innsbruke）是在伦巴底王国建立时期的重要城市，它的重要性在于对保护维罗纳—不来梅—奥根斯堡这一贸易线路意义重大，在阿尔卑斯山地区，没有一座商业城市能够像因斯布鲁克一样，商业繁华又能够看到高山景色，因斯布鲁克因而被称为"阿尔卑斯山之都"。神圣罗马皇帝马克西米利亚一世在这座城市居住的时间比奥地利任何城市都时间长。最早的市政厅是处于老市区一座商人的房子，后

巴塞尔市政厅入口正面立面。

城市纹章：欧洲城市的文化遗产

巴塞尔市政厅墙垛上的
相关城市纹章装饰。

城市纹章：欧洲城市的文化遗产

来批发商人 Leonhard Lang 提供了自己的旅馆为市政厅。近年进行扩建形成商业和市政厅兼容的综合体。大街正面是著名的历史建筑"金顶屋"，为神圣罗马皇帝马克西利亚所建，城市具有皇家的气象。市政厅在 1358 年后才加上钟楼，钟楼时钟的四角是四个纹章装饰，包括奥地利王国的传统纹章。

一般的市政厅选址多处于市中心甚至市场边，市民容易上门办事且方便管理，平民化、市场中心的土地和联排建筑容易形成规模，许多欧洲城市的市政厅是联排商业建筑的一部分，而非强调权威、独立的形式。

4. 兼具军事防御功能的空间形式

利用城门或者城墙的塔楼，作为公共办事的活动空间，是不少城市在市政厅成立后的做法。

中世纪最早出现的大多数市政厅是二、三层的建筑，大多带有防御功能的塔楼，首层为拱廊形式。带有钟楼的市政厅在 13—14 世纪才形成一种潮流，它也能突出市政厅的形象并且为市民提供报时、军事防御等多种功能需要，最终市政厅的空间形式体现在横向展开的市政厅办公空间，形成钟楼与建筑结合在一起的设计和单独设计高耸的钟楼两种形式，德国德绍市政厅的塔楼就是一座有凸堡的瞭望台。吕纳堡市（Luneburg）为德国汉诺威大都市区的一部分，是汉萨城市联盟的城市之一。最早的吕纳堡市政厅建立于 13 世纪，

18 世纪以红砖哥特式建筑风格建造成现在的市政厅，与施特拉尔松德市政厅设计手法类似，首层为架空拱廊，室内装饰后来在各年代不断重建和修缮。里

市政厅的钟楼，钟的四角分别是因斯布鲁克、奥地利国家纹章。

奥地利因斯布鲁克市政厅和市政厅标志城徽，左侧为市政厅，正面是"金顶屋"，为神圣罗马皇帝马克西利亚所建。

有公共标记的建筑：欧洲市政厅发展历史

121

1835年因斯布鲁克城市风景画，远方背景是阿尔卑斯山。

C. Studer lith.

INNSBRUCK · ANNASÄULE UM 1835

城市纹章：欧洲城市的文化遗产

纳堡城市建筑在二战时幸免于难，现在市政厅的建筑立面上有三层雕像，为正义女神等古希腊女神雕像和历代君王的雕像，立面上的纹章包括吕纳堡城市纹章和吕纳堡公国的纹章等，装饰非常精美。高塔兼顾了军事防御观察的功能。

市政厅的出现，是中世纪通过城市宪章从君主、领主和主教管治向城市自治转变的结果，它是自由和城市财富的象征。有别于宫廷的决策，不同于主教的密谋，市政厅成为中世纪后市民参政的新类型的城市地标式公共建筑。

---

① ［澳］约翰·赫斯特著，席玉苹译：《你一定爱读的极简欧洲史》，广西师范大学出版社 2011 年版，第 133 页。

② 图片引自：Giancarlo Gasponi. *Tuscany: a Marvel of Man and nature*. Trento: Euroedit, 1991.

③ ［意］阿尔多·罗西著，黄士钧译：《城市建筑学》，中国建筑出版社 2014 年版，第 31 页。

德国德绍市政厅（上）和德国吕纳堡市政厅（下）。

有公共标记的建筑：欧洲市政厅发展历史

二、独立的市政厅

　　德国和意大利的城市最早在欧洲独立建造了市政厅，这与意大利的城邦制度和德国神圣罗马帝国被较早赋予城市特权而产生城市宪章、贸易自由的权利有关，也是城市经济繁荣和贸易发达的结果。特别是汉萨城市联盟的成立，推进了市政厅的建设。

1. 市政厅的建筑基本要素

　　经历了数世纪的实践，欧洲的市政厅形成了一定的建筑基本元素，形成了不约而同的模式。它们以城市纹章为

意大利西西里卡塔尼亚市政厅的入口和阳台。

标志，还有着观光的阳台、首层的步行

波兰热舒夫城徽（左）
和市政厅（右）。

市政厅的城市纹章表现形式。

时钟是市政厅的主要要素之一。

拱廊、时钟或钟楼、内外壁画等。

　　市政厅的阳台主要满足观光、集会等基本功能需要，其规模大小不一，更多的是体现其象征意义。伯明翰市政厅的观光阳台宽广，意大利西西里卡塔尼亚市政厅入口上的阳台却很狭小，但都有贵宾观礼和政府官员集会演讲的功能。

　　波兰热舒夫市（Rzeszow）是波兰东南部最大的城市，6世纪开始有人在此耕种，1354年城市获得城市宪章。城市在1580年后为贵族米科瓦伊（Mikoxaj Spylęk Ligeza）所统治并进行了大量城市设施建筑，还获得多项市场贸易的权利，城市贸易繁荣。市政厅为1591年

所建，市政厅面对市场广场，阳台是主要活动空间。城徽的蓝色盾面上是银色的十字架，这一标志被巧妙地嵌入在市政厅入口处和山花墙上。

德国维斯马市政厅的入口阳台。

德国维斯马城市纹章。

德国波恩市政厅的入口。

波恩市政厅邮票。

德国波恩（Bonn）市政厅在20世纪50年代成为邮票的主题。波恩市的市政厅建于1753年，是典型的洛可可风格。波恩市的城徽在市政厅多个重要位置用夸张的手法充分表现，入口通过左右对称的楼梯抬高至二层而进入大堂，二层中心平台成为公共庆典的主席台，这种设计手法在市政厅建筑中得到普遍使用，这得益于米开朗基罗对罗马

波恩市城徽。

波恩市政厅城市纹章的不同表现形式。

城市纹章：欧洲城市的文化遗产

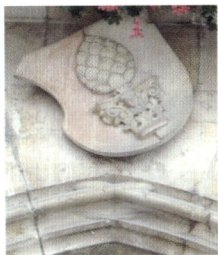

纽伦堡的城徽（左）、奥格斯堡的城徽（中）和莱比锡的城徽（右）。

慕尼黑市政厅外走廊天花上的纹章。

市政厅改造的建筑形式。城市纹章在市政厅以不同形式、材质出现在不同部位，成为栏杆、铁件的装饰中心要素，在屋顶的沿口采用彩色立体的浮雕式城市纹章。

城市之间的关联性通过相关城市纹章象征性地体现出来。慕尼黑市政厅外走廊每一拱顶上都装饰一个巴伐利亚州主要城市的城徽，形成连续统一的视觉效果。外走廊的天花也采用具有共性的艺术符号装饰，如商业的象征符号商杖和艺术的符号象征手拉琴。

市政厅附近的市政设施在细节上也与城市纹章结合起来，如井盖、垃圾筒等。室内装饰一般也会突出城市纹章图形，例如在议会厅、大厅等处，利用包括彩色玻璃画等多种形式来表现地区的独特性。

德国维斯马城市纹章的井盖。

英国利物浦市政厅内以城市纹章的寓意物利鸟为核心图形的瓷砖装饰（左）和城徽平面图形（右）。

有公共标记的建筑：欧洲市政厅发展历史

利物浦市政厅的城徽主要在室内装饰中使用，以城徽的利鸟为核心图形的装饰瓷砖成为了著名的艺术瓷。完整的城徽以利鸟为中心，以海神波塞冬和其儿子人身鱼尾海神为护盾者，市政厅的地面成为具有显著地方性特征的特殊艺术品。

2. 独立的市政厅与钟楼

佛罗伦萨市政厅和锡也纳市政厅是在意大利乃至欧洲各城市建设完整市政厅的少有例子，这一历史阶段大部分欧洲城市的市政厅还处于东拼西凑地利用各种建筑进行改造的阶段，而在意大利以佛罗伦萨和锡也纳的市政厅为代表的意大利市政管理建筑已经先行一步。塔楼、市政广场、城徽装饰、纪念性雕塑和壁画等成为这类建筑物的身份标志。

意大利的锡耶纳共和国存在于11世纪末至1555年，托斯卡纳大区锡耶纳市的市政厅（Palazzo Pubblico Siena Tuscany）是欧洲城市市政厅建设学习的范本。锡耶纳市政厅在1298年开始设计，于1325到1344年进行建设，设计师为利波·梅米（Lippo Memmi），其在建筑材料方面特别考究，建筑的底部采用石头，上部用红砖，而在塔楼的顶部又转变为石头，形成了色彩和质感的对比。高耸的塔楼造型优美，比例协调，是当时意大利最高的建筑。在1310年建成第二层的大型会堂和"九人政府"办公室，钟楼于1348年完工，

意大利锡耶纳市政厅[2]。

也称为"曼加塔"，现在是城市博物馆。一年举行两次的传统节日"派力奥赛马节"就在市政厅前的大广场举行，选手们身着中世纪的装束绕广场赛马，重现昔日锡耶纳的辉煌岁月，吸引了世界各地游客。

1287年锡耶纳制订法律规定城市政府的形式和产生办法，称为"九人政府"，每两个月选举一次，候选人必须是商人阶层或者是公民中的中产阶级。在此之前的法律确立了大议会制度，共有360名成员构成了"大议会"[1]。

欧洲城市市政厅利用钟楼或者塔楼突破宗教建筑在城市景观中绝对高度景观控制权，这种做法也是首先在意大利托斯卡纳地区的锡耶纳发生。锡耶

城市纹章：欧洲城市的文化遗产

锡耶纳市政厅广场。

纳市政厅的塔楼称为曼吉亚塔（Torre del Mangia），发挥了在城市安全保卫中的瞭望作用，在市政广场（piazza del Campo）成为市政厅外空间的显著特征，城市最高的司法机关也与市政厅毗邻，各行会的总部围绕着广场。锡耶纳市政厅从中世纪一直到近代都对欧洲城市的市政厅建筑功能和形式起到示范作用。

市政厅内廷设计与外立面是一体化的，在典型的托斯卡纳地区的双棂窗（Mullion）上方的龛型空白处，使用了锡耶纳的城市纹章装饰。锡耶纳的城市纹章黑白相间的盾形装饰，与大窗拱顶配合使用，形成鲜明的视觉效果，后来成为欧洲一些城市市政厅模仿的装饰样式，它们大多采用连续的城市纹章形成装饰部件的主题，重复形成带状视觉图形。

锡耶纳市的城徽在建筑内外充分

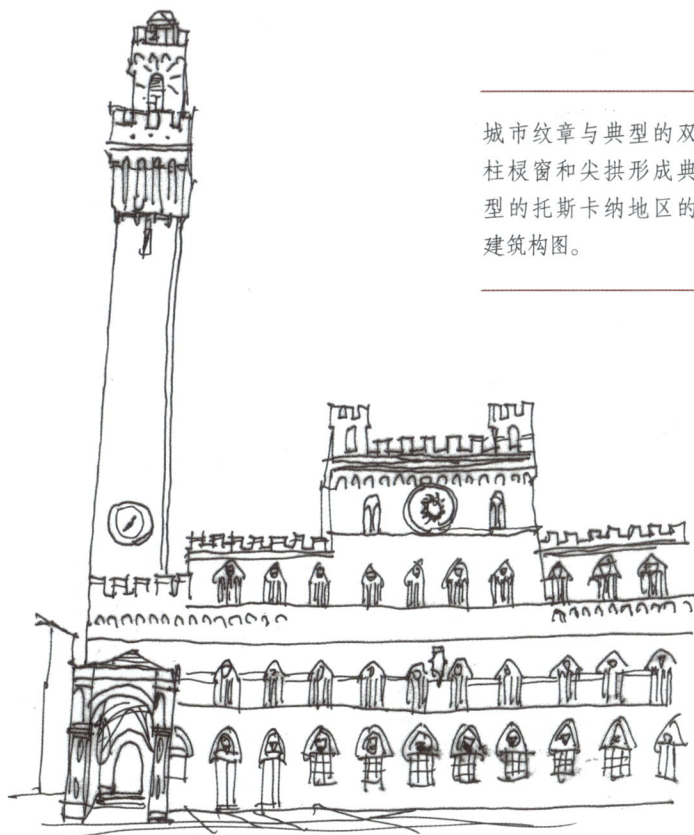

城市纹章与典型的双柱棂窗和尖拱形成典型的托斯卡纳地区的建筑构图。

有公共标记的建筑：欧洲市政厅发展历史

运用，设计者利用这一公共集体荣誉的符号，与建筑的拱形装饰、塔楼、室内装饰有机结合，在细部上重复展示而形成令人印象深刻的外立面饰带，体现了市政厅建筑的可识别性。《世界遗产名录》的评语这样写道："锡耶纳是一座中世纪的化身。这里的居民为取得这块土地的城市规划权利，长期与佛罗伦萨竞争。"锡耶纳和佛罗伦萨同样是意大利古国伊特鲁里亚的原定居地，两座城市一直处于竞争状态，市政厅建设也不例外。城市的竞争和市议会自治功能的完善，在 13 世纪末至 14 世纪上半叶基本完成，这是欧洲地中海沿岸城市市政建设的一次高峰期。

3. 城市公共活动空间

行会与市场的发展是与市政厅建设相伴相生，市政厅规模大小与商业经济活动分不开，商业经济活动又离不开行会的力量。市政厅的选址常靠近市场，有时候是因为市场需要市政厅便利的服务，有时是市政厅无形中促进了市政广场的形成。行会是中世纪开始形成的建筑，从某种意义而言，是另一种类型的公共社会服务建筑，各类行会总部多选择在市场广场周边并和市政厅毗邻而建，形成围合的有市场功能的交易广场。布鲁塞尔和安特卫普的大广场都采用了这种模式。

佛罗伦萨城市全景中的市政厅。

城市纹章：欧洲城市的文化遗产

19世纪布鲁塞尔的历史透视图。

布鲁塞尔大广场是在13世纪由于商业活动的活跃而逐步形成的，首先建立了室内市场。14世纪时商人的经济实力逐步强大，出于经济方面的考虑，领主将贸易权利授予市政厅。布鲁塞尔市政厅是1402年至1420年建设的，塔楼高96米，分两阶段建设，右翼在1444年开始建设，耗时五年完工；1455年塔完成，塔尖是5米高的城市保护神迈克尔的金属雕塑（Archangel Michael）。

布鲁塞尔市政厅的哥特式建筑和周边行会建筑（Guild house）构成了布鲁塞尔大广场（Grand Place），行会大楼建造于17世纪，被列入《世界遗产名录》，其中对这一遗产的评价颇有说

比利时布鲁塞尔市政厅。

布鲁塞尔行会大楼（从右到左：Le Roy d'Espagne, La Brouette, Le Sac, La Louve, Le Cornet, Le Renard）。

从布鲁塞尔市政厅一侧看两栋行会建筑，从左到右分别是 Le Pigeon La Chaloupe d'Or。

服力："布鲁塞尔大广场是一处卓越的公共和私人建筑混合建筑群，大部分建筑建于 17 世纪晚期。这些建筑生动诠释了布鲁塞尔这一重要政治、商业中心的社会和文化生活水平。"在比利时和

低地国家的城市，在行会大楼的入口或者屋顶都会使用纹章表明行会的身份，在门口或山墙上，按传统方式安置山花石（Gable stone）的部位为行会纹章所代替。行会大楼的功能与市政厅类似，为城市行会的成员日常议事的场所。

建筑 Le Roy d'Espagne 原来属于理发师行会，建于 1696 年，其他的行会建筑如制毯行会建筑等，基本是在 17 世纪建造，这些建筑在 19 世纪末和 20 世纪初进行了大规模的修复。Le Pigeon 是画家行会建筑，后来出售给石匠行会，Chaloupe d'Or 则是黄金商人行会建筑。

安特卫普是比利时和荷兰在中世纪后的重要经济和文化中心，原是日耳曼部落在公元 2 世纪时的定居点，在查理大帝统治时期开始建立军事要塞，8 世纪为维京人所摧毁。它曾经是墨洛温（Merovingian）王朝的一部分，又是

城市纹章：欧洲城市的文化遗产

神圣罗马帝国的边界地带。安特卫普在1291年获得了部分城市权利，1406年前它还不是"自由城市"，但是属于汉萨联盟的重要城市。16世纪是安特卫普辉煌的年代，城市在后面的200年间成为手工业者、艺术家移民的重要城市。1501年以后，安特卫普成为亚洲商品进入欧洲的中转站，最早进行海洋拓展的葡萄牙商人也将商品带到此进行销售。安特卫普成为汉萨联盟的重要城市后，糖的进出口贸易使城市经济活跃起来。1645年布劳绘制的安特卫普市政厅的建筑透视图表现了这一时期文艺复兴建筑的风格，在建筑立面上布满各种纹章，成为重要的装饰手法。市政厅建立于1561—1565年，为文艺复兴风格。16世纪的安特卫普也因为贸易的繁荣而成为欧洲的印刷和制图城市中心，许多流传下来的城市地图就是在此制成。

在16世纪，安特卫普城可谓是当时世界的经济中心之一，飞速发展时期的安特卫普城是名声很响的大都市，其财富基于世界贸易、银行业和国际关系的发展，在哈布斯堡王朝查理五世统治神圣罗马帝国时期尤为出色。安特卫普在16世纪成为欧洲最为富有的城市之一，国际贸易的繁荣，促进了艺术的繁荣，他们的作品在海外获得重视并获得大量订单。"在这里，艺术家们享受着最理想的工作条件，很多曾经移民到法国的大师回归故里；新生的市民阶级，特别是在富有的贸易巨头和商人中，出现新的艺术赞助人，他们为年轻艺术家茁壮成长提供大好机会。"③他们的作品追求独立的写实风格，尤其是肖像画不简单地将人物理想化，而在于对现实的观察。保罗·鲁本斯（Rubens,

安特卫普市政厅速写。

鲁本斯 1623 年的自画像（上）和 17 世纪 30 年代中期的作品《春》，也被称为《美惠三女神》（下）。

1577–1640）就是生活在这座城市并产生了以他为代表的弗兰德斯风格（maniera fiamminga）的绘画艺术。鲁本斯生于德国科隆，生长在安特卫普，在意大利学习绘画，1606 年服务于曼托瓦公爵后回到自己的家乡，其艺术高峰时期是在这座城市生活，期间还代表西班牙出使英国，与英国王室交往甚密，1623 年的自画像还被英国国王挂于皇家画廊中。在安特卫普渡过了 20 多年后，他于 17 世纪 30 年代中期创作的作品《春》也称为《美惠三女神》，是他与第二任妻子海伦娜·富尔芒结婚后重新焕发激情的表现，鲁本斯逝世后安葬在安特卫普的圣雅各教堂。

鲁本斯对欧洲前几个世纪的艺术风格进行融会贯通而形成"联姻式"、高度个性化的艺术风格。"而巴洛克风格则汇聚了拉斐尔和米开朗基罗的泉源、克雷基欧高雅的幻觉论以及提香的世俗活力，造就了一位伟大的艺术家——鲁本斯，他能融会贯通这些潜在的影响。"[④] 鲁本斯还是一位出色的版画家，由于版画的可复制性，版画对插图艺术和书本印刷出版影响深远。

西班牙殖民地荷兰当时是世界的贸易中心，在这段黄金时期过后，阿姆斯特丹于 17 世纪逐渐取代了安特卫普的中心地位，但安特卫普还是保留了其重要的国际枢纽的地位，尤其是在奢侈品贸易的领域。

国际上经济、政治和历史文化界的学者从 20 世纪 30 年代就对"安特卫普破产法庭档案"有所耳闻。在 2007

城市纹章：欧洲城市的文化遗产

年，弗兰德文化部长已将其纳入了一个经严格挑选的具有国际影响的档案清单里，这一清单被列入了联合国教科文组织的《世界遗产名录》。

荷兰"安特卫普破产法庭档案"（Archives Insolvente Boedelskamer Antwerpen）被列入《世界记忆名录》，这一破产法庭档案使这个阶段的社会管理特点通过文献得到展现，从中可以探求1500年到1800年期间经济、社会和文化历史。在快速扩张和国际贸易的大背景下，一个特殊的市场监管制度也在安特卫普形成。为了保护贷方和客户的利益，安特卫普市政委员会命令自1518年开始，破产（insolvent）的公司人员的所有文件、信函、档案和财产都将立即由一位法官负责查抄及监管。由此，超过150个公司或商人的档案被查抄并存放在安特卫普的市政厅里。由于这个法律程序的特点，一系列关于16世纪至18世纪的经济、社会和文化生活方面的档案都被保存在破产法庭（Insolvente Boedelskamer），涉及的经济体遍布世界各地。这说明整个档案给人们提供了一个了解14世纪至16世纪全球国际经济关系的一手资料。荷兰"东印度公司（VOC）档案"和"安特卫普破产法庭档案"结合起来看，能够较全面反映欧洲与亚洲的贸易史。荷兰东印度公司档案已经在《世界记忆名录》中被探索研究过，"安特卫普破产法庭档案"与在2001年被列入《世界记忆名录》的安特卫普关于普兰汀博物馆的档案互相补充，提高了它们在联合国教科文组织《世界记忆名录》中的重要性及研究价值。

4. 德国的实践和影响

在12至14世纪，部分城市的市

德国科隆市政厅，欧洲城市中最为古老的市政厅之一。

政厅开始建设独立和完整的市政厅。具有真正市政厅功能的建筑的城市，在中世纪的科隆算是其中一个，在如今科隆市政厅的位置，根据1135—1152年文献记载，有着"市民聚会的房子"。德国科隆也是11世纪后期最早实施有限自治的城市，在1114年拥有了城徽，是欧洲最早使用城徽的城市之一，也是欧洲城市中最早建立市政厅机构和建筑的城市之一。

科隆市政厅经过多次变更风格并加建不少属于不同历史阶段流行风格的建筑。1330年建设了新的、高9.58米、约200平方米的市政大厅，并命名为"Saalbau"，代替了1135年建成的罗马风格的议会建筑，1407至1414年在行会力量的推动下，增加了一个哥特式的塔楼，高61米。塔楼是多功能的，文档的保管部占了主要空间，后来汉萨联盟的部分贸易文件也存储于此。1567年市议会批准通过了增加两层门楼作为主入口的设计方案，门楼为文艺复兴建筑风格，于1573年建成。

德国北部城市不来梅市政厅，拥有600多年的历史，一直得到保护并不断创新。德国不来梅全称是自由汉萨不来梅市，在1368年加入汉萨城市联盟。城市最早在787年成为主教区采

另一个角度的科隆市政厅景观，包括不同时期建造的塔楼和门廊。

德国科隆市议会在会议大厅开会的情形，制作于 17 世纪。

邑，又在 965 年获得铸币和海关征税的权利。1186 年不来梅获得部分城市权利，由市民组织的法人团体得到承认。城市于 1225 年形成市议会，并制定城市管理的法令。1646 年不来梅被正式承认为帝国自由城市。在市政广场

科隆市政厅木制城市纹章装饰。

德国不来梅市政厅正立面。

德国不来梅市政厅也是采用壁画为内装饰，底部中间是城徽，两只狮子是护盾兽。

竖立的罗兰（Roland）雕像象征着自由而历史久远的城市地位，这座雕像是世界最古老的罗兰塑像之一。市政厅由不来梅建筑师李德·冯·本特海姆（Lüder von Bentheim，1555–1613）进行重修装饰设计，在1595年开始。市政厅建于1404—1410年。1608年，在保留结构形式的前提下，对原来的哥特式建筑立面进行改造，成为"威悉文艺复兴"的典范，精美的砂岩雕刻、巨大的方窗和大坡顶是其建筑特征。城市纹章成为外立面的装饰，各种纹章护盾物与拱券的装饰结合在一起，部分砂岩雕塑为中世纪留存下来的，建筑立面加入了荷兰文艺复兴的建筑元素。第二次世界大战时，不来梅城市一半以上的建筑被炸毁，但市政厅周边受损的程度较轻，市政厅幸免于战火，是欧洲中世纪后期建设的、少数没有被战火破坏的市政厅。在市政厅内，有着16世纪创作的以主

不来梅市政厅立面纹章装饰。

城市纹章：欧洲城市的文化遗产

新市政厅室内入口的城市纹章装饰。

教（Willehad）和查理曼大帝（Emperor Charlemagne）为主题的壁画，歌颂了这两位城市奠基者，同时也将城市的象征符号"圣彼得的钥匙"在画中完美表现。城徽是源自12世纪主教的印章上"圣彼得的钥匙"图形。

1903—1907年，由来自慕尼黑的建筑师设计了新市政厅扩建工程。城市纹章仍然是市政厅重要的图像设计灵感来源，在室内外装饰中，城市纹章继续得到广泛使用。

2004年不来梅市政厅和罗兰雕像（Town Hall and Roland on Marketplace）入选《世界遗产名录》，入选的缘由是

不来梅市政厅内具有新艺术风格的金色大厅。

德国1968年发行的以
韦尔尼格罗德市政厅为
主题的邮票。

它们是欧洲城市发展中城市自治和自由
贸易的历史象征，评语写道："不来梅

市政厅和罗兰像是神圣罗马帝国发展市
民自治权和主权的有力证据，是公民自
治和自由市场的杰出体现。"城市在历
史建筑保护和利用上保持了各历史阶段
的历史轨迹。不来梅保持汉萨联盟城市
的特殊历史地位，不来梅市长同时兼任
州长，城市还保持全称"自由汉萨联盟
城市不来梅"。

市政厅的室内装饰也与时俱进，
20世纪初，当新艺术运动风格在欧洲
流行时，与科隆市政厅一样，不来梅市
政厅也是以多变的风格来适应潮流的变
化。1907年对建筑内"金色大厅"房
间进行装修，装修采用时髦的新艺术风
格的手法。

城市纹章：欧洲城市的文化遗产

不来梅市政厅邮票被列入《世界遗产名录》，韦尔尼格罗德市政厅、波恩市政厅、柏林市政厅等都发行过邮票。德国城市市政厅建筑常成为邮票的主题内容，展现城市的历史和市政厅的艺术价值。欧洲其他国家的城市市政厅也有类似的艺术表现方式，如匈牙利凯奇凯梅特市政厅。

德国北部城市施特拉尔松德（Stralsund），strale 在波兰语中是箭的意思，城市属于梅克伦堡—前波美拉尼亚（Mecklenburg–Vorpommern）州，靠近波罗的海海峡，城市人口 5.8 万。市政厅建于 1278 年，为展示财富，采用典型的红砖哥特式建筑风格，成为汉萨城市联盟城市众多市政厅中的经典之作。市政厅还充分考虑市民的步行需要，首

德国施特拉尔松德市政厅速写（下）和窗户的纹章装饰（上）。

有公共标记的建筑：欧洲市政厅发展历史

层留出步行廊，成为连接周边的步行活动公共空间。市政厅的立面和入口采用了纹章装饰，红色和蓝色相间的条转创造出多样的图案。城徽的寓意物为"箭"与名字的含义相关联。

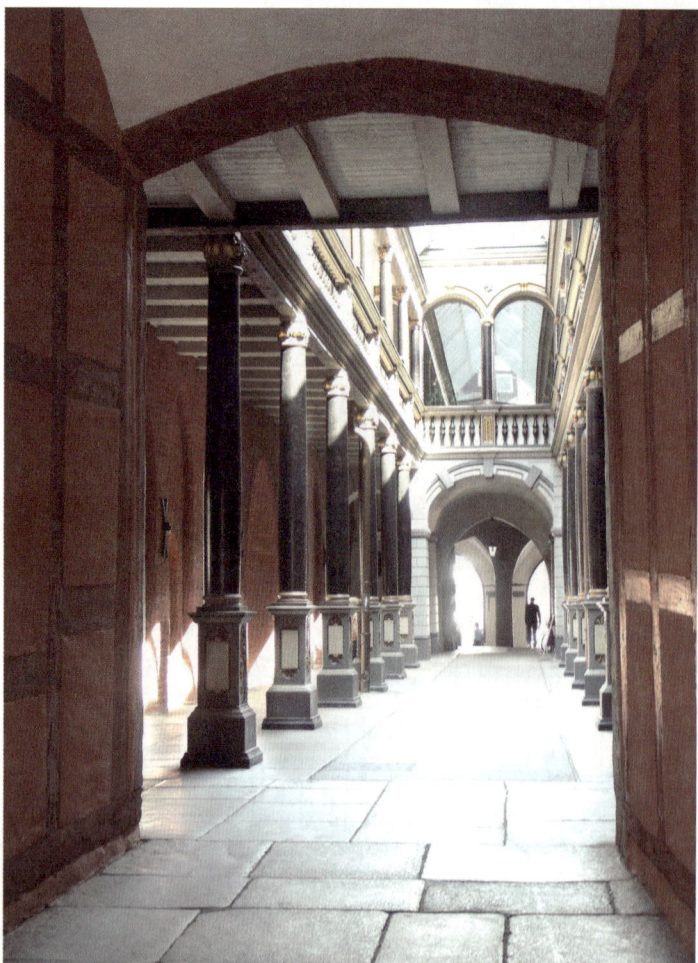

施特拉尔松德市政厅城市纹章装饰（左）、城市纹章（右上）和历史上使用过的公共印章（右下）。

① ［荷］布拉姆·克姆佩斯著，杨震译：《绘画、权力与赞助机制：文艺复兴时期意大利职业艺术家的兴起》，北京大学出版社 2018 年版，第 73 页。

② Giancarlo Gasponi. *Tuscany: A Marvel of Man and Nature*. Trento: Euroedit, 1991.

③ 吕章申主编：《鲁本斯、凡·戴克与弗兰德斯画派：列支敦士登王室珍藏》，北京时代华文书局 2013 年版，第 21 页。

④ ［英］迈克尔·列维著，孙津等译：《西方艺术史》，江苏美术出版社 1987 年版，第 141 页。

施特拉尔松德市政厅可以通过架空的首层步行空间连接广场形成公共空间。

城市纹章：欧洲城市的文化遗产

三、独特的公共艺术品

市政厅城徽的表现手法和材料的应用，反映在不同建筑部位的使用上，其建筑风格与时代技术的进步有关。在市政厅出现的城徽作为建筑构件在入口展示城市的独特性，市政厅建筑的出现与纹章的萌芽阶段同处于中世纪时期，市政厅靠城徽图案来体现公共建筑的可识别性，通常出现在门口、主入口上的阳台和正立面的山花部位上。

1. 独特的艺术品

西班牙塞维利亚市政厅（Case consistial de Sevilla）是15世纪至16世纪典型的西班牙银匠风格（Plateresque），建筑的立面由纹章、历史人物、古希腊神话人物雕塑精致地进行装饰。1526年当神圣罗马皇帝查理五世在塞维利亚结婚时，要求建造一座能够代表城市权力的建筑。1527年至1534年，西班牙著名建筑师迭戈·德·里亚诺（Diego de Riaño）负责设计和监督工程建造，他去世后由Juan Sanchez接替以继续监督工程任务。

1250年两圣人的印章是现在的塞维利亚城徽的原形，同时将"NO8DO"（绳结印记）作为城市旗帜的图形。

伦敦在13世纪30年代成为首都，

西班牙塞维利亚的市政厅（左）和装饰精致的大门（右）。

城市纹章：欧洲城市的文化遗产

西班牙塞维利亚市政厅上的城徽。

西班牙塞维利亚市政厅入口处的纹章装饰。

西班牙塞维利亚"1250年两圣人的印章"出现在当今的城徽上。

在 1100 年仅是两万人的城市，在 1300 年人口增至 10 万，1801 年人口超过了 86 万，农村人口为工业革命提供了劳动力。1566 年伦敦地图呈现的是伦敦核心部分，从图上可以看到左右两个纹章，左边的是伊丽莎白君主（Elizabeth

制作于 1566 年的伦敦地图。

© The Hebrew University of Jerusalem & The Jewish National & University Library

有公共标记的建筑：欧洲市政厅发展历史

I，1558-1603）的纹章，另一个是伦敦城市纹章，这时的伦敦街道缺乏规划，周边由农地包围着。尽管是首都，但英国教会的中心是距离伦敦一百公里的坎特伯雷大主堂，教会和君王没有干预或者约束城市商业活动，保证了伦敦的发展活力。17世纪是伦敦快速发展的时期，英国建筑师伊尼戈·琼斯（Inigo Jones，1573-1652）作为英国皇室的重要建筑师，于1613年考察了意大利若干城市后回到伦敦，在一系列公共空间和皇室的建筑引起标志性的变化。意大利文艺复兴运动此时正在如火如荼进行，法国巴黎已经受到文艺复兴浪潮的影响。

老伦敦市政厅处于伦敦历史地区金融区的一座被称为行会大楼（Guildhall）的历史建筑中，考古发现此地为古罗马时期的竞技场。这里是真正传统意义上的伦敦市管理中心，有别于大伦敦行政中心。正因为它的传统象征意义，这座建筑代表伦敦市举行了各类仪式，包括伦敦市长接待外宾的宴会、年度伦敦市学校奖学金颁发等传统活动。市政厅于1411年开始建设，完工于1440年并在伦敦大火中幸免于难，是伦敦大火后仅存的世俗建筑，27米高的大厅（Guildhall Great hall）目前还是重要的活动场所。建筑正立面是于1788年新加的新哥特风格装饰（Hindoostani Gothic），城市纹章结合建筑立面置于建筑物的顶部，成为融合于立面的重要象征意义装饰构件，在表现市政厅剪影的平面设计中，这一符号图形是

伦敦市城市纹章（左）和市政厅（行会大楼）的城市纹章（右）。

城市纹章：欧洲城市的文化遗产

伦敦市政厅西翼现代办公楼的入口纹章。

表现建筑特征的点睛之笔。该建筑称为行会大楼是指市民交纳税费的大堂（Guild，古英语为"付费"之意）①。20世纪90年代现代市政厅增加了新的办公建筑满足现代行政管理规模扩大的需要。

减少非传统纹章的装饰，回归城市纹章的象征语言本质，是现代城市纹章在现代建筑中的普遍表现方式。英国伦敦市政厅在旧市政厅北边加建的现代

办公建筑的入口中，以平面形式展示了伦敦城市纹章，表明建筑的特性。市政

伦敦市政厅城市纹章表现方式。

市政厅城市纹章的不同表现形式。

巴黎市政厅的城市纹章临时装饰。

城市纹章：欧洲城市的文化遗产

厅增加了展览、图书收藏和阅览等现代功能，收藏有 1297 年英国重要历史文献"大宪章"（Magna Carta）的复制件、维多利亚和前拉菲尔艺术风格的绘画。旧市政厅继续保持市政厅的功能，包括艺术展览、集会等活动。

现在我们看到的巴黎市政厅（Hôtel de Ville de Paris）是于 1892 年重建的，整个重建过程从 1873 年开始历经 19 年的时间，为新文艺复兴风格。建筑立面与雕塑融为一体，共有 230 组雕塑，法国著名雕塑家吉思·高瑟琳（Jean Gautherin，1840–1890）的作品在入口与大钟结合在一起，象征着艺术和科学。巴黎市政厅从 1357 年就将此处作为城市市政厅的管理中心，当时的市长是位富有的商人，他买下了整栋称为"柱房"（maison aux piliers）的建筑。1533 年，为显示巴黎城市的经济富裕，法国国王指派了意大利建筑师多梅尼科（Domenico da Cortouna，1465–1549）设计新的市政厅，1628 年才完成，成为欧洲最大的市政厅，19 世纪又扩建了两翼。巴黎市政厅的城市纹章使用了马

巴黎市政厅外立面。

巴黎市政厅字母装饰。

赛克拼砌，镶嵌在铸铁花枝中，金色的叶状护盾物与铁枝结合在一起。

意大利西西里岛卡塔尼亚市的市政厅将城徽的图案元素分解后应用到其他建筑部位，如窗户和窗楣之间的装饰，增强了图形视觉上的丰富效果。

意大利卡塔尼亚市的市政厅窗户与城徽结合。

意大利西西里岛卡塔尼亚市政厅内的城市纹章壁画。

西西里岛卡塔尼亚市木质城市纹章（上）和地面纹章装饰（下）。

莫斯科市政厅的山墙利用城市纹章作为白色浮雕装饰。

2. 关联性城市纹章组合

意大利西西里岛陶尔米纳（Taormina）市政厅的入口城徽装饰同兰茨胡特市政

意大利西西里岛陶尔米纳市政厅入口的城徽（左）和城徽的平面图（右）。

兰茨胡特市政厅阳台栏杆上的城徽：中间是巴伐利亚公爵的纹章，两侧是城徽（右）。在时钟上方的城徽用烧制的陶制品制成（左）。

厅一样，采用双城徽的布局。中间是大区的区徽。

德国的兰茨胡特（Landshut）市政厅的立面纹章装饰较为多元化，阳台的矮墙结合纹章形成窗花，中间是巴伐利亚公爵的纹章，两侧是城市纹章的不同表现形式。主立面时钟的上面使用烧制的棕色陶制城市纹章。

城徽是市政厅必不可少的标记，但不仅限于使用本城市城徽，王国的纹章和同一君主的其他城市装饰也在市政厅的装饰中得到广泛应用。利用不同城徽形成饰带是设计手法之一，城徽用一种连续而非独立的方式排列，起到装饰作用，通过与其他城市的城徽组合形成各种类型的装饰带。城徽与饰带

（Band）的结合通常是采用连续排列的手法，强化视觉的重复印象。

瑞士伯尔尼市政厅在屋檐下的纹章饰带丰富了市政厅立面，能让参观者更好地理解这座城市的历史文化。

巴伐利亚代根多夫市（Deggendorf）是一座3万人的小城镇，代根多夫市是靠多瑙河而发展起来的，曾经是下巴伐利亚公爵亨利（Henry XV, Duke of Bavaria, 1312-1333）的住地。市政厅在1535年建立，中间经过多次重修。在市政厅主入口立面上有两组纹章组合，一组是巴伐利亚州的纹章和代根多夫市城市纹章，为文艺复兴风格的纹章形式，彩色陶制品有很强的立体感，中间绶带上写着"1535"，为市政厅成立

拉泊斯维尔市政厅和城徽。

伯尔尼市政厅的纹章饰带。

城市纹章：欧洲城市的文化遗产

德国巴伐利亚代根多夫市市政厅的
城市纹章组合。

城市纹章：欧洲城市的文化遗产

的时间。另一组纹章包括下弗兰肯行政区（Lower Franconia）、施瓦本行政区（Swabia）和上普法尔茨行政区（Upper Palatinate）等的纹章。

3. 与建筑部件的结合

　　另一类的装饰手法是将城徽以点状进行点缀的方式与建筑部件进行组合，将城徽的图形充分地利用到建筑的装饰中。德国巴伐利亚州的奥格根堡市政厅，建筑正立面是神圣罗马帝国的双头鹰纹章，在此之上的山花墙的最高点是城市城徽的寓意物绿色的松果，城徽成为了建筑的装饰部件。奥格根堡市政厅是德国文艺复兴风格，建筑装饰严谨而简洁，建筑师为伊莱亚斯—霍尔（Elias-Holl，1573-1646）。

① www.citylondon.gov.uk

四、与市政厅有关的绘画艺术

1. 市政厅的室内壁画

意大利室内壁画装饰有悠久的传统，在庞贝古城出土的壁画，真实地反映了当时的社会生活和精神文化追求。

市政厅用城徽和壁画进行装饰的方式在 14 世纪的意大利托斯卡纳地区已经盛行。在 16 世纪，欧洲不少城

庞贝古城出土清理的壁画。

庞贝古城的壁画。

市采用彩色壁画（brilliantly-coloured murals）和浮雕相结合的方法来装饰建筑物的外立面，包括历史题材叙事的完整壁画。建筑的窗户和门洞的边框加上花饰，围绕着本城市和其他城市、与王国相关的城徽或纹章。在壁画的绘制中，特意强调明暗关系而使画面产生了类似浮雕的效果。

意大利米兰的市政厅也称马里诺宫（Palazzo Marino），是于 1557 年至 1563 年建造的，马里诺是一位银行家和商人，他去世后将宫殿转手他人，但保留

城市纹章：欧洲城市的文化遗产

意大利米兰阿莱西客厅天花装饰，包括城徽、浮雕和壁画。

意大利米兰市政厅在大厅举行世界体育电影纪录片节活动。

名字。在 18 世纪时，国家购买了马里诺宫作为办公建筑，马里诺宫于 1861 年成为了米兰市政厅。阿莱西大堂（Salone di'Alessi）天花利用壁画和浮雕装饰，充满喜庆意味，其中的米兰城徽成为视觉焦点之一。壁画和浮雕采用的是丘比特和普塞克（Cupid and Psyche）等神话题材，是意大利文艺复兴晚期的画家安德烈亚·赛米尼（Andrea Semini,

米兰市政厅立面和内庭保留原马里诺家族的族徽。

比利时布吕赫哥特式大厅中的纹章装饰。

比利时布吕赫哥特式大厅。

1525–1594）和其儿子奥塔维奥·赛米尼（Ottavio Semini，1530–1604）一起制作完成的。四角天花上的壁画象征着春夏秋冬四季。核心位置是用镀金花饰环绕着的巨大的米兰城市纹章。

中世纪欧洲市政厅用壁画装饰的传统一直延续至近代的市政厅建设中，比利时布吕赫哥特式大厅采用新哥特复兴式的装饰手法，结合各种纹章的壁画在三维空间中随处可见，木穹顶天花产生的多样空间将纹章和壁绘和谐地结合在一起。大厅的华丽壁画有机结合了城市发展历史，布拉班特公爵、弗兰德公爵等历史纹章是展示城市发展的最佳图解。

19 世纪后半叶曼彻斯特市政厅壁

城市纹章：欧洲城市的文化遗产

THE ROMANS BUILDING A FORT AT MANCENION · A·D·80

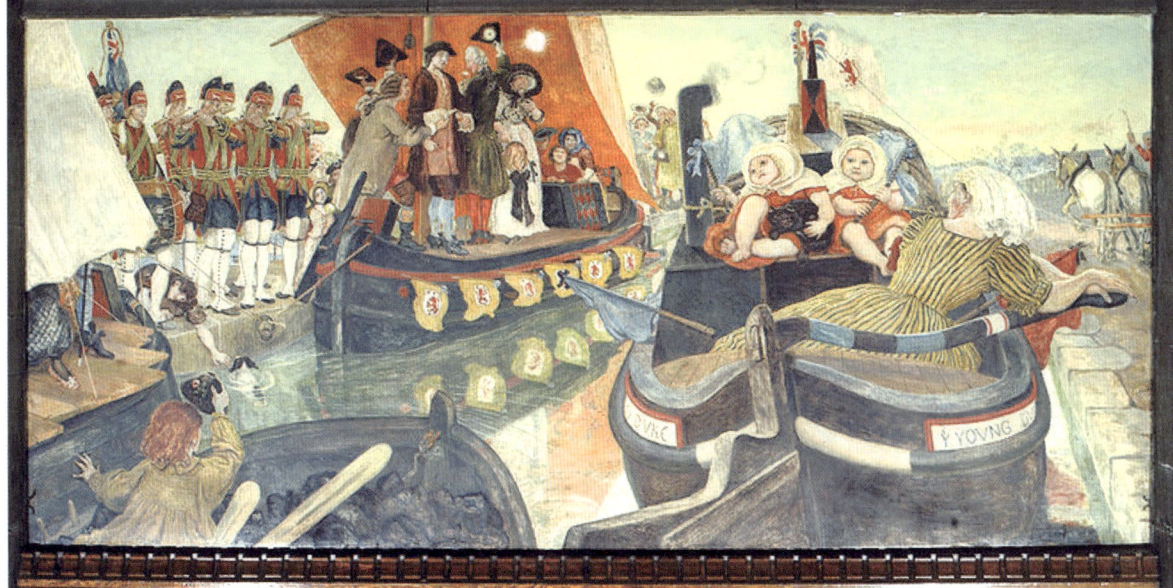

THE OPENING OF THE BRIDGEWATER CANAL · A·D·1761

布朗创作的英国曼彻斯特市政厅壁画。

有公共标记的建筑：欧洲市政厅发展历史

曼彻斯特市政厅大厅两侧用壁画装饰（右）和壁画绘制者英国著名画家福特·马多克斯·布朗肖像（左）。

画绘制者是英国的著名画家福特·马多克斯·布朗（Ford Madox Brown，1821–1893），属于前拉菲尔派（Pre-Raphaelite）的著名画家。市政厅内的壁画主要取材于曼彻斯特的历史，于1879年开始绘

制，布朗将自己最后的艺术生命都献给了这一作品，他于1893年离开人间时尚未完成所有壁画。

荷兰哈勒姆市（Haarlem）于1245年威廉二世统治时获得城市的权利，1270年城市开始建设城墙。哈勒姆市的市政厅建立于14世纪，原址是伯爵城堡，1347—1351年的大火烧毁了伯爵城堡，伯爵将原址捐给市政厅，新的市政厅在此基础上建立起来。1602—1604年加建市政厅并重新装饰立面。

哈勒姆市政厅将城徽的故事演绎到了极致。荷兰黄金时期的画家威廉

荷兰哈勒姆市市政厅。

荷兰的哈勒姆市城徽在
入口的装饰（左）和市
政厅立面上的城徽装饰
（右）。

（Willem Thibaut，1524–1597）创 作 的哈勒姆城徽彩色玻璃画，上半部分是城徽，下半部分的历史故事呈现了关于杜姆亚特（Damietta）的战争场面。现在玻璃画成为哈勒姆市政厅的重要装饰。

现在市政厅将荷兰画家皮特（Pieter de Grebber，1600–1652）于 1630 年 创 作的《哈勒姆之盾传奇》的画作、威廉（Willem Thibaut）创作的荷兰哈勒姆城徽和征服埃及杜姆亚特的大幅彩色玻璃

哈勒姆市政厅的画作《哈勒姆之盾传奇》，1630 年皮特创作。

威廉创作的荷兰哈勒姆城徽大幅彩色玻璃窗。

有公共标记的建筑：欧洲市政厅发展历史

窗作为传世的艺术品保留下来。

意大利锡耶纳共和国在 1250 年至 1350 年繁荣发展，城邦的形成和机构完善，为 12 世纪下半叶形成城邦宪法制度打下坚实的基础。市政厅中的壁画题材一般包括城市的历史故事和基督教故事，锡耶纳市政厅壁画主题反映当时锡耶纳社会公认的道德标准：和平、谨慎、忍耐和富有常识。锡耶拿市政厅的壁画具有重要的历史价值，壁画

西蒙涅·马尔蒂尼创作的壁画描绘的是圭多里乔·迪·佛格利亚诺占领蒙特马西的画面（上）。壁画局部反映营房帐房上有不同军事组织的纹章（下）。

的委托者是最高权力的掌握者"九人政府",壁画体现城市管理者需要表达的圣徒崇拜、战争进行等主题。在市政厅建造过程中,他们就委托画家制作壁画以装饰各种会议室。著名意大利中世纪画家安布罗焦-洛伦泽蒂(Ambrogio-Lorenzetti,1290–1348)绘制了寓言画《好政府和坏政府》(*Allegory and Effects of Good and Bad Government*),这与市政厅的功能要求高度契合,表现了九人政府统治下的锡耶纳。将市井生活作为绘画题材,得益于城市商业发展,突破了传统单一的宗教主题,这一城市市政厅壁画形式后来成为各类市政厅的范本。

锡耶纳市政厅表现宗教题材的代表性壁画是《宝座圣母像》,百合花是圣母的标志,《圣歌》中的《雅歌》写道:"就像荆棘中的百合,圣母就在百合花中。"百合花成为纯洁与童贞的象征[①]。锡耶纳市的城徽以盾徽的形式点缀在入口和内天井的内墙上。市政厅和广场已入选《世界遗产名录》。1314

意大利锡耶纳市政厅壁画全貌,上为西蒙涅·马尔蒂尼《圭多里乔·迪·佛格利亚诺占领蒙特马西》,下为《被吞并的城堡》(中),索多玛·圣安萨努斯(左)和圣维克多(右),创作于1529年。

年由西蒙涅·马尔蒂尼创作描绘的圭多里乔·迪·佛格利亚诺占领蒙特马西，画面下方绘制的是锡耶纳城市纹章，壁画右边反映营房帐房的画面上有不同军事组织的纹章，包括锡耶纳城市纹章。

寓言画描述的是城市活动和社会秩序的情景，它直接涉及当时的法律。"与这种健康的经济状况紧密相随的是一种繁荣的文化生活。通过下面这幅画就可以看出来：画面上两个贵族男士和贵族女士骑马走向大教堂，中间的 9 个妇女准备跳舞。看起来，锡耶纳只有最快乐的公民：穷人、流浪汉、落魄者、病人以及孤儿寡母根本不在画面上出现。"② 这一系列壁画均集中在和平厅。

锡耶纳《好政府和坏政府》寓言画。

2. 市政厅的外墙壁画

在市政厅外墙上绘制壁画表现城市历史是欧洲市政厅的传统做法之一，著名的德国乌尔姆市的市政厅外墙彩绘壁画是在 16 世纪中期完成的。

德国巴伐利亚州班伯格市政厅的壁画装饰是 1744—1756 年由画家 Von J.J.M. Kuchel 绘制的，装饰在市政厅外立面。

德国乌尔姆市的市政厅外墙壁画。

Details of the painted Baroque facade of the Town Hall, created in the mid 18th-.......

于 1744—1756 年画家 Von J. J. M. Kuchel 绘制的壁画装饰在班伯格市政厅外立面。

瑞士城市施维茨市市政
厅的外墙壁画及局部。

　　瑞士城市施维茨（Schwyz）市是施维茨首府，是1291年产生"联邦宪章"（Federal Charter of 1291）的小镇，这份条约是旧瑞士联邦结盟的基础性文件，也是对后来瑞士联邦的形成影响深远的宪章。施维茨市政厅建立于17世纪，市政厅的外墙壁画表现的主题是"1315年莫高特战争"（Battle of Morgarten）。莫高特是埃格里湖（Ägerisee）边的要道地名，以施维茨、乌里州等三个州组成的旧瑞士联邦战胜哈布斯堡王朝奥地利大公带领的奥地利军队，保证了联邦的土地不会被神圣罗马帝国所吞并。壁画的四周还有瑞士联邦各州的纹章。

　　奥地利埃森施塔特（Eisenstadt），

城市纹章：欧洲城市的文化遗产

瑞士施维茨市政厅另一侧。

市政厅建筑是 1560 年建造的，此处是在 1648 年获得皇家特许的自由交易点，1760 年改建为巴洛克风格建筑。两侧为两个半圆形挑出的阳光房，入口为城市纹章，外墙面绘制了多幅象征壁画，以古希腊诸神为主题的壁画象征信心、希望、仁慈、正义、智慧、力量和节制。20 世纪 40 年代该壁画依历史原貌进行修缮。城市最为知名的是埃斯特哈希宫殿，许多奥地利贵族造访此宫殿，哈布斯堡王室与埃斯特哈希家族从 17 世纪至 19 世纪保持良好的家族关系。

欧洲市政厅用绘画进行室内装饰

奥地利埃森斯塔特市政厅速写。

奥地利 Eisenstadt.1560建
为市政厅. 1760年改造.
2018.7.13. XU

奥地利埃森斯塔特市政厅墙上古希腊诸神的壁画，象征信心、希望、仁慈、正义、智慧、力量和节制。

奥地利埃森斯塔特市政厅外墙的壁画。

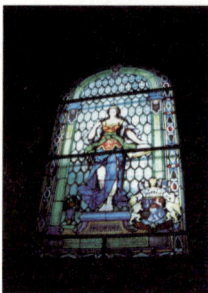

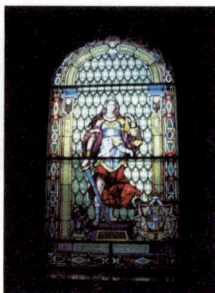

塞尔维亚兹雷尼亚宁市政厅的彩色玻璃画。

个是红色的市政厅，这是在中世纪的绘画中很难得一见的以市政厅为绘画题材主题的壁画。除了在市政厅的壁画中将市政厅建筑作为绘画题材外，城市风景画也是直接以市政厅建筑作为主题。

17 世纪在低地国家常将地图、主

意大利画家萨农在锡耶纳市政厅的叙事性组画中，描绘了锡耶纳市政厅建筑形象。

的传统在 19 世纪的新市政厅建筑中得以传承，例如兹雷尼亚宁（Zrenjani）市政厅的彩色玻璃画，主题为智慧、权力、公平，这是适应市政厅建筑功能的寓意画。

3. 城市风景画：艺术家笔下的城市景观和市政厅

标志性的公共建筑是城市全体市民的骄傲，文艺复兴时期绘画艺术中的市政厅建筑是文化的代言物，意大利中世纪著名画家萨农（Sano di Pietro, 1406-1481）为市政厅所画的壁画中，圣彼得手扶两个模型，一是教堂，另一

城市纹章：欧洲城市的文化遗产

题版画和艺术绘画集中出版于同一本地图集中，其中，荷兰画家客观真实地表现了城市风景，成为特殊的绘画类型。从文艺复兴时期一直到19世纪，阿姆斯特丹市政厅（也是后来的皇宫）成为荷兰绘画中的文化中心图像。

弗兰德的建筑绘画艺术是作为荷兰绘画在巅峰期出现的独特画种。安特卫普、阿姆斯特丹、代尔夫特和哈勒姆是荷兰和弗兰德地区艺术黄金时期最为活跃、影响范围最广的城市。在这一历史时期，这些城市的社会生活、文化艺术发生重大变化，伦勃朗、维米尔等艺术巨匠的作品就是在此特殊历史阶段诞生的。荷兰七省联治不仅表现在对西班牙的政治反抗，也反映在对艺术繁荣产生的巨大的影响，这足以说明七省联治的多方面社会意义。政治上的冲突反而成就了弗兰德风格的形成，一开始的艺术中心是在布鲁日和根特。弗兰德的艺术家善于对细部进行真实性的描绘，风景画、静物画和风俗画成为主流画种。16世纪时，肖像画得到更大的发展。1609年西班牙与北部尼德兰签订了12年停战协议，鲁本斯于1608年从意大利回到安特卫普。他对于历史的深刻理解融入了许多神话和历史题材的绘画中，在弗兰德的天主教堂中，到处是他和学生创作的宗教题材画作。

16世纪安特卫普产生了专门绘制城市风景画和宗教教堂内部场景的画家，透视法的准确运用，丰富的光影效果，形成了尼德兰建筑画流派，不仅吸引许多买家，还适应了荷兰、比利时低地国家民众的审美需求，一般家庭都可以购买、收藏这些画作。汉斯·弗雷德曼·德·佛里斯（Hans Vredeman de Vries，1527–1609）是流派首创者。有的画家专门画建筑造型，室内的人物是其他画家帮助添上去的，如著名的画作《安特卫普大教堂内景》的画家小皮特·莫夫（Pieter Neeffs，1620–1675）。

荷兰黄金时期的许多画家创作了众多城市风景画（Citylandscape），包括室内外的建筑绘画（Architectural Painting）。17世纪中叶，风景画成为独立的绘画类型，市政厅、教堂和交易所等城市公共建筑经常成为描绘的对象。15世纪意大利透视法的发明和应用，影响了弗兰德的艺术家，透视法准确地表现了建筑的空间层次，实现了对建筑构件细致入微的刻画，展现了纹章装饰在画中逼真的效果，为黄金时代的辉煌作出特殊的贡献。亨德里克（Hendrik van Steenwijk I，1550–1603）、格里特·阿德里安斯·贝克海德（Gerrit Adriaensz Berckeyde，1638–1698）等都是弗兰德建筑绘画的佼佼者。法国、意大利和荷兰建筑绘画在18世纪继续得到发展，一直到摄影术出现才逐步消失。

格里特·阿德里安斯·贝克海德出生在哈勒姆，他的许多作品都与阿姆斯特丹、海牙和哈勒姆城市景观联系在一起，这里是他的家乡，1660年与也是画家的哥哥乔布一起从德国回到荷兰后，创作了大量的城市风景画，市政厅经常成为绘画的对象。

1642年伦勃朗创作的《夜巡》，是

《哈勒姆的市政厅》，格利特·阿德里安斯·贝克海德绘于1661年，藏于列支敦士登王宫。

世界名作《夜巡》，1642年伦勃朗创作，藏于荷兰阿姆斯丹国家美术馆。

1639年至1643年由民卫队委托不同画家绘制的六幅作品中最具有影响力的画作之一，不同艺术家完成的作品以伦勃朗的作品最具有艺术感染力。《夜巡》原挂于阿姆斯特丹警察局总部，在1715年移到刚落成的市政厅大厅，又于1808年收藏在国家博物馆。

阿姆斯特丹的市政厅和市长在城市建设和社会管理中作用明显，在伦勃朗的传世作品《夜巡》中，市长以

城市纹章：欧洲城市的文化遗产

警卫队上尉的身份出现在核心位置。他是 1652 年的市长弗朗斯·班宁·柯克（Fans Banning Cocq，1605–1655）。柯克从 1630 年就成为市议员，其岳父沃尔肯特（Volkert Overlander，1570–1630）也曾经担任市长，是船主、商人，更重要的他曾是荷兰东印度公司的创建人之一。

荷兰阿姆斯特丹市政厅是 1648 年开始建设的，这与两位市长的努力分不开。市政厅的建筑师是雅各布·凡·坎贝（Jacob van Campen，1505–1675），市政厅立面采用对称、巨柱的构图形式，这是对意大利文艺复兴建筑风格的模仿，是荷兰在黄金发展时期的重要作品。"凡·坎贝对建筑构图和立面的对称处理，低矮的山墙、雅致的古希腊科林斯式和混合式柱型显眼地排成一排，这些都表明了他对古典主义原则的娴熟运用能力。"③市政厅的大厅也充分展现了阿姆斯特丹辉煌的航海贸易时期，地面上为荷兰艺术家米歇尔·科曼斯复制的三幅世界地图，为约翰·布劳应庆祝荷兰独立而制作，阿姆斯特丹处于地图中半球的中央位置，以此显示城市的自豪感。

阿姆斯特丹市政厅在黄金时代的城市形象被以多种方式表现，在作为城市风景画绘制的版画作品中离不开用城市纹章表达公共性。出生于霍林赫姆（Gorinchem）的雅各·范·德·乌尔特（Jacob van der Ulft，1621–1689）绘制

荷兰阿姆斯特丹市政厅，现在被用作王宫。

画面局部的纹章，雅各·范·德·乌尔特绘制。

油画《荷兰阿姆斯特丹新市政厅和称重房》。

了阿姆斯特丹新旧市政厅，但旧市政厅在1652年被大火所毁，他于1657年绘制的油画《阿姆斯特丹旧市政厅》是临摹前人的作品。《阿姆斯特丹新市政厅和秤重房》版画，非常准确地刻画了新市政厅广场和尚未拆除的"秤重房"风景，位于左上角的阿姆斯特丹城市纹章表现得特别精确，乌尔特本人也是一名纹章艺术家，他后来回家乡担任霍林赫姆市的市长。

梅里安1658年所刻绘的自己的家乡法兰克福市政厅的版画，包括了17世纪法兰克福市政厅的全貌，画面展示的罗马广场城市生活生动而细致。在图的上方左右角绘制了神圣罗马帝国纹章和法兰克福的城市纹章，是一幅完美表

梅里安绘制的1658年法兰克福市政厅和罗马广场版画。

城市纹章：欧洲城市的文化遗产

《阿姆斯特丹新市政厅》，格利特·阿德里安斯·贝克海德于1673年创作，藏于阿姆斯特丹博物馆。

现法兰克福的版画艺术品。

出生于法兰克福的约翰尼斯（Johannes Lingelbach，1622–1674）也是城市风景画的佼佼者，《在建的阿姆斯特丹市政厅》是约翰尼斯于1656年创作的。他是在1634年定居于阿姆斯特丹，画作对阿姆斯特丹市政厅场景的精彩描绘来自于画家对城市包括建筑的细致观察，这也让他成为荷兰黄金时代的代表性画家之一。

现在荷兰阿姆斯特丹的市政广场（大坝广场）已经没有秤量房，但从17世纪的城市风景油画中，可以看到在市政厅前的"秤量房"占据重要位置，建筑立面上有阿姆斯特丹的城市纹章作为装饰。1814年的城市风景画秤量房还存在。而且历史建筑绘画为后人理解

《在建的阿姆斯特丹市政厅》，约翰尼斯1656年创作。

"秤量房"的建筑装饰模式提供了可靠的依据。在画中的"秤量房"四面都有阿姆斯特丹城市纹章作为装饰，体现了建筑的公共属性。

荷兰画家科尼立斯（Cornelis Springer，1817–1891）比黄金时期的同行创作了更生动的城市风景画，比如表现德国的

有公共标记的建筑：欧洲市政厅发展历史

阿姆斯特丹大坝广场中市政厅前的计量所。

吕贝克市政厅街景更具有空间的活力。

弗拉芒杰出城市风景画家 Jan Baptist van Meunincxhove（1620–1703），创作了两幅比利时布吕赫市政厅广场（The Burg in Bruges）的风景画，一幅创作于 1672 年，另一幅为 1690 年左右，画作准确地表现了布吕赫市政厅和广场的周围环境气氛，在天空上别出心裁地画了一个纹章。

城市景观在艺术家眼中成为值得

阿姆斯特丹市政广场。

《德国吕贝克市政厅》，荷兰画家科尼立斯创作于 1885 年。

城市纹章：欧洲城市的文化遗产

表现的主题，不少画家包括大师级的人物都画过类似的城市风景画，如丢勒、伦勃朗、委拉斯凯兹（Velázquez），维米尔等。丢勒 1496—1497 年所创作的从北面表现因斯布鲁克景观的水彩画，是他少数创作的城市风景画之一。在画中，画家准确地表现了城堡的结构和细节，包括背景的山体（Glungezer，Patscherkofel）以及山顶积雪的场景，建筑物的风格多数是哥特式的，突出的防御碉楼改变了以传统中世纪城市教堂为背景的城市天际线，现在这一靠近原神圣罗马皇帝马克西米利安住所金屋旁边的塔楼依然是城市市民的骄傲。这幅作品是丢勒刚从意大利考察回来后的画作，天空上标写了画家本人的文织字母 AD。

达·芬奇 15 世纪所画的乡村景观。

丢勒 1496—1497 年从北面表现因斯布鲁克的水彩画。

布劳绘制的代尔夫特地图中代尔夫特市的城市纹章。

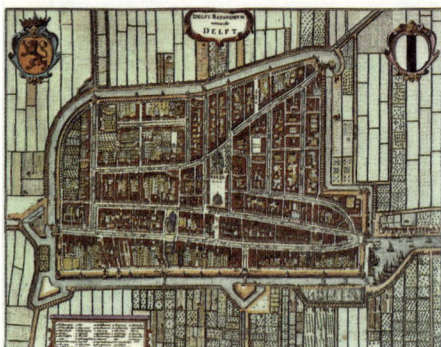

布劳 1652 年制作代尔夫特地图，同样在棱堡城墙外规划了运河。

外形的布饰、盾边饰状物没有严格按照盾徽的规则绘制，而是地图学家的自我发挥。

与荷兰著名的制图师布劳同时代的著名荷兰画家维米尔笔下的代尔夫特的城市景观，与规划图相对应，画家的取景位置应该是在右下角的水面前，这是港口的位置。画面准确地表达了地图上标注的桥梁、城墙和水系、运河。

荷兰黄金时期代表性画家扬·维米尔（Johannes Vermeer，1632–1675）、勃鲁盖尔（1568—1625）、约翰尼斯·格林巴奇（Johannes Lingelbach，1622–1674）、赫里特（Gerrit Adriaenszoon Berckheyde，1638–1698）等一批画家在传统的绘画领域创造了荷兰乃至欧洲的艺术辉煌基础上，风景画从历史画中分离出来，画家们将城市景观作为风景画新的表现题

在同一年绘制的代尔夫特地图上，城徽的绘制方式与地图风格一样，简约明了，纹章采用明暗的硬边纹饰。地图上方有一头像，代尔夫特市自身的城徽非常简洁。硬边匾牌式的表现方式是当时表现地图上城徽的主要形式，盾徽

荷兰黄金时期代表性画家维米尔在 1660 绘制的《代尔夫特的景观》。

城市纹章：欧洲城市的文化遗产

《威尼斯大运河入口处》，意大利画家加纳莱托创作于 1730 年。

材创造了许多艺术价值颇高的画作，市政厅还成为不少画作表现的对象。艺术品的赞助者不仅是王公贵族，富裕的中产阶级也成为支持艺术发展的重要力量。以城市为主题的荷兰风景画艺术的辉煌一直延续至 19 世纪，荷兰画家科内利斯（Cornelis Springer，1817–1891），创作于 1885 年的汉萨联盟之都贝克市政厅，传承了弗拉芒画派风景画的特质，画作中充满色彩变幻的云彩，准确细致的建筑物刻画，以着装色彩丰富的人物为前景，阳光撒在画面重点部位。

意大利在文艺复兴运动中的引领作用没有削弱，也是城市风景画艺术成就处于高峰的国度。18 世纪运动在威尼斯出现高潮，代表性的意大利画家是出生于威尼斯的加纳莱托（Canaletto，

1697–1763），威尼斯运河、威尼斯广场都是他表现的题材。这位出生于威尼斯的画家对城市细节和精神具备充分的理解，加纳莱托在 18 世纪所创作的一批威尼斯城市风景画是这一时代写实风格城市风景画中的杰出作品，对建筑的透视准确描绘、鲜明的地域特点都是其城市景观画作引人入胜之处。城市风景成为文艺复兴后期的威尼斯画派独特的表现题材，加纳莱托是领军人物。

加纳莱托的作品一直在艺术品市场上有很好的号召力，俄罗斯的叶卡捷琳娜大帝就收藏其不少画作，1740 年的《在威尼斯迎接大使》（Arrival of the French ambassador to Venice）就收藏于圣彼得堡冬宫的俄罗斯美术馆。画面中对每个人物的刻画都非常生动，码头旁的小狗、隐身于贵族后的乞丐居然成为

创作于 1740 年的《在威尼斯迎接大使》局部，藏于俄罗斯美术馆。

锦上添花的细节。

在西班牙以及东中欧，17 世纪后期出现了一批杰出的城市风景画画家。萨拉戈萨是西班牙一个文化多元的城市，西班牙杰出画家马丁内斯·德·马松，他是委拉斯凯兹的女婿，画风受委拉斯凯兹的影响，国王菲立普四世委托他与委拉斯凯兹合作，创作了萨拉戈萨的城市风景画。画面的视点是从河对面王子城堡的角度描绘萨拉戈萨河边的风光。在画面中可以看到 1318 年耶稣救主主教座堂，远处还有建于 1404—1512 年的砖砌钟楼。在画面中可以看到埃布罗河（Ebro）上罗马帝国时期留下的桥梁，建于 1318 年的带有阿拉伯风格的耶稣救主主座教堂（Cathedral of La Seo），其风格被称为穆德哈尔（Mudejar）建筑风格。8 世纪至 12 世纪摩尔人征服这一城市，故建筑混合了伊斯兰教和基督教的色彩。教堂中的圆穹天花壁画是弗朗西斯科·戈雅（Francisco Goya, 1764–1828）创作的《殉道者的王后》，戈雅出生在离此 20 多公里的一座小镇。画面中在天际线出现的还有另一重要教堂：皮拉尔圣母圣殿主教座堂（Pilar）。

城市纹章：欧洲城市的文化遗产

西班牙萨拉戈萨的城市
景观，1647 年马丁内
斯·德·马松制作。

---

① ［法］巴斯图鲁著，谢军瑞译：《纹章学：
一种象征标志的文化》，上海书店出版社 2002
年版，第 99 页。
② ［荷］布拉姆·克姆佩斯著，杨震译：
《绘画、权力与赞助机制：文艺复兴时期意大
利职业艺术家的兴起》，北京大学出版社 2018
年版，第 123 页。
③ ［荷］马里特·威斯特曼著，张永俊、金
菊译：《荷兰共和国艺术》，中国建筑工业出
版社 2008 年版，第 155 页。

五、近代市政厅的设计风格

市政厅建筑的设计常成为欧洲传统建筑风格的里程碑，市议会和市长成为城市的统治者后，总希望自己管理的城市能够体现时代的艺术特征，展示城市独特的品位。

维也纳市政厅塔楼大雕塑。

1. 哥特式复兴风格的市政厅

维也纳市政厅是 1872—1883 年设计的建筑，追求新哥特式的建筑风格，可以理解为奥地利对帝国文化的缅怀，也是奥地利皇帝约瑟夫一世（Franz Joseph I，1848-1916）雄心的展现。市政厅于约瑟夫一世时期被下令拆除，由旧城墙开辟的内环大道（Ringstrasse），采用哥特式的建筑风格，与维也纳再现帝国的辉煌的理想相呼应。负责市政厅的建筑师是来自德国的施密斯（Friedrich von

FILM FESTIVAL 2018 Wiener
Rathansplatz   2018.7.16

维也纳市政厅。

Schmidt，1825–1891），在 1856 年成为
建筑师之前，他长期以徒工身份为科隆
大教堂服务了 15 年，对哥特式建筑深
刻的理解，使他来到维也纳担任市政厅
建筑师时，能够将哥特式的建筑手法得
心应手地应用到市政厅建设中。维也
纳市政厅最为明显的建筑特色是塔楼的古
典雕刻和带有城徽纹章的首层拱廊。

门窗的纹章装饰。

东德时期的纹章装饰和壁雕。

维也纳城市纹章。

维也纳市政厅南门有下奥地利州和维也纳城市纹章装饰的柱廊入口。

欧洲近现代浪漫主义、新古典主义和哥特式复兴建筑在设计中对纹章艺术依然给予充分的重视。首先，这种重视体现在纹章文化于 19 世纪中的实用价值继续在各类建筑和日常实物上得以展示，以此保持纹章文化运用的活力。

其次是纹章造型适应了时代的审美要求，而不是拘泥于传统纹章规则。

英国建筑师普金（Augustus Welby Northmore Pugin，1812-1852）不仅是哥特复兴风格的追求者（Gothic Revival enthusiast），更是创造者，而且他本人

城市纹章：欧洲城市的文化遗产

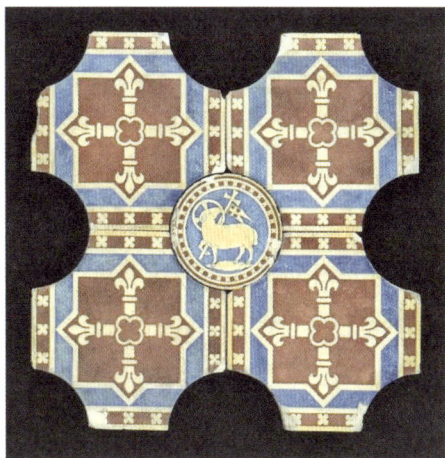

1848—1850 年在伦敦中心区萨瑟克建造的圣佐治罗马教堂的天花，运用纹章语言组成的图案。

就是天主教徒。"设计的两个伟大的原则如下：第一，建筑不应该具有不是便利、结构与适宜所必需的特征；第二，所有的装饰都应当由建筑物本质结构变得丰富的元素构成。"① 在他所著的《建筑原理》中，普金提出的设计原则，体现在对英国议会大厦（Houses of Parliament）的装修中，他将自己的理论融合到实践里。他使用了大量的纹章元素，皇冠、徽章等符号体现在建筑细部的装饰中，使纹章在建筑中充满生机。1848—1850 年在伦敦中心区萨瑟克（London Borough of Southwark）建造的圣佐治罗马教堂的天花上有着由纹章语言组成的图案，包括百合花、上帝的羔羊等纹章语汇。这些装饰与"本质结构"，无论是象征的本质还是结构的本质都是有机一体的。

英国在 19 世纪欧洲城市建筑设计

追求哥特式复兴风格的潮流中起到领头羊的作用，普金是重要的推动者之一。他不仅是实践者，也是理论上的鼓吹者。他在 1836 年出版了《对比，或在 14、15 世纪高贵大厦与现今类似建筑之间的比较；表明当今趣味的衰败》，还在 1841 年出版了《尖顶建筑或基督教建筑的真谛》，从书名就可以看出普金的鲜明观点。

哥特复兴式建筑风格于 1740 年左右在英国兴起，中世纪的哥特式艺术被 18 世纪中叶的艺术家和史学家重新认识，不再简单地将其理解为粗糙与简陋的蛮族艺术，而是出现了在建筑领域对哥特式的再创造之风。对中世纪建筑艺术的高度肯定，由此掀起复兴哥特建筑风格和古典主义的热潮，重要影响人物是 19 世纪艺术评论家、画家和作家拉斯金（John Ruskin, 1819-1900）。拉斯金在其著作《建筑的七盏明灯》中强调伦理学和建筑理论的结合，提出无论在伦理上和建筑原理上，哥特式都值得推荐倡导。其理论与维多利亚时代中产阶级世界观合拍，得到较大的回响。"哥特复兴方兴未艾，成为英国建筑行业的信条中重要的组成部分，这应当归因于 19 世纪 30 年代发生的两个具有重要意义的事件。第一是 1835 年议会的一个委员会所作的一项决定，要求以哥特式或者伊丽莎白风格，来重建被大火摧毁的威斯敏斯特宫；第二是普金发起的热烈的运动，不仅仅只是把哥特复兴当做改良品位的一个手段，它还是恢复正在工业化的英格兰的社会结构甚至道德结

英国建筑师拉斯金。

英国利兹维多利亚风格的市政厅参加设计竞赛时的立面图，后来市议会要求加上屋顶。

构的一个手段。"[②]

维多利亚建筑风格也是这一浪潮的分支。利兹是英国工业革命后发展起来的城市，羊毛纺织业、印刷业和金融业在19世纪初都相当发达，现在还是英国第三大城市。利兹的市政厅成为英国最大的市政厅，1852年至1858年为建设期。设计采用竞赛的方式，共有137家机构参与，中标的是29岁的、年轻的建筑师布罗德里克（Cuthbert Brodrick），他采用的是维多利亚建筑风格。1858年维多利亚女王亲自出席落成典礼，这是英国工业革命促进英国经济繁荣、海外的殖民地的拓展、大不列颠帝国的自豪感反映在建筑风格上的自信。

19世纪和20世纪交接的数十年间，是欧洲市政厅建设的第三次高潮。而此时期的建筑设计多种风格并存，高度装饰与纯净简洁同时呈现，不过多数城市采用相对简约的风格，包括新艺术运动的艺术风格。如柏林市政厅、格但斯克市政厅等，虽然有对古典风格的追求，但减少了许多传统样式的装饰。而汉诺威市政厅（1901—1913）采用的是复古的建筑形式，穹顶有100米高，末代德意志皇帝和普鲁士国王威廉二世（William II）在1913年出席了市政厅竣工仪式。奥地利维也纳市政厅（1872—1883）也是采用了哥特式的风格。

曼彻斯特市政厅（1868—1877）亦是采用新哥特式的建筑风格，钟楼有

城市纹章：欧洲城市的文化遗产

波兰格但斯克市政厅。

84 米高，外墙采用砂岩的建筑材料。

布鲁日处于多条古罗马道路的交汇点，在经济贸易的区位上作用特殊。1128 年布鲁日获得城市宪章（city charter），在中世纪后期城市规模扩大，在 1280 年前已经有了城市议事机构，12 世纪至 15 世纪是其黄金发展期，为汉萨联盟的加盟城市。1280 年的大火烧掉了原来的建筑，1376 年至 1421 年重新建造了哥特式晚期建筑风格的市政厅，17 世纪进行扩建。法国大革命时期，市政厅立面的许多雕像被毁。比利时布鲁日市政厅处于城堡广场（Burg Square）上，这是一半为宗教功能、一半为市政功能的典型欧洲城市广场，靠近广场的最高历史建筑是建于 13 世纪、

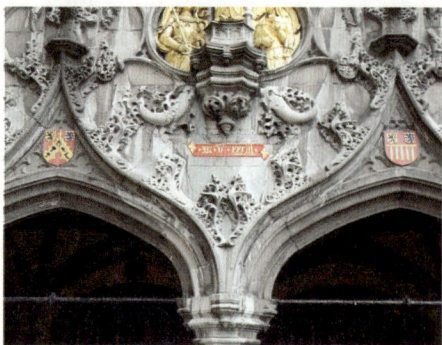

布鲁日市政厅的纹章和立面雕花装饰。

被列入《世界遗产名录》的钟楼，以圣血圣殿为中心的宗教活动空间在一边，另一边是有古老历史的市政厅，它是低地国家最古老的市政厅之一，建筑风格为晚期哥特式。

1895年至1906年，布鲁日市政厅由比利时建筑师路易·德拉森斯列（Louis Delacenserie，1838–1909）重新设计。建筑立面造型丰富，装饰性强，纹章饰带结合雕塑是其独特的装饰手段之一。整座建筑立面有6个哥特式风格的竖窗，

中间饰带用四个相关城市的城市纹章为一组合，共6组纹章组合，48座以布吕赫统治者为主题的雕像组合了包括个人纹章等元素。纹章盾面倾斜，以方便地面上的参观者能够有良好的观赏视角。建筑师非常细致地运用新哥特式的建筑语言，纹章图形采用平面的表现手法，与历史上的哥特式建筑设计手法一致。1959年，部分雕像由于质量的原因被拆除，是否应该更换人物雕像这一问题引发争论，讨论持续到1989年，但最后决定还是按原来的城市统治者和《圣经》的人物塑像[③]。

2. 新文艺复兴的设计风格

在19世纪末和20世纪初，欧洲城市出现新的市政厅建设高潮，使城市更富有活力。汉诺威市政厅（1901—1913）、哥本哈根市政厅（1892—1905）、汉堡市政厅（1886—1897）、维也纳市政厅（1872—1883）和斯德哥尔摩市政

比利时布鲁日市政厅。

城市纹章：欧洲城市的文化遗产

德国汉堡市政厅以城徽为装饰的室内装饰玻璃和木构件。

厅（1911—1923）是这一时期的市政厅代表建筑。

汉堡市在 1245 年有了印章，城市纹章也是由印章原主题发展而来的，1752 年立法通过城市纹章的样式。汉堡的市政厅建于 1886 年，1897 年完工，采用新文艺复兴的设计风格，塔高 112 米，建筑师是马丁·哈勒（Martin Haller）。市政厅正面入口上方是汉堡的城徽，并用拉丁文书写着城市的铭文："我们力求城市的繁荣，保护先辈留给我们的自由"（May posterity strive to preserve the freedom won by our elders）。在一个阳台上竖立了奥托一世的雕像。室内的装饰也以城徽为主题，突出了市

汉堡市政厅入口的城徽。

制作于1310年汉堡灯
塔上的城市纹章（左）
和汉堡市政厅的城市纹
章装饰。

政厅的特点。

　　汉堡市政厅入口的城徽与整栋建
筑构图是一体化的设计，红色和白色对
比强烈，下面铭牌、雕刻等其他图像语
言都非常有序地配合了城徽的展示。

　　城市的市政厅等公共建筑和市政
广场是城市空间的重要载体。1310年
建成的汉堡灯塔，是保存最古老的城市
纹章的建筑之一。500多年后，汉堡市
政厅建筑运用城市纹章装饰的方式已十
分成熟，从材质到表现方式都已经成为
建筑整体装饰风格的一部分。随着时代
和建筑风格的变化，城市纹章突破平面

纹章的规则，能够根据建筑和材质的情
况而做出调整，它不完全局限于对传统
纹章的改造。

　　市政厅的建筑风格在中世纪到文
艺复兴时期一直随时代变化而改变立
面，如从哥特式改为文艺复兴式、再到
巴洛克式。

3. 市政厅是地域性文化和时尚风格的展示

　　市政厅在建筑过程中，通过对市
民服务，逐步形成市政厅的功能特点。

葡萄牙波瓦—迪瓦尔
津市的市政厅（右）
和城市纹章（左）。

波瓦—迪瓦尔津市的市政厅 1900 年前尚未装饰的立面图。

在结合时代建筑潮流方面，由于市政厅是城市的标志性建筑，使其往往成为建筑风格集中展示的地方。总体而言，市政厅的空间形象基本是横向展开的市政厅办公空间，首层敞廊便于市民活动和进入。

里昂市政厅。

有公共标记的建筑：欧洲市政厅发展历史

德国图林根州的特雷富尔特市政厅。

市议会或者市政府是时代风格的倡导者，又努力使城市建筑理想在市政厅建筑中得以实现。市政厅的建筑风格是多变的，即使是在同一国家，城市的市政厅也因为各种因素形成不同的建筑形式和风格，尤其是公共建筑体现了特定时代统治者的价值观和审美趣味。一般市政当局会提倡两方面的标准，一是地域性文化特征，用于展示城市的地域文化自豪感；二是追赶时代潮流，当政者总会作为时代先锋将自己的理念传递给建筑师。

波瓦—迪瓦尔津市政厅建于1790年至1791年，1807年开始使用。在1908—1910年，城市里有富人因到古巴殖民地做生意发达后赞助市政厅改造。改造时用阿兹勒赫瓷砖画（Azulejo，源自阿拉伯语"精美的石头"之意）对市政厅进行外装饰，由此风格大变。新旧风格的共同特点是两层的建筑入口的屋檐都通过檐口的突变达到强调入口的目的。

市政厅的建筑风格都具有浓厚的时代印记，反映了城市政府乃至国家在意识形态上的追求。法国里昂市政厅建于1645年至1651年，在法国大革命时期的1792年，建筑主立面的路易十四骑马浮雕肖像被取下来，后来才被重新安装上。

德国贝尔恩卡斯特尔—库埃斯（Bernkastel–Kues）、特雷富尔特（Treffurt）城市是德国的旅游路线——德国木框架之旅（German Timber–Frame Road）中的重要旅游城市。这条旅游线路主要是展示具有德国文化历史遗产的"木骨架"（Timber–Frame）建筑风格的城市与德国传统建筑。德国贝尔恩卡斯特尔—库埃斯市政厅、特雷富尔特市政厅的市政广场也是重要的旅游景点，两座市政厅都是这一传统建筑风格的建筑。

2016年"欧洲文化之都"的举办城市是西班牙巴斯克自治区（Basque）的圣塞瓦斯蒂安市（San Sebastian），该市的市政厅建于1887年，是当时火爆的赌场，1924年禁赌后被迫关闭，后来成为旅游中心。1943年对建筑进行

西班牙圣塞瓦斯蒂安市的市政厅（左）和市政厅上的城市纹章（右）。

改建以适应市政厅的需要，1945年后市政厅正式搬入昔日的赌场。

———————————

① ［美］巴里·伯格多尔著，周玉鹏译：《1750—1890年的欧洲建筑》，清华大学出版社2012年版，第220页。
② ［美］巴里·伯格多尔著，周玉鹏译：《1750—1890年的欧洲建筑》，清华大学出版社2012年版，第213页。
③ Stadhuis(city hall) Information office Markt (Historium), Brugge, Retrieved August 2015.

六、举行诺贝尔奖颁奖晚宴的市政厅

斯德哥尔摩是中世纪以来最重要的北欧国家中心城市之一。在北欧（斯堪的纳维亚）地区极具活力，被众多学者视为波罗的海周边国家中最重要的城市。

在古斯塔夫三世（Gustav Ⅲ，1746—1792）统治下的斯德哥尔摩形成了文化黄金时代。在他的掌权下，斯德哥尔摩成为一座建筑、音乐、戏剧和艺术多文化融合的城市。17世纪至18世纪，瑞典逐步成为欧洲的强国。

1. 民族浪漫主义风格的建筑

斯德哥尔摩城市的标志性建筑之一是市政厅。19世纪末以来，展示瑞典继续辉煌的象征可以说就是瑞典引以为豪的斯德哥尔摩市政厅，建于1911年，并于1923年正式启用。这是一栋拥有民族浪漫主义风格的建筑，设计手法明显是新艺术运动的理念。建筑师为瑞典建筑师拉格纳·奥斯特伯格（Ragnar östberg，1866-1945），在市政厅大厅的一角，还保留着他的雕像。塑像的形式是建筑师自己选择的，雕像左手抱着斯德哥尔摩市政厅的模型，右手持笔，眼睛凝聚在模型上。雕像也是建筑师本人将这一工程作为建筑师职业生涯的巅峰的体现。这一雕像处于举行诺贝尔颁奖晚宴的蓝厅的二层东北角的走廊入口，这意味着建筑师每年都有一个晚上与世界最优秀的艺术家和科学家见面。

斯德哥尔摩市政厅传承的还是欧洲1000年来的市政厅模式，该模式下，议会厅、壁画、钟塔还是基础元素。在斯德哥尔摩市政厅中最为引人瞩目的是塔楼，塔顶装饰着金色的三皇冠，建筑师最后选择了三皇冠的处理手法是比较不同设计方案后的结果。塔尖采用三皇冠方案，在讨论时争议许多。三皇冠是皇室的纹章，在瑞典王室的城堡建筑上

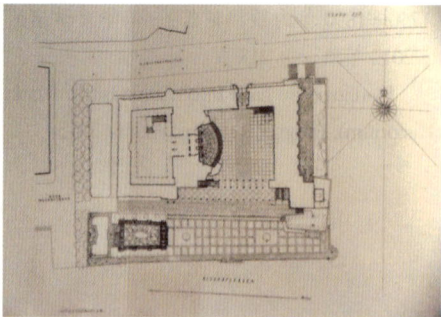

斯德哥尔摩市政厅总平面图。

城市纹章：欧洲城市的文化遗产

安装工人在安装塔顶三皇冠前的照片。

斯德哥尔摩市政厅蓝厅入口上方建筑师的塑像。

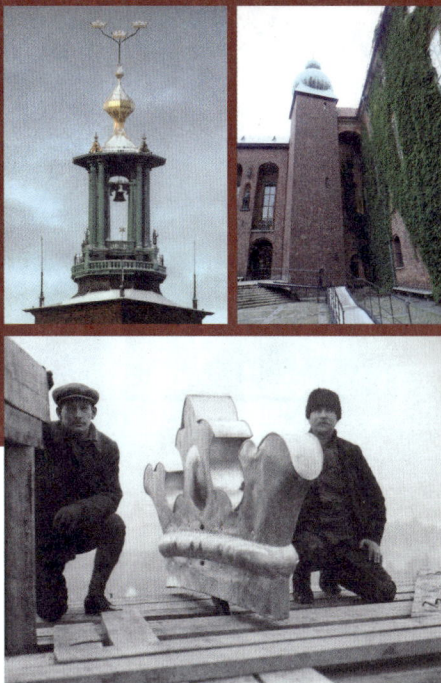

曾经使用过。建筑师认为在这里使用能体现市政厅的公众性，20 世纪初使用"三皇冠"是代表瑞典人民。虽然瓦萨王朝使用它作为王国的象征，但现在它成为国家的图形象征。皇冠尺寸巨大，安装难度颇高。建筑从铸铁装饰到柱头样式，到处散发着新艺术运动的气息。

瑞典三皇冠的纹章。

2. "市民庭院"

市政厅在空间的安排上，提供了多个可以供市民使用的集会大厅，更富创意的是形成了一个"市民庭院"（The Citizen Courtyard），通过架空的柱廊连接到室外，扩大了视角空间和活动范围。以神话和城市的历史故事为题材的艺术品在建筑庭园的各个角落都可以找到。

举办诺贝尔奖颁奖晚宴（Nobel Banquet）的地方称为蓝厅大厅（Stadshus），但实际是以清水红砖装饰的朴素室内装饰。建筑师原构思时拟采用蓝色的面砖，但后来因材料的处理技术未达到要求而作罢，但却保留了"蓝厅"的

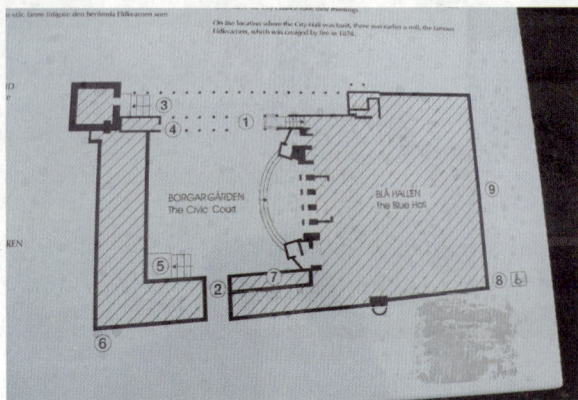

斯德哥尔摩市政厅的平面图。

斯德哥尔摩市政厅的蓝厅。

称呼。市政厅的设计在不少细部采用纹章文化题材或者形式进行装饰设计，如入口地面的铺砌、铸铁窗花、塔楼顶部[1]。市政厅的市民庭院在东南角的铁门使用了文织字母的纹章装饰手法，用铸铁件勾勒了皇冠，在下面是"斯德哥尔摩市政厅建设委员会"（Stadsbyggnadsn-ämnden stockholms）的字样，是由铁枝形成的文织字母装饰。在塔楼东墙面的窗台下面的纹章盾面上刻着"人民福祉就是最高法律"（Salus publica suprerma lex）的文字装饰。

设计者对室内外的铺地图案和材质也高度重视，在室外铺地设计草图中，画出了由连续展开的纹章盾徽为主题的图案元素，以及将市政厅所在地"骑士岛"的地图为铺地的主题，但最后还是没有实现。

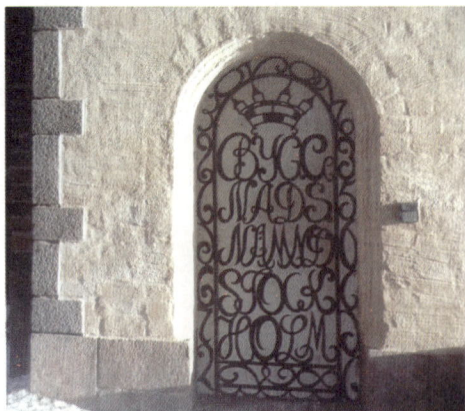

建筑师奥斯特伯格为斯德哥尔摩市政厅设计铸铁拱门的设计草图（右）及实物（左）。

局部装饰。

城市纹章：欧洲城市的文化遗产

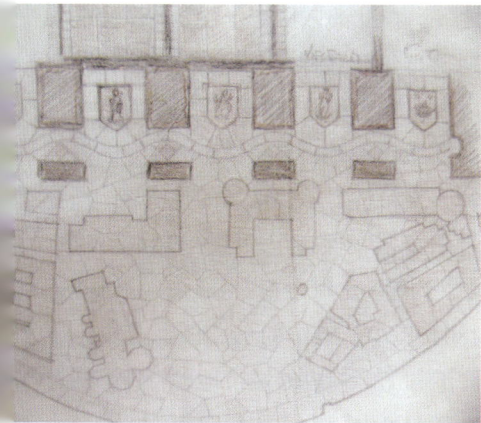

设计者方案中的铺地设计草图。

3. 听"想法"和保存"想法"

在近代的市政厅设计中，功能发生变化最大的是旁听席的提供，以及由于文档的增多，需要保存各种文献的档案储存空间。公众参与城市事务是近代社会管理的重要变化，在斯德哥尔摩议会厅专门设计了旁听席，使公众能够听

到议员代表的"想法"，判断其是否符合公众的利益期望。

在建筑物的主塔的东侧墙建造了斯德哥尔摩城市建立者"瑞典公爵"比尔格（Birger Jarl，1200–1266）的纪念墓地，墙面上为比尔格的纹章寓意物——金色的狮子，铸铁的围栏和背景也是以比尔格的纹章为装饰主题。建筑师选择东面的方向，正好面对城市，让这位城市奠基者可以清楚地"看"到城市的轮廓。

在欧洲城市中斯德哥尔摩市政厅在保存档案方面处于领先位置，保存文献就是保存"想法"。斯德哥尔摩城市规划委员会档案（Stocholm City Planning Committee Archives 2011）被列入《世界记忆名录》，它包括了斯德哥尔摩200多年的建设档案。斯德哥尔摩作为北欧最具有历史意义的城市之一，于1478年就已成立市政厅。18世纪的瑞

斯德哥尔摩市政厅内的旁听席（左）和议会大厅（右）。

有公共标记的建筑：欧洲市政厅发展历史

195

斯德哥尔摩的建立者"瑞典公爵"比尔格在市政厅外的纪念墓地。

之一。在欧洲，只有少数几个国家能像斯德哥尔摩这样对其建筑和结构旧貌，以及在时间和地理的衍变上都有存档。

城市政府是有关城市的历史发展和建筑特性等重要信息的持有者。斯德哥尔摩档案保存了19世纪瑞典画家卡尔·约翰·比尔马克（Carl Johan Billmark，1804–1870）制作的鸟瞰图，其描绘了海港和岛屿构成的城市地理特征。通过鸟瞰图可以使人们加深对国王岛与骑士岛的发展关系，以及桥梁的作用和港口的重要性等方面的理解，城市就是在这些岛屿间诞生的。

1736年的斯德哥尔摩政府条例规定，建筑图纸或复印件应该提供给市政厅存档以供将来使用。从1736年开始，建筑图纸的保存数量有显著的上升，现

典处于古斯塔夫三世统治下的文化黄金时代，在这一社会背景下，城市档案管理也体现了斯德哥尔摩政府管理的规范水平。档案管理是公共事务的重要内容

斯德哥尔摩城市风光。

城市纹章：欧洲城市的文化遗产

在保存的图纸有 250 万份之多。

参阅斯德哥尔摩的建设档案，大家可以了解到斯德哥尔摩从 18 世纪的五万人小城发展到 20 世纪的大都市的全部历史。这个档案全宗包括一系列的建筑图纸和斯德哥尔摩城市规划委员会的规划书。从地理学角度来说，这些档案覆盖了整个城市，从穷人的小屋到富人的房产无不囊括，还包括各种行政、

商业、教育和工业建筑资料。

19 世纪是瑞典斯德哥尔摩的一个快速发展时期，一批专业人士参与到城市的建设中。他们不仅改变了建筑图纸的性质，而且还改变了城市本身的结构。斯德哥尔摩市政厅的设计就是具体的表现。

大部分按照图纸和规划图设计的原有建筑已经不存在了，被新的房屋所

市政厅对岸的骑士岛和贵族院。

有公共标记的建筑：欧洲市政厅发展历史

Djargardsbron 桥是连接国王岛与城区的重要通道。

代替。但是斯德哥尔摩所持有的这些图纸，赋予了公众对过去城市模样的特别记忆，一种对全世界都有价值的记忆。这些图纸不仅提供城市和建筑物质形态的记忆，更可以使人们理解特定历史时期的社会生活、经济状态、文化价值观等多领域的历史。

在《世界记忆名录》中是这样描述文献意义的：通过保护建筑档案，可以保护属于这座建筑的独特记忆，而这对人类文化的发展至关重要。问题的关键是"想法"这个概念。在建筑图纸和规划书中，不同年龄的人和社会团体的"想法"清晰可见。斯德哥尔摩城市规划委员会档案馆保存了 250 多年的"想法"：从 18 世纪盛行的社会结构，第 19 世纪的革命活动，一直到第 20 世纪这个福利国家的背后的"想法"。

"在欧洲，他们拥有最美丽的首都。但它的美并不奢华，而是很简约的。在斯德哥尔摩的民间博物馆，你可以看到不久之前当地的居民生活得多么朴素，而且按照欧洲的标准，你能意识到这个城市的复杂到来得多么突然。"——作家简·莫里斯《旅行》（1985）。

这就是诺贝尔美丽的故乡。

城市纹章：欧洲城市的文化遗产

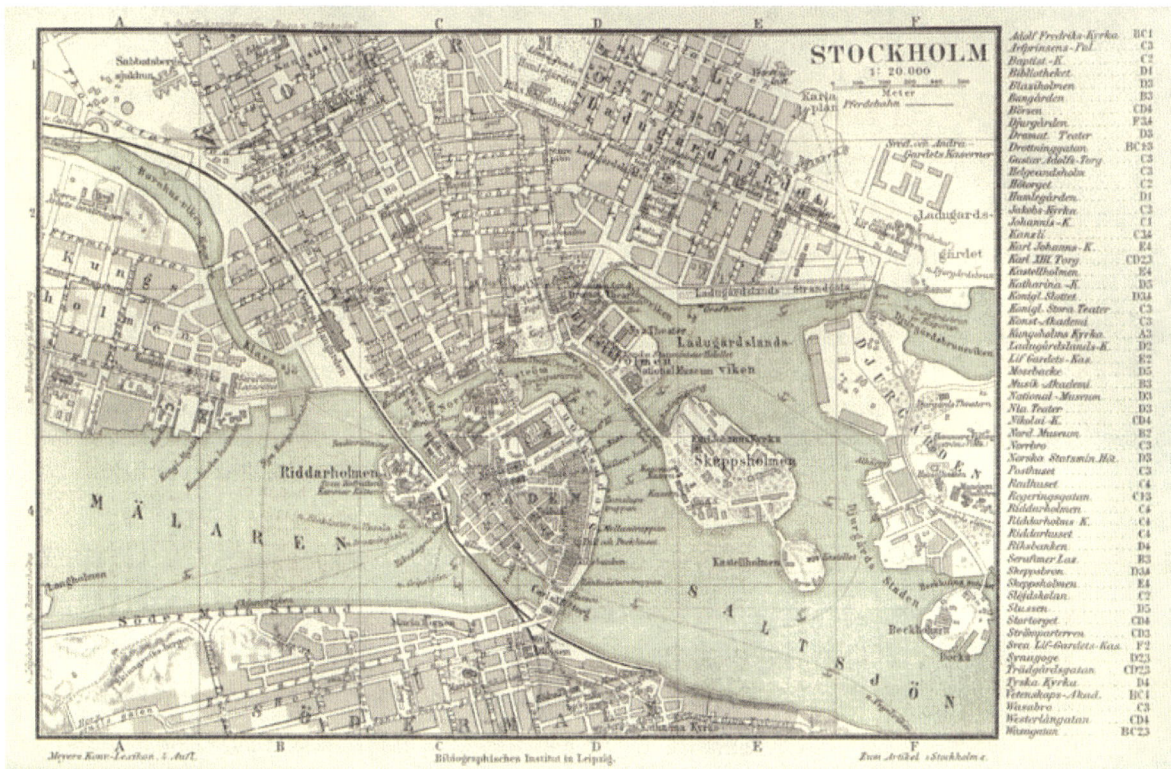

绘制于 19 世纪的斯德哥尔摩地图。

---

①   Rikard Larsson. *Secrets of the Walls: A guide to Stockholm City Hall*. Stockholm: Bokforl Lamhenskiold, 2011, p.19, p.39, p.109.

有公共标记的建筑：欧洲市政厅发展历史

七、难于康复的战争创伤：波兰华沙和波兹南市政广场和历史建筑的修复

市政厅与市政广场在空间上紧密相连而成为城市中心，战争对城市的破坏往往是毁灭性的，而城市中心地区首当其冲。二战后欧洲城市以市政厅和市政广场为历史中心的古城如何重建，是欧洲众多城市普遍且必须面对的问题，尤其是波兰、捷克等受重创国家的城市。在波兰 177 个城市中，历史中心建筑的毁坏数量超过 50%[①]。

1. 重建华沙城

"华沙重建工程办公室档案"列入《世界记忆名录》，城市档案对战后建筑结构重建、城徽的修复具有显著的辅助作用。华沙改造办公室于 1945 年 2 月 14 日成立，其目的在于详细阐述和实施重建华沙城的规划，特别是对华沙老城的重建。缩写为 BOS 的华沙改造办公室机构，在 6 年内经历了几次重组：一些部门的分离。新单位或其他机构（例如重建华沙理事会）的建立，这几次重组的目的都在于为了一个共同的目标而密切合作。

档案中的文件收集于 1945 年 5 月，文件记录了 1939—1945 年期间，战争对华沙城的毁坏情况，具体说明了幸存下来的建筑物的状况、重建历史中心的概念，以及与古典建筑修复工作相关的设计和投资。这些文件说明了 1945 年对遭到严重破坏的华沙城的清理工作，以及接下来城市重建的历史，尤其是在 250 年城市发展历史的背景下对城市核心区域的重建。档案中还有文件能够证明关于纳粹在被摧毁的老城区上建立一个只由德国人居住的城市的计划。

制作于 17 世纪的华沙全景图。

第二次世界大战中，68% 的华沙城区被毁，其中包括 80% 的旧城镇地区。1939 年纳粹德军对城市的毁坏十分严重，其次是华沙起义后。据估计，在和解时期，1944 年秋的华沙起义后，大约有 20 万居民丧生，而剩下的人口则统统被驱逐出城。基于战后立即开展、且在 2004 年重新进行的研究工作估计，华沙在这场战争中的经济损失高达 546 亿美元。

"华沙重建后，端庄优雅的城镇风景传达给全世界一个信息，那就是人类的尊严是无价的，它同时也是一种价值观，使得人们能够在暴君们的专制统治下幸免于难。当人们见证了华沙的胜利时，这座城市的建筑体系也正向我们的心灵证实了这些话。"这是美国建筑师 Anthong M. Tung 在第二次世界大战 40 年后写在他的著作《战争的遗产》中的一段话。

对于战后的中心古城重建方式，大部分专家和政治家的意见是倾向于保留废墟并在原址上重建，这一行动的意义体现了爱国情怀。虽然这一意见对战

战前齐格蒙特纪念柱广场具有特别的象征意义。

修复了的齐格蒙特纪念柱，带
有波兰立陶宛联盟的纹章。

华沙重建后纪念柱上的齐格蒙特铜像。

争历史场景保留具有象征作用，但最
终还是采取了推倒废墟重建的计划。在
1945 年至 1953 年期间，对波兰首都华
沙的重建，是由建筑师、文物和艺术
品修复师、艺术家和工人们共同完成
的。战后华沙城堡广场（Castle square,
Warsaw）及齐格蒙特纪念柱是战后最
早重建的历史纪念建筑之一。

1596 年国王齐格蒙特（Sigismund
III，1566–1632）下令将波兰首都从克
拉科夫搬到华沙，他在位时间为 1587
年至 1632 年，其儿子在 1643 年下令建

城市纹章：欧洲城市的文化遗产

修复完工的华沙皇家城堡,现在成为博物馆。

设纪念齐格蒙特的纪念柱。在战后的修复工程中,对纪念柱细节部分给予了足够的重视。齐格蒙特统治时期是波兰历史上最强盛的时期之一,在 1569 年与立陶宛建立了波兰—立陶宛联盟。这一联盟的纹章在修复后得以细化,在修复的齐格蒙特纪念柱基座上,恢复了精美的波兰—立陶宛联盟的纹章。

华沙皇家城堡是城堡广场的核心建筑,16 世纪是立陶宛—波兰联盟的统治中心,在二战中被完全摧毁。1971 年至 1984 年恢复修建的 90 米长红砖墙体的城堡成为一座博物馆。

18 世纪至 19 世纪的风格是华沙重建的主要风格,尽管在开始编制空间方案时尝试表现中世纪的尺度空间,但现在是无法做到的。"战后专家不仅改造了它们的立面,还改变了原有的空间体积布局。""大兴土木之后,更宏伟、更新的古典主义风格的建筑物替代了朴素的哥特式自治局大楼。"[②] 空间规划碰到了现代交通的矛盾,市政厅广场成为停车场。在这一情况下,细部的纹章装饰修复得更为精心,这些与建筑雕塑、花饰融为一体的纹章元素,是历史积淀下来的情感艺术。修复完工的华沙市政厅皇家城堡尽管外形得到恢复,但还是崭新有余而岁月沧桑感不足。历史

建筑具有的时代艺术价值、情感价值、建筑历史环境和工艺时代特征是无法模仿的，重建的齐格蒙特纪念柱、皇家城堡、圣十字架教堂（Holy Cross Church）等室内外环境均难以让人感受到岁月的痕迹。

华沙皇家城堡是波兰国王的居住地，第一次世界大战后成为波兰总统的官邸，1944年彻底被毁，1971年重建，1984年完工。在19世纪的照片上，皇宫和修复后的建筑还是有气质上的差异。在1945年至1953年期间，华沙的中心城区得到了重建。1980年，包括皇家城堡的旧城区被登记在联合国教科文组织世界自然和文化遗产列表中，以此作为一种独特的建筑修复工程来反对纳粹的反和平行为。但这是无法或难以抚平的战争创伤，波兰华沙重建无法代替心灵的疗法。波兰华沙的重建反映了宗教力量的影响力延续至今，教堂是被修复的重点对象。第二次世界大战的炮火击倒了华沙的齐格蒙特纪念柱、圣十字架教堂和教堂前的耶稣持十字架像。这是1679—1696年按文艺复兴风格建设的建筑，音乐家肖邦的心脏埋葬于教堂的其中一根柱子内。教堂前的雕塑在不同历史时期所承受的命运是截然不同的。

下图为战争前后时期华沙的圣十字架教堂及周边地区的倒塌建筑照片和修复后的照片。

关于华沙重建在文物保护方面的学术争论至今没有结论。波兰在二战中只有托伦和科拉克夫没有被炸，建立于中世纪的600多个城镇，有100多个受

修复的皇家城堡巴洛克风格塔顶和时钟（上）及修复的入口细部（下）。

战争摧毁的圣十字架教堂前的雕像（左）以及战前的旧照片（右）。

损严重。同样在二战中，有55%建筑损坏、倒塌而成为废墟的波兰历史名城波兹南（Poznań），也是采用完整修复的方式重建。

2. 波兰历史名城波兹南

16世纪，由于贸易的促进作用，波兰名城波兹南相当繁荣，17世纪到

修复后的教堂和雕像：圣十字架教堂与教堂前"背十字架的耶稣"。

圣十字架教堂内的肖邦墓碑。

皇室手中获得城市贸易权利而初步成型，长宽约 140 米，广场是以 1560 年建造的市政厅为中心形成的，包含了欧洲传统以市场为核心的若干类型建筑，如行会大楼、秤重房、守护室和市政厅。无论是市政厅，还是秤重房或者是守卫室，虽然建于不同年代，但同类型的纹章装饰无处不在。

波兹南市政厅建于 1550 年，完工于 1560 年。在文艺复兴时期，市政厅建筑的基本元素成为市政厅建造时的基本模式：一般都有为市民报时的钟楼，市政厅的前面形成市政广场。建筑的首层和二层采用拱廊，有装饰意义也有连接城市步行系统的作用。波兹南是三层的拱廊装饰，城徽是市政厅的标志，许多市政厅阳台设计有集会或者庆祝活动贵宾发表讲话、观光的使用功能，波兹南的市政厅也是如此。

18 世纪受到战争的严重损害。波兹南城区与城堡均保持类似的、相对独立同时兼顾防卫的空间模式。这是一个典型的东进（Ostsiedlung）模式的城市，在德语语境中是东进的城市。原来的城堡和教堂独立保留，而新城由网络分隔的不同功能区组成。波兹南 1617 年的历史地图体现了这种分离模式的空间概念，也凸显了以市政厅高大标志性建筑为中心的市政贸易广场。

波兰波兹南市政广场于 1253 年从

波兹南的城市战后修复，完全是按照历史环境，尤其是中心城市广场贸易环境的空间要求进行，在彩绘工艺、纹章装饰等细节上均给予足够的重视。

城市纹章：欧洲城市的文化遗产

波兹南市政厅，建于
1550年，完工于1560年。

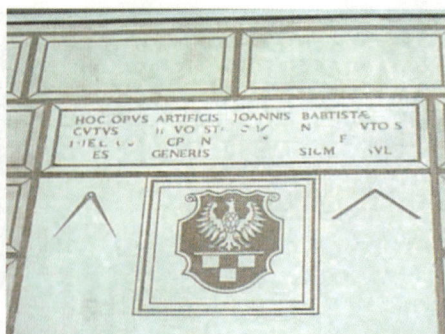

修复后的波兹南市政厅，意大利—波兰建筑师乔瓦尼·巴蒂斯塔·迪·夸德罗的个人纹章画在市政厅的墙面上。

被炸后的市政厅（上）和战前的市政厅照片（下）。

波兹南市政厅旁的步行街。

波兰贵族什拉赫塔家族的纹章（左）和广场守卫房的立面纹章装饰（右）。

族什拉赫塔（Szlachta）家族的纹章（Nalect coat of arm）是包含着 933 个同家族但不同群体的贵族纹章，这一纹章产生于波兰王国（1320—1385）时期，在 1398 年已经有文献记录。这是在波兰同一姓氏贵族共享的家族祖先传承下来的纹章，这一纹章传统是与其他欧洲国家最大的差异。现在守卫房成为了历史博物馆。

以旗帜为护盾物的波兹南城市纹章。

在波兰 18 世纪后期，纹章完全拟人化、按照雕塑的表现手法融入了建筑的装饰语言中。与市政厅毗邻的守卫房，属于 18 世纪的古典主义风格，守卫房的屋顶上分别有 16—17 世纪欧洲最大的共同体立陶宛－波兰联盟的纹章和波兹南城市纹章。纹章成为建筑的主题，这是这一共同体制度下城市公共建筑的绝唱，因为 1795 年波兹南被纳入普鲁士王国。守卫房建筑的建筑师为波兰建筑师坎瑟泽（Johann Christian Kammsetzer，1753–1795），他也是华沙蒂什基维奇宫（Tyszkiewicz palace）的设计者。

波兰－立陶宛联盟时期的波兰贵

波兹南市政广场的上还包括了秤重房（Weighing house）等其他历史建筑，秤重房原来为 14 世纪时的布料市场。

市长（Mayer）一词来自拉丁文 maior，原意是"更大的"（bigger），对应德文 Bürgermeister，是来自中世纪低一级别的贵族，为神圣罗马帝国时期城堡的管理者。城堡德文为 Burg，这一职位在德文中也称 Burgmann，在英文中称为 Castellan，当 castle 转化成为更大的防御城墙包围的 Fortification，这一职位也消失。在城市中细分若干单元时，这些单元称为 Borough，词源来自

用雕塑形式表现的立陶宛－波兰联盟纹章。

守卫房的立面（左）和 1939 年德军经过该建筑的历史照片（右）。

波兹南市政广场的称重房，14 世纪时是布料市场。

限。第二次是在工业革命导致城市人口急剧增加而市政厅事务增多的时期，建设和管理城市任务繁重，同时需要市政厅建筑来体现城市的繁荣。19 世纪末 20 世纪初，市政厅建筑形成的模式特点更为鲜明：一般有议会厅，带有旁听席；有为市民提供文化活动，包括展览、庆祝节日等的多功能大厅；市长等工作人员办公室；高耸的钟楼象征公共性；市政广场为庆祝节日、集会和休闲提供空间；城市纹章处在主要的入口，与建筑有机结合，成为室内外的装饰图形主题。

古英语 buth，指有防御工事的聚居地。在中世纪可以理解为有一定自治权利的居住地。现代城市制度下，Borough 为市议会授予部分自治权利的单元。

欧洲城市从古希腊、古罗马开始至中世纪，公共空间承前启后，但新的以市政厅为中心的城市空间正逐步形成中世纪后期这一历史阶段的城市空间特征。13 世纪至 14 世纪，城市自治的空间表现得最为直接的就是市政广场和市政厅，城市纹章与市政厅具有天然的关联性，通过市政厅，城市纹章在户外得到充分展示。在 19 世纪末再一次兴起的市政厅建筑浪潮中，城市纹章以更加炫目的形象出现在市政厅的室内外空间上。

欧洲市政厅建筑在 19 世纪中后期迎来了一轮新的建设高潮，第一次高潮是在 12 世纪至 13 世纪，欧洲众多城市获得自治权利时期至文艺复兴前后，城市事务和权利在领主的控制下比较受局

① ［俄］O. N. 普鲁金著，韩林飞译：《建筑与历史环境》，社会科学文献出版社 2011 年版，第 192 页。
② ［俄］O. N. 普鲁金著，韩林飞译：《建筑与历史环境》，社会科学文献出版社 2011 年版，第 221 页。

III

欧洲历史建筑中
城市纹章的装饰手法

标志性的历史建筑与城徽、纹章的关系是互动的关系，标志性的历史建筑是选择城徽寓意物的重要题材，而历史建筑则利用纹章进行富有个性化的装饰。当今对历史建筑的艺术分析往往停留在类似哥特式、文艺复兴式、巴洛克式的概念化套用，忽略了城徽和纹章文化的深层次影响与作用。产生于中世纪的纹章文化，随着技术的进步，产生的影响日益扩大。15世纪，版画的出现和印刷术的进步，使纹章摆脱了手绘影响纹章规范性和准确性的困境；18—19世纪建筑技术的多样性，使纹章可以通过瓷砖烧制形成模块重复使用；彩色玻璃制作工艺的进步使纹章成为室内装修的重要题材。纹章的不同盾徽造型和盾边饰纹为建筑、家具和工艺品的装饰图案的设计提供不竭的创作

源泉。

城市在中世纪时功能相对简单，公共服务的内容不多。随着时代的发展，城市功能越来越多样，公共建筑的类型越来越多，如博物馆、图书馆、大学和市场等。城市中为市民集体服务的公共建筑或是基础设施，基本上是由市政厅建设和管理的，城徽印记则出现在这些物质载体上，体现了公共的特质。建筑材料、公共设施的制作和用材进一步发展，城徽装饰成为美化设施的手段。

城徽经常作为公共机构和公共建筑的标记，在这种情况下，为进一步加工或者适应建筑形式和材质的需要，城徽时常进行艺术化的再设计。

一、消失的中世纪公共建筑：秤量房、佣兵凉廊和布料市场

中世纪开始使用纹章的建筑类型众多，欧洲城市的纹章根据纹章的不同类型应用到不同功能的建筑物当中。以城徽为标记的装饰艺术表现在城市的公共建筑上，体现了城市公共性建筑的特殊印记。"关于艺术对确认国民身份具有作用的讨论都必须将公共建筑考虑进去。正是因为有限的私人古典建筑表明了建筑拥有者的威信和眼光。所以行会议事厅和市政府大厅允许团体和城市烙上社区的印记。"① 市政厅的城徽是此类型城市公共建筑的必要标志，是建筑立面的基本元素。关于钟楼、市政厅在上一章已经通过专题进行阐述。中世纪欧洲具有公共功能的公共建筑还有秤量房、布料市场、剧院、博物馆和监狱等。

1. 秤量房

政府的功能就是市场管理和征税，在德国、荷兰及比利时等国家有一种特殊的市政建筑就是秤量房（Weighing House），荷兰称为 Waag，秤量房为公共服务建筑，是荷兰、德国、比利时等国在 1800 年之前出现的一种体现市政厅功能的公共建筑。随着公制的度量制度出现，1819 年"度量所"的功能被取消；除这些国家外，许多欧洲国家城市将这一功能设置在行会。秤量房这类

荷兰阿尔克马尔秤量房，中间是阿尔克马尔的城徽。

阿尔克马尔的城徽。

力很大的商业活动场所，是荷兰保存下来的四大传统奶酪市场之一。

哥达的秤量房现在也是利用旧建筑，被改建成为一个奶酪博物馆，该建筑建于1667年，山墙上是一个醒目的城市纹章，外墙嵌有描绘计量场景的浮雕。

莱顿秤量房建造于1667年，建筑形式与哥达秤量房十分相似，均为荷兰黄金时期的建筑师皮特（Pieter Post, 1608–1669）设计的，雕塑家为巴托洛

建筑一般靠近市中心或者市场，是市政厅管理市场的具体场所，以城市纹章为代表符号的市政厅与秤量房建筑紧密相关。目前荷兰的豪达（Gouda）、代尔夫特（Delft）、吕伐登（Leeuwarden）、莱顿（Leiden）、阿尔克马尔（Alkmaar）等城市还保存着这些建筑遗产。

阿尔克马尔秤量房原是城市的奶酪交易中心，现在是旅游中心和奶酪博物馆，周边仍然是奶酪的交易市场。阿尔克马尔秤量房奶酪市场是在荷兰影响

哥达市的城徽。

荷兰哥达秤量所，外立面的壁画是复制品。

欧洲历史建筑中城市纹章的装饰手法

夫·艾格斯（Bartholomeus Eggers，1637–1692）和罗伯特·维尔赫斯（Rombout Verhulst，1624–1698），建筑造型还是以浮雕壁画和山花墙的城市纹章为建筑的外部装饰。秤量房一直使用到1972年，最后时期的功能是用于奶酪称重。现在改建为历史纪念建筑，还可以举行室内音乐会。

德国不来梅的秤量房是1440年或者更早的时间建立起来的。现在的建筑是1586年至1588年建立的新秤量房，由不来梅建筑师吕德·冯·本特海姆（Lüder von Bentheim，1555–1613）装饰设计，是一座典型的威悉文艺复兴式的建筑（Weser Renaissance）。19世纪时这座建筑成为市政厅征收税收和土地登记的办公空间，1927年又成为不来梅第一座广播电台的所在地。建筑在第二次世界大战时被毁，战后重新修复。关于如何重新利用这一历史建筑这一问题，不来梅社会各界进行了激烈的讨论，建筑现在是展览空间和诺贝尔文学奖得主君特·格拉斯（Gunter Grass）研究中心和一个不来梅著名的室内乐团文化机构所在地。在建筑入口两个拱门的拱顶石的位置镶嵌着不来梅的城徽，整栋建筑用红砖作为外表面的材料，窗框上充满精致的装饰。

德国不来梅原秤量所的立面，计量的象征符号"秤"出现在外立面上。

不来梅秤量所使用城徽的细部。

城市纹章：欧洲城市的文化遗产

荷兰阿姆斯特丹的圣安东尼城门（Sint Antoniespoort）建于 1448 年，16 世纪后期随着城区扩大，1603—1613 年城墙被拆除，建筑的防御功能被改变。城门之上加建了建筑，1617 年成为市场，作为"秤量房"，这里成为多个行会集聚的建筑，主要是四大行会：绘画行会、外科行会、铁匠行会和石

"解剖剧场"天花上的家族纹章。

历史上的圣安东尼城门。

匠行会，1691 年增加了"解剖剧场"（Anatomical Theatre），1795 年行会解散，1819 年称重的功能被取消。城门建筑是目前阿姆斯特丹仅剩的两个城门之一，现在成为当地的一个博物馆。

　　1993 年至 1994 年，市政厅得到社会的赞助而进行修缮，特别是对"解剖

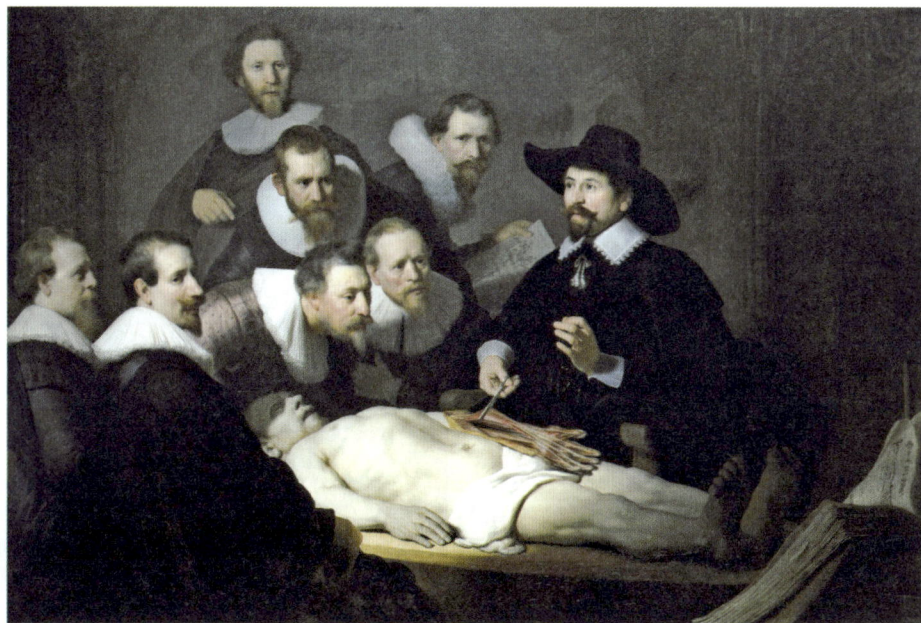

伦勃朗创作于 1632 年的《杜普教授的解剖学课》，是受此处的外科行会的委托而作。

欧洲历史建筑中城市纹章的装饰手法

阿姆斯特丹瓦格的建筑现状。

剧场"天花板上的医学外科成员家族纹章进行修复，天花纹章再现了"秤量房"昔日辉煌，目前"解剖剧场"是阿姆斯特丹保留下来最古老的非宗教类历史建筑，它在修缮后成为一个文化、科技的研究中心，称为"Waag society"。

19世纪荷兰著名的风景画画家、手工业师、摄影家霍克（Johannes Frederik Hulk，1829–1911）创作的"瓦格（Waag）外面的集市日"，细致地描绘了瓦格的建筑风格，将场景的氛围表达得淋漓尽致。当摄影技术被发明时，他马上建立了工作室，成为摄影家。

在1810年阿姆斯特丹市政厅风景画中，位于市政厅前的秤量房仍然存在，画面上刻画了货物堆放在秤量房前的场景，在秤量房最为显眼的位置雕刻

着阿姆斯特丹的城市纹章。阿姆斯特丹市政厅前的秤量房是市政厅门前公共功能的组成部分，成为画面中不可或缺的城市风景主题之一。

1800年左右的秤量房。

1810年阿姆斯特丹市政厅前的秤量房风
景画。

2. 佣兵凉廊

　　意大利佛罗伦萨佣兵凉廊（Loggia della Signoria）处于领主广场（Piazza della Signoria），四根科林斯柱支撑着大跨度的拱，在女儿墙下的四扇三叶草型窗（Trefoil）中有四座象征着基督教精神的女神像，其上均对应有一个纹章。该建筑建造于1376至1382年期间。凉廊（Loggia）是源于古罗马的一种建筑形式，使用于广场，主要是为贵族们观赏各类庆祝活动提供舒适的室外场所。

　　凉廊护墙上三叶草型的窗户常与三角形结合形成生动的图形，造型本身有宗教象征意义，被赋予三位一体的多种基督教寓意。窗内常为纹章、雕像装饰的空间。

　　欧洲许多城市的市政厅广场学习意大利的建筑形式，形成围合空间，德国巴伐利亚州的慕尼黑音乐厅广场的佣兵凉廊也称为统帅堂（Feldherrnhalle），

三叶草型窗的图形
（左）和凉棚上有佛罗
伦萨国家图书馆字样和
米兰和佛罗伦萨城市纹
章装饰（右）。

德国巴伐利亚州佣兵凉廊和透雕手法的纹章装饰。

模仿佛罗伦萨的建筑形式，由巴伐利亚国王建于 1841—1846 年，采用透雕手法的纹章装饰。透雕相对复杂，但效果精致美观。

在 1850 年慕尼黑阅兵统帅堂风景画中，佣兵凉廊成为画面的中心，与双塔教堂构成慕尼黑独特的城市景观。

随着市政厅建筑体量的增大，凉廊券廊成为市政厅建筑的一部分，波兰的波兹南市的市政厅就是采用这种建筑模式。佛罗伦萨也将券廊凉廊用于其他城市公共空间中，如在科西莫大公统治时建造的卖鱼凉廊（Loggia del Pesce），由文艺复兴的代表性人物乔尔

1850 年慕尼黑音乐厅广场的佣兵凉廊也称为统帅堂。

城市纹章：欧洲城市的文化遗产

乔·瓦萨里所建。在券廊的四角用纹章盾牌装饰，后来曾被拆除，但构件被保留下来，复建时基本再现了原来的建筑风格。

市场建造于 1640 年，是纺织商人聚集、洽谈业务的行会建筑，1874 年成为美术馆后收藏了荷兰黄金时代的大量绘画。

3. 布料市场

　　布料市场（Cloth hall）也是中世纪后出现的公共建筑，它是适应布料交易的公共市场。现在欧洲有些城市还保留这类建筑遗产，只是功能转变为博物馆或是画廊之类的场所。荷兰莱顿布料

莱顿布料市场，山花墙上是以城徽为核心图形的浮雕。

波兰克拉科夫布料市场。

处于波兰克拉科夫中央集市广场的布料市场（也称纺织会馆），是一座文艺复兴风格的建筑，中央集市广场建立于1257年，为欧洲最大的城市广场之一。布料市场在15世纪至17世纪时并不局限于布料纺织品贸易，而是有着各种来自东方的物品和克拉科夫出口产品的交易市场，克拉科夫当时处于黄金发展期，为当时的波兰首都。布料市场是类似交易会的商业场所，具有国家贸易交往的特征。室内的装饰风格与波兰波兹南、罗兹等城市纹章装饰相似度很高。布料市场在19世纪变成博物馆，成为接待国外政要的场所，建筑的功能产生很大的变化。

比利时伊佩尔（Ypres）布料市场的主要结构是1304年建成的，中世纪为比利时最大的商业建筑，特别是比利

波兰波兹南（左）和罗兹（右）的城市纹章装饰。

POZNAŃ

ŁÓDŹ

城市纹章：欧洲城市的文化遗产

时运河系统与布料市场相连接，创造了便利的运输条件，从而降低了成本。这座建筑使伊佩尔成为中世纪后期商业中心城市的象征，是弗拉芒地区纺织业繁荣的标志，现在这座历史建筑改建为弗兰德历史博物馆。

鲁汶大学虽然建立于15世纪，但一直没有集中式的图书馆，直到1636年才将布料市场改建为图书馆。

① ［荷］马里特·威斯特曼著，张永俊、金菊译：《荷兰共和国艺术》，中国建筑工业出版社2008年版，第151页。

比利时伊佩尔布料市场。

二、大学的校徽与城市纹章

随着完善城市功能的需要增加，产生了新的公共机构，同样也需要公共图章，它们也是城市自治制度的产物。具有公共意义的大学是中世纪后期出现的公共服务机构，"大学"一词在拉丁文中有"社团""公会"的含义，从中世纪开始出现了"学生行会"或者"学者团体"的专用名词。这些机构拥有自己的纹章和印章，随后正式出现在教学楼入口处。学院、大学的纹章装饰是大学校园建筑物的辨别符号。

1. 作为公共机构的大学的校徽

大学是中世纪之后的公共机构，一般将开设定期的课程和设置学位作为大学的基本条件，意大利博洛尼亚大学、法国巴黎大学和英国牛津大学作为中世纪产生的第一批大学，大多有自己的学校纹章，而下至学院也有自己学院的纹章，它往往反映或者包含了大学、学院捐献者、建立者个人纹章的图形元素和所在地的纹章图像。

意大利博洛尼亚（Bologna）是世界上最早创立大学的城市，有着设立于1088年的博洛尼亚大学（University of Bologna）。1158年神圣罗马帝国皇帝颁布法令确定学校的正式身份，确保了学术地位的独立，中世纪产生的"大学"称谓就是源于此。博洛尼亚大学至今还是意大利重要的大学，13世纪时学校就有2000学生，现在在校学生超过8万人①。现存建筑是皇家西班牙学院（Royal Spanish College），建于1364年，当时专门为西班牙学生而设立。博洛尼亚大学在12世纪末期至少开过四门课：修辞学、民法、宗教法规和医学②。法学的研究包括对罗马法原著的研究，是大学教育开始的基石，后来学校在罗马法领域具有最权威性的地位。学校校徽上的拉丁文为"大学之母"（Alma Mater Studiorum），作为学校文化遗产而成为大学品牌的一部分，校徽下方的

意大利博洛尼亚大学校徽。

城市纹章：欧洲城市的文化遗产

"A.D. 1088"是历史的象征。

大学存在于城镇中，一般大学的学校徽章与所在城市的城市纹章图形密切相关。在意大利都灵理工大学的校徽中，将都灵的城市纹章寓意物，即"牛"的盾徽置于下方，中间是学校的城堡建筑群，上方为古罗马战士戴头盔的头像。都灵大学校徽也以"牛"为象征图形，但是再创作时为公牛形象，表现为公牛躺卧在一堆书本上。

佩鲁贾大学校徽。

锡耶纳大学是欧洲最古老的大学之一，创立于1240年。校徽与锡耶纳城徽的标记结合在一起。目前其法律和医学学科在世界高等教育领域具有相当的影响力。

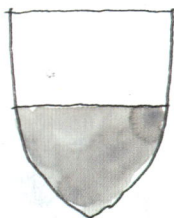

意大利佩鲁贾市的城徽。

意大利都灵理工大学的校徽（左）及在毕业证书上的应用（右）。

意大利锡耶纳市城徽（左）和锡耶纳大学校徽（右）。

都灵大学校徽虽然寓意物也是与城市纹章寓意物一样选择"牛"，但是再创作时改变了形象。

成立于1308年的佩鲁贾大学校徽一半使用佩鲁贾的城徽，一半使用圣徒Herculanus of Perugia 的形象，他是6世纪佩鲁贾的主教。

表面上大学的校徽与城徽关联度很高，但实际上大学与城镇的冲突非常频繁，剑桥大学的产生就是城镇市民与学生冲突的意外结果。城市与大学的冲突不断，来源于大学产生的"超然"假象，中世纪时大学的权力来自教廷承认的法人团体，法人团体又分巴黎大学的教师行会和博洛尼亚学生团体两种形式。巴黎大学的发展令英国君主不安，牛津大学就是在此历史条件下产生。

剑桥大学的校徽采用典型的盾徽形式（左）、巴黎大学校徽（中）和牛津大学旧校徽（右）。

下半叶才流传到牛津大学，1489 年牛津大学拟定了《寄宿生规约》，标志着住宿学院制度的建立[③]。

英国的纹章使用广泛，英国学校的校徽经常与建立者的纹章联系在一起，大学中每个学院都拥有纹章，一般都与建立者和捐献者的纹章有关系。

牛津大学是由于英国国王亨利二世反对英国学生到法国学习而建立的，大学从 1096 年已经有教师存在，在 1167 年开始较快发展，具体建校的时间难以确定。牛津大学是学院制度的首创者，12 世纪开始使用的大学学生宿舍是靠教会或者贵族捐建的。巴黎大学在 13 世纪开始建寄宿的屋舍，13 世纪

圣·约翰学院纹章大徽（左）和盾徽（右）两种形式。

剑桥大学 800 周年校庆日，在灯光秀中展示了学校的纹章。

城市纹章：欧洲城市的文化遗产

剑桥大学圣·约翰学院入口的学院纹章。

Illuminatio Mea"。现在学校的盾徽上是以十字架分出四个盾面空间,十字架中间是一本合上的书。纹章在 1400 年就开始使用,打开的书本用拉丁文写着"上帝是我的光明"。

牛津大学校徽。

剑桥大学圣·约翰学院的门楼入口保存了学院纹章装饰。从 1690 年绘制的剑桥大学圣·约翰学院鸟瞰图中可以看到,绘图者已经将学院纹章纳入进地图设计的元素之中。

最初的牛津大学的纹章画面上是传说中大不列颠的英雄阿瑟王的纹章寓意物"三顶王冠",围绕其中的是一本打开的书,上面写着"Dominus

俄罗斯圣彼得堡大学是俄罗斯最古老和最大的大学,建立于 1724 年,圣彼得堡的瓦西里岛为总部所在地。学

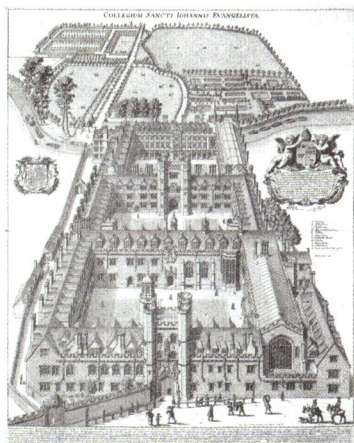

于 1690 年绘制的剑桥大学圣·约翰学院鸟瞰图,David Loggan 绘制。

剑桥大学圣·约翰学院的门楼和纹章装饰。

校的纹章与俄罗斯的国家纹章相关联，双头鹰胸中是小盾徽，左右鹰爪持着书本；冠饰是沙皇的皇冠，双头鹰左右鹰头也戴着沙皇的皇冠。

2. 大学建筑与纹章艺术装饰

波兰克拉科夫的雅盖隆大学（Jagiellonian University）于 1364 年创立，是波兰乃至欧洲最早设立的大学之一，18 世纪波兰国家教育委员会进行教育改革，提出"教育是公共利益"的改革理念，获得极大的成功，雅盖隆大学就是在波兰教育委员会直接监督下进行改革的大学之一。该校校徽是两枝斜交的权杖（Sceptres）。为保护大学品牌，雅盖隆大学专门出台了有关校徽使用的规定，从图形符号正确使用着手，成功建立了大学品牌体系。

克拉科夫大学院（The Collegium Maius）是大学里最古老的学院，处于克拉科夫城市中心，现在的学院庭院建筑是建于 15 世纪后期的哥特式建筑，尼古拉·哥白尼曾经在这一学院就读。庭院的拱廊上方使用了若干纹章装饰，中间是一口古井，目前在建筑内专门开辟了大学博物馆来展示大学的历史。

院落陈列着关于三角天文测量仪的模型和介绍，这一伟大成果就是产生于古老的克拉科夫大学院。

一架天文仪器，主要用于探测行星和其他物体在天空的位置。早在公元二世纪，三角天文仪已被托勒密（公元

JAGIELLONIAN UNIVERSITY
IN KRAKOW

图形标准化的雅盖隆大学纹章表现形式。

2 世纪的古希腊天文学家、地理学家、数学家，地心说的创立者）使用。测量一个物体的高度角的步骤如下：

·抓住一把觇尺（照准仪），拧松螺丝钉；

·将照准仪对准该物体，此时你应该能从 2 个瞄准板看到这个物体；

·通过拧紧螺丝钉堵住照准仪；

·在觇尺的内侧读取弦长；

·在弦长表上读取该物体在地平线以上的高度角。

剑桥大学各学院均拥有盾徽形式

带有校徽的学院牌匾。

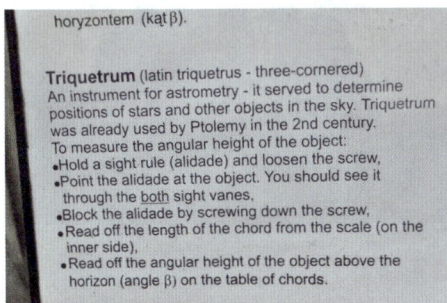

horyzontem (kąt β).

Triquetrum (latin triquetrus - three-cornered)
An instrument for astrometry - it served to determine positions of stars and other objects in the sky. Triquetrum was already used by Ptolemy in the 2nd century.
To measure the angular height of the object:
·Hold a sight rule (alidade) and loosen the screw,
·Point the alidade at the object. You should see it through the both sight vanes,
·Block the alidade by screwing down the screw,
·Read off the length of the chord from the scale (on the inner side),
·Read off the angular height of the object above the horizon (angle β) on the table of chords.

院落关于三角天文测量仪的介绍。

克拉波夫的雅盖隆大学一学院（Collegium Iuridicum）巴洛克建筑风格的入口和克拉科夫大学院内庭。

大学院内庭。

在历史上举足轻重的杰出人才，牛顿（Isaac Newton，1643-1727）在1661年被录取并就读于三一学院。英国多位王室成员和英国总理毕业于该学院。

剑桥大学三一学院大门上亨利八世的雕像和纹章装饰局部。

的纹章。各时期的历史教学建筑都可以看到各类纹章的印记与建筑完美结合在一起，但展示最多的还是历朝英国君王的纹章。三一学院（Trinity College）是亨利八世在1546年建立的，在主楼的大门上方，塑造了亨利的雕像和皇室的纹章，纹章为狮子和百合花的组合。学院的纹章部首部分也是以红色盾面上的金色狮子为寓意物。

剑桥大学三一学院培养了大批

三一学院的纹章（左）和英国国王亨利八世的纹章（右）。

彭布罗克学院（Pembroke College）是1347年彭布罗克伯爵遗孀捐建的，学院纹章的一半是彭布罗克伯爵的纹章图形。剑桥大学校园最古老的建筑就是该学院的大门建筑。

纹章，学院建立于 1428 年。

以英国皇室亨利七世的纹章装饰的入口（左）和局部（右）。

剑桥大学的近现代建筑现在为宿舍，入口纹章装饰为莫德林学院纹章。

剑桥大学的近现代建筑现在仍然使用纹章装饰建筑，宿舍的入口纹章装饰为莫德林学院（Magdalene College）

建立于 1284 年的剑桥大学彼得学院（Peterhouse, Cambridge）是大学中最古老的学院，尽管是近代的建筑，仍保持用学院的纹章作为建筑装饰元素的传统做法。

剑桥大学彼德学院剧院的入口纹章装饰（左）和学院的纹章（右）。

剑桥大学校园最古老的大门建筑（上）和彭布罗克学院纹章（下）。

乌得勒支大学建于 1636 年，是荷兰黄金时期较早成立的大学之一。大学建立时处于旧城中心区，与圣马丁教堂

乌得勒支大学。

处于同一区。中心城区临街于 1892 年
建造的大学建筑，入口华丽。除了红砖
白色框架的典型荷兰建筑风格外，在上
花墙最高处有三层高的立面，同时以

纹章为核心进行装饰，最高层为大学
的"太阳光芒"的校徽，学校的铭文是
"公正的阳光照耀我们"，用拉丁文刻在
下面；二层是荷兰联合王国的狮子挥剑

城市纹章：欧洲城市的文化遗产

荷兰乌得勒支大学历史建筑在山墙的部位以纹章装饰。

美国哈佛大学校园(上)和普林斯顿大学校园建筑的纹章装饰(下)。

美国普林斯顿大学历史建筑上的校徽装饰。

美国普林斯顿大学校门上的纹章装饰。

美国普林斯顿大学教学楼校徽装饰。

的纹章，1816年至1907年使用；三层为乌得勒支省和乌得勒支市的纹章，护盾者为两位希腊神话女神。

---

① www.unibo.it
② ［美］布莱恩·蒂尔尼西德罗·佩因特著，袁传伟译：《西欧中世纪史》（第六版），北京大学出版社2003年版，第393页。
③ 邓垒著：《中世纪大学组织权力研究》，人民出版社2014年版，第117页。

麻省理工学院主楼大厅内悬挂的校徽。

三、城市公共历史建筑和活动空间的纹章装饰

中世纪后出现了大学、室内剧场、现代图书馆和博物馆，是古罗马时期和中世纪没有或者运营方式不同的公共建筑。这类建筑为体现建筑权益特征，有的使用原业主的纹章，保持对该家族和个人贡献的纪念；有的使用城市纹章为标记，显示公共的权利，多数建筑的室内外装饰与城市纹章和家族纹章紧密联系。

1. 城市公共图书馆

欧洲城市的图书馆起源有两方面，一是修道院的图书馆，二是贵族的私人图书馆。瑞士的圣加伦市（St. Gallen）建立于 7 世纪，爱尔兰的传教士加伦早期在此传教，建立于 8 世纪的圣加仑修道院（Abbey of Saint Gall）已列入《世界遗产名录》。该修道院图书馆收藏着 9 世纪的古籍，355 本制作于 1000 年前的手抄本，是中世纪图书收藏最丰富的图书馆。《世界遗产名录》的评语中写道："修道院的图书馆是世界上历史最古老、馆藏最丰富的图书馆之一，其藏品中保存有许多珍贵的手稿，部分受稿写于羊皮上，内容是最初的建筑构想。"

圣加伦市的城徽寓意物是突出雄性特征的黑熊，颈部戴着金项链。城市的名字来自加伦传教士，城市的城徽也是来自修道院的纹章。13 世纪该地区成为独立的采邑修道院院长领国，领国的纹章盾面为黄色，寓意物是黑熊。该采邑领国存在于 1207 年至 1798 年之间，1451 年成为瑞士联邦的成员。

公共图书馆是城市重要的教育设施。图书馆在古希腊、古罗马时期已经是一种典型的公共建筑。具有现代意义的图书馆则是出现在欧洲中世纪

采邑修道院院长领国（1207—1798）的纹章（左）、瑞士圣加伦市现在的城徽（中）和瑞士阿彭策尔州阿彭策尔行政区的纹章寓意物（右）。

城市纹章：欧洲城市的文化遗产

后期启蒙运动的社会发展阶段。马拉特斯塔图书馆（Malatestiana Library）是欧洲第一座社区图书馆，该图书馆处于意大利艾米利亚—罗马涅大区（Emilia-Romagna）的切塞纳市（Cesena），为15世纪切塞纳的领主马拉特斯塔·诺维洛（Malatesta Novello, 1418-1465）所捐赠，他将图书献给社区的民众而不是家族成员。它不是教堂的图书馆，没有完全对所有人开放，但是属于为社区服务的公共市政设施，具有里程碑式的意义。

马拉特斯塔·诺维洛图书馆的手抄本图书和阅读桌已被列入《世界记忆名录》，获得此荣誉不仅体现了图书馆中所藏文献的历史价值，更具历史意义的是该图书馆是欧洲第一个公共图书馆。马拉特斯塔在1452年所作出的这一富有历史意义的行动，使共享社会资源的人文精神在欧洲中世纪开始闪耀，因为他没有将图书留给自己家族或者修道院而是贡献给社区。这批图书共包括从9世纪至15世纪的343本手抄本，有希腊文、拉丁文多种文字资料，为印刷术出现之前的珍贵文献。该图书馆成为欧洲中世纪保留至今最为古老的公共图书馆。

图书馆设立在圣弗朗西斯修道院内，主入口门套的设计是出生于佛罗伦萨的著名建筑师阿戈斯蒂诺·迪·杜乔（Agostino di Duccio, 1418-1481）在1454年的精心设计。他早年跟从意大利建筑师、雕刻家米开罗佐学习，在意大利不少城市留下作品，包括美第奇家族的建筑。门套中间的山花墙有大象的纹章雕刻，在两边的柱式上设计的马拉特斯塔—诺维洛家族的纹章与建筑融为一体，入口的门扇嵌入家族的纹章作为装饰，室内呈现出文艺复兴早期的艺术风格。

意大利马拉特斯塔家族（House of Malatesta）是存在于1295年至1500年之间统治罗马涅历史地区的贵族，统治范围相当于现在意大利艾米利亚—罗马涅大区行政范围，家族首领在13世纪就被称为里米尼领主（Lord of Rimini）。里米尼在古罗马时期就是亚平宁半岛

意大利马拉特斯塔图书馆入口的族徽装饰。

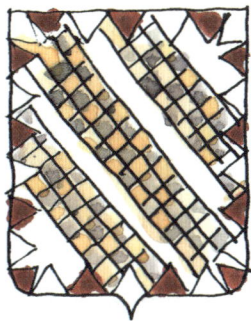

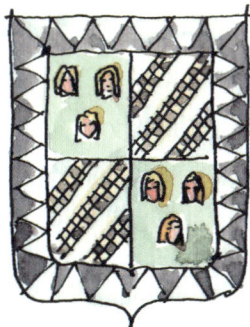

马拉特斯塔家族的纹章（左）和纹章的法国式形式（右）。

马拉特斯塔家族的石雕纹章。

边，用链条将图书系于桌面上，桌子的侧面有马拉特斯塔家族的纹章。现在阅览桌上典籍的布置仍然按照原来的分类，固定图书的链条也保留原来 15 世纪时的样子。

《世界记忆名录》项目介绍中是这样描述的："这座图书馆的建筑设计可能是由莱昂·巴蒂斯塔·阿尔贝蒂完成的，恢弘又兼具创新性。但图书馆的焦

的重要枢纽城市，13 世纪马拉特斯塔家族的奠基者、这一地区教皇派的领导者马拉特斯塔·韦鲁基奥（Malatesta da Verucchio，1212–1312）成为城市的统治者。里米尼城区中的文艺复兴前期风格的马拉特斯塔教堂，就是家族成员、里米尼的统治者西吉斯蒙多（Sigismondo Pandolfo Malatesta，1417–1468）捐建的，他是公认的意大利杰出的军事家，图书馆的捐献者马拉特斯塔—诺维洛是他的弟弟，在里米尼城中的西吉斯蒙多城堡（Castel Sismondo）是1437 年由西吉斯蒙多开始建造。家族的纹章有两个，一是斜条带的金色黑色相间的图案，另一个是三个头像在绿色盾面上的图案。大象则是家族的象征，家族纹章铭文写着"印度大象难道害怕蚊子（Mosquitos）吗"。里米尼现在为艾米利亚—罗马涅大区的首府，坐落于亚得里亚海滨，人口 13 万。

图书馆建于 1447—1457 年之间，由马拉特斯塔·诺维洛亲自监工。图书馆内共有 58 张阅读长桌，桌面分置两

图书馆入口装饰和入口柱头马拉特斯塔家族的纹章。

图书馆室内柱头上的纹章装饰。

城市纹章：欧洲城市的文化遗产

图书馆（左）和里米尼马拉特斯塔家族的西吉斯蒙多城堡入口大象纹章装饰（右）。

点和实质仍是书籍本身。除了中世纪文化的伟大作品，马拉特斯塔·诺维洛收集了古典拉丁、希腊、希伯来和阿拉伯的传统文化成果，以便实现他基于人文主义路线的普世文化计划。珍贵的抄本仍然在那个它们已经躺了五个世纪的地方，并且同十五世纪一样，依然被最初的链条连在相同的阅读长凳上。整个图书馆是一个巨大的藏书处，也是一个捐助的典范，是文艺复兴前期当之无愧的贵族图书馆。尽管切塞纳位置偏远，并与佛罗伦萨、米兰、费拉拉和罗马毗邻，但它得益于马拉特斯塔图书馆这一文化项目，因此，仍是人文文化的驱动力与西方文明的基础。"①

马拉特斯塔·诺维洛在世时已经制定出严格的管理计划和规则，使图书馆得到很好的管理，有关中世纪的图书现

图书馆阅读桌的纹章装饰，分两种纹章形式。

图书馆藏书中的家族纹章图画。

在已经成为难得的文化遗产。

牛津大学博得利图书馆（Bodlieian Library）是欧洲最古老的图书馆之一，规模仅次于大英图书馆。1444 年有了图书馆的雏形，在 1572 年汤姆斯·博得利（Thomas Bodley，1545–1613）才开始系统地建立图书馆并捐献了自己书籍和有关历史文献，图书馆对外开放。博得利在牛津大学任教时是上议院的议员，曾经担任多个重要公职，退休后回到牛津大学。

德国下萨克森的历史城市沃尔芬比特尔（Wolfenbuttel）的奥古斯特图书馆（Herzog August Bibliothek）建立于 1572 年，是不伦瑞克公爵（Duke of Brunswick）朱利斯（Julius，1528–1589）利用他的住处和原有的藏书建立的，朱利斯的后任奥古斯特公爵（Duke of August，1579–1666），在 1635 年继续加大收藏文献的力度，并用其名字命名图书馆，1887 年建立了正式的博物馆建筑。这座图书馆在 17 世纪时是阿尔

牛津大学博得利图书馆的大门用牛津大学各学院的纹章装饰（左）和庭院中汤姆斯·博得利的雕像（右）。

城市纹章：欧洲城市的文化遗产

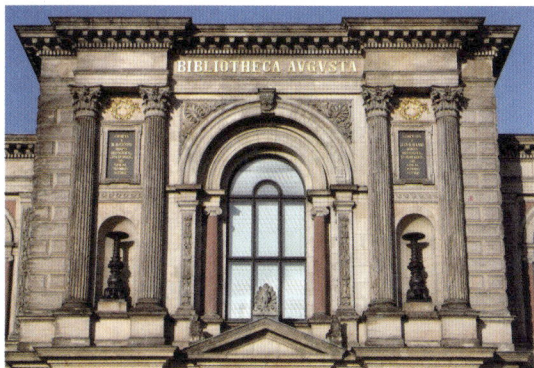

德国沃尔芬比特尔的奥古斯特图书馆。

卑斯山北面最大的图书馆，也是世界最古老的图书馆之一，1666 年图书馆对公众开放。

德国版画家布诺（Conrad Buno，1613–1671）在 1650 年绘制的奥古斯特图书馆版画，让我们可以感受那一历史时期图书馆的摆设风格。

希腊的罗德岛（Rhodes）是十二个群岛的首府，也是多元文化融合的地区。7 世纪阿拉伯人占领了罗德岛，1309 年罗马教廷的医院骑士团在第四次东征后又统治了罗德岛并将其作为

德国版画家布诺在 1650 年绘制了《奥古斯特公爵在他的图书馆》。

1793 年建立的罗德岛阿哈图书馆。天花的图案是伊斯兰风格。

为骑士团的总部，但 1453 年奥斯曼苏来曼一世战胜骑士团统治了这一地区。1793 年建立的阿哈图书馆（Hafiz Ahmed Agha Library）也是一个古老的具有伊斯兰文化特色的公共图书馆，由于是哈尔法（Hafiz Ahmed Agha）在退休后建立的，因此图书馆收藏着许多珍贵的伊斯兰手抄本。建筑富有奥斯曼时期风格，室内装饰是伊斯兰传统的风格，没有任何纹章图像的痕迹。

从 17 世纪末期，更多的市民获得接触图书的机会，更加标准化和专业化的印刷业提供了更多的图书产品，公共图书馆也逐步成为城市的主要公共建筑。

2. 剧院公共建筑和纹章

在文艺复兴时期，意大利开始出现了完全封闭的剧院，现保存下来的是 1580—1585 年建造的意大利维琴察（Vicenza）的奥林匹克剧院（Teatro Olimpico）、1618 年建造的帕尔马（Parma）的法尔尼斯剧场（Teatro Farnese）和萨比奥内塔（Sabbioneta）、1558—1590 年建造的安提卡剧院（Teatro all'antica）等剧院。1598 年巴塞罗那拥有了西班牙第一家室内剧场。

维琴察是威尼斯北面一座文艺气息浓厚的城市，一批贵族与艺术家在 1555 年共同组成奥林匹克学院，1580 年著名的建筑师安德烈亚·帕拉迪奥（Andrea Palladio，1508–1580）作为奥林匹克学院成员接受设计奥林匹克剧场的任务。维琴察奥林匹克剧院的室内装饰由一系列浮雕和雕塑构成，拱门的顶上有维琴察的城市纹章，利用视觉的错觉在拱门内画了一幅室外的街道风景画，同时留出退缩空间形成深邃的空间效果，建筑师为帕拉迪奥，他本为石匠出身，后来在一位伯爵别墅建设工地上被认可，在伯爵的支持下到处游学并在罗马测绘了许多古罗马时期的建筑，他

城市纹章：欧洲城市的文化遗产

对建筑的尺度有独特的理解和思考，出版了《建筑四书》，以他一生中最后的杰出设计表达了对维特鲁威剧场理论的敬意。帕拉迪奥在剧院未完工时就去世了，余下的工程由他的弟子文森佐·斯卡莫奇基接力完成。为了配合透视效果，背景留出一定的空间，有五条类似巷道前宽后窄的通道，通道的墙面根据视觉透视要求画出街景。

五条"巷道"空间增强了透视错觉，加大纵深感觉，然后形成三个门口，演出时不同角色的演员从不同门口出场。

古罗马维特鲁威《建筑十书》的传统剧场理论中，悲剧的背景使用庄严的、皇家的建筑立面，喜剧使用较为私密的建筑和园林。这座剧场使用华丽的凯旋柱廊，舞台为传统柱式：壁柱和山

维琴察奥林匹克剧院室内舞台立面和透视画面。

维琴察的城市纹章。

墙构成三段式立面，上方有城市纹章。这是以演出希腊悲剧为主的剧场。帕拉

意大利维琴察奥林匹克剧院室内舞台和天花上的彩绘天空。

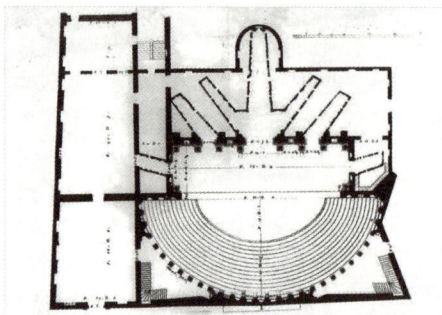

维琴察奥林匹克剧院平面图（作者为 Ottavio Bertotti Scamozzi）。

波兰弗罗茨瓦夫剧院在山花墙上写着木偶剧院名字（Teatr Lalek）。

迪奥在临终前完成设计图纸，但未能看到自己作品落地。工程由他的儿子斯拉负责完成，1583 年把建好的剧场正式交给了市政厅。帕拉迪奥在维琴察留下了许多建筑作品，包括贵族别墅，均被列入《世界遗产名录》，不仅为维琴察留下文艺复兴的文化宝藏，更为世界许多城市建筑提供模仿和学习对象，包括美国的白宫建筑形象。

从 18 世纪开始，剧场开始在欧洲许多城市建设，成为社会政治和社交生活的一部分。教会对剧场的建设仍坚持反对的态度，把这种新的公共空间视为"促进道德败坏的催化剂"[②]。伏尔泰却是剧场建设的坚定支持者，并将这类公共建筑与英国思想自由联系在一起。1700 年左右是欧洲城市歌剧院建设的关键时期，布鲁塞尔、德雷斯顿、华沙等城市歌剧院均于此时建造。

城市的剧院与城市的纹章紧密联系在一起，戏剧是公共生活而城市纹章标志着剧院的城市公共属性。波兰弗罗茨瓦夫（Wroclaw）是波兰第四大城市，在 2016 年被评为"欧洲文化之都"城市。城市于 1841 年建设了歌剧院，19 世纪末又建造了新木偶剧院（Puppet Theater），1894 年完工，建筑师为德国建筑师阿伯特（Abert Grau，1834–1900），是新巴洛克建筑风格。弗罗茨瓦夫城市纹章竖立在正立面的屋顶上，成为明显的象征标志。

瑞典的斯德哥尔摩的城市剧院有长久的历史。1667 年处于皇宫对面的

城市纹章：欧洲城市的文化遗产

弗罗茨瓦夫木偶剧场入口（左）和局部柱式装饰（右）。

Bollhuset 是城市最早的剧院之一，"斯德哥尔摩市规划委员会档案"保留的文档图纸记录了在 1780 年左右歌剧院原址的历史场景。1737 至 1782 年皇家剧院建于此，从右至左分别是斯德哥尔摩宫、最古老的教堂斯德哥尔摩主教堂（Storkyrkan）、Bollhuset 和 Tessin Palace。

　　斯德哥尔摩 1899 年建成的皇家歌剧院有 1200 个座位，留有皇室的包厢。

瑞典斯德哥尔摩 Bollhuset 的透视图，藏于瑞典斯德哥尔摩市政档案馆。

斯德哥尔摩歌剧院。

从 1901 年开始，皇家剧院（The Royal Dramatic Theatre）设计中为区分歌剧院而增加了"戏剧"的特定名称。在新艺术运动风格盛行时代，剧院追求的是新艺术运动风格的建筑作品，瑞典建筑师弗雷德里克（Fredrik Lilljekvist，1863–1932）为主要设计者，他出生于斯德哥尔摩，在国家建设主管机构任职。最初的方案构思是选择古典主义、巴洛克等风格，但最后选择了流行的新艺术运动建筑风格，并邀请了几名瑞典新艺术运动的艺术家参与雕塑设计和室内装饰，爱好艺术的王子 Prins Eugen av Sverige 也参与其中，1908 年建筑竣工。

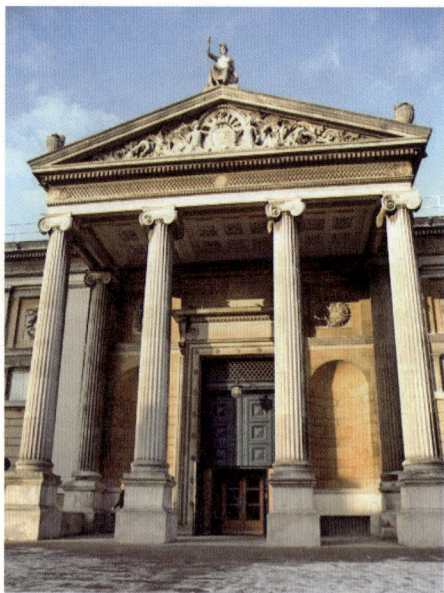

牛津大学阿什莫林博物馆，山花墙上装饰的是牛津大学校徽。

3. 公共博物馆和美术馆

博物馆初期的发展是从富有的个人和家庭收集各种手工业品、绘画和标本开始的，16 世纪德国威廉五世将皇宫部分空间规划为古物博物馆。罗马卡比托欧山上的博物馆是 1471 年建成的。世界第一所大学博物馆牛津大学阿什莫林博物馆（Ashmolean Museum）是由阿什莫林（Elias Ashmole，1617–1692）个人在 1683 年捐赠建成。

阿什莫林是英国的贵族、政治家、天文学家，同时他也是王室任命的纹章官（officer of arms），他拥有个人的纹章。阿什莫林被任命为纹章官后对纹章学颇感兴趣，甚至还尝试设计纹章。他个人的纹章显示了他对天文学的热爱。

城市中对外开放的博物馆出现在

18 世纪，意大利罗马卡比托利欧博物馆（Capitoline Museums）1737 年对公众开放，是世界最早为市民服务的博物馆。在 1471 年，教皇就将一大批与罗马城市的发展历史紧密相连的古代铸铜雕像捐给城市。差不多在同一时期，德国的德雷斯顿的两位君王，奥古斯特父子认识到收藏品对专家和公众的意义。奥古斯特在 1720 年写道："在提出自己的创意，并经过很长一段时间的考虑后，我们不仅仅通过增加现有馆藏，也通过购买获得其他有意义的艺术和科学的珍品，以表示我们是多么希望在自己的国家进行这种收藏，因此我们不仅仅为了满足自己的好奇心，同时也是为了对那些献身于学术的人进行继续研究有所帮助，因而作此决定。"[③] 启蒙运动

阿什莫林身着纹章官制服的肖像，1664 年 Cornelis de Neve 绘制（右）；阿什莫林个人的纹章（左）。

时期是博物馆建设和对公众开放的重要转折时期，这一期间王宫的部分附属建筑逐渐转变成为独立画廊，后来还出现了独立市政厅建造的博物馆。

除了大学、教会和行会，从中世纪延续下来的图书馆、博物馆和剧院以及其他公共建筑，是与城徽紧密相关的公共机构，在今天它们仍然是城市的主

德国汉堡博物馆山花墙上的纹章装饰。

要公共建筑。这些建筑的建造与城徽或者纹章的使用紧密联系在一起，纹章不仅是权属的识别符号，也是室内外装饰的一部分。而这些机构的纹章或多或少与所在城市的城徽图像相关。

公共博物馆在 18 世纪才开始出现，此时纹章文化趋于成熟并成为时尚，博物馆多由君王捐建，建筑保留的君王的纹章成为表现权利的象征元素。后来许多博物馆是作为公共建筑为市政厅所建，将城徽作为表达公共属性的象征装饰手法，在入口出现以城徽为核心的图案装饰，也有独立成为点缀装饰，以达到活跃墙面的视觉效果。德国汉堡博物馆山花墙的纹章装饰突出展示了其生动性。

美术馆和博物馆经常结合在一起，从纹章装饰可以判断出博物馆演变的历史和业主的身份。保持皇家纹章装饰的博物馆藏品多为原来皇家收藏，建筑则是由宫殿转化的展示空间；使用城市纹章为装饰物的，一般来自新建的博物馆。

维也纳的美泉宫（Schloss Schonbrun）是哈布斯堡家族的物业，建于 1723 年，是巴洛克风格的建筑，为萨伏依·欧根亲子的夏宫，其中一处成为奥地利美景宫博物馆，收藏了中世纪至今的许多艺术品，1781 年对外开放。这是奥地利女王玛利亚·特雷莎和儿子约瑟夫二世皇帝从 1776 年开始的行动，他们将哈布斯堡的居住地霍夫堡的部分艺术藏品转移到此展出，以适应启蒙运动的社会需求，让美泉宫成为第一座对公众开放

的博物馆。一直到了 1891 年，部分收藏品又转移至新建成的美术馆，称为维也纳艺术史博物馆，是世界最具有影响力的美术馆之一。

俄罗斯圣彼得堡涅瓦河畔的埃尔米塔日博物馆（The State Hermitage Museum）建于 1754 年至 1762 年，为 18 世纪中叶的俄罗斯巴洛克风格建筑。正式启用博物馆功能是在 1764 年，对公众开放是在 1852 年，"埃尔米塔日"意为"隐居之处"之意。1852 年叶卡捷琳娜二世从一位德国商人手中买到了 200 多幅伦勃朗、鲁本斯的作品，存于冬宫新建的侧翼建筑里并开始增加博物馆的收藏。现在该博物馆有藏品 300 多万件。埃尔米塔日博物馆主入口，也是 1754 年至 1762 年建造的冬宫主入口，

奥地利维也纳艺术史博物馆广场女王玛利亚雕塑宝座上的纹章。

城市纹章：欧洲城市的文化遗产

奥地利维也纳艺术史博物馆入口。

叶卡捷琳娜的文织字母。

以铸铁文织字母纹章和双头鹰纹章装饰的大门显示皇权的威严，表明了建筑原来主人的身份，镀金的双头鹰内有着沙皇圣佐治刺龙的小盾徽，为 1880 年左右制作。在 1839 年宫中专门装修了一个欧洲纹章陈列骑士厅，以纹章、盔甲和战旗为主题，雕塑、壁画、灯具和室内装修都是围绕着各种纹章进行创作。

圣彼得堡的米海依洛皇宫，是沙皇保罗一世最小的儿子米海依洛王子（Michael Pavlovich, 1798–1849）的宫殿，建筑为新古典主义艺术风格，在科林斯柱式上的山花墙上充满着以盾徽为中心、加上手持束棍的浮雕，盾徽上是文织字母。建筑建于 1819 年至 1825 年。在 1825 年，米海依洛大公和女主人依莲娜夫人迁入居住，柴可夫斯基在宫中第一次担任了乐队指挥。1895 年沙皇决定将此建设成为俄罗斯博物馆，收藏俄罗斯绘画和世界艺术品。博物馆于 1898 年对外开放，收藏的主要藏品为

圣彼得堡米海依洛王子宫殿山花墙的纹章壁雕。

本国艺术家的作品。

美术馆的建造越来越需要专业的设备和空间，市政厅或者国家将此作为展示城市、国家文明的"荣誉展厅"。在新建造的美术馆中，城市纹章表达了建筑的公共属性。荷兰阿姆斯特丹国家博物馆（Rijksmuseum）就是当代的代表性建筑，是调整了功能而有别于其他保存艺术品的传统形式的建筑。

荷兰阿姆斯特丹市在 1798 年决定在阿姆斯特丹建设一栋国家美术博物馆，专门为展示艺术作品而设计。经过多次举行设计竞赛，1878 年才开工建设，于 1885 年建成并对外开放。阿姆斯特丹国家博物馆是当今西方最重要的美术馆之一。建筑师是伊泊斯（P. J. H. Cuypers，1827–1921），美国哥伦比亚大学艺术史教授对这栋公共建筑的建筑师在时代风格方面的追求有十分中肯的评论："他向荷兰文艺复兴求助，以获得一种风格模式，可以让人们想起那个国家的辉煌。为阿姆斯特丹这个在几个世纪以来第一次同时排斥了哥特式和古典复兴式的纪念性建筑，提供了一个不朽的世俗形象，回避了新教徒和天主教徒令人烦恼的裂痕。"[5] 伊泊斯熟悉多种建筑历史风格，曾经参与修复中世纪的教堂，设计哥特式的教堂。这次的

阿姆斯特丹国家博物馆[4]。

阿姆斯特丹国家博物馆
（左）、博物馆墙体上的
城徽（中）、阿姆斯特
丹国家博物馆的外立面
壁画和城市纹章的装饰
（右）。

建筑设计采用新文艺复兴风格，为了更
多地强调地方性，荷兰的传统材料、建
筑形式以及纹章装饰艺术得到运用，体
现了启蒙运动后期科学发展所带来的新
型公共建筑样式。建筑师采用的是世俗
的建筑形式，城徽的运用是创造这种氛
围的设计元素之一。在美术馆的外墙体
上，有多处使用了阿姆斯特丹完整的城
徽，将其作为烘托气氛的手段。

4. 公共的园林：皇室领地和在现代城市功能中的转化

皇家园林的开放，在初期往往是
因一些重大事件，之后慢慢变为常态，
伦敦的春园（Spring gardens，后为沃
克斯豪尔 Vauxhall）、拉尼拉休闲花园
（Ranelagh）即是这样。通过对西班牙
马德里的规划图与现代的航测图对比，

马德里原皇家园林规
划图⑥。

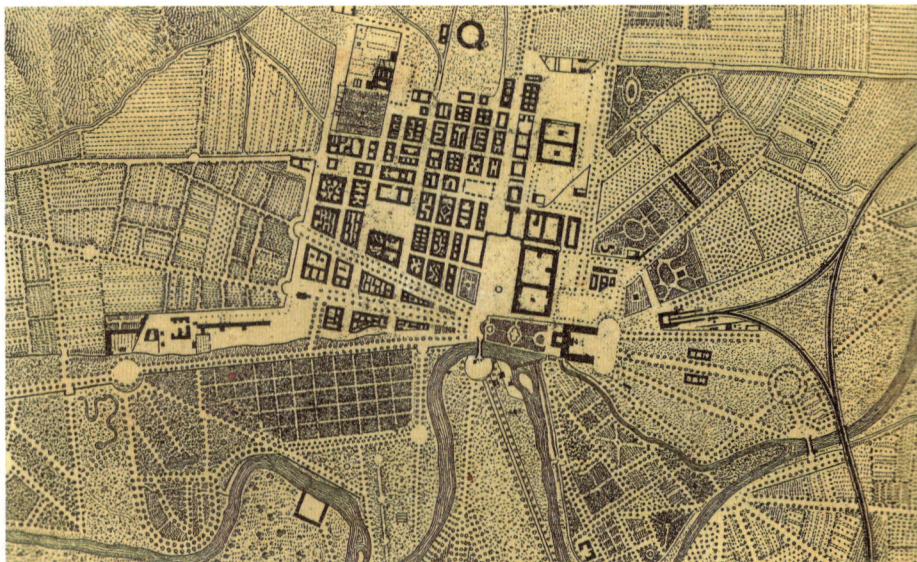

城市纹章：欧洲城市的文化遗产

可以看到王宫丽池公园（Buen Retiro Park）所留下来的城市绿地与城区的空间关系。19世纪末期，丽池公园成为公共城市公园，同时成为马德里最大的公园。

16世纪马德里成为西班牙首都，17世纪西班牙王室在此建立了一个离宫。1620年，财力雄厚的西班牙国王菲利普四世开始修建离宫。为创造一座具有意大利艺术风格的皇家园林，他在1626年邀请了意大利工程师和景观设计师科西莫（Cosimo Lotti，1571–1643）进行景观规划和设计。离宫主体建筑是法国风格，园林以意大利式的喷泉和雕塑为主题。公园占地1.4平方公里，在后来的改建中，增加了西班牙元素。在园林的一系列喷水池中，喷泉托盘的支座是一组将马德里城市纹章造型融合进去的雕塑，结合喷水池形成特殊的园林景观。这里于1868年对外开放并成为马德里最大的公园，马德里的城市纹章成为公园构筑物的重要主题，如大门的设计将城市纹章作为主要视觉焦点，表现了公园的公共属性，意味着皇家园林现在成为市民共享的城市公园。2005年建立了"死难者森林"（Forest of remembrance），在2004年"马德里火车站恐怖爆炸"中的195名罹难者长眠于森林中。

在城市更新的过程中，封建领地在今天欧洲城市结构中是一个特别的部分，无论是君主立宪制还是君主制的国家，皇室的领地在当代社会产生新的功能变化。一是保留君主的国家会保留皇

奥地利维也纳霍夫堡的哈布斯堡家族纹章转变为雕塑的形式。

维也纳霍夫堡的内廷对公众开放。

家办公的功能；二是不少被列入《世界遗产名录》并成为城市公众公园；三是将部分建筑改建为博物馆。

奥地利维也纳城市中的霍夫堡，是哈布斯堡王朝的重要宫殿，现在成为各种类型的博物馆和公共休闲场所。在历史建筑和庭院中，通过哈布斯堡王朝历代君主的传统纹章，可以唤醒奥地利帝国的辉煌历史。纹章以各种形式展示，在霍夫堡入口，家族纹章已转变为雕塑的形式，家族的寓意物成为立体的狮子雕塑。霍夫堡的内廷同城市道路直接相通，成为公众的步行空间。这一系列宫殿是哈布斯堡王

室统治欧洲将近 700 年的政治中枢，所以霍夫堡的口号相当自豪：欧洲从这里开始。

瑞典斯德哥尔摩的皇后岛（Royal Domain of Drottningholm），也称霍尔姆皇宫领地，为瑞典皇室的宫殿建筑群。17 世纪由尼克姆斯父子负责设计与建造。皇后岛按照英国园林公园的模式规划，此处已被列入《世界文化遗产名录》，其园林建筑群和北欧皇室住宅具有代表性。皇室纹章作为一种象征符号嵌在主建筑的主入口处，建筑是新古典主义与洛可可建筑风格的混合体。1753 年又建成"中国宫"[⑦]。下图的水彩画

城市纹章：欧洲城市的文化遗产

描绘了皇宫的宁静，油画是 1781 年绘制而成的。

皇宫南部入口的旅游说明介绍了宫殿的发展历程，到 17 世纪末，皇后岛宫殿一直是一个大的建筑工地。

当瑞典国王卡尔十世·古斯塔夫（Karl X Gustav）去世时，王后海德维希·埃莱奥诺拉（Hedwig Eleonora, 1636–1715）才 24 岁。1661 年，她买下了皇后岛。这座王宫是 1580 年左右修建的，但在海德维希买下来以后不久就被一场大火烧毁。当时的皇家园林正是从此处向下延伸，穿过现今的停车场，一直到远处的易克略（Ekerö）路。皇家园林里种植了各种水果、花卉、蔬菜和药材。在 17 世纪 90 年代，皇家园林被一条花园大道和榆树篱分开来。园林周边是围墙，有两个入口。

皇后岛的另一个大型修建阶段是在 18 世纪的后半期。在此处附近修建了皇家剧院和四个阁楼。种在此处的一些果树被移走，以腾出更多的场地修建骑马竞技场，你可以在旁边的这张油画中看到这个竞技场。这幅油画是 1781 年绘制而成的，它描述了当年八月和九月，国王古斯塔夫三世在这里举行的竞

霍尔姆皇宫（水彩画）（上）和国王古斯塔夫三世在竞技场举行的竞技格斗（油画）（下）。

瑞典景观设计师和建筑师弗雷德里克（Fredrik Magnus Piper）设计的规划图（右）和现在的平面图（左）。

欧洲历史建筑中城市纹章的装饰手法

霍尔姆皇官。

技格斗。国王率领六位骑士挑战他的弟弟 Karl 公爵和 Fredik Adolf 公爵。"戏剧之王"古斯塔夫三世还在皇后岛宫殿里举行了更加戏剧性的活动，即所谓的"旋转木马活动"。

　　大约在 1800 年，皇宫中大部分的果树被移走。在宫廷剧院的前面是一个新的骑马竞技场。竞技场被菩提树包围着，这些树现在围绕在停车场的周边。骑马场地的一侧是马厩和警卫室，警卫室现在由皇家卫队使用。这个骑马场地的另一侧是另一个骑马场，但在 1910 年拆除，国王古斯塔夫五世曾在此处修建了网球场。

　　如今果园已不复存在，但是有一棵梨树存活下来。此处是前往世界文化

霍尔姆皇官入口处的瑞典皇家纹章装饰。

城市纹章：欧洲城市的文化遗产

霍尔姆皇宫领地。

遗产皇后岛的入口处，游客中心设在码头旁。

目前，这里成为斯德哥尔摩的郊野公园，国王的休闲办公区在较小的划定范围内，其他设施为公众服务。

皇后岛中的中国宫（Chinese Pavilion）和中国房（Chinese Cabinet）是中国文化在18世纪引起欧洲包括瑞典王室高度重视的产物。在和东方的贸易过程中，中国的哲学思想、绘画艺术、园林形制等对瑞典产生了巨大影响。1753—1768年，在斯德哥尔摩的皇后岛卓宁霍姆宫（Drottningholm Palace）中，国王阿道夫（Adolf Frederick）建造了中国宫并在王后乌利卡（Lovisa Ulrika）生日时赠与了她。在中国宫的黄厅还使

用广州珠江十三行风景画作为屏风装饰，室内绘有中国的人物和景色来装饰墙面，由瑞典东印度公司从广州带回的瓷器、丝绸等奢侈品成为宫中重要的陈设。中国宫的入口处采用松、鹤、莲花等中国传统吉祥图形进行装饰，屋顶模仿中国的琉璃瓦坡顶。中国宫作为卓宁霍姆宫重要的组成部分在1991年列入《世界遗产名录》。

这一系列的中国化的室内设计来自吉恩·埃里克·雷恩（Jean Erik Rehn）这位洛可可风格建筑大师的手笔，室内的中国化设计并不是典型意义上的中国风格，而是与欧洲洛可可艺术风格结合的产物。

德罗特宁霍尔姆皇家领地建筑群

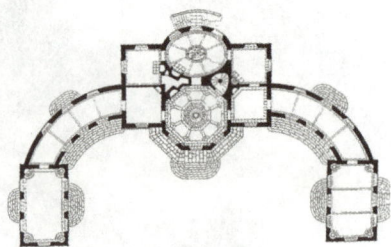

斯德哥尔摩卓宁霍姆宫"中国宫"的中国塔（左）和中国宫主建筑的平面图（右）。

是受凡尔赛宫的影响而建的，卓宁霍姆即"皇后之岛"的意思。在18世纪的后半期，这里的附近修建了皇家剧院，种在此处的一些果树被移走，以腾出更多的场修建骑马竞技场。现在皇家领地成为斯德哥尔摩的郊野公园。

斯德哥尔摩皇宫（Kungliga Slottet）是世界上仍在使用的皇宫之一，建于17世纪，入口处嵌入皇室徽号"三皇

吉思·埃里克·雷思设计的中国宫的"黄厅"和罗斯堡的室内装饰。

瑞典斯德哥尔摩的王后岛卓宁霍姆宫中国宫的入口细部，采用松、鹤、莲花等中国传统吉祥图形进行装饰，屋顶模仿中国的琉璃瓦坡顶。

城市纹章：欧洲城市的文化遗产

皇后岛的中国宫历史水彩图。

瑞典斯德哥尔摩的皇后岛卓宁霍姆宫中国宫所藏的广州全景图。

司法官主楼屋顶上的法国纹章（上）和巴黎城徽（下）。

冠"。同样，除了国王办公和礼仪的空间外，其他空间开放给游客。

巴黎的司法宫（Palais de Justice）在19世纪下半叶由原来的王宫改造而成，最古老的部分是13世纪的王宫，在法国大革命时期是巴黎议会所在地。

在1857—1868年，出生于巴黎的法国建筑师约瑟夫—路易·杜克（Joseph-Louis Duc，1802-1879）与雕塑家让—玛里·本那休（Jean-Marie Bonnassieux，1810-1892）合作创作出这一法国标志性建筑。

法国司法官建筑主楼。

斯德哥尔摩皇宫。

法国巴黎司法官的正门，法国巴黎司法官原来为王宫建筑。

欧洲历史建筑中城市纹章的装饰手法

从米兰大教堂鸟瞰米兰市容。

城市纹章：欧洲城市的文化遗产

5. 近代出现的城市市政公共设施纹章装饰手法

在 18 世纪 90 年代，巴黎就出现了以玻璃为拱顶的零售商业步行街，1793 年设计、1797 年建成的巴黎拱廊街（Rue des Colonnes）首开零售业的先河。其后费多走廊（Passage Feydeau）也成为吸引顾客的半公共开放空间。在这类半室内空间中，地面的材质和装饰艺术效果是体现空间质量的重要标准，城市纹章也常被用于此类公共空间的装饰中。

米兰伊曼纽尔二世步廊（Galleria Vittorio Emanuele II）的拱廊街于 1877 年建成，是世界上历史悠久的购物街之一，玻璃和钢结构等现代材料和技术在这一综合体中得到充分的展示，伊曼纽尔二世是意大利王国第一个国王的名字。1859 年，国王授权市政厅发行彩票，以募集资金建设这一市政工程，1860 年初步论证并对市民广泛征求意见，最后建设有"玻璃盖顶的街道"（Covered in glass）成为共识。1863 年市议会通过了意大利工程师门戈尼（Giuseppe Mengoni，1829–1877）的方

案。这是一个充满时代感的建筑，钢铁、玻璃结构融合了古典主义的设计手法。四层楼高的玻璃拱顶步行廊，拱顶的构件在巴黎预制。商业走廊地面的铺砖图案精美，四周各种艺术表现手法的壁画和浮雕创造了愉快的城市公共购物社交环境，成为同类建筑的典范，那不勒斯、都灵等城市后来都模仿了这一商业建筑模式。

在十字交叉穹顶广场处，地面铺砌的瓷砖以米兰城市纹章作为装饰图案，在图案中心处是意大利王国的纹章，周围还用马赛克铺砌了曾经是首都的都灵、佛罗伦萨和罗马的城市纹章。罗马市的城市纹章上半部分结合了罗马建城关于狼哺育罗慕路斯和雷穆斯（Romulus and Remus）这一传说故事的铜雕图像，实际下半部分才是真正的纹章。特别是都灵的城市纹章，传说如果在都灵城市纹章寓意物公牛的睾丸（The testicles of bull）上，用脚跟旋转三次就有好运，现在都灵城市纹章的公牛睾丸已被踩成深深的洞。

新的交通工具出现，产生了新型的公共设施。火车站、地铁站是展示纹章的建筑载体，此时新艺术运动风格流

有米兰城市纹章的彩票（左）、美杜沙的浮雕（中）和铸铁纹章（右）。

米兰伊曼纽尔二世走廊的地面以米兰城徽、都灵城徽为主题的装饰（左），小孩站在都灵城徽上玩耍（右）。

行，欧洲城市中的近代交通设施呈现了这一时代风格。1900年第一条巴黎地铁开通，此时正逢世博会在巴黎举行。出生于里昂的法国建筑师赫科特·吉马尔（Hector Guimard，1867–1942），为法国新艺术运动的代表人物，他设计的法国地铁出入口运用预制铸铁件，充分体现了新艺术运动风格特征。1902年，他在《建筑实录》的杂志上专门发表文章提出新艺术运动设计实践三原则：逻辑化（Logic）、和谐性（Harmony）、情感化（Sentiment），指出巴黎地铁的出入口设计是这些原则实践的结果[8]。在这一系列的出入口的装饰手法上，建筑师

米兰伊曼纽尔二世步廊内部。

佛罗伦萨城市纹章（左）、罗马城市纹章（中）和都灵城市纹章局部（右）。

城市纹章：欧洲城市的文化遗产

巴黎地铁出入口内部装饰。

使用了铸铁构件（Cast-iron）模仿树梗的造型，简化了花和树叶元素，在一些出入口将巴黎城徽结合在构件中，表达了地铁的公共属性。

尽管米兰市政厅有自己的城徽，但在不少场合，维斯孔蒂族徽的 S 蛇形图形成为代表米兰的符号，如近代建设的米兰火车站，在山墙最为显要的顶部采用这一纹章图形。米兰中央火车站是 1906 年奠基的，但经济危机影响了

施工进度，一直到墨索里尼执政时期的 1931 年才正式使用。200 米长、72 米高的巨大建筑，各种建筑符号的混合使用正是对其政治理念的注解。在第一次世界大战阶段产生了装饰风（Art Deco）的建筑创作运动，夸张的形态、大胆的色彩为其风格特点，像巨型的鹰、束棍等来自古罗马图形的纹章语言成为这类建筑装饰的语汇，勒柯比西埃首先发表论文对此作出定义。法西斯正是利用这

新艺术运动风格的巴黎地铁出入口。

法国建筑师赫科特·吉马尔所绘的巴黎地铁出入口的草图。

标准化模件的组合方案示意图⑨。

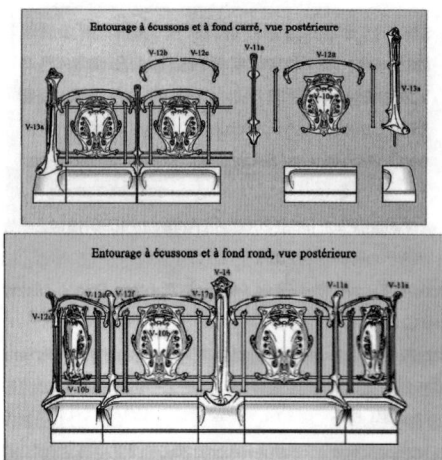

种图案风格来表现自己的政治理念。混凝土的材料直接使用纹章装饰，与体量巨大的建筑融为一体。

1889 年伊泊斯设计的阿姆斯特丹中心火车站（Station Amsterdam Centraal），现在仍是荷兰最大的火车站，建筑采用新哥特和文艺复兴的混合风格，在中央的山墙上装饰的是荷兰国家纹章，下方的装饰是以阿姆斯特丹城市纹章为中心、由伦敦等多个欧洲城市纹章连续为饰带。建筑师使用的材质和造型与早期设计的阿姆斯特丹国家博物馆设计手法高度相似。

巴黎地铁入口速写。

2019.5.27于巴黎地铁口

近代建造的米兰火车站山墙上的徽记仍采用维斯孔蒂的族徽纹章。

米兰火车站城市纹章。

于1895年至1905年建造的安特卫普中央火车站，为比利时建筑师路易斯·德拉森塞里（Louis Delacenserie，1838–1909）设计，城市纹章在室内大厅成为象征性的建筑元素。

消防站是近代城市的公共建筑。17世纪的英国伦敦大火催生了欧洲保险业的发展。爱丁堡是英国最早建立消防站的城市，在伯明翰郊外一座消防站的拱廊建筑，用伯明翰的城徽、盾徽来装饰拱顶石。

福利机构也是随着城市公共设施的发展而出现的新类型公共建筑，如老人院、孤儿院，城徽同样在这类建筑上出现，体现了建筑的公共属性。建于

阿姆斯特丹中心火车站的纹章装饰。

于1895年至1905年建造的安特卫普中央火车站大厅城市纹章（左）和钟的装饰（右）。

欧洲历史建筑中城市纹章的装饰手法

安特卫普中央火车站大厅。

鸟瞰马德里城区。入口保留了20世纪初新哥特式建筑的风格，拱形入口下方是西班牙的国徽。在19世纪末至20世纪初，出现哥特复兴式的建筑，大多也以纹章或城徽作为装饰的主题。

现代欧洲城市对传统古典主义文化非常尊重，除了皇家建筑高度重视对纹章的运用，城市的公共建筑也用新的形式表现纹章文化，纹章或城徽仍作为装饰的主题而应用在各种建筑上。

伯明翰城徽。

1704年的荷兰哈勒姆"老年之家"入口上方是哈勒姆市的城徽。

邮政局也是具有现代功能的新公共建筑类型，公共属性的城市纹章和国家纹章让邮政局表现出公共服务的建筑性质。马德里邮政局的建筑师是西班牙建筑师安东尼（Antonio Palacios Ramilo，1874–1945），建筑体现了新哥特式设计风格。历史建筑马德里邮政局经过保养和活化成为市长办公室，但保留了原来的建筑风格特点，在天面可以

建造于1704年的哈勒姆"老年之家"，入口上方是哈勒姆市的城徽。

消防站的拱廊假窗（左）和拱顶石的浮雕城徽（右）。

城市纹章：欧洲城市的文化遗产

市长办公室建筑的入口，1909 年的西班牙邮政局总部以西班牙的国徽为装饰核心。

6. 议会、司法、立法建筑

　　世俗司法制度在 19 世纪的欧洲逐渐建立起来，随着欧洲部分国家的统一，司法、立法和议会的架构健全后，产生了一批专用于司法事务公共管理功能的建筑。这些建筑通过古典主义风格的形式表现了机构的权威性。如比利时布鲁塞尔的"司法宫"（Royal Palace of Brussels）、巴伐利亚州慕尼黑的司法宫（Justizpalast，Munich）、维也纳的司法宫等。古希腊和古罗马的象征符号成为这类建筑的常用题材，如正义女神、天平、束棍、花环、神兽格列芬和鹰等图形。部分城市的司法建筑也将所在地的城徽刻在建筑的外立面上。

　　比利时布鲁塞尔的"司法宫"建造于 1866 年至 1883 年，建筑师为比

建于 1909 年的西班牙马德里邮政局总部（Palacio de Comunicaciones）改为市长办公室，从办公室视角鸟瞰马德里市貌。

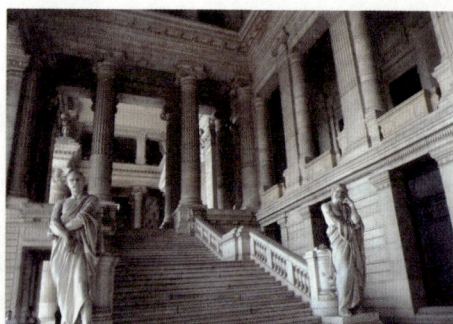

比利时布鲁塞尔的
"司法宫"（左），来古
格士和狄摩西尼雕像
矗在宽阔的楼梯两旁
（右）。

利时建筑师约瑟夫·普拉尔特（Joseph Poelaert，1817–1879）。建筑采用的是纪念性古典主义风格，完全适应了当时因国家统一而对古罗马帝国司法精神崇尚的审美趣味。建筑师在 1879 年就逝世了，没能见到自己的作品落成。这是在 19 世纪欧洲规模最大的建筑之一，巨大的室内空间中矗立着古希腊、古罗马司法政治象征人物，来古格士（Lycurgus of Sparta）和狄摩西尼（Demosthenes）的雕像在宽阔的楼梯两旁，更增添了权威气氛。大楼高 104 米，建筑面积 2.6 万平方米，充分体现了司法权威的象征意义。

各级议会、司法和立法机构的建筑是最常使用纹章来表达权威和身份的

比利时布鲁塞尔的"司法宫"。

城市纹章：欧洲城市的文化遗产

公共建筑。市议会是城徽应用最为频繁之地，州议会和国家议会都是纹章的主要使用者。瑞典斯德哥尔摩的议会大楼，采用巨幅的拱顶纹章装饰手法来表达议会建筑的权威和功能。

处于慕尼黑中心城区的巴伐利亚州"正义宫"（Justizpalast），在1890年至1897年建成，是一栋新古典主义风格的建筑。正面入口的山墙以巴伐利亚州的浮雕纹章为构图核心，窗户的楣窗用象征公平的天秤图案浮雕装饰。

慕尼黑于1905年又建造了新的司法宫，外立面采用砖和石头的装饰，处于旧宫的对面。

英国伦敦皇家最高法院（Royal Courts of Justice）是由旧建筑改造而成，在正门的左右两侧都有英国皇家的纹章装饰。建筑师为乔治（George Edmund Street，1824–1881），他是维多利亚哥特复兴式（Victorian Gothic Revival）建筑

瑞典议会及入口。

运动的领军者和实践者，在皇家最高法院建成前离世，1882年建筑才落成使用。建筑正面和两侧为皇家纹章。

巴伐利亚慕尼黑"正义宫"及山墙上的纹章。

欧洲历史建筑中城市纹章的装饰手法

巴伐利亚"正义宫"窗
户上的纹章。

巴伐利亚司法官使用的州徽和机构名称一起安
装在红色的砖墙上（右上）和司法官屋顶的正
义女神雕塑（下）。

城市纹章：欧洲城市的文化遗产

维也纳司法宫采用的是新文艺复兴建筑风格，同样将奥地利纹章设置在中心显要位置，1865 年由奥地利帝国司法部长（Anton von Schmerling，1805–1893）下令修建，1881 年建成，现在仍为奥地利最高法院所在地。

维也纳司法宫建筑（Criminal Justice Hamburg）上均采用了城市纹章为标志，建筑师为德国建筑师卡尔（Carl Johann Christian Zimmermann，1831–1911），为新文艺复兴建筑风格。

① 引译自 UNESCO. *Memory of the World*, 2012, p.142.

② ［美］巴里·伯格多尔著，周玉鹏译：《1750—1890 年的欧洲建筑》，清华大学出版社 2012 年版，第 75 页。

③ 托马斯·W. 格特根斯：《启蒙运动时期艺术博物馆在德国的形成》，收录于《启蒙的艺术》，吕章申主编，中国社会科学出版社 2011 年版，第 51 页。

④ 图片引自：《世界知识画报》2015 年 12 月。

⑤ ［美］巴里·伯格多尔著，周玉鹏译：《1750—1890 年的欧洲建筑》，清华大学出版社 2012 年版，第 369 页。

⑥ Turner. *Madrid Rio Un proyecto de transfor-*

奥地利维也纳司法宫。

欧洲历史建筑中城市纹章的装饰手法

德国汉堡司法部
的建筑入口的城
徽（上）和设计
图（下）。

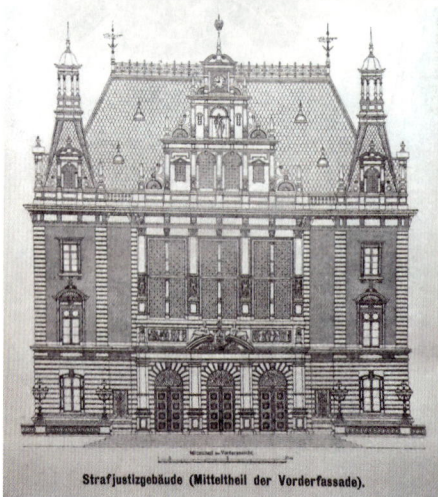

Strafjustizgebäude (Mitteltheil der Vorderfassade).

macion ubana. Madrid: imagen de cubierta y
gyardas, 2011.

⑦　联合国教育、科学及文化组织编著，陈
培等译：《世界遗产大全》，安徽科学技术出
版社 2011 年版，第 371 页。

⑧　lecercleguimard.fr 网站。

⑨　图片引自：《世界美术》2017 年第 1 期。

城市纹章：欧洲城市的文化遗产

德国汉堡司法部建筑的入口。

四、历史建筑纹章装饰方式

城徽应用于不同的建筑部件，通过装饰（Ornament）加强了建筑外观的感染力，它与建筑的结构不一定存在内在的逻辑关系。城徽鲜明的地区形象和盾徽的多样附加物，成为建筑师在公共建筑中经常使用的装饰题材和主题。而在公共建筑细部处理上，建筑的山花及塔顶通常是建筑视觉的重要部位，利用城徽的形象加强视觉中心效应，体现了城市的识别功能和建筑的装饰效果。

德国汉堡市最高法院山墙上的城徽。

里尔星堡建筑群的入口。

1. 山墙的纹章装饰

山花处最为显目，这一部位通常是设计装饰的重点，一般采用山花石（Gable stone）在屋顶高处标明建筑的主人身份。

汉堡的法院将城徽以雕塑的形式安置在立面的山花墙上。终端饰采用相同的材料和风格。汉堡是在 1871 年作为一个城市国家加入到德意志帝国，在联邦法律许可下，城市拥有立法、

城市纹章：欧洲城市的文化遗产

圣彼得堡彼得和保罗星堡的入口拉齐维乌家族城堡入口。

入口双头鹰纹章局部。

行政和司法的权利，使用自由汉萨城市汉堡宪法（Constitution of the Free and Hanseatic city of Hamburg），现在的城市还保留"自由汉萨城市汉堡市"这一名称。

山墙端的盖顶是高出屋顶的装饰性轮廓设计，纹章常配合盖顶的曲线形状进行合理搭配。

在山墙与拱门的上方单独形成纹章装饰，以纹章为题材的拱顶饰可以完

托莱多历史古城城门及城徽的展示。

阿根廷国家议会建筑入口上方的纹章装饰。

巴西里约热内卢总督府建筑的山墙装饰。

整形成一件艺术装饰品。托莱多历史古城的城门用巨大的神圣罗马皇帝的纹章作为标志性的识别符号，纹章的尺度超过城门的尺度，以浮雕的形式表现城徽。

　　欧洲的纹章装饰在建筑设计中的广泛应用也影响到殖民地的建筑。由于宗主国葡萄牙、西班牙的影响，阿根廷、巴西在 19 世纪的许多建筑上体现了纹章装饰的设计风格。

2. 入口（Doorway）与门口缘饰（Door Surround）处的纹章装饰

　　建筑物入口是视角焦点所在，也是识别建筑物的性质和功能最为明显的部位。古希腊建筑对门口十分关注，迈锡尼的狮子门构图模式是中心聚焦三角形的构图形式，这是西方最为经典的建筑构图，后来延续成为西方基本的建筑构图形式。纹章常处于门的拱券和楣窗（Fanlight）部位，或者称为半月腰窗（Lunettes）的部位，也常成为拱顶饰的

城市纹章：欧洲城市的文化遗产

德国乌尔姆（左）和纽伦堡（右）的纹章与入口楣窗的结合范例。

建筑入口是表现纹章和城徽的地方，包括门扇、地面都可成为展示城徽的地方。

主题，与门口缘饰结合在一起，也是处于这三角形构图的中心位置。

宗教建筑常用这种手法，将主教的纹章雕刻在门扇上。巴西里约热内卢

门扇上的巴伐利亚纹章装饰（左）和爱丁堡城堡的爱尔兰纹章（右2图）。

纽伦堡主教堂入口门扇的纹章（左）、都灵萨伏依王室的纹章刻在门扇上（中）和都灵主教堂入口门扇的纹章（右）。

州的圣菲德利斯市（São Fidélis）主教堂将主教的纹章装饰在大门上。

城徽和纹章在入口处与门口缘饰融为一体，形成强烈的识别装饰效果。在拱门的缘饰（Archivolt）中，与壁柱（Pilaster）形成的门套上，城徽作为拱券顶石（Keystone）起到装饰点睛作用。

门套的运用在文艺复兴时期已经风行，纹章成为门套艺术处理的重要元素，能够形成庄严而宏大的气场。德国下萨克森州的沃尔夫特宫（Wolfenbuttel Palace）的入口纹章装饰是代表性样式。

圣彼得堡建筑入口的纹章装饰。

纹章雕塑成为券顶石的做法。

城市纹章：欧洲城市的文化遗产

德国下萨克森州的奥
古斯特图书馆（左）
和沃尔夫特宫的入口
纹章装饰（右）。

巴塞尔市政厅室内门套（左）和时钟纹章
装饰（右）。

　　门套的纹章装饰也在室内的装饰中
使用，瑞士的巴塞尔市政厅的室内门套
和时钟的纹章装饰一起创造了华丽的视
觉效果。

　　壁龛式入口充分运用纹章装饰，并
与壁龛的空间结合，作为引导或者表明
建筑拥有者身份的建筑形式。

阿根廷法兰西银行入口。

拉齐维乌城堡主楼入口的家族纹章装饰。

3. 窗户纹章装饰手法

吕贝克（Elbe Lubeck）航道旁吊桥边的建筑将城徽与红砖构成的盲窗与盲券（Blind Arch）形成墙面的装饰。

慕尼黑市政厅纹章简单添加在楣窗上。

吕贝克的城徽同拱形假门洞装饰有机结合。

巴伐利亚州巴洛克时期的带有纹章的装饰窗框。

德国慕尼黑市旧市政厅（左）和因布斯鲁克市历史建筑的凸窗处理方式：平涂彩色的纹章和浮雕拼嵌的纹章装饰板（右）。

因斯布鲁克市中心城区一建筑采用陶制的纹章装饰板。

阿根廷布宜诺斯艾利斯一建筑窗台上的纹章装饰。

吕贝克的城徽同拱形门洞装饰有机结合。在文艺复兴后期，还利用"视觉陷阱"的方式装饰了盲门或盲窗，即在室内利用绘画的透视原理，创造出空间的视觉假象。

凸窗（Bay window）是突出悬挑的窗户，它也是表现纹章的重要部位。凸窗可以是五边形、六边形等不同形状。通过纹章装饰板在窗间墙或阳台的栏板上进行装饰，突显华丽和高贵，还通过单元的重复运用形成装饰带而带来强烈的视觉效果。通常采用两种装饰手法：彩绘平涂和浮雕拼嵌。

窗户的装饰与窗间墙如何结合在一起是建筑师设计思考的方向，利用纹章造型是19世纪在窗间墙上表现新古典主义的常见形式。俄罗斯圣彼得堡近代建筑窗间墙的纹章装饰，透出的是仿

城市纹章：欧洲城市的文化遗产

布宜诺斯艾利斯主座教堂的大门采用意大利马头形的盾牌装饰。

古典的稳重气息，是在古典主义盛行时期的设计手法。莫斯科红场边上的近代建筑也是追求新古典主义风格，使用意大利式纹章造型，粉刷白色纹章造型和花纹线条来勾勒装饰外立面，以此营造出轻快的情调。

圣彼得堡近代建筑窗户间墙的纹章装饰（右）和莫斯科红场边上的近代建筑使用意大利式纹章图形装饰外立面（左）。

意大利代森扎诺—德尔加达（Desenzano del Garda）古港旁的一历史建筑，用"贴花"的手法镶嵌城徽于墙上。

贴花（Appliqué）是建筑物附加的装饰，往往是一种材料的装饰物附着于不同材质的墙体上。在这类装饰手法中纹章不拘一格地镶嵌在墙体上。

都灵最古老的教堂——圣多明哥教堂（San Domenico Church）最初建于

1227年至1280年间，后来经过多次维修。修建教堂过程中将赞助教堂建设的家族族徽留在教堂内的柱上。

4. 屋顶的装饰

克罗地亚首都萨格勒布于1242年成为神圣罗马帝国的自由城市，15世纪开始使用现在的城市纹章。建于13世纪哥特式的圣马可教堂内，嵌在墙面上的是1499年制作的城市纹章石雕。教堂的屋顶上，由城徽构成的屋面特别引人注目，它成为了萨格勒布的地标性建筑。左边是克罗地亚的纹章，右面是萨格勒布的城徽——三座塔楼的城门，左上角为新月，右上角为六角星。这是

都灵最古老的教堂圣多明哥教堂建于1300年，赞助教堂建设的家族族徽留在教堂柱上。

城市纹章：欧洲城市的文化遗产

克罗地亚首都萨格勒布圣马可教堂的屋面装饰。

维也纳圣斯蒂芬天主教教堂屋面装饰。

意大利切塞纳 Ghini 家族王宫立面转角庇护六世教宗（PoPe Pius VI, 1717-1799）的纹章装饰。

建于 1665 年的法兰西学院。拿破仑的纹章直接设计在烟囱的壁面上。

1880 年教堂重新维修时加上去的，左面的纹章代表克罗地亚王国及其达尔马提亚地区、斯拉沃尼亚地区，另一个纹章为萨格勒布市的城徽。

类似的装饰手法还出现在维也纳的圣斯蒂芬教堂（St. Stephen's Cathedral）。教堂于 1230 年开始动工，在 1430 年中殿基本建成。多种哥特式的建筑特征出现在这一教堂上。教堂屋面是奥地利的纹章和维也纳的城徽。

5. 特殊部位纹章装饰

在转角、墙垛和烟囱的壁面等特殊重点部位，为了更加突出重点而进行纹章的修饰，例如布拉格的一栋公共建筑将捷克国徽上的纹章图案与墙体及转角焦点合理地结合在一起。工匠们采用垂花雕饰，用金色表现捷克国徽双尾狮子和格子鹰的图案。

烟囱的壁面也是纹章装饰的特殊

部位。拿破仑统治时期出现了一种法国式（French style）的建筑风格，采用折线型的屋顶形式、老虎窗（Dormer）或

米兰斯福尔扎宫柱头上的盾徽装饰（左）和马拉特斯塔—诺维洛图书馆柱头盾徽装饰（右）。

意大利里米尼文艺复兴前期风格的马拉塔斯塔教堂柱式与纹章结合的几种方式。

城市纹章：欧洲城市的文化遗产

三座汉萨联盟核心城市汉堡、贝克和不来梅的城徽在建筑底座的纹章装饰。

圆窗。精致而突出的烟囱顺着墙体上升，纹章就直接设计在烟囱的壁面上。

在柱式上的柱头叠加盾徽是在文艺复兴时的一种特殊装饰手法，常在意大利的一些建筑上出现。如米兰的斯福尔扎宫柱式柱头、马拉特斯塔—诺维洛图书馆柱头。

建筑底座的裙墙部位也可以被用于纹章装饰，三座汉萨联盟核心城市汉堡、贝克和不来梅的城徽在建筑底座的纹章装饰非常优美，形成完整的整体图案。意大利艾米利亚—罗马涅大区的首府城市里米尼的一座文艺复兴前期风格的马拉塔斯塔教堂，由里米尼的统治者西吉斯蒙多捐建，他是马拉塔斯塔家族的成员，外墙裙使用了一系列家族纹章进行装饰。

意大利里米尼文艺复兴前期风格的马拉塔斯塔教堂墙裙的纹章装饰。

五、历史建筑室内的纹章装饰手法

室内不同空间部位的纹章装饰采用的方式没有具体规划，墙面、天花、地面都是建筑师可资利用的地方，他们采用不同材质制作出能够表现主人个性化的纹章装饰，室内空间成为纹章建筑文化的重要表现场所。

1. 墙面的装饰

捷克布拉格国会大厦议会大厅主席台的背景采用纹章或城徽进行巧妙装饰，具有象征性的意义，使每个地区的权力得以体现。

比利时蒙斯的市政厅大厅将传统纹章制作为挂件来装饰墙面，烘托出浓厚的传统文化氛围。

2. 地面装饰

意大利的德鲁塔（Deruta）、古比奥（Gubbio）都是佩鲁贾市周边的小城镇，因生产装饰陶瓷而闻名世界，15—

捷克议会大厅的纹章装饰。

蒙斯市政厅大厅的传统纹章挂件。

蒙斯市政厅天花纹章装饰与纹章挂件结合。

城市纹章：欧洲城市的文化遗产

德鲁塔的城市纹章。

意大利德鲁塔生产的现代城市纹章地砖。

18世纪文艺复兴时期装饰瓷盘瓷器的生产达到高峰。意大利天才音乐家罗西尼（Gioachino Rossini，1792–1868）出生于佩鲁甲，而德鲁塔是意大利作曲家、音乐理论家、管风琴演奏家德路塔（Girolamo Diruta，1554–1610）的故乡。现代的马赛克地砖以城市纹章为主题，富有地区特点。

巴黎塞纳河畔纳伊市市政广场。

意大利卡塔尼亚市政厅门口地面上刻有城徽和圣雅各的象征图案。

欧洲历史建筑中城市纹章的装饰手法

巴黎塞纳河畔社区纳伊
市市政厅。

纳伊市告示牌上的城徽
和有城徽的街头时钟。

意大利卡塔尼亚市政厅门口地面上刻有城徽和圣雅各的象征图案。

巴黎塞纳河畔纳伊市广场铺砌纳伊市的纹章，形成独特的广场风格。纳伊市在重要历史景观信息牌和街头时钟上用城市纹章增加可识别性。纳伊社区约6万人，是巴黎近郊的富人区，设施完善，环境优美。

纳伊市社区公园的告示牌和警察局指引牌。

巴黎塞纳河畔纳伊市
社区。

城市纹章：欧洲城市的文化遗产

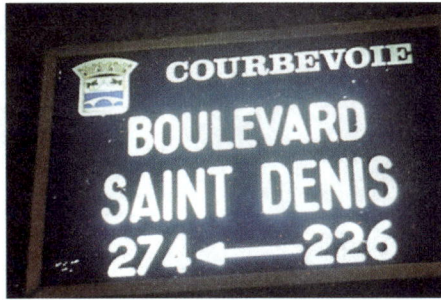

巴黎库尔布瓦市有城徽标记的道路指示牌。

纳伊市告知牌上的城市纹章。

　　与勒瓦卢斯—佩雷市相邻的还有库尔布瓦（Courbevoie），其利用自己社区的纹章作为路牌指引，辨别方式简易。同时还考虑了夜间照明的清晰度，方便市民识别。

纳伊市城市纹章。

巴黎塞纳河畔纳伊市社区速写。

2014.5.29.于巴黎

3. 天花的彩绘画

室内天花的纹章装饰有两种形式：一是在天顶画加入纹章元素，二是在交叉拱（Interlaced Arches，Groin）的相交点（Boss）以纹章装饰。

天花使用纹章的绘制装饰是文艺复兴时期意大利的常用表现手法，从前

城市纹章：欧洲城市的文化遗产

意大利米兰斯福尔扎宫 15 世纪的天顶彩绘画。

面的讨论中可以看到纹章的绘制是各种风格的、各种时代的表现手法。文艺复兴时期，纹章作为室内壁画主题，表现方式又有新的变化。意大利米兰斯福尔扎宫保存着 15 世纪的天花纹章彩绘画，斯福尔扎米兰大公是纹章的爱好者，其住所的天花画满了各类纹章。

意大利佛罗伦萨的斯皮尼—费罗尼宅邸（Palazzo Spini Feroni）是建于 1289 年的具有中世纪后期建筑特征的私人宫殿，斯皮尼是一位富有的银行家和布料商人，17 世纪时，宅邸的部分建筑被出售，曾经作为酒店、商场和办公楼，现在宅邸被改建为一家博物馆。该建筑室内的纹章装饰特色鲜明，白色的天花穹顶嵌入了色彩多样的纹章，墙上棕色的装饰条上间隔着预制的瓷质盾徽。

巴伐利亚的建筑包括市政厅、教堂等建筑，常在拱肋交叉之处利用城徽或者其他纹章作为装饰，如慕尼黑市政厅外走廊交叉拱的交叉点就以纹章装饰。

德国巴多罗迈教堂是由阿伯林（Aberlin Jörg，1420–1492）设计的，纹章装饰在交叉拱的相交点，在外形上进行多种多边形的设计。19 世纪末，重新建造的比利时布劳根市政厅作为新哥特式建筑风格的典范，在细节上的相交点装饰就以城市纹章作为装饰物放置于在屋顶交叉拱的相交点。

意大利佛罗伦萨的斯皮尼—费罗尼宅邸的室内纹章装饰。

交叉拱的纹章装饰。

慕尼黑市政厅外走廊交叉拱的相交点装饰有纹章。

意大利托斯卡纳地区建于 13 世纪的纳切尔塔尔多总督官邸室内的纹章壁绘，结合屋顶的设计形式以安排纹章的位置和其他图案。

德国巴多罗迈教堂阿伯林的纹章装饰在交叉拱的相交点。

瑞士巴塞尔市政厅天花的纹章装饰。

于 19 世纪重新建造的比利时布劳根市政厅的城市纹章装饰在屋顶交叉拱的相交点。

意大利托斯卡纳地区 13 世纪纳切尔塔尔多总督官邸室内的纹章壁绘。

4. 室内摆设

荷兰哈勒姆市位于阿姆斯特丹以西，是北荷兰省的省会，城门（Poort, Haarlem）是原阿姆斯特丹的城门。在通往哈勒姆市的路线上，原本有着 1355 年建立的哈姆斯特丹城门，它对阿姆斯特丹的水路运输有控制作用，后来由于运河线路的变化，它的重要性被削弱了。

12 世纪的哈勒姆是城堡城市，是荷兰伯爵的居住地。1219 年荷兰伯爵威廉一世（Willem I, 1772–1843）带领骑士们参与了征服埃及杜姆亚特的第五次十字军东征（Siege of Damietta）。杜

294

哈勒姆城徽，位于阿姆斯特丹以西的哈勒姆市是北荷兰省的省会。

的固定仪式。

荷兰城市哈勒姆（Haarlem）在17、18世纪是艺术氛围浓厚的城市，1735—1738年制作的圣巴弗教堂（Grote Kerk, Haarlem）管风琴（Pipe organ），由阿姆斯特丹艺术家杨·梵·路德雷恩（Jan van Logteren, 1709–1745）进行设计，在上部中间将哈勒姆的城市纹章作为重要的地方性元素融入管风琴的装饰

荷兰哈勒姆市圣巴弗教堂有哈勒姆城市纹章装饰的管风琴。

荷兰伯爵的纹章（左）和16世纪制作的荷兰伯爵威廉一世的版画肖像（右）。

姆亚特是埃及的一座港口城市，13世纪时的十字军东征攻占了该城市。神圣罗马皇帝赠予伯爵一把宝剑以纪念十字军东征时荷兰伯爵和哈勒姆城市所做出的贡献，后来伯爵事迹演绎成为《哈勒姆之盾传奇》的故事，进一步发展后成为城徽的寓意物来源。哈勒姆的城徽主体图案是宝剑和4颗六角星，王冠上的烧枯了的树干上挂着两个风铃，象征着圣弗巴教堂的钟声。教堂的钟每天晚上9时到9时30分会敲响，作为城门关闭的信号，同时也是纪念杜姆亚特之战

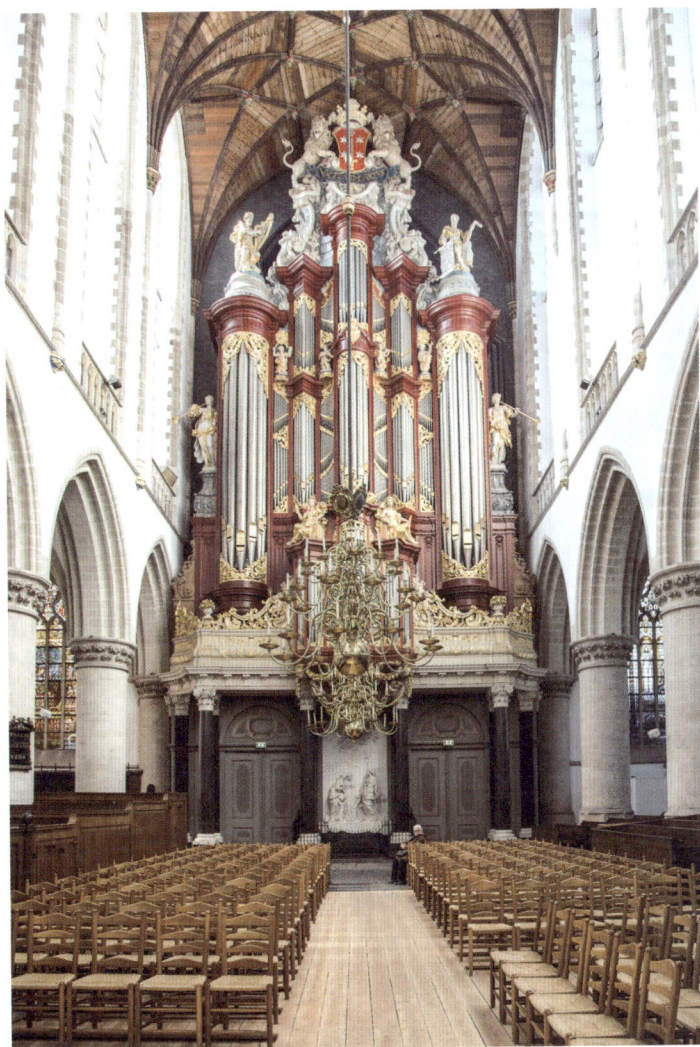

欧洲历史建筑中城市纹章的装饰手法

荷兰哈勒姆市圣巴弗教堂中的纹章，教堂中逝者纹章采用菱形悬挂方式。

《哈勒姆圣巴弗教堂弥撒中》（Grote Kerk in Haarlem during Bass），创作于17世纪，藏于鹿特丹美术馆。

中，突出了城市特色。1766年，10岁的莫扎特演奏过此台管风琴，其他著名的音乐家如亨德尔（Handel）、门德尔松（Mendelssohn）都演奏过此台管风琴，现在教堂定期利用这台富有历史文化价值的管风琴举行音乐会，成为哈勒姆的重要文化象征。

荷兰在16—17世纪出现了许多室内建筑绘画，在教堂室内建筑绘画的画家多使用单点透视技法，以加强画面空间的纵深和真实感。荷兰的画家还专门出版专著研究此类透视法，如伦勃朗的学生凡·侯克斯特拉登出版了《视觉艺术》专题论文，系统介绍透视法的知识体系。17世纪荷兰现实主义绘画追求真实感，在室内的建筑绘画中充分体现艺术家对建筑结构的理解，以及对建筑构件准确、理性的表达。

室内建筑绘画出现了许多感染力强烈的画作，荷兰哈勒姆市圣巴弗教堂是经常被绘制的主题。出生于代尔夫特的画家杰拉尔德·霍根吉斯（Gerard Houckgeest，1600-1661）、亨德里克·科内利斯（Hendrick Cornelisz，1611-1675）专攻教堂室内绘画。哈勒姆市圣巴弗教

堂、代尔夫特有荷兰国父之称的威廉一世（William the Silent）墓地"新教堂"（Nieuwe Kerk）等室内建筑环境都成为画家表现的题材，留下许多室内建筑绘画不朽的杰作。今天在荷兰哈勒姆市圣巴弗教堂中的纹章画作，依然保持着17世纪圣巴弗教堂室内绘画展示时的

哈勒姆市圣巴弗教堂管风琴装饰局部。

哈勒姆圣巴弗教堂木质天花板装饰。

哈勒姆圣教徒的纹章。

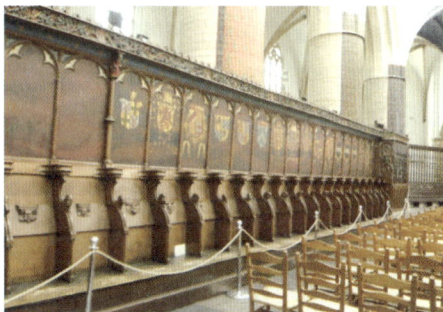

哈勒姆圣巴弗教堂中的纹章和用纹章装饰的隔板。

悬挂方式。

　　室内的管风琴、高大的石柱都是展示纹章装饰的部位，现在可以通过在教堂中的城市纹章、家族纹章了解发生在教堂内外丰富多彩的历史故事。

　　将纹章制作成艺术品并作为室内的艺术品摆设，是市政厅、宫殿和教堂等室内装饰的常用手法。

　　室内的家具和摆设可以成为纹章的载体，如剑桥大学图书馆，书架上就用纹章为装饰。在海牙国际法庭和平宫

巴乔·卡佩利和吉罗拉莫·蒂契亚蒂的羽毛球柜。

萨克森地区德累斯顿皇家天主教堂的管风琴。

荷兰海牙和平宫国际法庭的展品。

展览厅，布展的展品中有两张特殊的、印有三个国徽的椅子，包括苏联和奥匈帝国的国徽。利用纹章可以传递文化信息，赋予物品特殊的象征意义，以小见大、重现重大的历史事件。

俄罗斯圣彼得堡的冬宫建成于1764年，在叶卡捷琳娜二世登上皇位后，推倒了原来的旧建筑并重建冬宫宫殿群。宫内有若干设立宝座的房间，1838年建造的大宝座殿（Large Throne Room）中设置了小宝座房，也称彼得厅，厅中最为引人注目的是为彼得大帝专设的宝座（尽管他一天都没有坐过），宝座的坐椅有彼得大帝的纹章，背后的屏风上悬挂着彼得大帝和叶卡捷琳娜一世的肖像画，顶部有鎏金的沙皇皇冠以及彼得大帝的文织字母符号图形装饰。

法国第七区市政厅婚礼大厅主婚人、市长的凳子。

圣彼得堡冬宫宝座上的双头鹰纹章装饰。

大宝座殿孔雀厅设立的是尼古拉斯特劳森宝座，在1731年由英国人制作的鎏金银的宝座，均用沙皇的双头鹰纹章装饰着座椅靠背和屏风。

法国巴黎在1795年划分了12个区，第7区当时称为第10区。1865年第7区市政厅开始选择在一座贵族的府邸（Hotel deVillas）内办公，这是建于1645年至1647年的历史建筑，1854年曾经作为土耳其领事馆，1862年巴黎

城市纹章：欧洲城市的文化遗产

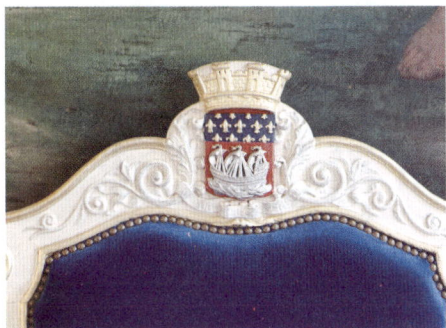

法国巴黎七区市政厅婚礼大厅凳子上的纹章装饰。

活动的所在地，社区居民的婚礼多在此举行，婚礼大厅主婚人、市长的凳子上使用了市政厅的纹章，显示了市政厅的权威性和庄重感。

装饰着葡萄牙王室纹章的皮革椅子，是18世纪来自殖民地的进口家具，现藏于里斯本葡萄牙国家古代艺术博物馆。

比利时蒙斯的市政厅在室内外高频次地运用城市纹章，以渲染文化氛围、突出悠久的历史传承。在会议室椅子上用金属制作城市纹章，使得以城市纹章为标记的凳子成为独特的艺术品。

市政厅决定买下此物业作为第7区市政厅。现在这栋历史建筑是社区举行各种

装饰葡萄牙王室纹章的皮革椅子。

比利时蒙斯市政厅使用以城市纹章为标记的凳子。

六、纹章材料的运用和表现手法

19世纪建筑的建造材料发生了变化，以英国为先锋的铸铁建材、大面积玻璃建材广泛使用于建筑设计中，公共建筑的多样性体现在城市生活的各领域，纹章装饰在建筑中的表现手法也随之而变。

城市纹章的最初设计是平面设计，当它与建筑结合的时候，建筑师往往根据建筑形式的需要，采用浮雕（Relief）或者是以其他雕塑的手法加以升华。对比建筑纹章的运用和城市纹章在不同历史时期的设计风格，可以发现盾徽的核心内容变化不大，但附加物、盾边的纹饰图案、底座的形式，则随时代的艺术趣味变化而改变。15 世纪是印刷术、版画技术的大发展时期，复制技术的进步为保持城市纹章的一致性提供了技术条件，形成一次纹章传播的高峰期。在接下来数个世纪，建筑材料和技术的进步，无论是室外瓷砖烧制技术还是彩色玻璃制作，为作为装饰件的城市纹章在不同建筑风格的建筑物上提供多姿多彩的应用方式。城市纹章表现形式的多样化运用，是营造建筑风格的关键点，也是建筑风格最好的诠释。

1. 釉彩陶土纹章

纹章兴起于中世纪，从象征图形符号发展为一种平面绘画的实用艺术，中世纪的城市纹章与建筑的结合正如它的图案代表的时代风格一样，呈现出以简约为美学取向的平面拼贴、朴实简洁装饰方式。中世纪欧洲的建筑无论是宗教建筑还是世俗建筑，多呈现拜占庭式、罗马式和哥特式建筑风格。城市纹章或个人纹章在建筑上只是较为随机的点缀，通过预先制作后拼贴在墙面上，而纹章与建筑空间和建筑装饰内在设计逻辑关系在此阶段还不存在。发源于法国的"哥特式"强调的是建筑结构的建造方式，英国修正了哥特式的定义，将之作为装饰体系并强调其产生的视觉效果。而西班牙、葡萄牙的哥特式手法将装饰意义发挥到了极致。材质和工艺是结构不可分割的一部分。在不同国家，纹章装饰因对哥特式的理解差异而表现出完全不同的效果。

五世纪，随着罗马帝国从多瑙河流域回撤，罗马帝国的城镇体系逐步瓦解。由北欧移居意大利的伦巴第（Lombards）人在 568 年至 774 年统治了意大利半岛，

罗马尼亚城市布拉索夫（Brașov）彩塑制作的城市纹章（左）和锡比乌铁皮制作的城市纹章表现形式（右）。

他们对城镇的中心作用给予了应有的重视。在 568 年由伦巴第人从拜占庭手中夺回布雷西亚（Brescia）统治权，774 年又为查理大帝所灭，但部分伦巴第的贵族继续统治意大利南部直到 11 世纪，如贝内文托公国（Duchy of Benevento）。动荡的岁月中，古罗马人为中世纪城镇留存了许多基础设施和建筑，保障了城镇的运转，包括道路、桥梁、城堡和引水渠等。6 世纪至 12 世纪是罗曼式建筑（Romanesque Architecture）风格流行的时代，贝内文托公国也出现相对应的伦巴第建筑风格（Lombard Architecture）。6 世纪后期的伦巴第人没有自己的建筑文化传统，需要利用意大利的工匠和行会组织，因此借助于奄奄一息的古罗马建筑文化的火种创造了伦巴第建筑。分布在意大利布雷西亚、贝内文托等 7 座城市的"意大利伦巴第人遗址"（Longobards in Italy: Places of Power，568–774）被列入《世界遗产名录》，评语中写道："伦巴第建筑结合了多种风格，吸收了古罗马、基督教、拜占庭及日耳曼等多种元素和影响，标志着欧洲古代向中世纪过渡。这一系列遗址见证了伦巴第在中世纪基督教精神与文化的发展中起到的重要作用，特别是对修道运动所给予的推动作用。"紧接着的是哥特式建筑风格的产生。哥特式建筑风格产生于法国，是在罗曼式建筑基础上突出了尖拱和肋架拱的运用，结构的改革出现室内高耸的空间，加大窗的面积对利用光的效果十分有利，同时，高大的彩色玻璃窗为包括纹章绘制的彩色玻璃画留下了空间。在意大利，古罗马建筑文化底蕴深厚，在其他国家主导的流行建设风格中，总是保持有"意大利式"的风情，伦巴第建筑是"意大利式"，哥特式建筑风格中也存在"意大利式的哥特情怀"。

12 世纪，哥特式对意大利最初的影响首先体现在教堂、修道院，在意大

利北部和中部的若干宗教建筑中仿造法国样式。随之是世俗建筑，执政官的官邸建筑是常见的具有哥特式风格的公共建筑。在 12—13 世纪，纹章作为统治者个人的荣誉，镶嵌在哥特式的市政广场和哥特式执政官官邸朴素的墙体上，这在意大利的城市中是常用的做法，嵌有纹章的墙体成为有象征意义的纪念性外墙。

在意大利托斯卡纳地区比萨省沃尔泰拉市（Volterra），这座城市在伊特鲁里亚（Etruscans）文明时期已经是人口聚集较多的地方，古罗马时期已经有了城市自治的模式，5 世纪有了主教，城市的世俗管治权在主教和贵族之间争夺着。作为贵族统治象征的市政广场建设开始于 1208 年，1257 年竣工，这里是市民商讨贸易等市政事务之处。这一公共标志建筑是 13 世纪沃尔泰拉市在托斯卡纳地区进行自由贸易的象征，贸易的货物主要是盐①。这一哥特式建筑三层楼高的立面成为釉彩陶土（Glazed terracotta）纹章"荣誉张贴板"并延续到文艺复兴时期，体现了纹章艺术的变化过程。在广场市政厅塔楼底层的石头墙面上，用石头、陶瓷等不同建材制作的佛罗伦萨统治者的纹章嵌在一起。1361 年佛罗伦萨将统治范围扩张至沃尔泰拉，纹章赋予建筑墙体展示城市历史和统治者个人荣誉的历史文化意义。

西班牙的加利西亚大区（Galicia）科鲁尼亚市的海格立斯灯塔（Torre de Hércules）是仅存的古罗马时期建造的

托斯卡纳地区沃尔泰拉小镇奥尔泰拉广场上总督官邸墙上的纹章。

城市纹章：欧洲城市的文化遗产

总督官邸外墙上的上釉陶土花环纹章。

总督官邸室内的纹章浮雕。

灯塔，被列入了《世界遗产名录》。罗马人于公元前137年来到这一片海岸地区，该地区在8—11世纪为阿斯图里亚斯和莱昂王国所统治，15世纪出现加利西亚王国。虽然后来西班牙人成为城市主人，但葡萄牙文化对加利西亚的影响更多。在加西利亚地区最大的城市是比戈（Vigo），1529年被西班牙国王查理五世授予美洲贸易的特殊权利而繁荣起来。

1338年布拉格取得修建市政厅的权利后，将几栋民房逐步建成城市的权利中心，旧市政厅的建筑城徽装饰有平面的城市纹章挂件、也有用彩绘形式的城市纹章，如后来购买的史特欧胡夫家宅就是运用彩绘纹章的形式。布拉格的老市政厅由购买民宅开始，后来逐步收购沿街周边的民宅来扩大办公空间，在

后期又开始建设钟楼。这一演变过程的痕迹留存在各类不同建筑风格的建筑上。布拉格旧市政厅到处都可以看到城徽的图案元素装饰在窗口、入口等重点部位。传统窗户的窗头装饰也包含了波希米亚王国的徽章和布拉格的城徽。

布拉格的老市政厅也是采用类似的设计手法，将城徽置于窗的拱形装饰中，也有置于窗间墙上的。目前还保留的入口用的是哥特式风格的木质门框和门扇。

建成于1475年的布拉格城堡火药塔（Mihulka Powder Tower）是哥特式晚期建筑风格的建筑，城门的城徽装饰也是这种机械的拼贴方式。城门是中世纪历史时代的象征，布拉格城堡的火药塔城门和火药存储功能并存。城门在入口上方使用了纹章装饰，在中段两边的拱

西班牙的加利西亚大区科鲁尼亚市的城市纹章（右）和海格立斯灯塔（左）。

欧洲历史建筑中城市纹章的装饰手法

布拉格市政厅—建筑楣窗的波希米亚王国的纹章和布拉格城徽装饰（左）；屋顶纹章带装饰（右）。

旧市政厅不同风格的门和窗装饰。

券的墙面是两组四个纹章的组合装饰。

布拉格的火药塔也是用平面板式的盾徽贴在墙面上作为装饰。这是布拉格旧城的 13 个城门之一，在 1475 年开始动工，与查理斯大桥相协调，采用哥特式的风格。17 世纪该塔楼用于存放火药，故称火药塔。

旧市政厅用陶雕和彩绘手法表现的城徽。

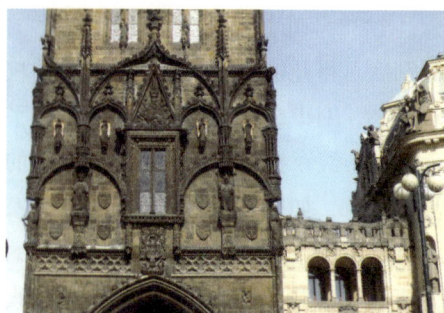

布拉格的火药塔。

城市纹章：欧洲城市的文化遗产

2. 彩色纹章玻璃

包豪斯的思想影响纹章现代平面设计，但也导致包括纹章装饰在内的建筑细部的消失。建筑中纹章装饰表现手法在中世纪通常是彩绘或者点状的挂件，平面性装饰是基本的特点，其中装饰彩色玻璃（Stained glass）的是从中世纪延续至现代建筑的纹章装饰手法，集中体现了纹章的平面性特征。

彩色玻璃在教堂中的应用从 11 世纪就开始了，在罗马风格教堂建设时盛行，是宗教故事叙说的载体，在英格兰北部出土了来自 7 世纪的颜色玻璃。大部分彩绘玻璃由艺术家进行设计，再让工匠在一块平板上刷上石灰水，照图样把彩色玻璃片切割成设计好的形状。德国奥格斯堡大教堂的彩色玻璃窗制作于 12 世纪，是保存最早、有完整人物造型的彩色玻璃窗[②]。法国南部也是教堂中最早使用彩色玻璃的地区之一，代表作是普瓦捷大教堂。纹章出现后，在描绘人物及宗教故事的彩色玻璃中，使用了具有识别功能的纹章符号。

英国的托马斯·威利蒙特（Thomas Willement，1786–1871）在 19 世纪被称为英国维多利亚时代的"维多利亚彩色玻璃画之父"，在 1821 年出版的《帝王纹章》（Regal Heraldry）中收集了相关纹章作品，该书是近代纹章学的重要论著之一。19 世纪他不仅对纹章的研究趋向全面、深入，而且对纹章的实际应用更为成熟，通过实践升华到理论总结[③]。在此后他有多部纹章著作面世，

巴伐利亚兰斯卡特市政厅会议室天花纹章彩色玻璃装饰。

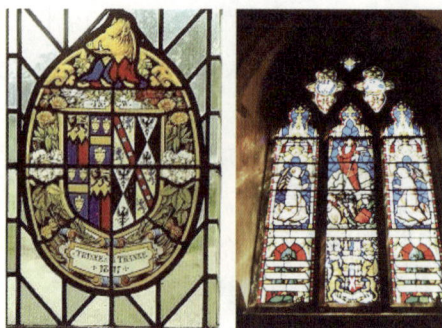

托马斯为肯特郡自己家族制作的纹章（左）和托马斯为伦敦亨廷顿圣彼地—保罗教堂制作的彩色玻璃窗（右）。

的温莎城堡的圣乔治教堂（St. George's Chapel，Windsor）纹章是最为精彩的纹章彩色玻璃代表作之一。

托马斯—威利蒙特的肖像（左）和自己的彩色玻璃纹章（右）。

1855 年还出版了《纹章考古》专著。

实践与理论的结合是 19 世纪在纹章文化领域的变革特点之一，工业革命带来了制作工艺的进步，从 17 世纪至 18 世纪纹章文化已经全面发展，在 19 世纪的室内装饰中的纹章彩色玻璃窗（Armorial windows）已发展到极致，成为教堂、皇家建筑以及各类公共建筑的主要装饰手段。在彩色玻璃制作方面，托马斯从 1812 年开始制作彩色纹章玻璃窗，后来为英皇室建筑制作了大量纹章彩色玻璃窗，托马斯是伦敦水晶宫博览会邀请参加展览的 25 位彩色玻璃艺术家之一。托马斯在 1812 年制作

新艺术绘画运动的杰出画家穆姆也参与了彩色玻璃的制作和设计，在 19 世纪末为布拉格的教堂创作了以宗教题材为主题的彩色玻璃画。布拉格有不同建筑风格的历史建筑，不同功能的哥特式建筑在旧区成为地标式建筑。布拉格的圣维特大教堂（St. Vitus Cathedral）是 1344 年开始建造的哥特

蒙斯教堂彩色玻璃纹章。

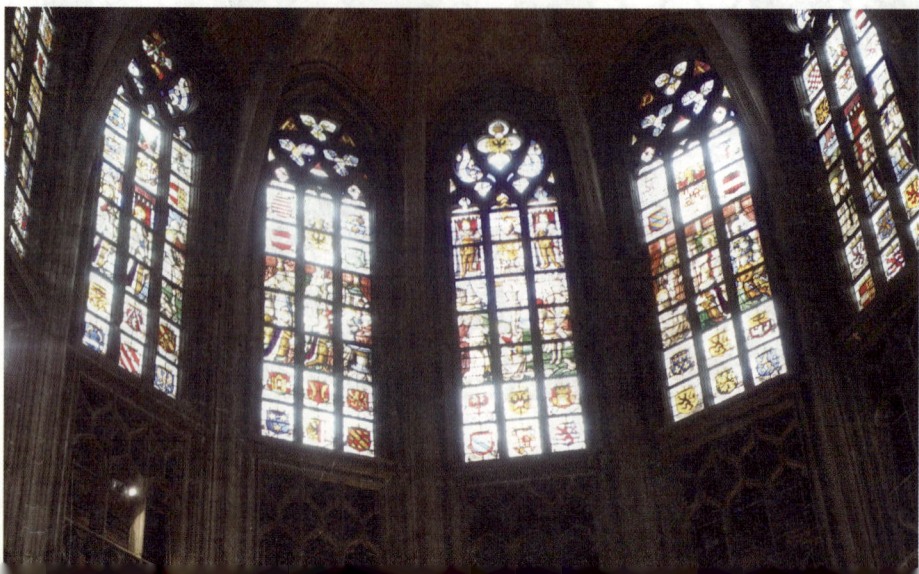

式建筑，入口是三个平面板式的盾徽贴在墙面上，该建筑经历了漫长的 600 年建设过程，后来的附属建筑及部分细部装饰加入了文艺复兴、巴洛克等艺术要素。整个建筑在 19 世纪末才完工，教堂集 600 年艺术风格变化于一身，近代捷克艺术家、新风格运动领军人物之一的穆姆为圣维特大教堂创作了大量足以传世的彩色玻璃画。

这座教堂每扇彩色玻璃的内容风格各异，在欧洲享有盛誉，另一特别之处是教堂中的教堂。这座教堂还藏着皇

布拉格的圣维特教堂上的纹章装饰。

室的私人小教堂，在小教堂内又有一间密室，密室门为波西米亚等王国的纹章装饰，密室内藏嵌有许多珠宝的皇冠，

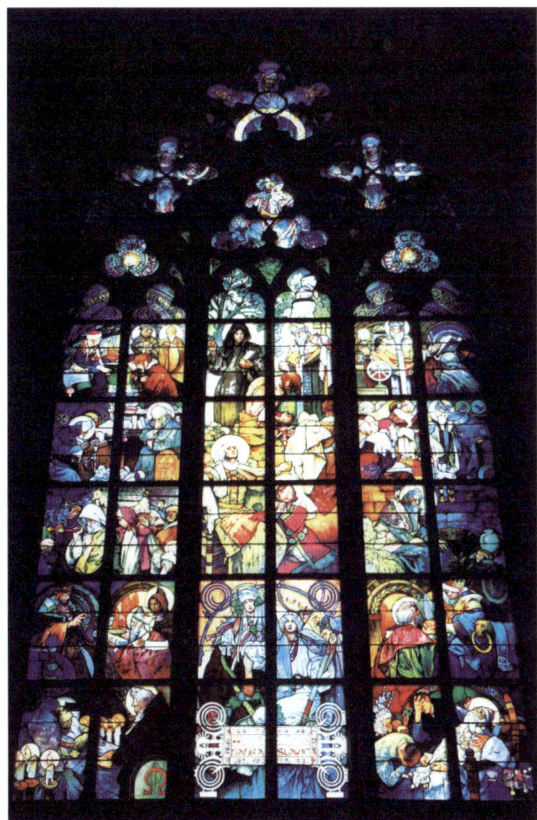

穆姆设计和制作的彩色玻璃画局部。

新风格运动领军人物之一的穆姆为圣维特大教堂创作的玻璃画。

在彩色玻璃上有穆姆的签名。

庞贝遗址的墙饰。

为捷克国宝，需要七把钥匙才能打开此密室门，第一把钥匙为捷克总统持有。

3. 彩色涂绘艺术

壁绘是欧洲建筑艺术中重要的传统工艺，而且能够直接表现城市纹章的手法就是壁绘。城市纹章是从传统家族或者个人纹章中派生而来，从纸面上的绘制又进入实用艺术领域，逐步强调其装饰艺术功能。彩色涂绘（Sgraffito）来自古代的外墙彩绘技术，在外墙上涂绘有一定防水性能的彩色涂料，以此绘制各种装饰图案。15世纪至16世纪意大利文艺复兴时期成为建筑装饰技术的大发展时期，欧洲建筑使用墙饰的装饰手法实践可以追溯至古罗马时期，在意大利庞贝古城遗址仍可以看到古罗马

时期室内装饰艺术，墙饰的绘画在庞贝遗址还可以找到实例。古罗马建筑装饰中，墙饰是重要的室内装饰手法，神话场景是主要的表现内容，墙绘一直延续下来成为欧洲的建筑语言。壁饰的题材丰富，重新使用的建筑语汇是表现方式之一，以不同艺术风格的柱式丰富室内空间是经典的做法，伴随出现的是纹章装饰壁饰。彩色涂绘是源于15世纪意大利流行的墙面装饰绘画工艺，文艺复兴时期非常流行，纹章的壁绘表现手法就是这一工艺的具体化表现方式。

意大利托斯卡纳地区切尔塔尔多（Certaldo）是佛罗伦萨早期的中心，建于13世纪的总督官邸（Palazzo Pretorio）是总督的居住场所兼城市事务讨论、解决的办公场所，官邸外墙为红砖，挂满各时期正副总督的纹章。这

意大利托斯卡纳切尔塔尔多的总督官邸
纹章纪念墙。

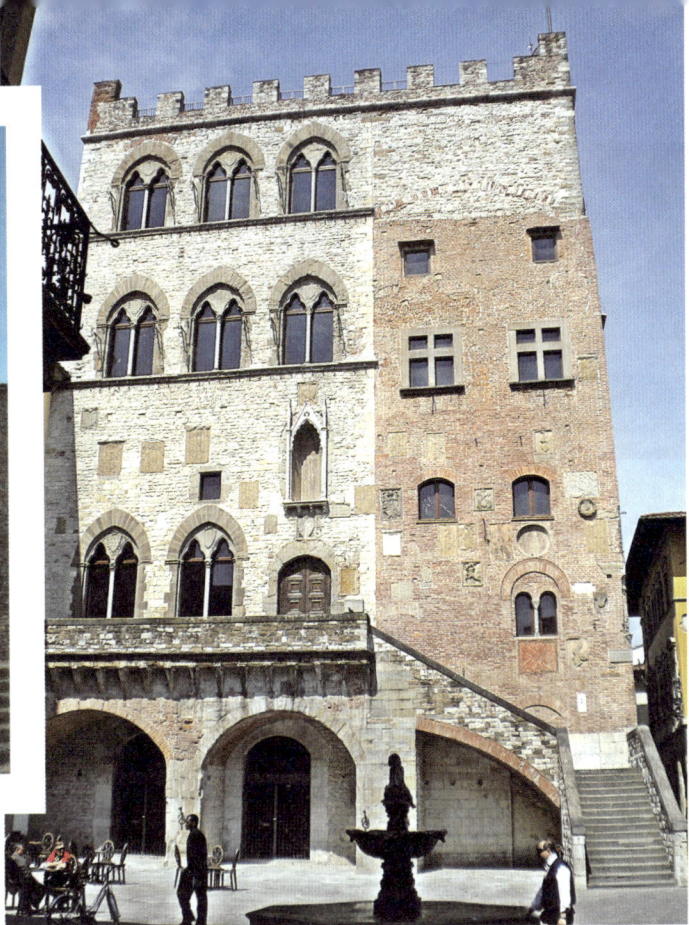

是由三栋建筑物改建而成的市政厅，体
现了不同时期的建筑风格，室内有壁画
装饰，包括以纹章为主题的壁画，从
13世纪跨越到16世纪。纹章的装饰与
外墙不一样，这些纹章彩色涂绘与室内
的结构结合在一起，合理出现在天花饰
线和券拱的装饰部位上。12—13世纪，
在一些建筑上已经有以纹章为图形的壁

意大利托斯卡地区纳切
尔塔尔多总督官邸室内
券端的纹章装饰（左）
和屋顶下的纹章装饰
（右）。

切尔塔尔多教堂中薄伽丘的墓石。

切尔塔尔多城市纹章。

绘装饰，意大利托斯卡纳切尔塔尔多室内的纹章装饰是目前所能见到的较早实践案例。

切尔塔尔多是文艺复兴时期的诗人、作家、《十日谈》的作者乔万尼·薄伽丘（Giovanni Boccaccio，1313–1375）的出生地，他于1375年在贫困交迫中去世，在其逝世后也葬于小镇中的教堂（Chiesa dei Santi Jacopo e Filippo）。墓碑石是薄伽丘手扶书本的形象，脚下有两个纹章，一是切尔塔尔多城市纹章，另一个纹章为他自己的纹章，教堂内墙面上还塑有两座半身像来纪念伟人。切尔塔尔多现在城市人口为1.6万。

随着欧洲各地邀请意大利工匠和建筑师到欧洲各城市建造建筑，这一技术和装饰手法也在德国、奥地利、英国等地传开，尤其是在德国的巴伐利亚地区。对这种平面装饰应用，许多纹章装饰就是用墙饰的表现形式表达的，一直延续到现代建筑设计中。

德国乌尔姆（Ulm）市政厅的城徽盾面黑白对半均分，市政厅入口的城徽是将神圣罗马帝国的双头鹰与城市的城徽结合起来，采用彩绘的装饰手法。

乌尔姆是罗马神圣帝国时期的第二大城市，市政厅建于1370年，爱因斯坦诞生于这座城市。纹章彩绘是16世纪中期再进行装饰的，市政厅外墙装饰充分利用山墙的位置，绘制了大量的城徽形成一条与屋顶平行排列的饰带，内容有各市城徽和有关王国、王族的纹章，也包括一系列壁画。

运用有纹章或城徽内容为核心的图案，以壁画等方式对建筑进行整体形象设计，成为极富装饰效果的外立面，

这在德国巴伐利亚和奥地利经常可以看到。

德国班贝格市一座以纹章为壁画内容装饰墙面的商业建筑，将历史人物和个人纹章作为壁画的内容，壁画中巴伐利亚公爵与纹章形象结合在一起。

德国施洛伊辛根市（Schleusingen）是仅有5000人的小镇，在市政厅的立面入口上方用彩绘的形式表现城市纹章，特别简洁。该城市纹章于1430年开始使用，具有丰富的历史内涵。黑色的公鸡站在绿色山顶上，是从中世纪领主的纹章延续下来的图案，在此基础上，在公鸡上方加上一座遮阴亭（Canopy）。

爱沙尼亚首都塔林市政厅建筑上的城徽和城徽的平面图形保持高度的一致。三只蓝色狮子的寓意物来自13世纪曾经统治北爱沙尼亚的丹麦国王瓦尔德马二世（Valdemar II of Denmark，1170–1241）的纹章寓意物。塔林市政

巴伐利亚地区一中心城区有纹章彩绘装饰的酒店。

德国班贝格市一座以纹章为壁画内容装饰墙面的商业建筑。

欧洲历史建筑中城市纹章的装饰手法

德国施洛伊辛根市的纹章绘制在市政厅入口。

德国施洛伊辛根市市政厅。

厅建立于 1402 年至 1404 年之间，是北欧地区历史最为悠久的哥特式市政厅。城市纹章采用彩绘的工艺，可以经常翻新、维护。城市纹章非常精练地绘制在方形的凹龛壁面上，与哥特式的建筑风格格外吻合。

塔林市政厅。

塔林市政厅建筑上的城徽（右）和城徽的图形（左）。

近代的新艺术运动或称分离派的建筑师，热衷采用彩绘的手法表现其建筑作品。如英国艺术家海伍德·萨姆纳（Heywood Sumner，1853-1940）、比利时艺术家亨利·里夫蒙特（Henri Privat-Livemont，1861-1936）、捷克艺

城市纹章：欧洲城市的文化遗产

华沙城市纹章用在墙体
外部的彩绘装饰。

美第奇家族的铸铁盾徽装饰。

里斯本市政厅铸铁城市纹章。

曼彻斯特公共图书馆立面纹章装饰。

术家奥斯瓦尔德·波利弗克（Osvald Polivka, 1859–1931）等均是使用这种手法的高手。19世纪新艺术运动建筑风格成为时尚时，大量的建筑采用外墙彩色涂绘的装饰手法，代表性建筑师是英国建筑师兼画家桑纳，他首先是将彩色涂绘技术应用到亲戚建造的房子，后来在一系列教堂设计中使用了这一手法。

4. 铸铁和混凝土的构件

1900年对外开放的曼彻斯特公共图书馆（John Rylands Library）是维多利亚后期的新古典主义建筑，为纪念纺织业大亨约翰而建，设计师为巴兹尔（Basil Champneys, 1842–1935），业主要求建筑有教堂式的装饰，建筑师在立面上采用红砂岩和钢结构框架的新表现手法，有关人物的纹章成为立面装饰的一部分。设计师为剑桥大学设计的"考古博物馆"，后来改为"彼得学院剧院"。

1870年，卡罗维发利市（Karlovy Vary）的火车连接了布拉格，旅游业快速发展，城市得以繁荣，许多文化名人在此度假。1871—1881年建设的磨坊温泉长廊（Mill Colonnade）是新文艺复

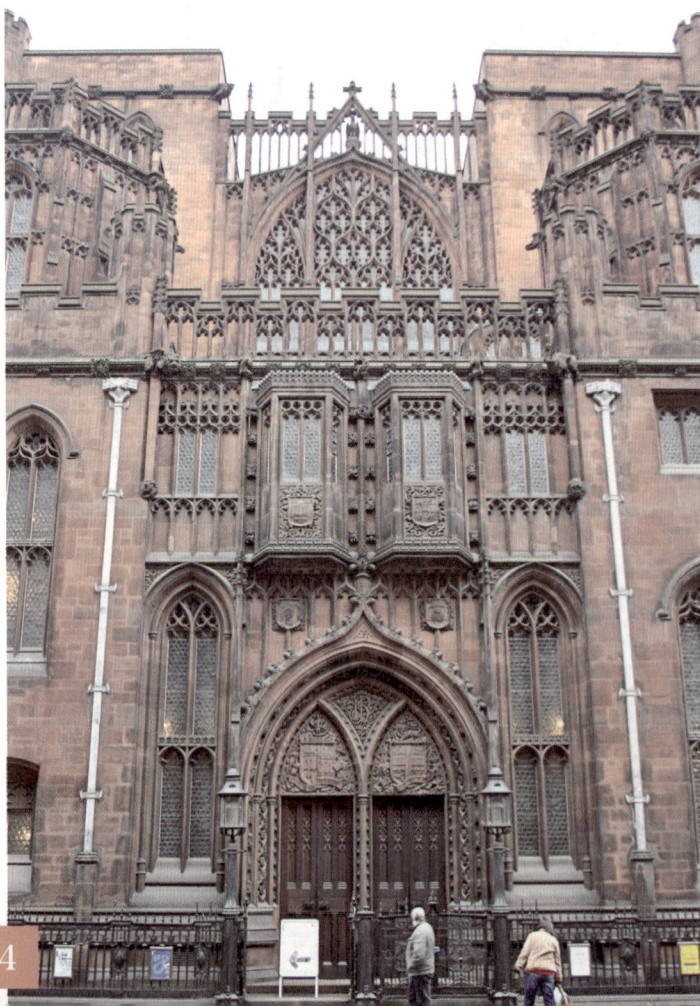

磨坊温泉长廊的入口。

兴建筑风格的标志性的长廊，精美的铸铁构件和轻巧的结构展示出工业革命全盛时期的时尚风格，长廊为捷克建筑师、结构工程师吉特克（Josef Zitek, 1832-1909）所设计，入口采用了意大利文艺复兴时期的马头型纹章作为装饰，布拉格歌剧院也是这位建筑师的设计作品。

卡罗维发利市在莫扎特居住的公寓阳台上用莫扎特头像和五线谱、铁栏杆共同构成特殊的标识。

奥地利迪恩施泰因（Dürnstein）是多瑙河上的一座旅游小镇，新装修的酒店利用历史建筑的铸铁镀金纹章，保持着历史的悠远气息。

汉堡铸铁制作的城市纹章。

奥地利迪恩施泰因新装修酒店的铸铁镀金纹章。

5. 成为建筑装饰元素的空白盾徽

19世纪城市改造适应了新的生活需要，道路拓宽了，下水道进行有效运作而解决了城市卫生问题，新开辟的道路沿线两侧，出现了新古典主义的新街区，纹章装饰仍然是主要的题材，形形色色的空白盾面的纹章和护盾物，是古典主义造型手法之一。维也纳市政厅拱

维也纳大学转角的空白盾徽装饰。

维也纳市政厅空白装饰盾面。

维也纳另一种盾徽装饰。

奥地利埃森施塔特城市最为知名的是埃斯特哈希宫殿，强调护盾者的空白盾徽装饰。

廊外墙，有一组盾徽造型的建筑装饰，盾面没有任何内容，盾边饰进行的高度装饰化处理，与盾面形成强烈的反差。

奥地利埃森施塔特（Eisenstadt）城市最为知名的是埃斯特哈希宫殿，在空白盾徽的运用上，强调护盾者的盾徽装饰作用。

在 19 世纪 50 年代，拿破仑三世同意了乔治·奥斯曼男爵的计划，对巴

巴黎公寓入口的纹章造型装饰。

巴黎塞纳河畔社区纳伊市公寓入口的纹章装饰。

捷克布拉格的历史建筑对空白盾徽的装饰手法。

黎进行道路拓宽，在下面建设了宽阔的下水道，拓宽后的宽道路适应了军事运输的需要。男爵在计划中重新划分了新街区，出现了许多连续的连排建筑与大体量建筑，纹章装饰依然是显眼的符号。巴黎塞纳河畔社区纳伊市是这时期的产物，为巴黎高端居住社区。

美国麻省理工学院所在的麻省大道221号，是一栋古典主义风格的建筑，入口的门套采用典型的古典装饰，

城市纹章：欧洲城市的文化遗产

欧洲历史建筑中城市纹章的装饰手法

1940 年美军研究出模拟军事训练的旋风计算机。

风计算机，成为了和平年代 GPS 导航技术的基础。

① www.comune.voltrra.pi.it
② ［英］安德烈亚·彼佐得著，贾旻苪、郭睿、朱映华译：《罗马风艺术》，中国建筑工业出版社 2004 年版，第 66 页。
③ R. J. Parsons. "The Herald Painter," *Coat of Arms*, no. 146（1989）.

以空白的盾徽为中心。在这栋建筑内，1940 年美军研究出模拟军事训练的旋

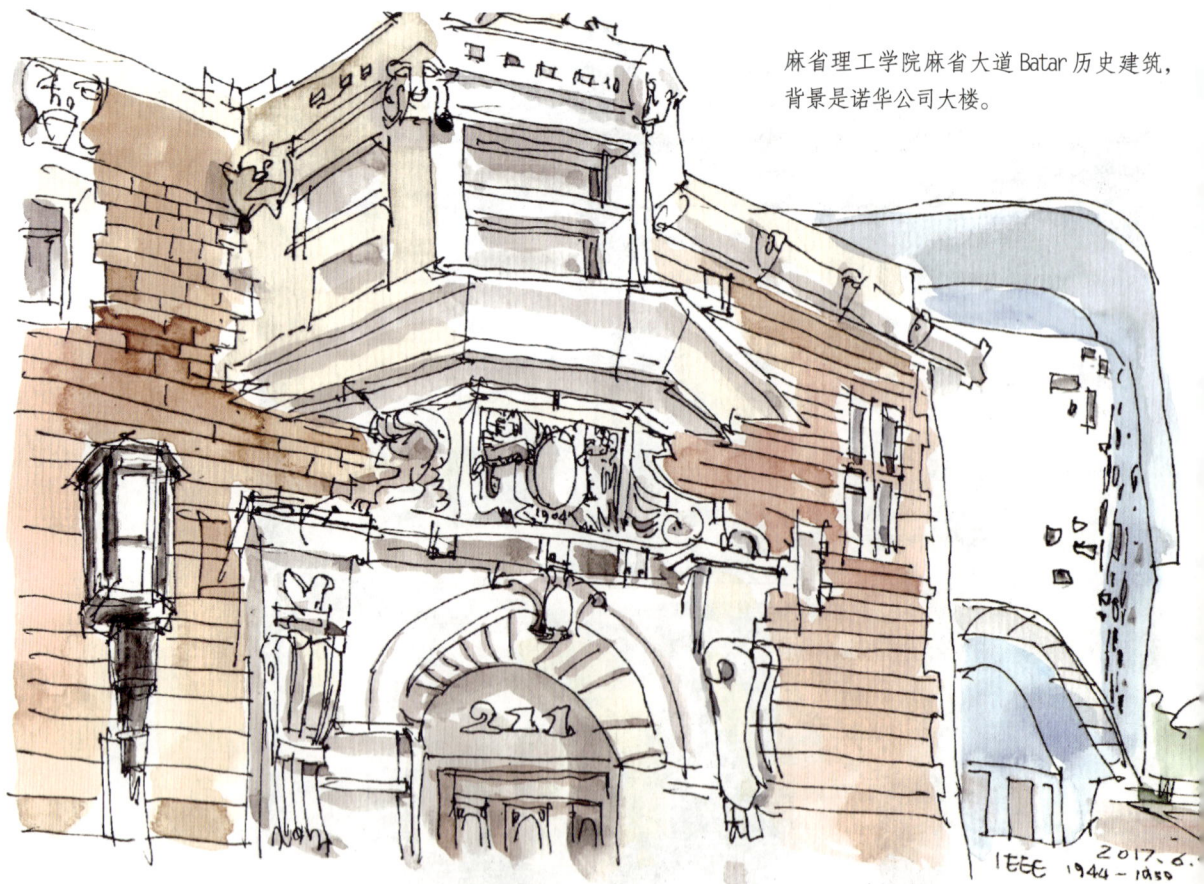

麻省理工学院麻省大道 Batar 历史建筑，背景是诺华公司大楼。

IV

城市纹章的
建筑艺术潮流

首先是族徽成为在社会上活动的印记，在需要表现家族的存在与参与的公共活动中，它是永存下来的图记。

中世纪是纹章流行的历史时期，公共印章有它的局限性，城市印章和城市纹章首先使用于各种文件的证明上，在其他载体上逐步形成装饰功能而得到多方运用。在中世纪以后，纹章在社会上开始流行，特别是在贵族、骑士和王室阶层。同时在实用设计中，纹章或城市纹章成为与建筑密切相关的装饰艺术元素，尤其是在贵族的私邸、市政厅等公共建筑上。纹章的盾徽可以用在各种地方，与其他建筑、平面花饰等装饰元素结合为富有独特装饰功能的形式，运用于建筑室内外装饰。

一、伊比利亚半岛的哥特式

简和繁的奇妙组合，大面积的粗糙墙面与精致的纹章刻画形成鲜明对比，后期的哥特式纹章形式出现了立体化的表现形式。在伊比利亚半岛的西班牙和葡萄牙，留下了充满地区和皇权特征的历史建筑遗产。

1. "伊萨贝拉建筑风格" 的砂岩纹章

在哥特式后期，纹章除了保持盾面平整和原真性的同时，在冠饰和护盾物上充分发挥建筑师的想象力，创造出超越平面绘制纹章的艺术形式，突破了哥特式沉稳有余的视觉效果，形成在哥特式和文艺复兴过渡阶段的西班牙"伊萨贝拉建筑风格"。

中世纪欧洲的城市开始建立大学，当时的大学建筑多数是国王、主教和贵族作为捐赠者提供财政支持，捐赠者的纹章成为表彰捐赠者的奖牌，更成为建筑文化的有机组成部分。西班牙的萨拉曼卡（Salamanca）是欧洲最古老的大学城之一，在莱昂（León）国王1134年开始统治时就建立了萨拉曼卡大学，其模式参照了意大利博洛尼亚大学西班牙学院。无论是建立初期萨拉曼卡大学在城区的教室，还是后来独立的大学建筑，纹章装饰和银匠式的建筑风格成为萨拉曼卡大学的外在特征。这种西班牙独特的建筑风格产生于强大的、由伊萨贝拉统治的卡斯蒂利和莱昂王国时代，故称为"伊萨贝拉建筑风格"。"伊萨贝拉女王对那里的学术活动很支持，她鼓励高等教育的手段之一就是雇用数十名毕业的大学生，在日渐壮大的政府机关中担任官员。她还雇人建造类似于她父母陵墓的新建筑，并遵循她的标志性的建筑风格，即所谓伊萨贝拉风格。该风格包含富丽的哥特元素，但也受到佛兰芒和伊斯兰世界的影响，有大量的标志性装饰。萨拉曼卡大学主楼的外立面就是这种风格，饰有花卉图案、神奇生物

萨拉曼卡城市纹章（左）、萨拉曼卡大学校徽（右）。

萨拉曼卡大学在城区的教室。

和纹章，均突出体现了西班牙正在演化成伟大帝国的恢宏气度。"① 此时王储居住于此，1497 年伊萨贝拉收复了格拉纳达。

巴伦西亚（Valencia）是西班牙第三大城市，1482 年至 1448 年建造的丝

萨拉曼卡大学的建筑立面充满各类纹章装饰。

萨拉曼卡大学入口广场和建筑。

绸交易所（La Lonja de la Seda）成为晚期哥特式最具代表性的公共建筑之一，《世界遗产名录》中写道："作为哥特式晚期的建筑杰作，宏伟的交易大厅还是公元 15 世纪至 16 世纪地中海商业城市权力和财富的象征。"美轮美奂的高大

巴伦西亚城市纹章。

交易大厅为后人留下美好的视觉享受外，在世俗公共建筑中用各种纹章手法还改变了僵硬的传统哥特式模式，女儿墙处理成为有皇冠装饰的墙垛，转角处加入了阿拉贡王国纹章的石雕，入口用阿拉贡王国纹章（也是巴伦西亚王国纹章）装饰以象征权威，窗台是菱型的巴伦西亚纹章条饰。建筑师佩雷（Pere Compte）是 15 世纪西班牙哥特式建筑代表性人物，他在巴伦西亚还设计和指导了奥里韦拉天主教堂、巴伦西亚天主教主座教堂、皇宫等后期哥特式建筑的建设。

可以说巴伦西亚丝绸交易所是这一阶段纹章与建筑充分结合的建筑典范。建筑转角处的巴伦西亚纹章构件的悬挂方式为这一装饰方式在文艺复兴时的流行提供先例。而现在巴伦西亚的城市纹章仍然保持着红色和黄色竖条相间的盾面图案，而且保留着菱型的盾面外形。现今的巴伦西亚共同体成为自治区，自治区的纹章保留同样的图案。

巴伦西亚丝绸交易所外立面装饰。

巴伦西亚丝绸交易所转角的石雕纹章装饰。

巴伦西亚丝绸交易所纹章装饰的入口和立面。

城市纹章：欧洲城市的文化遗产

2. 葡萄牙的曼努埃尔建筑风格

与萨拉曼卡大学一样，葡萄牙国王在北部建立了世界上最古老的大学——科英布拉大学，1290 年由迪尼士一世所创建。大学的建筑体现了葡萄牙国王的审美要求，后来被称为曼努埃尔风格，这是哥特式建筑风格的葡萄牙化，影响深远，科英布拉大学 2013 年被列入《世界遗产名录》。

1728 年所建造的科英布拉大学乔安娜图书馆（Joanina Library）是学校的标志性建筑，入口的葡萄牙国王的皇冠和纹章是白色的砂岩雕刻而成，有一对双柱式的古典柱子支撑着，经历了三个世纪的洗礼，图书馆成为科英布拉大学最具有标志性的建筑造型。

里斯本城市中的庞巴尔下区和现在塔霍河口的贝林塔、热罗尼姆修道院组成的贝林区，一起构成体现葡萄牙大航海时代的辉煌历史空间，是里斯本最重要的观光区。贝林塔和热罗尼姆修道院保持着历史风貌，在热罗尼姆修道院设立的葡萄牙国家航海博物馆中，油画的局部反映了 17 世纪热罗尼姆修道院和贝林塔的历史空间关系，令人对 500 年前通往东印度的海上丝路和香料之路

科英布拉大学教学楼入口的纹章装饰。

科英布拉大学图书馆入口。

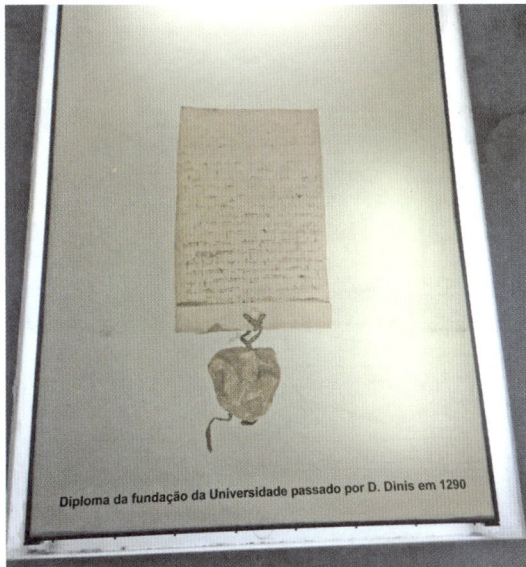

Diploma da fundação da Universidade passado por D. Dinis em 1290

科英布拉大学的创办者迪尼士一世雕像（左）和 1290 年的毕业证书（右）。

科英布拉大学校徽（左）和学校入口处地面上的校徽图案（右）。

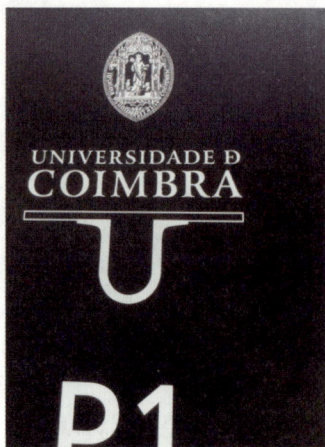

于 1519 年建造的里斯本贝林塔速写。

产生更多的想象空间。

建于 1519 年的里斯本贝林塔，塔上的宽边十字架带饰同城墙的墙垛结合起来，形成独特的城堡建筑风格。它处于里斯本海港入口处，视野宽阔，是为纪念葡萄牙航海家达·伽马而建，与热

城市纹章：欧洲城市的文化遗产

1657 年绘制的贝林塔和热罗尼姆修道院风景油画，藏于里斯本葡萄牙国家航海博物馆。

罗尼姆修道院一起构成体现葡萄牙大航海时代的辉煌历史的代表性建筑，被列入《世界遗产名录》。

　　葡萄牙里斯本贝林区热罗尼姆修道院和皇家教堂，是最具有代表性的曼努埃尔建筑风格的葡萄牙建筑，纹章艺术在曼努埃尔建筑装饰中，发挥得淋漓尽致。麻绳、浑天仪、贝壳、植物与葡萄牙王室纹章一起构成重要的装饰元素。高而尖的高塔，采用透雕的工艺，展现了精致细腻的艺术表现力。热罗尼姆修道院和皇家教堂相连，皇家教堂现在成为葡萄牙国家海洋博物馆。

里斯本最重要的航海时代标志建筑贝林塔。

1657年绘制的贝林塔和热罗尼姆修道院风景油画的局部，藏于里斯本葡萄牙国家航海博物馆。

曼努埃尔建筑风格在巴洛克、洛可可风格流行时，继续变异，产生了葡萄牙北部的巴洛克和洛可可风格，历史文化名城波尔图就留下了许多优秀的历史建筑。1521年形成的花街，是在主教主持下修建的，现今成为最繁华的商业街道，主要经营金饰。教堂于16世纪上半叶所建，立面经过多次修改，现

葡萄牙里斯本贝林区热罗尼姆修道院。

皇家教堂的纹章装饰局部，天使手持盾徽。

在是 18 世纪洛可可时代的建筑风格。

葡萄牙的城市布拉加由于区位条件的关系，在 18 世纪通过一系列的市政设施建设，改变了城市的面貌，尤其是洛可可系列建筑在北葡萄牙洛可可风格建筑浪潮中具有引领作用。

葡萄牙布拉加市政厅（Braga City Hall）是 18 世纪的建筑，1754 年开始建设，1865 年完工。特殊的窗户和门自下而上贯通着有纹章含义的洛可可装饰，富有雕塑感。在葡萄牙洛可可时代，北葡萄牙的代表性建筑师、雕塑家安德鲁·索雷斯（André Soares，1720–1769）出生在此城市，在 18 世纪为城市留下了许多不朽的洛可可风格的建筑。洛可可装饰风格将门套和窗框装饰充分与纹章和雕塑结合，利用不同材质的装饰物在墙面上形成强烈对比。

葡萄牙波尔图花街上的大教堂。

城市纹章的建筑艺术潮流

① ［美］克斯汀·唐尼著，陆大鹏译：《伊萨贝拉：武士女王》，社会科学文献出版社2016年版，第401页。

葡萄牙建筑师安德鲁·索雷斯设计的带有洛可可风格的阳台和窗户边饰。

城市纹章：欧洲城市的文化遗产

布拉加圣母教堂，建于 1743 年。

二、文艺复兴风格建筑中的纹章

文艺复兴的建筑浪潮显著影响到了纹章的表现形式，意大利诞生了独特的"马头形"盾徽形式，纹章装饰被更广泛地运用到包括市政厅在内的城市公共建筑上，使欧洲纹章文化在这一阶段达到新的艺术高峰。

1. 意大利式马头形纹章

在纹章形式中有一种特殊的纹章图形称为文艺复兴式，它在文艺复兴时期的建筑上常作为装饰的图形。意大利文艺复兴式的盾徽形式成为纹章学在此时的重要历史标志，马头形状的盾徽外形改变了中世纪以来一直保留的传统的风筝形纹章外形，从文艺复兴时期延续使用到19世纪各种具有意大利特点的装饰中。都灵市政厅19世纪加建的壁柱柱础浅浮雕装饰是意大利第一个统一萨伏依王朝的纹章，使用的盾徽就是马头型。陶里尼亚主座教堂地下室的主教石棺上，主教的纹章也是马头型的盾徽

都灵市政厅壁柱柱础浅浮雕装饰是意大利第一个统一的萨伏依王朝的纹章（左），文艺复兴式的盾徽用于陶里尼亚主座教堂地下室的主教石棺上（右）。

意大利马拉特斯塔家族石雕纹章的三种形式：风筝型、马头型和巴洛克型。

意大利科隆诺家族的纹章。

造型。地下室原是古罗马帝国时期的浴室，在地震中被埋没了，1700年被重新发现后，修复了部分地下空间而成为主教们的墓地。

盾徽纹章寓意物具有独一性、排他性的属性，但纹章的外框的表现形式是可以多样的。意大利马拉特斯塔家族石雕显示，斜条的寓意物没有变化，随着家族联姻和领地的扩大，不同家族成员均继承了前领主家族马拉特斯塔家族的纹章。文艺复兴时期出现的马头形的纹章形式，有了新的纹章外形表现形式，但寓意物没有变化。

15世纪到16世纪期间，古典柱式、圆拱券的运用流行起来，古希腊的完美构图原理再一次复兴，历史题材成为装饰的主题，多强调理性和人文主义。在此时期，多数城市拥有城市纹章并被公众所认同，以市政厅、市政广场为标志的城市公共空间出现了。城市纹章与古典建筑样式结合，是非常合适的形象主题，在表达建筑与空间的公共属性方

佛罗伦萨文艺复兴时期建筑上的纹章。

美第奇家族纹章。

纪念像基座上的美第奇家族的纹章装饰。

城市纹章：欧洲城市的文化遗产

佛罗伦萨美第奇主教的纹章装饰（左），主教的纹章在街道建筑转角处成为装饰（右）。

面，它是最富象征性的符号。

文艺复兴时期，意大利许多艺术家将纹章造型融合到建筑的艺术创作之中，它为打破结构僵硬的框架，增添人文主义色彩提供了难得的题材。设计师在设计纹章时已经同建筑部件或建筑造型融为一体了。纹章在宗教建筑如教堂

的塔楼上也得到使用，而且成为视觉的中心，又或者将家族的族徽与建筑的装饰物结合起来。另一方面文艺复兴时壁画创作处于高潮期，业主要求艺术家创作壁画装饰室内的天花和墙壁，而艺术家们正好运用彩绘的表现方式将纹章融合到不同题材的壁画中。

转角悬挂纹章盾徽的方式在哥特式后期风格的建筑中得到初步运用，在文艺复兴时期成为一种时尚的建筑表现手法，在佛罗伦萨、罗马等街道建筑转角处，常可以看到主教或者贵族统治者的纹章。

2. 曼托瓦的茶宫：手法主义的建筑纹章

手法主义也称矫饰主义（Mannerism），在16世纪流行，影响涵盖建筑、

意大利罗马广场—建筑的转角处理，转角的突变是文艺复兴时期的一种设计手法。

意大利曼托瓦公爵的纹章。

园林、绘画等多领域，纹章文化与建筑设计紧密结合。在文艺复兴后期的1520年左右，盛行的手法主义或矫饰主义最具特点的艺术表现是突破了平衡性的约束，在绘画和建筑中强调戏剧化和强有力的图形效果。手法主义创造出来的建筑设计手法和构图原则对后几个世纪的艺术发展影响深远，许多建筑杰作成为模仿的范例。

曼托瓦（Mantua）是意大利伦巴第大区曼托瓦省的省会城市，虽然城市不大，但因靠近米兰而在文艺复兴时期艺术高度繁荣，被认为是手法主义的诞生地。统治者贡扎加家族（House of Gonzaga）是意大利北部历史上最具有影响力的豪族之一，在军事管理和王朝政治中影响颇大。贡扎加家族曼托瓦公爵（Duchy of Mantua）是城市艺术的最重要赞助者，从15世纪早期开始，家族成员都是社会知名度很高的艺术赞助人，王宫收藏了大量名家作品。

统治曼托瓦的贡扎加家族曼托瓦公爵费德里科二世·贡扎加（Federico II Gonzaga，1500–1540）的纹章，显示了贡扎加家族所拥有的广阔领地。从1328年至1708年，这一家族一直是曼托瓦王国的统治者，也曾是法国讷韦尔（Nevers）地区的统治者。1433年，家族成员吉安弗朗切斯科一世·贡扎加（Gianfrancesco I Gonzaga, Marquess of Mantua, 1395–1444）被神圣罗马帝国封为边疆伯爵，其子卢多维科三世·贡扎加（Ludovico III Gonzaga，1412–1478）继承了曼托瓦边疆伯爵的头衔，1459

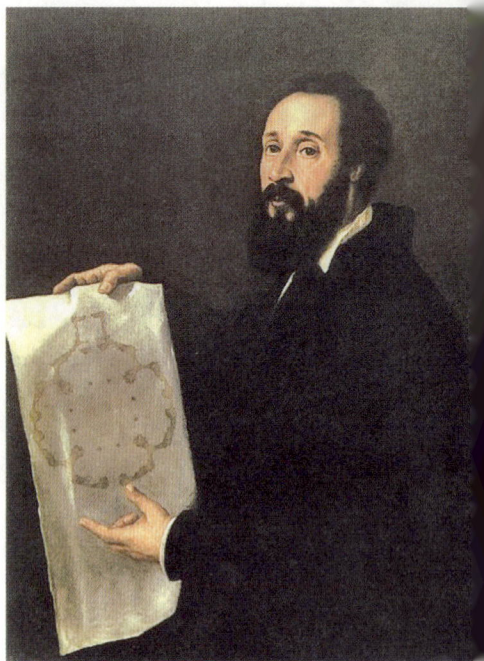

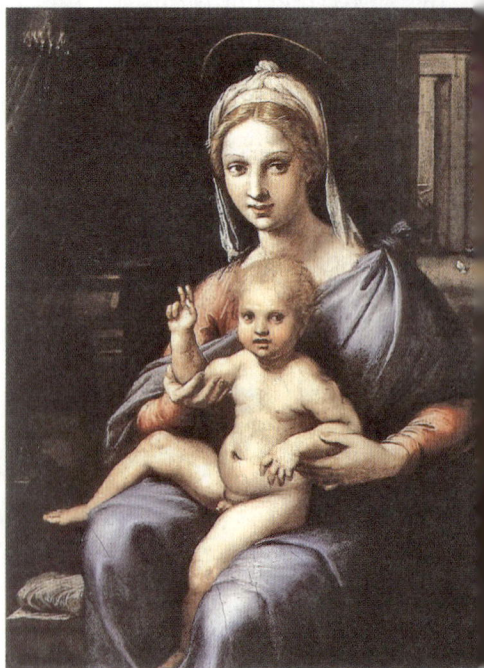

朱利奥·罗马诺（Giulio Romano，1499–1546）肖像，手里拿着图纸画着教堂的平面（上），创作于1523年的作品《玛利亚和孩子》（*Madonna & Child*）（下）。

城市纹章：欧洲城市的文化遗产

至 1460 年，其作为东道主承办了一次教皇会议而被欧洲各王国所知晓。卢多维科与德国勃兰登堡边疆伯爵的女儿芭芭拉（Barbara of Brandenburg，1422–1481）通过联姻，获得大量的土地，其纹章中就体现了这一复杂的领地关系。

　　卢多维科注重城市的古罗马文化，邀请了阿尔伯蒂（Leon Battista Alberti，1404–1472）设计了两座教堂，当时意大利不少著名建筑师参与建筑的设计，城市充满了模仿和学习古罗马样式的氛围。卢多维科的儿子费德里科二世·贡扎加继承了曼托瓦爵位，同样对城市建筑极其热衷。意大利著名画家和建筑师朱利奥·罗马诺（Giulio Romano，1499–1546）被邀参与了建筑设计，他是拉斐尔的学生，在罗马作为助手参与了老师负责的重大工程，包括梵蒂冈宫中的壁画，后来选择了意大利北部的城市曼托瓦为曼托瓦公爵服务，现意大利城市曼托瓦留下了他设计的不少建筑。后来他到了法国，带去了意大利风格的建筑理念。

　　茶宫（Palazzo Te）是曼托瓦公爵费德里科二世的夏宫，公爵在 1524 年决定在城墙之外建一个休闲的王宫，朱利奥·罗马诺被邀请担任该建筑的设计师。茶宫兼具王宫和度假庄园的双重功能，为设计师发挥手法主义的设计风格提供了良好的机会。壁画细部的装饰创新是建筑史上文艺复兴时期盛行的风格主义或矫饰主义的最具特点的代表作之一，它突破常规构图的装饰手法在茶宫建筑中得以淋漓尽致地表达出来。这一

用纹章装饰的檐口面板
（下）、茶宫入口内立面
（上）。

建筑风格最具手法主义特点，茶宫内廷的立面是庭院景观的重要构成元素，设计师给予高度重视，简约的纹章饰带、巨大的拱顶石形成了鲜明的艺术特征。在檐口面板（Metope）上装饰的纹章与

三槽板（Triglyph）相隔搭配，一部分三槽板下垂，具有传统的式样而又有大胆的创新。

罗马诺在室内的设计上也表现出高度的想象力，通过壁画、灰泥雕塑和建筑柱式融为一体的方式，创造出充满张力的空间视觉效果，建筑结构被绘画巧妙地结合到画面中。

17世纪的伟大画家鲁本斯（Peter Paul Rubens，1577-1640）在文艺复兴盛期的艺术家中最欣赏的就是朱利奥·罗马诺，自己又步其后尘进入曼托瓦王宫。1600年，鲁本斯在威尼斯认识了曼托瓦公爵温琴佐一世·贡扎加

茶宫天顶画。

（Vincenzo I Gonzaga，1587—1612 在位），
不久就成为贡扎加家族的宫廷画家，在
离开家乡的 8 年中，他一直保持这一职

位 ①。著名的作品有《曼托瓦的友人肖
像》（也被称为《鲁本斯兄弟和他们的
朋友》），就是 1602 年在曼托瓦王宫留
下来的作品，他最重要的作品是《曼托
瓦公爵及其家族对三位一体的敬拜》，
1605 年完成。1606 年 12 月鲁本斯返回
安特卫普。

　　这一历史阶段，建筑大师辈出，维
尼奥拉（Giacomo Barozzi da Vignola，1507–
1573）、安 德 烈 亚·帕 拉 弟 奥（Andrea
Palladio，1508–1580）、塞巴斯蒂亚诺·塞
利奥（Sebastiano Serlio，1475–1554）均
为文艺复兴时期对欧洲建筑产生重大影
响的手法主义建筑师，被后人认可为
意大利文艺复兴时期最具有影响力的
三大伟大建筑师。安德烈亚·帕拉弟奥
的著作《建筑四书》（*The Four Books of
Architecture*）影响广泛，他于 1550 年设

计的威尼托（Veneto）的帕拉迪恩别墅
（Palladian villas of the Veneto）是被列入
《世界遗产名录》的"维琴查城和威
尼托的帕拉迪恩别墅"（City of Vicenza
and the Palladian Villas of the Veneto）中
的重要项目，安德烈亚·帕拉弟奥对古
罗马建筑进行了详细的研究，出版了
《建筑四书》，在书中赋予了维琴查城市
历史建筑新的内涵。

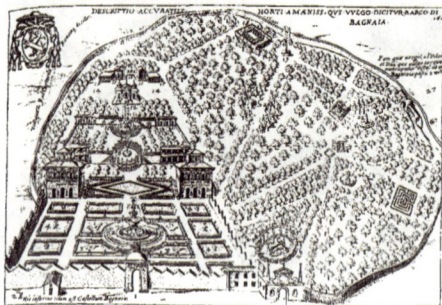

3. "手法主义"在欧洲的传播

手法主义建筑风格为贵族阶层所
青睐，也受到了天主教权贵们的欢迎。
意大利拉齐奥大区的维泰博市（Viterbo）
由于靠近罗马，多位教皇曾居住于此。
在城市附近采用手法主义风格设计建

兰特庄园中的花园。

教皇西克斯图斯五世（Pope Sixtus V，
1521-1590）的纹章（上）；制作于1614
年的 G. Lauro 绘制的花园鸟瞰图（下）。

造的"兰特庄园"(Villa Lante),是意大利文艺复兴手法主义的著名建筑师维尼奥拉的作品,是在1566年采用手法主义建筑设计手法建造的花园和喷水池。委托者是一位红衣主教吉安弗朗切斯科·甘巴拉(Gianfrancesco Gambara,1533–1487),后来传给其侄子,此人后来成为教皇西克斯图斯五世(Pope Sixtus V,1520–1590),在1614年绘制的花园鸟瞰图中左上角就是教皇的纹章。一百年后,花园为博马尔佐公爵(Ippolito Lante Montefeltro della Rovere,1618–1688)所拥有,现在是意大利国家资产。

宗教改革(Protestant Reformation)引发各种捍卫新旧教的宗教团体,1534

城市纹章的建筑艺术潮流

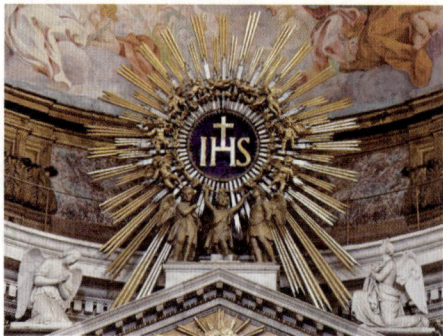

室内的耶稣会文交字母的装饰、入口的纹章装饰。

年成立的罗马耶稣会就是为捍卫传统天主教而进行传教活动的宗教机构，成为世界耶稣会的样板。罗马耶稣会建筑（Il Gesú）是由建筑师维尼奥拉（Giacomo Barozzi，1507–1573）设计，他也是1562年出版的且影响广泛的《建筑的五种柱式规范》一书的作者。1536年，维尼奥拉来到罗马，测量和绘制了大量古罗马神殿建筑，在1562年出版了若干建筑理论著作，提出除了传统的四种柱式外的第五种"混合式"（Composite），他长期为教廷服务，并与米开朗基罗一起建造教廷的建筑。

欧洲城市耶稣会的建筑基本按照该建筑范本建造。无论是山花墙还是入口，都有耶稣会纹章的装饰，这是这一建筑样式鲜明的特征。

罗马的耶稣教堂（Chiesa del Gesú）是耶稣会的主要教堂，是维尼奥拉1568年设计的作品，是一座手法主义融入巴洛克建筑具有里程碑意义的建筑，成为了耶稣会在世界建造教堂的样板，对纹章作为装饰部件与建筑的合理结合提供了一种具有普遍意义的样式。

矫饰主义的影响不仅局限在意大利，在此之后，欧洲城市出现了一批受这一风格影响的建筑。德国萨克森的科尔迪茨堡（Colditz Castle）也是矫饰主义的作品，英国建筑师罗伯特（Robert Smythson，1535–1614）在英国德比郡（Derbyshire）于1590—1597年建造的哈德威克厅（Hardwick Hall），其设计体现了手法主义的神韵，在女儿墙上饰有Hardwick的王冠装饰，其下为文织字母E和S的通透的装饰，象征着庄园业主伊丽莎白（Elizabeth，Countess of Shrewsbury，1527–1608）的拥有权，她是英国社会一位著名的贵族。1580年后巴洛克风格开始流行，但矫饰主义在阿尔卑斯山的北部地区的影响力一直持续到17世纪中期。

复杂的、具有纹章装饰的门饰常与简朴的墙面结合在一起，形成戏剧性的对比效果。

在手法主义的建筑设计中，柱式是简洁的，而配合建筑风格的纹章装饰也体现了这一风格特点，纹章造型平面化，内容复杂但形式简约，这是对古典传统建筑样式深入研究后所提炼的结果。在初始阶段，手法主义是以反传统的理念出发而对传统的样式进行创新。1527年神圣罗马帝国神圣联盟对罗马实施了洗劫，文艺复兴的全盛时期也渐渐衰退。发源于意大利的矫饰主义由此兴起，在低地国家发扬光大。在建筑和绘画上，安特卫普是手法主义的实践中心之一，"安特卫普文艺复兴建筑"成为一种固定形式，有时也称为"安特卫普手法主义学派"（Antwerp Mannerism）。

许多大型的手法主义建筑建造于阿姆斯特丹。在17世纪，荷兰阿姆斯特丹成为文艺复兴后期的中心，建筑、雕塑、绘画、书籍和包括地图在内的印刷品艺术创作全面繁荣。阿姆斯特丹接过安特卫普的接力棒，在16世纪至19世纪，这一低地地区的城市发挥着经济

科尔迪茨堡（Colditz Castle）的矫饰主义建筑风格的入口。

于1590—1597年建造的哈德威克厅。

弗拉芒画家威廉（William Scrots, 1537-1553）1546年以手法主义创作的亨利·爱德华伯爵（Henry Howard, Earl of Surrey）肖像。

阿姆斯特丹西教堂塔楼
上的城市纹章。

文化中心的作用。在建筑创作领域，文艺复兴后期的艺术风格、手法主义的建筑设计手法在许多公共建筑中得以广为运用。

这一时期也出现了用手法主义与纹章语言结合的肖像画作品，弗拉芒画家威廉（William Scrots，1537–1553）在1546年以手法主义创作的亨利·爱德华伯爵（Henry Howard, Earl of Surrey）的肖像为代表作之一。

阿姆斯特丹的城市纹章在文艺复兴时期已经应用于包括宗教建筑的各类城市设施上，荷兰阿姆斯特丹市的城徽在西教堂（Westerkerk）上的应用是一个范例，城徽与一系列的装饰符号在建筑塔楼上混合使用。教堂为文艺复兴后期建筑风格的建筑，是出生于乌得勒支而从业在阿姆斯特丹的建筑师亨德里克·德·恺瑟（Hendick de keyser，1565–1621）运用手法主义设计的代表作。教堂建于1620年至1631年，塔高87米，阿姆斯特丹主教堂塔顶钟楼

西教堂塔楼上的城徽（右）和教堂另一面的景观，1631年西教堂的版画（左）。伦勃朗墓位于教堂中。

De Wester Kerck begonnen A.º 1620, de eerste Predicatie daer in gedaen op Pinxterdach 1631.

描绘了城市纹章的装饰细节，塔顶有三层古典石柱，最高部分是奥地利皇帝的皇冠造型。教堂很快成为城市的地标建筑，也成为许多城市风景画表现的对象。杨·凡·特海顿《西教堂小景》就是阿姆斯特丹城市风景画的典范。

还有两位历史人物与这栋文艺复兴式的教堂有关，1669年10月8日荷兰黄金时代的代表性画家伦勃朗安葬于此[②]；二战时期，被迫害的犹太家庭安妮一家藏于教堂隔壁的暗房，安妮在此写下了《安妮日记》，二战结束后，《安妮日记》的出版引起世界轰动。

荷兰阿姆斯特丹处于新造的平坦土地上，多座高塔建筑物形成了壮丽的天际线，满足了当时阿姆斯特丹社会高度活跃的海外扩张的虚荣心。不同形状的尖塔从城市拔地而起，而西教堂的高塔在阿姆斯特丹只是一座高度排名靠后的高塔而已。

东印度公司在17世纪至18世纪高度引领着荷兰的繁荣，城市建设活动

安妮在原藏身房子前的塑像。

于1638年完工，方形的塔楼使用暖色调的外墙装饰，柱式和彩色的阿姆斯特丹城市纹章成为最引人注目的装饰，在建筑师的设计图中，可以看到塔楼立面

制作于1544年的阿姆斯特丹城市6座高塔建筑物的版画。

城市纹章：欧洲城市的文化遗产

阿姆斯特丹大学的入口，城徽成为装饰的母题。

也紧跟着活跃起来。在 1603 年，东印度公司开始在运河边租用部分建筑作为仓库。随着业务扩展，在 1608 年完成了东印度公司总部大楼（Oost-Indisch Huis）的建设，亨德里克·德·恺瑟为建筑师，也是手法主义风格的作品，1663 年至 1664 年扩建了西翼。东印度公司于 1798 年解散，总部大楼后来为阿姆斯特丹大学所用。阿姆斯特丹大学的入口将城市纹章作为装饰的母题，该大门是 1571 年建造的，1631 年移至现在的位置，成为阿姆斯特丹大学的标志性构筑物。1632 年被定为阿姆斯特丹大学建校的年份。

阿姆斯特丹大学的入口处，阿姆斯特丹城徽上的安德鲁十字架成为装饰的母题，城徽采用平面化、简约化的处理手法。铸铁的大门上有 "Athenaeum Lllustre of Armsterdam" 的字样，这是阿姆斯特丹大学的前身学校。

① ［英］克里斯廷·洛泽·贝尔金著，钱赫译：《鲁本斯》，湖南美术出版社 2019 年版，第 37 页。

② Christopher White. *Rembrandt*. New York: Thames & Hudson, 2008, p. 204.

三、华丽纹章装饰语汇

贝尼尼的天使雕塑作品样稿，1647 年，藏于威尼斯宫国立博物馆。

巴洛克（Baroque）风格是以 16 世纪法国的家具设计风格为基础，同时吸纳了欧洲以外的艺术趣味而逐步形成的。"路易十四的建筑师和设计师发展出来的法国巴洛克风格有两个并行的目标，一是规模浩大，二是金碧辉煌。"[①] 正如它的法文含义一样"异乎寻常"。这一风格的建筑实践在 1600 至 1760 年左右为高峰时期，强调个性和创造力，但"繁琐"相当于其代名词，它的孕育与宗教改革密切有关，为了使人们对教廷更向往，对梵蒂冈而言，通过更换建筑形式吸引信众回到教堂是最有效的方法。

1. 巴洛克的"丰饶之角"与巴洛克形式的纹章

乌尔班八世传位到了教皇亚历山大七世（1655—1667 年在位）时，贝尼尼的才华与教皇欲将罗马城改造为世界朝圣中心的雄心正好合拍，这时期贝尼尼在圣彼得大教堂圣彼得广场大柱廊（1657—1673 年）、圣彼得圣座的完善（1657—1666 年）、天使堡中天使桥的十位天使等重要工程中充分展示其艺术天赋，巴洛克艺术风格的表现达到巅峰。圣彼得广场上的柱廊对广场空间产生围合的效果，创造了"都市剧场"的氛围，巨大的石柱上排列着圣人的塑像，类似古希腊的具有仪式感、秩序感的神殿建筑形式。天使堡天使桥上的十位天使安置在高座上，手举象征耶稣慈悲的标志，天使身下是大理石

贝尼尼作品"在天使桥上的天使像"。

城市纹章：欧洲城市的文化遗产

微扭曲的盾徽形态。如同贝尼尼平时的创作一样，他先制作了样稿进行分析比较，这一盾徽的样稿与完成后的作品基本一致。1650年《四河喷泉》完成，贝尼尼将制作好的分部件在现场进行组装，完成了作品最后的一道工序。贝尼尼的创作程序是草图、模型、构件再组合，所以现在部分模型能够保存下来与公众见面。

教皇依诺增爵十世的纹章寓意物是三朵百合花和一只嘴里衔着橄榄枝的白鸽。贝尼尼在方尖碑上增添了一只白鸽作为象征物，显示了纪念碑与教皇的关系。纪念碑正处于其家族的府邸潘菲利宫（Palazzo Pamphili），后来开放此空间成为罗马的城市广场（Piazza Navona）。

贝尼尼受委托为出生于热那亚的

贝尼尼创作于1650年的《四河喷泉》雕塑，其中"丰饶之角"的纹章样稿，陶质雕塑，藏于罗马威尼斯宫国家博物馆。

雕刻成的云朵。

在17世纪巴洛克艺术盛行时期，希腊神话和基督教题材融合在一起仍是艺术表达的主要内容。这一时期代表性艺术家贝尼尼对巴洛克的绘画和雕塑产生广泛的影响。"丰饶之角"（Cornucopia）是贝尼尼表现纹章常用的元素，与巴洛克艺术手法表现的"丰饶之角"和纹章造型相比有新的变化。1651年应教皇依诺增爵十世（Innocent X，1574–1655）之邀，贝尼尼在创作"四河喷泉"（Fontana dei Quattro Fiumi）方尖碑的底座时使用的护盾物为"丰饶之角"盾徽，上部雕刻了圣雅各象征物"贝壳"，下部为面具的造型，盾面为略

教皇依诺增爵十世的纹章。

贝尼尼创作的玛利亚·拉齐修女雕像和模型。

玛利亚·拉齐修女纪念碑（Memorial to Maria Raggi）设计浮雕，在创作过程中贝尼尼在 1647 年制作了纸质模型样稿，并在现场试验整体效果，观察光线对造型的影响，从这一点可以看出贝尼尼飘逸风格的创作是以严谨的态度为基础

创作于 1660—1699 年间的意大利巴洛克艺术时期的手持"丰饶之角"的天使木雕，藏于罗马武装力量俱乐部。

的。1653 年作品完成。宗教的激情与世俗的欢悦融合一体凝固在修女的脸庞上，现此纪念墓碑安置在罗马神庙圣母堂（Santa Maria sopra Minerva）内，两旁伴有两位小天使，嵌在黑色大理石上。

贝尼尼的艺术风格对当时的社会影响广泛。藏于罗马武装力量俱乐部、创作于 1660—1699 年间的意大利巴洛克艺术时期的天使木雕，手持"丰饶之角"，明显是模仿贝尼尼的风格。该木雕原来用于神坛两旁的装饰，木雕作者可能参考了贝尼尼的天使表现形式，衣服膨胀，充满动感，"丰饶之角"更为夸张地弯曲。这组《手持丰饶之角的天使》是为装饰神龛而制作的，是 17 世纪意大利流行的一种装饰样式，木质作品呈现了贝尼尼风格影响的痕迹。"天使似乎从天上飞翔后刚落地，双翼展开，衣服呈现出膨胀和震颤的感觉。从这对木雕中可以看出，这位罗马雕塑家深得巴洛克大师贝尼尼的神髓。"[②]

纹章的平面绘制在洛可可风格流行的年代也呈现出洛可可意味的新奇形式。英国查尔蒙德雷侯爵（Marquess of Cholmondeley）的纹章传承自 1646 年的莱恩斯伯爵（Earl of Leinster）的纹章，红色盾面上方为银色骑士头盔，下方是金色的麦堆。洛可可风格盛行时，纹章使用变形扭曲的洛可可造型。莱恩斯伯爵是柴郡（Cheshire）和切斯特（Chester）的领主，同时也是切斯特伯爵（Earldom of Chester），现在柴郡的旗帜、切斯特城市纹章仍以三堆麦堆为寓意物。

19世纪英国查尔蒙德雷侯爵纹章的巴洛克表现形式（左）、查尔蒙德雷侯爵纹章（中）和1938年柴郡的城市纹章（右）。

中，图形装饰艺术也与建筑相同，从纹章图形语言中吸取了各类元素来丰富装饰效果。

2. "破山花式窗楣"巴洛克建筑样式中的纹章

巴洛克时代风格的建筑从纹章图形引用转化为各种图形，丰富了建筑语言。在贵族和皇家各类功能的船舶建造

巴洛克的建筑中最具代表性的建筑形式是"破山花式窗楣"（Broken Pediment），在这一中心位置正好与纹章装饰结合起来，纹章就成为外加的"破山花式窗楣"镶边中心点上的装饰。

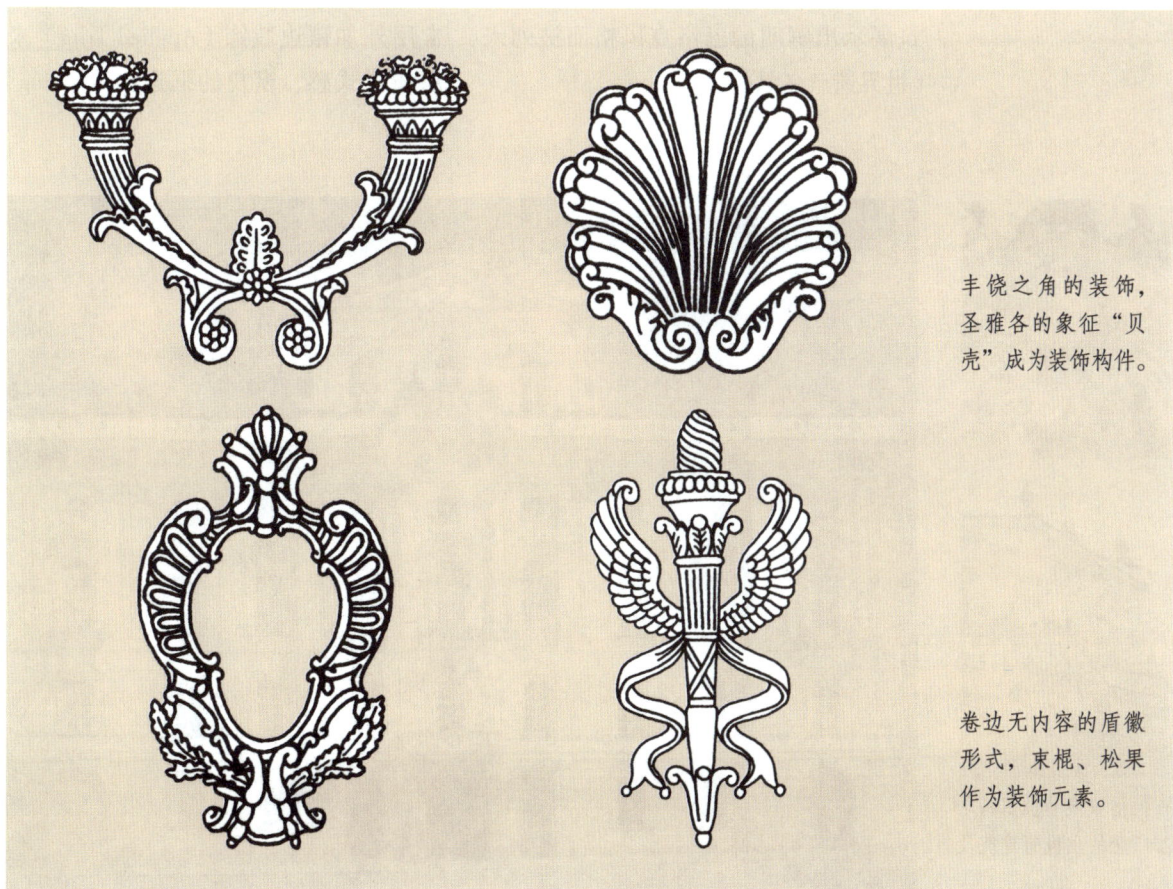

丰饶之角的装饰，圣雅各的象征"贝壳"成为装饰构件。

卷边无内容的盾徽形式，束棍、松果作为装饰元素。

意大利都灵巴洛克风格建筑窗户与纹章装饰结合，巴洛克建筑风格的窗框处理形式，中心是头盔和纹章。

萨格勒布的纹章与窗框结合。

17—18世纪都灵巴洛克风格盛行，而城市正处于建设的高峰期，多座历史建筑展示出鲜明的巴洛克风格而被列入《世界遗产名录》。

巴洛克典型的"破山花式窗楣"建筑形式常与纹章装饰结合起来，窗户常用外加镶边装饰（Applied Trim）来加强形式感，窗户的框边饰（Casing）

布拉格城堡赫拉德昌斯基广场的主教府建筑及入口。

城市纹章：欧洲城市的文化遗产

意大利西西里岛卡塔尼亚市政厅入口的城徽。

是在窗的周边应用线脚或花饰增加窗户的美观效果。纹章常与框边饰结合起来，尤其是巴洛克风格的建筑常利用这一手法丰富装饰效果。布拉格城堡旁的一栋由贵族住宅建筑改建的主教府（Arcibiskupský palác v Prague），1564年改为文艺复兴风格，当时的主教是安东尼·布鲁斯·莫海尔尼采。17世纪时，建筑又改为巴洛克风格，现入口的屋檐保持彩色雕刻的盾徽，绿色的主教流苏雕刻得生动精致。盾徽、拱形门框和科林斯柱式成为充满宗教艺术和巴洛克艺术相混合的视觉形象。

西西里岛的卡塔尼亚市，是古代欧洲文化和阿拉伯文化交融的城市，831年到1073年处于伊斯兰西西里王国（Emirate of Sicily）的统治下，岛上东西方文化都留下了印迹。主保圣人是圣阿加塔（Agatha of Sicily，231–251），她是基督教圣徒，基督教处女殉道者，出生于西西里岛的贵族家庭，传说被施以酷刑后，圣彼得施用神力使她康复，后来殉道并葬于卡塔尼亚大教堂。"阿加塔节"后来成为世界第三大基督教节日。西西里岛在地中海地区战略地位显赫，无论阿拉伯帝国还是希腊、罗马、法国、奥地利等强大王国都曾占领过这一重要岛国，为此地留存了多元文化的印记。意大利西西里岛卡塔尼亚市的市政厅在17世纪被火山摧毁，后来城市得以重建，这里形成了城市的中心广场；也称主教广场。纹章艺术在建筑和

意大利西西里岛卡塔尼亚市巴洛克风格建筑的纹章表现形式。

广场主题雕塑上得到了充分体现，城徽与巴洛克的建筑浑然一体，市政厅在入口处以城徽体现其公共建筑属性，与巴洛克的建筑语汇配搭在一起。"破山花式窗楣"巴洛克建筑样式中纹章的作用发挥得淋漓尽致。

西西里岛卡塔尼亚市在 17 世纪大地震后重建，恰逢巴洛克风格流行，城市的建筑主要是以巴洛克的建筑风格为主，在各建筑的细部，纹章展示了充满

意大利西西里卡塔尼亚主教堂主教纹章的巴洛克表现手法。

城市纹章：欧洲城市的文化遗产

想象力的艺术表达形式。

　　阿根廷首都布宜诺斯艾利斯市蒙特塞拉特（Montserrat）区的标志直接将巴洛克时期最时尚的窗户样式用于其中。

　　奥地利的因斯布鲁克（Innsbruck）城市巴洛克建筑风格影响深远。1490年神圣罗马帝国皇帝马克西米利安一世开始居住于此，城市的历史建筑水平非常高。

布宜诺斯艾利斯市蒙特塞拉特区的标志。

3. 华丽的装饰手法

　　垂花雕饰（Festoon）是古希腊、古罗马开始使用的装饰符号，在纹章学和古希腊的建筑中经常出现，它用花环（wreath，garland）表示，是欧洲许多历史建筑的常见装饰手法。

　　卷边形牌匾（Cartouche）是意大利的一种古老的传统装饰符号图形，是一

奥地利因斯布鲁克巴洛克风格建筑风格影响下的纹章展示方式。

希腊帕特农神庙的垂花雕饰。

卡塔尼亚主天主教堂的
卷边形牌匾。

"Acanthus"是地中海植物，常作为纹章学中有关盾徽和其附着物的形式表现方式，以及卷边的无内容的盾徽形式。

种卷边的空白盾面的牌匾装饰手法；叶形装饰（Acanthus）是将地中海植物抽象提炼而成的雕饰内容，以螺线的形式表达，科林斯柱头就是采用这种装饰手法。这些图形符号成为盾徽和盾边饰，从而形成的纹章图形又影响了建筑的装饰风格。

这种装饰手法应是从纹章学中有关盾徽和其附着物的表现方式中得到启发，将卷边的无内容的牌匾移植到建筑

装饰中，形成空间立体化的纹章形式。盾面上是没有图案和标志的，有些盾面凹凸而作些空间变化。

盾徽的平面装饰特点，尤其是附加物的图案多样性正好迎合华丽建筑的需要。盾徽被广泛地使用在各类公共建筑、皇室建筑之中，无论是华丽的立面造型，

盾徽多种形式的盾边饰。

城市纹章：欧洲城市的文化遗产

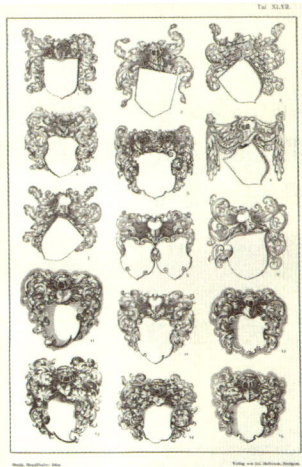

意大利都灵历史建筑的
纹章装饰形式。

还是花样变化多端的室内装饰，纹章符号的图像外形装饰形式自由多变的特点大大地丰富了巴洛克、洛可可风格建筑的内容和形式，有些甚至将盾徽内容去掉，将盾形图案和盾边饰作为装饰的形式。

因斯布鲁克一栋采用卷边的空白牌匾和外加框边饰的建筑。

城市纹章的建筑艺术潮流

布拉格城区历史建筑的山花墙。

布拉格一栋新古典主义风格的建筑，采用了卷边形牌匾带饰。

叶型装饰在这一时期发展到极致。在古典柱式中的科林斯柱头装饰元素是以地中海的植物为原型，采用抽象化、程式化的艺术处理，呈现涡卷的曲线造型。盾徽的盾面造型与叶型装饰结合在一起，可以派生出许多精致多变的图案。

18世纪，法国蓬皮杜夫人主导了

巴黎公寓建筑入口使用的盾徽外形装饰。

洛可可风格的形成。18世纪法国王室的雕花镀金大画框（1770—1775），顶框有王室的纹章。铁制装饰品充满着建筑室内外。楼梯扶手采用以铁件为主要材料的装饰样式。

雕花镀金大画框（1770—1775）（左）、楼梯扶手以铁件为主要材料的装饰样式（右）。

位于布拉格旧城广场旁的金斯基宫（Kinsky Palace）建于18世纪，建筑立面粉刷成白色和粉红色而具有装饰

性，在正面的墙上的二层窗户上楣，有一系列形状各异、粉红色的纹章花饰，处于中间位置的就是金斯基家族的族徽，寓意物为红色盾面上的三颗狼牙。华丽的盾边饰色彩鲜艳、曲线多变。金斯基宫是一栋典型的洛可可风格建筑，建筑师基利安·伊格纳兹（Kilian Ignaz Dientzenhofer，1689-1751）是布拉格的

布拉格广场金斯基宫金斯基家族的纹章装饰。

布拉格广场金斯基宫纹章装饰呈现的洛可可艺术趣味。

建筑师，出身于建筑师世家，在布拉格留下不少作品，是这一时代颇有影响力的洛可可风格建筑大师。金斯基宫是家族的物业，首层曾经办过德文学校，1893 至 1901 年著名作家卡夫卡（Hermann Kafka）在此上学。建筑现在改为艺术博物馆。

洛可可风格的建筑在窗户的处理上，模仿纹章的盾饰来增加华丽的效果。布拉格旧市政厅的城徽，采用了简单处理手法，而广场边上的金斯基宫，建筑采用装饰图案与建筑实体融合的办法，有别于传统的附加方式。利用纹章的装饰性花饰，采用灰浆拉毛粉饰（Plaster and Stucco），红色的纹章图案使窗户活跃起来，创造出巴洛克的建筑

都灵主教堂以萨伏依王国纹章为核心的栏杆装饰。

城市纹章：欧洲城市的文化遗产

罗马"许愿泉"上的纹章雕塑。

风格氛围。

洛可可（Rococo）风格流行于1750年至1790年间，艺术造型强调流线、半抽象，异国风情的装饰题材和手法（如阿拉伯的装饰手法）被吸纳和混合使用，它代表了巴洛克风格的最后阶段[③]。

18世纪洛可可风格盛行，城徽和其他纹章正是建筑师、雕塑家发挥才智的题材，它成为建筑艺术不可分割的一部分。在室内装饰领域，洛可可风格、巴洛克风格在室内设计中生命力更强，影响更广泛。都灵主教堂内部以萨伏依王国纹章、都灵城市纹章为核心的室内管风琴和宝座上的栏杆装饰，使用的是洛可可风格的镀金风格。

巴洛克风格的纹章装饰利用天使的生动造型带动了人们对神话的想象力，在不少城徽中，男女野人为护盾者，这可以发挥其更为人性的符号形

爱丁堡的城徽雕塑形式，于1903年制作。

巴黎里昂火车站的洛可可风格盾徽。

象传递，为艺术家利用人体的表现力来丰富盾徽的图像世界提供了素材，其往往采取盾徽用浮雕、护盾者用雕塑的形式加以体现，并且夸大了盾徽与护盾者原有的确定比例关系。另一类的护盾者采用的是天使或是神话中的女神、仙女（Nymph），这也有利于体现雕塑的表现力。

---

① ［法］约翰·怀特海著，杨俊蕾译：《18世纪法国室内艺术》，广西师范大学出版社2003年版，第47页。
② ［意］玛丽亚·安娜·马力诺著：《手持丰饶之角的天使》，收录于《罗马与巴洛克艺术》，吕章申主编，北京时代华文书局2014年版，第116页。
③ ［美］欧内斯特·伯登著，张国忠译：《世界典型建筑细部设计》，中国建筑工业出版社1997年版，第16页。

四、新艺术风格运动文化遗产

奥托在布鲁塞尔设计的四栋建筑被列入《世界遗产名录》，它们是塔赛尔馆（Hotel Tassel）、索勒维公馆（Hotel Solvay）、埃特维尔德公馆（Hotel van Eetvelde）和奥尔塔公馆（Maison&Atelier Horte），能够被列入《世界遗产名录》的近现代建筑作品不多，这也从另一侧面体现了新艺术运动的历史文化价值。

1. 布鲁塞尔新艺术运动建筑和维也纳分离派

新艺术风格运动的兴起与家具设计师萨穆尔·宾（Samuel Bing）的设计事务所有关，1895 年，他在巴黎的事务所以"新艺术之家"（La Maison Art Nouveau）为名开张，这也是一家工艺品商店，真正开创者是布鲁塞尔的建筑师维克多·奥塔（Victor Horta）。霍布（Hobe），斯纳尔斯（Sneyers）等艺术家、建筑师也参与其中。尽管新艺术运动如昙花一现，但这一潮流通过国际性的展览、艺术家旅行创作和书信杂志的传播，一时风靡欧洲，在第一次世界大战到来时中断，但对于近现代的建筑艺术影响深远。"新艺术风格"一词在维也纳称为 Rezessionsstif，在德国称为 Jugendstill，在意大利称为 Sitile Liberty，在西班牙称为 Modeernismo，欧洲各国对新艺术运动的称号不一。

新艺术运动同时与布鲁塞尔、巴黎和维也纳这几座城市密不可分。"所有的历史学家一致认为，改革实用艺术的欧洲运动是 1892 年至 1894 年间发生在比利时，是随着奥塔在布鲁塞尔建设的泰西尔住宅（Tassel House）、凡德维尔德在于克勒（Uccle）的自己住宅的装修设计以及塞鲁里尼·博维（Serrurier-Bovy）设计最早的真正创新家具而突然产生的。这些作品看上去绝对没有先例，因新风格的因素就叫做新艺术，在此已作了充分而连贯的详细论述。"[①] 在布鲁塞尔，由领军人物之一的维克多·奥塔设计的塔塞尔大饭店（Hotel Tassel，1894）等四栋建筑被列入《世界遗产目录》，其中比利时漫画艺术中心（1906）是维克多·奥塔的新艺术风格的杰作，由一座百货商店进行活化改造而成。该中心起源于漫画作者和爱好者的一个联想，中心的目标是通过它举办许多活动，自始至终地维护和

patrimonium te bewaren en te promoten, van de prestigieuze pioniers tot de meest recente ontwikkelingen. Drie dagen na de inhuldiging door de Koning en de Koningin opende het BCB op 6 oktober 1989 zijn deuren voor het publiek.

Welcome

The Belgian Comic Strip Center housed in Victor Horta's Art Nouveau masterpiece (1906), began as an associative project driven by the determination of comic strip authors and lovers. Through its many activities, its goal is to safeguard and promote the art of comic strips, from their high prestige beginnings up to the most recent developments. Three days after the inauguration by the King and the Queen, the Center opened its doors to the public on 6 October 1989.

www.comicscenter.net
www.cbbd.be
www.stripmuseum.b

促进连环画艺术。在国王和王后就职后的第三天，该中心于 1989 年 10 月 6 日向公众开放。

门口的欢迎牌上写道：比利时漫画艺术中心坐落在维克多·奥塔的新艺术风格的杰作（1906）。该中心起源于漫画作者和爱好者的一个联想。

新艺术运动惯用的表现手法，包括彩色玻璃、铁件艺术得到广泛的使用。布鲁塞尔同样具有新艺术运动风格的建筑是"乐器博物馆"，是 1899 年由建筑师保罗·圣安东尼奥（Paul Saintenoy，1862-1952）设计的，原有建筑是店名为"老英格兰"的服装商

维克多·奥塔的新艺术风格作品成为比利时漫画艺术中心。

乐器博物馆的塔楼皇冠铸铁枝公尺的造型（右）和墙裙的纹章装饰（左）。

城市纹章：欧洲城市的文化遗产

大不列颠帝国的国家纹章旗帜图形。

店。从 20 世纪 70 年代开始，比利时国家对这一历史建筑开始关注，2000 年才重新修缮成为乐器博物馆，共收藏有世界各地 7000 多件乐器，这些乐器中部分原来为两个时代的比利时皇室的收藏，比利时国家在 1872 年将之收购，加上各国的赠送，1920 年藏品达到 3000 多件。与其他新艺术运动的建筑一样，乐器博物馆的设计娴熟地运用了玻璃和钢构件，意味着古典传统艺术与现代建筑运动联系在一起。建筑顶部

乐器博物馆室内钢结构装饰。

的饰带将英格兰的纹章作为母题，形成特殊的装饰带与店名相呼应。采用黑色铸铁纹饰的门扇和窗框，以及流线型的造型和非对称的设计手法处理。

建筑顶部的纹章是装饰题材，它表现出来的形式是平面的，与新艺术运动的高度装饰性正好吻合。窗户的横间墙用五线谱作为装饰题材。

在奥地利的维也纳，与新风格主义一脉相承的是维也纳分离派（Vienna Secession）。出生于维也纳贵族家庭的奥托·瓦格纳（Otto Wagner，1841–1918）是维也纳艺术学院（Academy of Fine Arts Vienna）的教授，19 世纪末奥地利建筑运动的领军人物，他的著作《现代建筑》提出更新建筑思想并和现代建筑的要求走到一起。"对合乎规范的构图方案、严格的对称平面图和装饰要素的通常分布，他不做大的变动；他更喜欢把造型要素限制于表面：以平面的装饰图案代替通常的明暗对比法，一般在深

乐器博物馆的旧钢琴展品，制作于 1706 年。

底子上施以浅色；将体积的联系方式简化为线条。"② 建筑造型模仿意大利的

1595 年制作的乐钟，钟上有梅赫伦（Mechelen）城市纹章。

16 世纪制作的乐钟。

样式，采用了抽象花纹陶器立面，其平面化的装饰具有纹章艺术分离派的风格，和阿尔卑斯山传统民居的壁绘有相同的意味。除了建筑自身的艺术价值，博物馆的每件展品均具有极高的历史和艺术价值。旅行式的钢琴（Travelling harpsichord）制作于 1706 年的巴黎，可以拼装，便于旅行携带。

1894 年，瓦格纳成为维也纳美术学院教授，从事建筑教育，1898 年在维也纳设计建造的马祖利卡住宅（Majolica House），建筑设计手法已经出现了新艺术运动风格的特征，在外立面使用形式感强烈的彩绘，这些图案造型均与植物图形语言有所关联，使用了多重的植物图像装饰建筑。使用现代材

城市纹章：欧洲城市的文化遗产

奥地利维也纳卡尔广
场地铁站，瓦格纳所
设计的室内外装饰。

料如玻璃、钢等是瓦格纳的设计特点之
一。1893 年，他在维也纳内环路以外
的城市扩展设计竞赛中获胜，主要设计
作品是维也纳的公共建筑。在 1900 年，
他领导 70 名工程师参与了维也纳地铁
交通工程的设计，其中 8 个站点是瓦格
纳的实际作品，卡尔广场（Karlsplatz）

维也纳卡尔广场地铁
站入口。

地铁站是其代表作之一，穹顶和现代铸铁构件、玻璃材料的完美结合，富有装饰性和现代技术表现力。

1900 年前后，维也纳是重要的欧洲文化中心，无论哲学、绘画、文学还是科学，均处于领先位置。1897 年古斯塔夫·克里姆特（Gustav Klimt，1862-1918）与志同道合者成立了维也纳分离派，并建立了维也纳分离派展览馆（Secession hall），1897 年艺术家 J. M. 奥尔布里奇（Joseph Maria Olbrich，1867-1908）负责设计。"维也纳分离派展览馆是欧洲建筑从历史主义向现代主义转换阶段最著名的范例。"③ 奥尔布里奇是瓦格纳的学生并与其保持着密切的关系，在瓦格纳工作室工作了 6 年。1898 年完工的分离派展览馆，汇聚了多位分离派风格艺术家的创作思维，成为维也纳分离派艺术的里程碑式建筑。G. 克里姆特的作品在首层展出，科罗曼·莫塞尔（Koloman Moser，1868-1918）设计了相关的雕塑和装饰部件。

建筑入口的墙垣上写着分离派艺术运动的铭文：每个时代拥有自身的艺术，而每种艺术拥有自身的自由（To every age its art, to every art its freedom），下面的雕塑是三个希腊神话女妖（Gorgon）美杜莎的头像所构成的带有纹章文化特征的符号，分别代表绘画、雕塑和

建筑师奥尔布里奇设计的维也纳分离派展览馆。

建筑。底部建筑方整而华丽的"桂叶穹顶",由金属制作的 2500 片黄金月桂叶、300 颗黄金果实,形成了极强的装饰视觉效果。

在室内展出的是古斯塔夫·克林姆特创作的贝多芬饰带(Beethoven Frieze),长 34 米,为湿壁画,体现了贝多芬第九交响曲的主题,绘有梦游天使、古希腊神话女神,表现人类在智慧和爱的天国中与邪恶势力的争斗,最后表达的是和声部分达到高潮。

通过对绘画局部的仔细分析可以

三个象征性的美杜莎头像,代表绘画、建筑和雕塑(左上),莫塞尔创作的猫头鹰为主题的装饰性雕塑(左下)。

分离派展览馆的建筑立面,象征阿波罗桂冠的穹顶为金属叶片所装饰。

《贝多芬饰带》由古斯塔夫·克里姆特创作于1902年，藏于分离派展览馆。主题分别为：《飘浮的精灵》（Floating Genil）、《人性的煎熬》（Suffering Humanity）、《盔甲铮亮的骑士》（A Knight in Shining Armor）、《敌对的力量》（Hostile Forces）。

《伊甸园天使的合唱（Choir of Angels）和声的高潮》（上），《弹拉里琴（lyre）的女子》（下）。

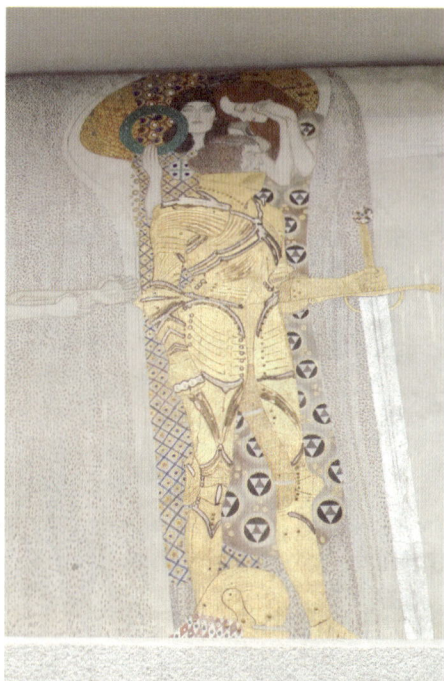

《盔甲铮亮的骑士》局部，手执剑的骑士，周边的圆形图案有纹章的象征意义。

城市纹章：欧洲城市的文化遗产

认识到，尽管分离派表明了对传统艺术的反叛，但在画面中反映的题材和象征符号仍是古典的。如古希腊的拉琴、披甲、有纹章意味的中世纪骑士图形文化等。

1905年，因意见不同，古斯塔夫·克里姆特脱离了自己参与创建的维也纳分离派。1903年作品被切成8块由赞助商和收藏家卡尔·赖宁豪斯（Carl Reininghaus，1857–1929）买下，饰带作品于1915年由实业家奥古斯特·莱德勒（August Lederer，1857–1936）收藏，这位收藏家是古斯塔夫·克里姆特的赞助商和其作品的收藏者。二战后克里姆特的作品依旧被莱德勒家族收藏在日内瓦。1972年奥地利政府购得并经过修复，于1986年开始向公众展示。

在新艺术运动中，城徽和纹章在建筑装饰中的运用也符合新艺术运动强调装饰性的美学趣味。文艺复兴时期，纹章成为建筑装饰的一部分，为了适应建材制作的需要，如马赛克和大理石的拼接，纹章在主要图形不变的前提下，没有严格按照依据纹章规则绘制的纸质纹章图形原样施工。在巴洛克、洛可可风格流行时期，建筑上应用的纹章装饰夸张了护盾物和盾边饰图像，将盾徽的装饰物用写实立体化手法与建筑风格相适应。新艺术运动建筑的城徽和纹章的装饰，在许多设计师的作品中体现的是其平面特点。

瑞典斯德哥尔摩动物园岛的王子尤金（Prins Eugen av Sverige，1865–1947），是瑞典国王奥斯卡二世（Oscar II，1829–

尤金住所北面入口太阳象征图像、铭文的装饰（右）和东入口门扇的木装饰（左）。

1907）最小的儿子，王子的住所（Prins Eugen Waldemarsudde）1905 年由瑞士著名的建筑师斐迪南·博贝格（Gustaf Ferdinand Boberg，1860-1946）设计，建筑内外装饰充满新艺术运动的设计手法。在东面入口处的落地门上方，用木质材料装饰太阳形象，并模拟纹章的绶带写着铭文"Sole, sole gaudeo"，在平台上的"胜利女神"（The Nike of Samothrace）与步级的设计融合在一起，这是来自卢浮宫原件的直接复制品。北面的装饰以自由的形式展示公爵的个人纹章。王子虽然被封为内尔彻（Narke）公爵，但他的兴趣更多在绘画，其作品主要是反映瑞典乡村风景，已达到相当高的水准。在其逝世后，住所捐给瑞典政府成为一座画廊，于 1948 年开放。

宅邸的南面与城堡般外观的北面完全不同。从这个方向看去，大楼更像是一座别墅。顶层露台、大型窗户以及双重斜坡屋顶调和了房屋的比例。在阳台的外墙上反射着金色的阳光。"Sole, sole gaudeo"的意思是"太阳，太阳是我的喜悦"。对于一个明亮的敞开式建筑来说，这个题词是很合适的。

根据尤金亲王的遗愿，一楼设立了接待室。饭厅和客厅面朝南，人们能欣赏到水和通往露台上的法式风格落地门。地面楼层的房间与亲王在世时的基本相同。私人房间和客房在第二层，厨房和员工宿舍均位于房子的东部。

亲王在他的遗嘱中表示要将 Waldemarsudde 捐给国家，其中包括公园、花园建筑、建筑里的东西以及主要的艺术收藏。

该建筑是瑞典人民共同拥有的文化遗产的一部分。瑞典国有财产局负责该建筑的管理。

内尔彻常用于称呼历史上瑞典的一个省份，其纹章产生于 1560 年左右古斯塔夫—瓦萨王朝时期，寓意物是安德鲁十字架式交叉的箭，划分出来的四个盾面分区上各有一枚玫瑰。1772 年尤金王子获得公爵头衔，纹章冠饰采用公爵的冠饰。现在内尔彻是厄勒布鲁省（Orebro）地区的一部分，在 1944 年厄勒布鲁省产生新纹章时仍保持了这一传统图形。

瑞典内尔彻公爵的文织字母图形和纹章。

德国达姆施塔特（Darmstadt）被称为"科学之城"，同时也是"新艺术运动建筑之都"。

①［意］L. 本奈沃洛著，邹德侬等译：《西方现代建筑史》，天津科学技术出版社 1996 年版，第 243 页。

城市纹章：欧洲城市的文化遗产

东面入口的柱廊和纹章
标志。

建筑充满装饰情趣的
细部。

② ［意］L. 本奈沃洛著，邹德侬等译：《西
方现代建筑史》，天津科学技术出版社1996年
版，第263页。

③ Friedrich Achleitner, Otto Kaofinger Parker:
Secession: die Architektur. Vienna: Brandstätter
Verlage, 2003.

五、民族性和区域性

1. 民族性的表现

　　墨西哥在 20 世纪 20 年代出现了轰轰烈烈的壁画艺术运动（Mexican Muralism），大型壁画大量出现在公共建筑上，内容涉及民族、社会和政治等方面。此时在现代建筑上将城徽和纹章完全融入建筑部件的手法很少出现了，但将壁画的形式与现代建筑结合起来成为了城市艺术较流行的表现形式。墨西哥国立大学的 Ciudad Universitaria 也即大学城，是该大学的主校区，由马里奥·帕尼（Mario Pani）和恩里克·德尔·莫勒尔（Enrique del Moral）规划和设计。中心图书馆由壁画完全装饰整栋建筑。壁画的内容涵盖了墨西哥的历史文化，其中心图形运用了纹章的形式，成为现代建筑与墨西哥传统历史、工艺美术完美结合的样板。墨西哥画家和建筑师戈尔曼（Juan O'Gorman，1905-1982）于 1952 年绘制了这一壁画。墨西哥国立大学校园建筑已被列入《世界遗产名录》。

墨西哥国立大学中心图书馆。

壁画的核心图形源于校徽。

墨西哥国立大学校徽。

城市纹章：欧洲城市的文化遗产

墨西哥国立大学的教学楼上带有纹章的校徽的装饰。

于 1716 年绘制的瓦拉几亚（Wall-achia）地区历史地图，表现的是历史上罗马尼亚南部的一个王国领地，存在于 1330—1898 年，地图的上方绘制了瓦拉几亚王国的纹章，一只黑色的鹰，嘴叼着十字架，脚踩树枝。纹章左上角是太阳，右上角是新月，用点彩、细致的线条刻画得非常生动。该纹章有伊斯兰和天主教双层象征意义，它来自 14 世纪国王的印章。瓦拉几亚处于多瑙河之北，在公元前一世纪至公元二世纪是古罗马帝国的行省达基亚（Dacia）省的一部分，受拜占庭的影响是在 5 世纪至 6 世纪，斯拉夫人在 6 世纪开始进入，681 年该地区并入保加利亚第一帝国，10 世纪时佩切涅格（Pechenegs）

成为新的领主，14 世纪接受奥斯曼帝国的统治，19 世纪后期联合摩尔多瓦

墨西哥城纪念柱的雕像。

墨西哥城市纪念柱顶部的天使。

城市纹章的建筑艺术潮流

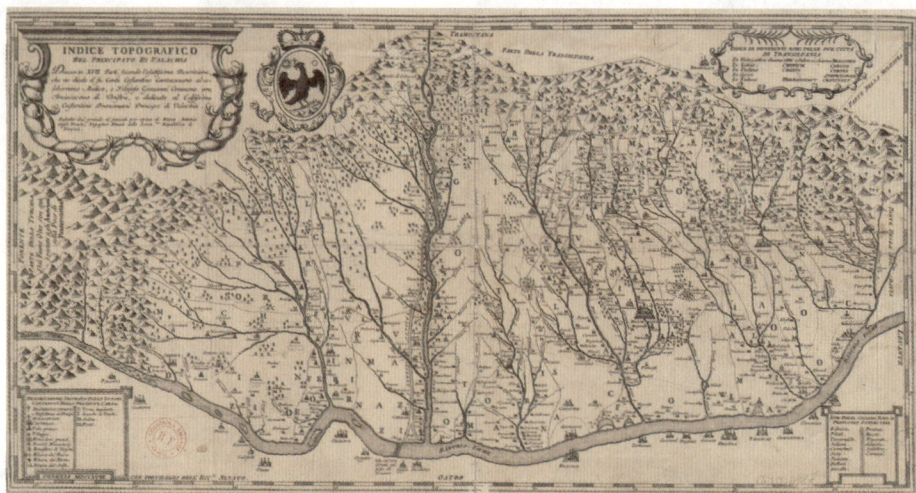

1716年绘制的瓦拉几亚公国地图。

1390年瓦拉几亚公国国王（Voivode Mircea the Elder）的印章（上）和公国的纹章（下）。

成为同盟，奠定了罗马尼亚国家的基础。1768—1854年该地区为俄罗斯帝国统治，1769年在俄罗斯帝国占领雅西（Lasi）和布加勒斯特后，摩尔达维亚省和瓦拉几亚省成为帝国版图中的一部分。后来两省联合并在1881年成为罗马尼亚王国的主体部分。

1418—1659年，罗马尼亚王国将特尔戈维什泰（Tirgoviste）作为首都，之后又将布加勒斯特作为首都。从王国的纹章到首都的城市纹章，其寓意物一直保持着一致性，银色的壁冠上加上叼

瓦拉几亚公国纹章石碑（上）和布加勒斯特市政厅入口的城市纹章（下）。

现在布加勒斯特城市纹章（左）和1970—1989年布加勒斯特的城徽（中）、1868年布加勒斯特的城徽（右）。

着十字架的黑鹰，传承了瓦拉几亚王国的象征图形。

罗马尼亚布加勒斯特市政厅建于

城市纹章：欧洲城市的文化遗产

罗马尼亚布加勒斯特市政厅。

市政厅侧面入口，上方为布加勒斯特城市纹章。

19世纪末，建筑风格是具有罗马尼亚民族特点的屋顶和柱式。

罗马尼亚普拉霍瓦县（Prahova）的锡纳亚（Sinaia）市是罗马尼亚王国的两位末代皇帝卡洛斯一世（Carol I，1839–1914）和费迪南一世（Ferdinand I，1865–1927）的夏宫所在地，两位皇帝均出生于德国西格马林根（Sigmaringen）并在锡纳亚夏宫去世。锡纳亚位于罗马尼亚王国两大历史地区瓦拉几亚和特兰西瓦尼亚之间，距离巴洛索夫60公里。锡纳亚的城徽寓意物为雪山、雪松，充分体现了该地区的地理特点。这时期的罗马尼亚王国纹章是

锡纳亚的城徽，罗马尼
亚王国皇帝卡洛斯一世
和费迪南一世的文织字
母和王国的纹章（从上
至下）。

城市纹章：欧洲城市的文化遗产

佩里索尔城堡的正面景观。

派勒斯城堡（peleş Castle）塔楼的纹章装饰。

现代罗马尼亚国家纹章的基本图形。

锡纳亚城堡建筑处于高山中。城堡建筑群中的城堡佩里索尔（Pelişor Castle）在1899—1902年建造，罗马尼亚国王希望将之建成具有独特风格的建筑，邀请了德国建筑师约翰内斯·舒尔茨（Johannes Schultz）和捷克新艺术运动的建筑师利马（Karel Liman）进行设计，出生于英国的皇妃玛丽亚·亚历山大·维多利亚（Marie Alexandra Victoria, 1875–1838）经常在建筑师的讨论中提出要求。建筑虽然是新艺术运动风格，但融合了拜占庭和凯尔特的传

夏宫城堡门洞细部的纹章石刻（左）和悬挑窗木装饰（右）。

城市纹章：欧洲城市的文化遗产

统元素，新古典主义的风格较为明显。丰富的木质装饰加强了装饰效果，城堡纹章文化被巧妙细致地运用到室内外的木门和墙上的石雕装饰中的盾徽采用了装饰上。精致的雕刻工艺传承了拜占庭不同的表现方式。的传统文化，纹章的形状多姿多彩，包括意大利的马头型纹章和巴洛克式的纹章，它们在各种材料上得以充分表现。

2. 符号的守护与变异

夏宫城堡门洞的石刻纹章与木质的材料形成强烈对比，悬挑窗的底部用

正如基督教和犹太教一样，伊斯兰教也采用自己的宗教图像符号语言传

城堡木门和墙上的石雕装饰中的盾徽采用了不同的表现方式。

夏宫室内壁画（上）和以纹章装饰的彩色玻璃天花（下）。

了伊斯兰文化图形的特征，格拉纳达王国使用的旗帜和徽记由阿拉伯文和花草的图案构成。这一地区是西班牙最后被伊斯兰统治的地区，1492年被卡斯蒂利亚王国和阿拉贡王国所征服。

伊斯兰世界的城市徽记与伊斯兰宗教文化联系紧密，大致可以分两种类递宗教精神，通过宗教视觉艺术强化记忆。这些符号不仅影响和控制教徒的思想，而且影响到世俗的事务。因此，伊斯兰教的城市标记是有别于欧洲传统纹章图形的另一种图形系统。1899年，英国成为科威特宗主国，但于1961年独立后的科威特，其国家纹章仍将阿拉伯鹰和阿拉伯船作为主要图形。

格拉纳达（Granada）地区在中世纪时充满宗教战争冲突，阿拉伯帝国统治的格拉纳达王国（Emirate of Granada）从1238年持续至1492年，首府为格拉纳达，为伊比利亚半岛最后一个伊斯兰王国。王国的旗帜和纹章图案充分体现

城市纹章：欧洲城市的文化遗产

型：一是纯粹的伊斯兰图形的城市标
记，如伊朗以德黑兰城市标记为范本的
各城市官方印章，充满伊斯兰的图形特
征；二是借用欧洲纹章的基本形式，内
容是伊斯兰特征明显的图形。

伊朗首都德黑兰（Tehran）的标记
和官方图章核心图形是波斯文的书法图

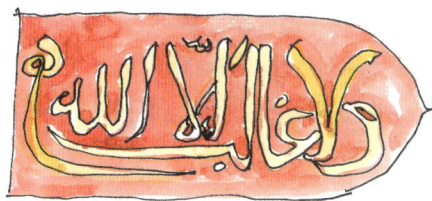

格拉纳达王国的伊斯
兰风格旗帜。

科威特和平纪念碑以两
个阿拉伯文"和平"为
主题。

案化的设计，书法的风格属于"波斯体"（nasta' liq），15—16 世纪开始流行。伊朗马什哈德市（Mashhad）、设拉子市（Shiraz）、克尔曼沙赫市（Kermanshah）、伊斯法罕市（Isfahan）等城市官方图章也皆如此。伊朗国徽于 1980 年设计，是真主"安拉"（Allah）的阿拉伯书法样式，宛如一把剑。马什哈德是伊朗的第二大城市，建城始于 823 年，名字在波斯文中是"殉教之地"的意思，图章中间的核心图形是在伊斯兰世界难得一见的以现实建筑实物转化为象征图形的图章，建筑实物是为纪念什叶派第八代的阿里·里达（Ali al-Rdha）而建立的神庙（Imam Reza shrine），此建筑的形式在印章中得以体现，伊斯兰文的书法采用的是学者体（Muhaqqaq）。

伊朗马什哈德（Mashhad）的官方印章。

伊斯兰最具有识别性的象征符号是新月（Crescent）和星（Star），伊斯兰文字书写的"安拉"是使用最广泛的符号。伊斯兰教的象征是五角星和星月，宗教的象征符号在相关联的国徽、城徽等纹章中无处不在。伊斯兰世界的符号基本是以新月和星构成的"星月"符号，标志着起源于公元前 2300 年的地中海东部、波斯和中亚地区。它在公元前 100 年左右曾经是自称为波斯帝国后代的米特里达梯六世（Mithridates VI of Pontus）的徽号，萨珊王朝（Sassanids，224-651）也以此作为象征符号。早期的伊斯兰军队的军旗

科威特"阿盟"办公楼的伊斯兰风格装饰。

是黑色和绿色，上面没有任何符号。14
世纪在十字军东征时，奥斯曼帝国的步
兵旗帜上出现了星月图形符号。后来奥
斯曼帝国一直以此为象征，寓意强大的
能力，伊斯兰的国家或城市大多将它作
为象征图形。

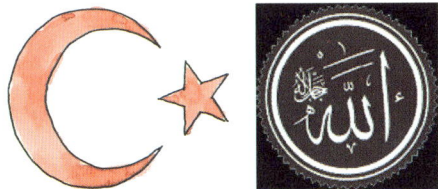

伊斯兰常用的星月图形（左）和"安拉"
的符号（右）。

突尼斯城伊斯兰风格的塔。

　　突尼斯曾经是殖民地国家，1881
年为法国殖民地，同样受纹章文化的
影响。1956 年独立的突尼斯在 1956 年
至 1957 年间形成了最原始的国家纹章，
1963 年至 1987 年进行修改后基本不变。
国家纹章是传统的欧洲纹章形式，绶

突尼斯首都突尼斯市的
城市纹章。

突尼斯民宅典型装饰风格。

城市纹章的建筑艺术潮流

带上用阿拉伯文写着"自由、秩序和公平"。但在冠饰上是伊斯兰特征的表达，为象征太阳的白色圆形中包含着红色的伊斯兰传统星月图形，这一图形也是突尼斯国旗上的符号。突尼斯首都突尼斯市的城市纹章外形也是传统的欧洲纹章形式，但冠饰与国家纹章一致。

伊斯兰教符号另一特点是以伊斯兰文字书法书写"安拉"（Allah）形成装饰图案，伊斯兰文中"al"相当于定冠词，"lah"是神，强调神的独一性。

阿塞拜疆首都巴库的城徽，以"火焰"为寓意物。阿塞拜疆的国徽于1992年重新设计并使用至今，八角星代表国家八个民族部落。巴库是阿塞拜疆首都，城市纹章与国徽一样，以火焰

阿塞拜疆首都巴库的城徽，以"火焰"为寓意物。

为核心图形，既有"安拉"阿拉伯书法的象征含义，又有永恒之火的意义。

阿曼是阿拉伯最古老的国家之一，是中东地区海上贸易和造船中心。从1507年开始，先后被葡萄牙、波斯和英国入侵，1870年成为英国的保护国，现在的阿曼国徽是由两把带刀鞘的阿拉伯弯刀和一把带剑鞘的阿曼短剑组成，

阿曼城堡。

阿曼 the Bahla Fort.
2010.7.15

阿曼首都马斯喀特阿曼
苏丹卡布斯·本·赛义
德王官。

象征独立和自主的决心。1507年，葡萄牙征服者阿方索·德·阿尔布克尔克统治阿曼将近一世纪，但旗帜纹章依旧保持阿拉伯的图形——短剑、弯刀和阿拉伯风格建筑的形象。

巴西曾是葡萄牙的殖民地，欧洲纹章文化传至巴西，随着独立的巴西国家建立，城市纹章的样式内容产生变异。里约热内卢的市政厅建筑形式与欧洲传统市政厅模式一样，包括将城市纹

耶路撒冷井盖，
城徽图形为犹大
之狮。

城市纹章：欧洲城市的文化遗产

里约热内卢市政厅。

里约热内卢市政厅入口
的铸铁城市纹章。

章装饰应用在建筑上，在三角形入口山墙、大门的入口处均使用了里约热内卢城市纹章。

3. 新艺术运动文化之旅

20世纪初，"新艺术运动"在艺术领域不露声色地发挥了重要作用，但直到20世纪末人们才重新发现其艺术文化遗产价值。2014年，"新艺术运动之旅"成为欧洲文化之旅的线路之一，成员城市包括比利时的布鲁塞尔、维也纳、南希、里加、格拉斯、布达佩斯等，2016年最新的成员城市是匈牙利的塞格德（Szeged）和塞尔维亚的苏博蒂察（Subotica）。联盟形成了城市联盟技术和旅游网络，行动包括展览、多媒体展示、交流活动、教育出版、培训、年轻人的教育与活动等。组织在申请成功之前作了大量的准备研究工作，时间由2007年至2013年，如组织讨论的有关操作性的问题：非政府组织在新艺术运动文化组织的作用（2011）；列表建筑的保护和如何获得欧盟经济支持（2010—2013）；在环境变化下如何保护新艺术运动的建筑（2014）。2010年开始实施实验研究项目：新艺术运动的标本集（The Art Nouveau Herbarium）；新艺术运动建筑遗产的旅游和保护；新艺术运动时期的本质、创造力和产品；

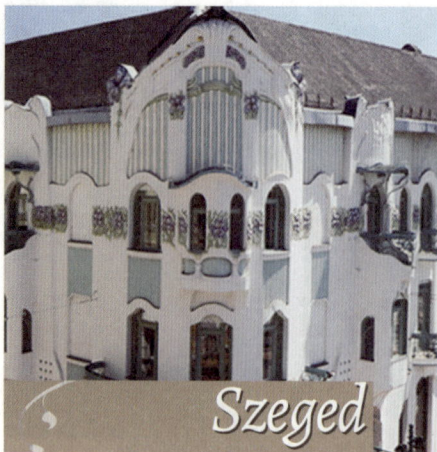

塞格德19世纪末建设的新艺术运动风格
作品洛奇宫。

原材料和新艺术运动；欧洲新艺术运动在室内外空间的连贯性等。这些已经实施的项目在行动中积极听取公众意见，借机大力宣传，推动新艺术运动的发展。

在19世纪末的城市建设中，东欧城市追求新艺术运动的审美趣味，也特别关注民族文化的体现，包括体现城市特点的纹章艺术。1879年，大洪水摧毁了塞格德城市市中心，大量建筑被洪水损毁。在重建过程中追随布达佩斯建筑师的价值取向，通过对民族建筑的传承和使用传统地方材料，与佩奇、塞格德等城市共同成为匈牙利分离派的鲜明风格，体现了民族自豪感。此时正当新艺术运动兴起，在城市中的许多公寓、雕塑、室内装饰等运用了新艺术运动的设计风格。

匈牙利的塞格德和塞尔维亚的苏博蒂察是新艺术运动广泛实践的两座重要的城市，它们在历史上有着共同的命运和艺术情感追求，形成了新艺术运动双子城。塞德格在1715年获得城市自治权，1719年获得城市纹章，但还是保留了哈布斯堡王朝鹰的图形。苏博蒂察城市在1799年才获得城市自治权，两城当然付出了大笔费用给哈布斯堡王朝的玛利亚女王。苏博蒂察城市纹章也是1799年产生的，富有宗教色彩。苏博蒂察距离匈牙利南面边境数公里，在奥匈帝国形成时成为帝国版图的一部分，城市得到了重视，开始有铁路连接，小麦可以通过铁路出口，因而逐步繁荣起来，1880年左右是发展的黄金时期。19世纪末在塞格德建设的新艺术运动风格作品有洛奇宫、新犹太会馆和水塔等。洛克宫建于1907年，是埃德·马扎尔（Ede Magyar）的代表作之

蓝色喷水池的北入口和市政厅西面。

市政厅中央大厅的藻井和天花纹章装饰。

时代风格。花的图形成为母题，乔纳伊釉陶制作的丰富细部和匈牙利民俗的装饰非常引人注目。在主楼的山墙上嵌入了城市纹章，体现建筑的公共功能。建筑布局为四个内庭和四个入口，市政厅中央大厅除了是市议员开会的地方，也是举行音乐会、婚礼的地方。

苏博蒂察城市纹章。

一。该建筑用水植物装饰，现在是该地区的艺术中心。

苏博蒂察市政厅建于 1908—1912 年，是一幢 76 米的塔楼，由布达佩斯的建筑师莫赛尔·科罗曼（Marcell Komor，1868–1944）、雅各布·德西（Jakab Dezso，1864–1932）设计，充满新艺术运动的

新艺术运动风格建筑的代表性作品莱切利官，是建筑师费伦茨·莱切利（Ferenc Raichle）自己设计的新艺术运动风格的作品，既是工作室也是他的住所，建于 1904 年（左）；苏博蒂察商业银行官，建于 1907 年。在外墙使用装饰符号松鼠、蜜蜂和猫头鹰，分别象征着勤奋、拯救和智慧（右）。

城市纹章：欧洲城市的文化遗产

苏博蒂察快速工业化带来城市建设的契机，城市中新艺术运动风格建筑形成一系列作品，代表性作品之一是莱切利宫，建筑师是费伦茨·莱切利（Ferenc Raichle，1869–1960），他在布达佩斯接受建筑教育，1896 年搬到苏博蒂察，由他设计的这座新艺术运动风格的作品，既是工作室也是他的住所，建于 1904 年。该建筑装饰学习了特兰西瓦尼亚的民间艺术，独特的造型、特殊的乔纳伊陶和马赛克应用于装饰细部，极具视觉冲击力。莱切利后来在 1908 年破产，在塞格德生活四年后还是回到了布达佩斯。现在这一历史建筑成为了城市旅游景点。另一建筑苏博蒂察商业银行宫，建于 1907 年，在外墙使用的装饰符号松鼠、蜜蜂和猫头鹰分别象征着勤奋、拯救和智慧。

匈牙利在 1848—1849 年独立战争后，迎来了一次民族复兴的黄金时代。在建筑风格上，布达佩斯与欧洲流行的新艺术运动同步，但在匈牙利的实践中，布达佩斯融入了东欧和匈牙利民族的元素，体现了现代化过程中民族文化的自信。匈牙利独立后的 30 年间，布达佩斯人口从 28 万发展至 93 万，建筑物迅速增加，布达佩斯的建筑师获得了许多实践机会，更重要的是他们受到匈牙利各城市的邀请，参与到各城市的建设中。因此，匈牙利特色的新艺术运动建筑不仅出现在布达佩斯，也出现在匈牙利若干其他重要城市中。匈牙利民族以马扎尔人（Magyar）为自豪，他们出自游牧部落，英勇善战，但多次被奥斯曼帝国征服。1918 年匈牙利发行了具有马扎尔传统装饰工艺的、以凯奇凯梅特市（Kecskemet）市政厅为主题的邮票，在邮票的上方一角绘制了城市纹章。

匈牙利凯奇凯梅特市政厅邮票（右）及城市纹章（左）。

匈牙利凯奇凯梅特市政厅。

城市纹章和凯奇凯梅特市政厅。

利用乔纳伊的釉陶进行装饰的立面。

匈牙利佩奇（Pecs）乔纳伊博物馆（Zsolnay Museum）入口上方的纹章。

匈牙利凯奇凯梅特是巴奇—基什孔州的首府，匈牙利凯奇凯梅特市政厅建于1893—1897年之间，建筑运用了马扎尔人和Turkic的民间艺术手法装饰，建筑师是匈牙利19世纪末20世纪初颇具影响力的新艺术运动领军人物，来自布达佩斯的建筑师厄登·里奇纳（Odon Lechner，1845–1914）和久拉·帕尔陀舍（Gyula Partos，1845–1916）。建筑物富有匈牙利传统韵味，利用一种被称为乔纳伊（Zsolnay）的釉陶进行装饰。市政厅的壁画是以匈牙利马扎尔部落的"血誓"（Blood oath）为主题的历史画作，由匈牙利浪漫主义学院派画家伯塔兰·西塞利（Bertalan Szekely，1835–1910）创作。

乔纳伊釉陶是以创立者命名的一种装饰建筑陶瓷，由米克罗·乔纳伊（Miklos Zsolnozy，1800–1880）创建于佩奇。他的儿子米尔摩斯·乔纳伊（Vilmos Zsolnay，1828–1900）将父亲的事业做大做强，且里奇纳·厄登和帕尔陀舍·久拉两位建筑师长期与之合作，创造了许多富有匈牙利风格的建筑。

塞尔维亚兹雷尼亚宁（Zrenjanin）市政厅建于1816年，完成于1820年，在1885—1886年的扩建中进行了立面改造。兹雷尼亚宁原属于匈牙利王国，市政厅是由匈牙利著名的新艺术运动建筑师里奇纳·厄登和帕尔陀舍·久拉合作设计的作品。市政厅为新巴洛克风格，力求通过装饰体现马扎尔人的传统文化，在当时，这一市政厅是匈牙利南部最现代的市政厅。

城市纹章：欧洲城市的文化遗产

以匈牙利马扎尔部落（Magyer）"血誓"为主题的历史画作，由匈牙利浪漫主义学院派画家伯塔兰·西塞利（Bertalan Szekely, 1835–1910）创作。

位于俄罗斯圣彼得堡市中心的"辛格建筑"（Singer Building）是俄罗斯新艺术运动的代表作，现在是欧洲最大的书店之一。该建筑建造于1902年至1904年，原来是著名的美国辛格缝纫机在俄罗斯的总部。辛格缝纫机（中文也译为胜家衣车）是美国建立于1851年的名牌缝纫机公司，在欧洲非常有市

佩奇乔纳伊博物馆（Zsolnay Museum）。

塞尔维亚兹雷尼亚市政厅。

城市纹章的建筑艺术潮流

2016. 7. 9 28 Nevsky Prospect. Singer Building. c 1902-19

城市纹章：欧洲城市的文化遗产

圣彼得堡新艺术运动风格的建筑"辛格书店"所处的 Nevsky Prospect 路的街景速写。

"辛格书店"新艺术风格的立面装饰。

圣彼得堡涅瓦大街速写。

堡规划法规中规定建筑极限高度为 23.5 米，不能超过冬宫。1902 年市政厅通过了圣彼得堡建筑师苏索（Pavel Susor, 1844–1919）的设计方案，控制高度为 6 层，采用的是在俄罗斯正流行的新艺术运动设计风格。根据有关规定，建筑的造型需要沙皇同意，1904 年尼古拉二世批准了设计方案。这是一座典型的新艺术运动风格的作品，使用爱奥尼柱式，首层为大跨度的玻璃窗。铸铁和玻璃构成的锥塔顶上是三位女神举起地球的雕塑，塔底是展翅的雄鹰，美国国家纹章装饰在鹰的胸前。建筑使用铸铁、大面积玻璃以及新艺术运动室内常用的

场因而在汉堡和伦敦设立了分支，为拓展俄罗斯市场故选址于市中心拟建设俄罗斯总部，原来准备按照曼哈顿的公司总部建筑样式建造摩天大楼，但圣彼得

城市纹章：欧洲城市的文化遗产

МАЯКОВСКОГО 1/96 街角

2016-7.8 于圣彼得堡

白色釉瓷砖等现代建筑材料，细部使用了商杖、美杜莎头像等古希腊艺术图形。1907年该建筑获得圣彼得堡最佳立面建筑证书，成为圣彼得堡新地标。十月革命后苏联的出版业发展蓬勃，该建筑在1919年为俄罗斯出版机构所拥有并在首层设立了俄罗斯最大的书店。经历数年的翻新后在2006年书店重新开放，保持原来的建筑风格，每月有20万人次的顾客。

拉脱维亚的里加市是波罗的海三国最大的城市，新艺术运动在这里得到充分展示，成为了新艺术运动实践作品较多的城市，历史城市中心有三分

斯洛伐克的科西策新艺术运动风格的自治政府办公楼。

城市纹章的建筑艺术潮流

里加的黑头屋——德
国未婚商人组织的行会
和黑头屋入口。

之一是新艺术运动的建筑，城市的气质
体现在这些充满美感的建筑上，城市也
因这些特征而被列入《世界遗产名录》。
里加是十字军东征的产物，在 1201 年，
主教带领 1500 名十字军士兵征服此地，
建立了"宝剑骑士团"并统治这一地
区。在 20 世纪初，里加处于黄金时代，
它成为东波罗的海岸的工业、文化和

黑头兄弟会（Brotherhood of Blackheads）的纹章（右）和建于 1597 年的行会建筑入口（左）。

商业中心，城市人口在一战前超过 50 万。现为拉脱维亚首都的里加，中世纪时由里加主教建立，它是已经被忘却的利奥尼亚（Livonia）的中心，是汉萨城市联盟历史时期的主要贸易中心。行会和商会是城市的主要主导力量，留下了不少辉煌的建筑，如黑头屋，建于 14 世纪初，为黑头兄弟会（Brotherhood of Blackheads），即德国未婚商人组织的行会建筑，建筑以各种纹章装饰外墙，从 1580 年至 1886 年一直不断装饰翻新。

里加于 1282 年加入汉萨城市联盟而成为重要的商业、文化中心。1710 年彼得大帝征服拉脱维亚，1918 年拉脱维亚宣布独立。在 19 世纪末至 20 世纪初，里加在波罗的海贸易港口中地位重要、经济繁荣，在俄罗斯帝国中，里加是第四大城市。城市的繁荣使城市迎来建筑创作的高潮，而这一时期新艺术运动风格盛行。城市目前留下几千栋新艺术风格的建筑。出生于俄罗斯圣彼得堡的建筑师米哈伊尔·爱森斯坦（Mikhail Osipovich Eisenstein, 1837–1921）、出生于拉脱维亚维泽梅（Vidzeme）地区一小镇的建筑师皮克森（Konstantins Peksens，1859–1928）

新艺术运动时期纹章的表达方式：女神常成为护盾者。

希腊神话杜美莎在拉脱维亚里加新艺术运动中的建筑雕塑装饰形象。

城市纹章的建筑艺术潮流

里加市阿尔伯特街8号、4号建筑是由米哈伊尔·爱森斯坦设计的新艺术运动风格的建筑。

等一批建筑师，在里加市阿尔伯特街（Albert Street）设计了一批具有鲜明新艺术运动风格的建筑。爱森斯坦将希腊神话中的杜美莎女神和传统纹章语言作为建筑立面的主要装饰手法。这些作品是里加列入《世界遗产名录》的重要组成部分。爱森斯坦在此街道留下约 6 栋建筑作品，皮克森留下 2 栋建筑作品。

阿尔伯特大街是以里加城市的奠基者阿尔伯特主教（Albert of Riga，1165-1229）命名的，255 米长的街道沿街建有若干教育机构和公寓。具有这些功能的建筑与新艺术运动风格相匹配，它们被建造于 20 世纪初的 1901 年至 1908 年间，形成了里加富有特色的街道景观。建筑使用了象征图像进行装饰，以彩色玻璃、夸张的纹章图形、浮雕与雕塑等艺术语言装饰的外立面获得时尚的观感，这一街道也成为著名的旅游的观光线路。

尽管新艺术运动如昙花一现，但对于近现代的建筑艺术却影响深远。城市纹章在不露声色中发挥了重要作用。"新艺术运动之旅"成为欧洲文化之旅的线路之一，成员城市包括：布鲁塞尔、维也纳、赫尔辛基、巴塞罗那、南锡、布达佩斯、格拉斯哥、卢布尔雅那、帕勒莫、里加、雷乌斯、特拉萨等。东欧重视和热衷这一建筑风格。克罗地亚里耶卡被选为 2020 年欧洲文化之都，也是新艺术运动之旅的成员城市，在城市内部也形成了一条游览步径，27 栋具有新艺术风格特点的历史建筑推动了城市旅游。里耶卡编写了

里加市阿尔伯特街由米哈伊尔·爱森斯坦设计的新艺术运动风格的建筑。

《新艺术运动建筑步行游览导游手册》，手册包含了建筑的历史文献、建筑风格的演变、建筑材料的应用、建筑师的背景、业主家族历史等内容，将建筑的专业性和大众性结合起来。

使用白色浅浮雕精细地勾勒和表现纹章装饰是新艺术运动风格建筑的常用手法。白俄罗斯明斯克独立广场边上的两栋新艺术运动风格的建筑（Sovetskaia Street No.17，No.19），建于

白俄罗斯独立广场旁两栋新艺术运动风格建筑的纹章装饰。

1912年左右，建筑师为加列科维奇（S. Gaidukevich），该建筑现在是明斯克市政厅建设局的办公楼。两栋建筑的入口运用浅浮雕的表现方式展示家族的纹章，装饰感强，体现精美的建筑艺术特征，成为广场的重要景观之一。

捷克布拉格市政大楼原来是王宫，后来在原址上于1904年开始建设，1912年开放。现在仍为音乐厅和饭店，音乐厅为纪念捷克著名音乐家——被称为"捷克音乐之父"的贝德里林·斯美塔拿（Bedrich Smetana，1824-1884）而命名为斯美塔拿大厅。舞台一侧的上台步级设计了一组雕塑。

布拉格市政楼的壁画、城市纹章（左）（由新艺术运动艺术家慕夏创作）和舞台步级旁的雕塑（右）①。

城市纹章：欧洲城市的文化遗产

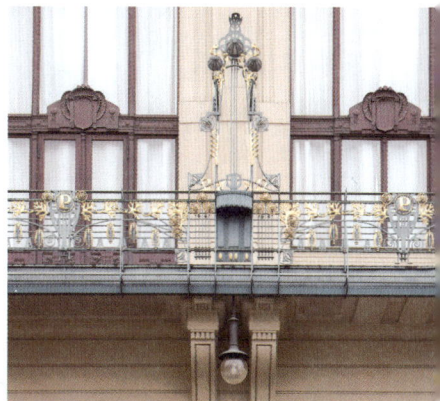

布拉格市政大楼（Municipal House）的设计团队由怀有共同艺术理想的建筑师、雕塑家组成，其中包括出生于捷克布拉格的雕塑家拉吉斯拉夫（Ladislav Saloun，1870–1946）。旧广场中胡斯纪念碑（Jan Hus Memorial）就是拉吉斯拉夫团队从1901年开始至1915年历时15年时间完成的艺术佳作。共同的审美趣味使这栋建筑无论是雕像、壁画，还是建筑内装饰都高度和谐统一。入口的阳台是高度装饰化的铸铁栏杆，上面装饰着彩色鎏金的城市纹章。

布拉格中心火车站（Prague Railway Station）是由捷克新艺术运动的代表人

布拉格市政大楼的布拉格城市纹章②。

手法，这种混合的装饰手法满足了 20 世纪初大众的审美观。

4. "红砖建筑"的纹章装饰

在 19 世纪末至 20 世纪初，欧洲广泛出现哥特复兴式的建筑。"红砖建筑"就是这一时代的产物，哥本哈根市政厅、斯德哥尔摩市政厅等都是哥特复兴式"红砖建筑"的范例。

哥本哈根的市政厅是 19 世纪末 20 世纪初新一轮欧洲市政厅建设浪潮的

物之一芬达（Josef Fanta，1856–1954）设计的，在建筑正立面使用了纹章装饰

捷克布拉格火车站。

城市纹章：欧洲城市的文化遗产

代表作品之一，也是平面化的城市纹章表现形式的范例。高耸的钟楼与市政厅结合在一起，入口上方中间镀金的12世纪主教阿巴塞隆（Absalon，1128–1201）浮雕像是丹麦精神的象征，在塑像之上是镀金与青铜颜色相间的城市纹章浮雕，外形是创新的盾徽形，与红砖墙体形成强烈的对比，室外巨大的铸铜花坛将丹麦皇家纹章和哥本哈根城市纹章奇妙结合在一起。室内巨大的以城市纹章为主题的彩色玻璃窗成为大厅的最具有象征意义的装饰。红砖作为主要的外立面材料，建筑师利用不同的拼砌方式形成了富有特色的图案。市政厅

哥本哈根的市政厅（1892—1905）。

哥本哈根市政厅（上）
和其入口的城市纹章
（下）。

建筑方案在 1889 年通过设计竞赛定稿，1894 年开工，完工于 1905 年，其设计灵感来自意大利文艺复兴时期的锡耶纳市市政厅建筑。设计师为丹麦建筑师马丁（Martin Nyrop，1849–1921）。最早的市政厅是 1429 年所建，新的市政厅选择在原为防御城堡后改为市场并举行展览会的场地上，该建筑的形式和材料处理与锡耶纳市的市政厅相似，但更注重丹麦象征意义的图像利用。斯德哥尔摩和柏林市政厅（1861—1869）是这时期的产物，在红砖作为外墙的建材处理手法上有类似之处。

哥本哈根（Copenhagen）城徽的核

哥本哈根市政厅局部，以哥本哈根城市纹章装饰的花坛和室内大厅的彩色玻璃。

城市纹章：欧洲城市的文化遗产

心图案城市公共印章是城徽象征图形的来源之一。象征物来自中世纪的城市城堡和城中的教堂。哥本哈根在 1254 年获得城市权利后，1296 年开始有了公共印章，也是现在城徽的基本图形。印章中的三座塔楼，中间为建于阿布萨朗（Absalon）城堡内的教堂，盾面下方三道蓝色的水纹代表港口（Havn）。16 世纪后，中间的教堂为城门所替代，城门内站着守卫城市的骑士，弯臂举剑。在城门上有皇帝的徽记，门栅、剑和徽记均为金色。1661 年后城市纹章的造型基本稳定，大徽造型丰富，护盾者为金色狮子、盾徽的底部为一组武器的组合，包括盔甲、火炮、剑等。

出生于哥本哈根的哲学家索伦·奥贝·克尔凯郭尔。

哥本哈根 1296 年使用的公共印章（左）和现在使用的城市纹章（中）及传统的大徽（右）。

哥本哈根的城市纹章主题图形在 1296 年的印章上开始使用，1661 年才为弗雷德里克三世（Friedrich III，1609–1670）正式确认，之后城市纹章的造型一直保持稳定。

19 世纪的哥本哈根诞生了影响世界的哲学家索伦·奥贝·克尔凯郭尔（Soren Aabye Kierkegaard，1813–1855），他是存在主义哲学思想的先驱，作品在欧洲被翻译为多种语言，在 20 世纪中期，克尔凯郭尔思想影响着欧洲文化的各方面。克尔凯郭尔的手稿在 1997 年被列入《世界记忆名录》，现在藏于哥本哈根皇家图书馆，该图书馆建于 1653 年，收藏有大量丹麦的文学和艺术历史档案[③]。

柏林市政厅（Rotes Rathaus）是按

柏林市政厅二层入口门洞腰窗上的柏林城市纹章。

城市纹章的建筑艺术潮流

1983年发行的邮票上的柏林市政厅塔楼。

柏林市政厅（1861—1869年）的钟塔和全景图速写。

型高耸的塔楼、特殊的建材使之有"红色市政厅"的称呼。建筑师为韦泽曼（Hermann Frierich Waesemann，1813-1819），出生于但丁斯克。市政厅建筑多次作为发行的邮票表现的主题，包括在东德政府时期。该建筑建造于1861—1869年之间，在第二次世界大战中严重受损。在东西柏林分离时处于东德，为东柏林市政厅，1991年10月东西德统一后成为共同的市政厅。

市政厅处于古老的亚历山大广场，亚历山大广场是1805年为纪念俄国沙皇亚历山大一世访问而命名的。多条马路在此汇合形成城市最具有都市气氛的

照典型的意大利北部建筑风格进行设计的，学习了托伦市政厅的建筑形式，方

施特拉尔松德和维斯马被列入《世界遗产名录》纪念邮票。

德国施特拉尔松德市政厅城市纹章。

商业广场。

　　德国城市有许多红砖哥特式的建筑，旧市场广场及其周边的建筑群形成了富有历史价值的历史中心城区。施特拉尔松德与维斯马（wismar）这两座中世纪的老城，作为汉萨城市联盟的主要贸易中心，城市以市政厅、教堂、民宅和商店为载体，全方位地创造了波罗的海地区砖结构哥特（Brick Gothic）建筑风格，建筑技术和城市模式成为汉萨城市联盟中城市模仿的榜样。在17—18世纪，施特拉尔松德与维斯马为日耳曼的管理和防御中心，一同被列入《世界遗产名录》，城市在东西德国统一前属于东德。

德国施特拉尔松德市政厅的立面，首层外敞的廊道是常用的设计手法。

斯德哥尔摩建于1912年的奥林匹克运动场主入口两边的纹章装饰。

1912年斯德哥尔摩举办了第五届夏季奥运会，于1910—1912年建造的斯德哥尔摩奥林匹克运动场（Stockholm Olympic Stadium），也是哥特式复兴风格的"红砖建筑"。运动场可以进行田径、足球、马术、摔跤等多种项目比赛，可容纳14000名观众。建筑的设计者为瑞典建筑师托本（Torben Grut,

1871–1945），他本人也是体育爱好者，曾获得瑞典1896—1897年网球全国冠军。这一经典建筑现在还在正常使用。

1912年建造奥林匹克运动场的时期，正好是新古典主义风行的年代，承担体育功能的现代建筑与新古典主义完美结合起来，在建筑材料中，红砖、木质和铸铁成为外立面的装饰面材。中心入口处红砖拼砌出瑞典国家纹章"三皇冠"的纹章造型，其局部采用的装饰将纹章进行艺术处理，利用石雕形成纹章装饰与红砖的墙面形成强烈的对比，纹章的皇冠采用悬挑的形式。另一种手法就是用不同方向的红砖组合形成纹章图案。

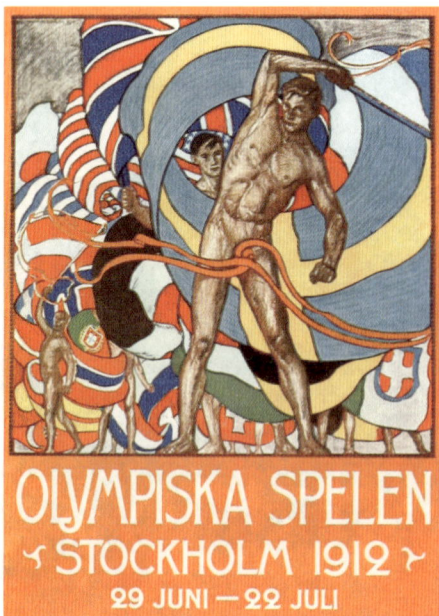

建筑师的浮雕头像（左），1912年奥运会海报（右）。

① 图片引自：http://www.obecnidum.cz/en/munic ipal-house-exterior/.

城市纹章：欧洲城市的文化遗产

② 图片引自：http://www.obecnidum.cz/en/munic ipal-house-exterior/.

③ UNESCO. Mermory of the World. Lodon: Haper Collins, 2012, P.323.

斯德哥尔摩奥林匹克中心入口，红砖拼砌出瑞典国家纹章"三皇冠"的纹章造型。

六、新建筑和社会主义国家建筑纹章的运用

纹章与建筑的关系进一步发展是将纹章融合到建筑部件中，成为与建筑风格相关联的装饰符号。从哥特式建筑风格到"新建筑"的国际建筑实践，纹章文化在发生微妙的变化。当翻开自己作为建筑系一年级的学生花3毛8分钱购买的已经泛黄《新建筑与包豪斯》一书时，扉页写着"1979年11月25日购于穗"，40年的光阴转瞬已经过去了。

1. 新建筑的简约

"新建筑"由于格罗皮修斯的推动，在欧洲得到广泛的应用，"包豪斯"工坊是让学生设计、制作满足大规模生产新样式的实验室。1923年格罗皮修斯发表了题为《〈包豪斯〉的观点及其实践》论文，后来在此基础上集中主要观点出版了《新建筑与包豪斯》一书。当人们质疑"新建筑"是建立在迷恋机器的技术进步而反对传统原则上时，他在书中回应道："我属于一个普鲁士建筑师，兴克尔（Schinkel）是你们自己

德国兴克尔城市纹章。

的宋安（Soane）的同时代人、也是与他'地位相当'的人物——传统是我们继承遗产的组成部分。"[①] 文中提到的"兴克尔"应该是指卡尔·弗里德里希·兴克尔（Karl Friedrich Schinkel，1781-1841），德国最权威的普鲁士古典主义建筑师，他是格罗皮修斯的伯父马丁·格罗皮修斯（Martin Gropius，1824-1880）的导师，马丁·格罗皮修斯也是使用新古典主义建筑语言的建筑师。文中的"宋安（Soane）"是指英国新古典主义领军人物建筑师约翰·宋安（John Soane，1753-1837），其代表性作品是"英格兰银行"，对之后的商业建筑产生重大的影响。在德国石勒苏益格－荷尔斯泰因州也有一座城市名为兴克尔（Schinkel），该城市纹章也使用建筑作为寓意物，选择的是德国传统风格立面的建筑，而非格罗皮修斯的"新建筑"平屋顶。

在包豪斯的建筑主张得到世界各地的回应时，现代建筑设计在全球化的大潮中基本是减少装饰、满足标准化制作的产物。尽管格罗皮修斯在自己

城市纹章：欧洲城市的文化遗产

奥地利多瑙河畔城市克里姆斯现代办公建筑上的下奥地利州纹章和国家纹章。

奥地利埃森斯塔特建筑上的纹章装饰。

的《新建筑与包豪斯》中极力为继承传统和标准化、工业化之间没有矛盾而辩解，但当我们回首这过去的几十年，发现具有传统文化意义的建筑正在消失，民族特征被统一的标准代替，城市个性已经越来越模糊。

奥地利多瑙河畔的城市克里姆斯（Krems）现代办公建筑上的下奥地利州纹章和国家纹章，采用简洁的现代造型。

奥地利埃森斯塔特步行街上的现代建筑嵌有家族族徽。

简约的城市纹章装饰。

蒙斯的现代建筑和历史建筑共处。

比利时近代办公楼建筑。

蒙斯的现代建筑和历史建筑共处，城市纹章成为视觉设计关联性元素。采用不同的材质表现同一个符号，形成城市特有的建筑景观。

2. 社会主义纹章学在建筑上的运用

无论意识形态如何改变，建筑的装饰性归根于人的审美需要，装饰元素和形式在建筑上展示的是统治者追求的理念。俄罗斯在彼得大帝的影响下，完全转向西方的审美观并体现其风格特征，无论是圣彼得堡城市形态模仿阿姆斯特丹的运河布局，还是巴洛克、新艺术运动的建筑创作，都是欧洲文化运动的余波。在社会主义时期东欧国家无论是雕塑还是建筑，都反映了特定历史背景下的艺术追求，这个时期的建筑、艺术创作对东欧以及社会主义国家建筑创作而言，苏联的建筑价值取向是风向标。社会主义的纹章装饰文化同样也是一种政治象征艺术追求，在处于东欧阵营时的南斯拉夫萨格勒布的一栋公共建筑装饰上，机器和工具成为装饰的母题，替代了过去花草的题材。在社会主义时期，传统的纹章被社会主义的纹章

克罗地亚萨格勒布60年代以机械、工具为母题的装饰。

苏联时期莫斯科建筑上的稻穗纹章装饰。

代替，吉尔吉斯斯坦首都市政厅的柱式柱头上铁锤和镰刀图形装饰代表了这一点。社会主义国家的纹章也保留了一定的传统纹章元素，但更加强调劳动的重要性，大多将劳动工具和红星增添到纹章中。

社会主义纹章没有全盘否定欧洲传统纹章文化，许多城市出现以及改造了传统封建主义象征的城市纹章。在苏联重在推崇古希腊建筑样式的30年代，社会主义的象征符号与传统纹章形式结合成为时代新装饰模式。圣彼得堡、莫斯科等苏联重要城市的建筑采用这一装饰手法的建筑比比皆是，传统纹章形式添加社会主义象征性符号的装饰，以盾徽的外形为基础，盾面上刻上五角星、铁锤和镰刀等其他劳动工具和劳动果实。

苏联时期的建筑在细节上如旗帜的插套、栏杆、栏板等均出现社会主义

莫斯科红普列斯妮娅（Krasnopresnenskaya）地铁站入口柱廊柱头上的五角星装饰（左），吉尔吉斯斯坦首都市政厅的柱式柱头上铁锤和镰刀装饰（右）。

主要表现形式。二战之后在苏联经济强盛时期，"斯大林式的建筑"（Stalin's Architecture）作为一个专有词形容苏联二战后的建筑风格。建造于1939年至1955年的北京宾馆（Peking Hotel）体现的是一种典型的"斯大林式高层建筑"建筑风格，取名"北京"是中苏友好的历史产物，对欧洲传统样式没有否定，但是高层建筑纹章装饰设计手法与低层建筑的纹章装饰有区别。大厦前建造了一个小广场，俄罗斯著名诗人马雅可夫斯基（Vladimir Majakovski, 1893–1930）的巨大青铜雕像竖立在广场一边。

十月革命后，苏联在建筑艺术领域进行探索，产生了新的美学体系[2]，早期寻找纯净的美、理性的美，后来发展为强调社会主义的现实主义理念，更多地表现社会主义理想。苏联时期最为突出的是在莫斯科建造的一组摩天大楼，俗称"七姐妹"，采取的是折中主义（eclectic amalgamation）来表现新社会制度下的权力和威严。新古典主义和美国式的摩天大楼风格结合在一起，出现了控制莫斯科天际线的莫斯科国立大学、艺术家公寓、外交部大楼等七座被称为"斯大林式高层建筑"（Stalins'

象征符号。莫斯科社会主义时期使用的象征符号在建筑上的表现形式是千姿百态的，这些符号成为表现历史沉淀的重要图像。

在社会主义象征性符号系统中，多面红旗叠加是盾边饰最为常用的图形。社会主义时期的建筑设计手法采用内容不变而形式创新的模式。出现在山墙和入口的浮雕、铸铁雕塑，同样是

社会主义时期莫斯科使用的象征符号在建筑上的表现形式。

莫斯科白俄罗斯站的旗杆插套的社会主义纹章装饰装饰。

圣彼得堡历史建筑上的社会主义时期国徽装饰。

high-rises）的摩天大楼。这种建筑风格是俄罗斯式的巴洛克样式与可特式范式混合的建筑风格，沿用古希腊的建筑语言，在装饰中增加了社会主义纹章符号，整体造型上吸取了美国曼哈顿摩天大楼的特征。莫斯科艺术家公寓（Kotelnicheskaya Embankment Building）

高 176 层，由莫斯科首席建筑师、斯大林式建筑领军人物丘林（Drmitry Chulin，1901-1981）设计，建造于 1947 年至 1952 年间，1955 年建造的北

莫斯科北京饭店速写。

马尔科夫斯基 广场 北京饭店
BAAHИИP MAЯKOBCKИN (1893-1930)

京宾馆也出自于他。莫斯科大学创建于
1755 年，原校址在红场。1949 年，36
层的新教学主楼开工，高 240 米，设计
者为毕业于意大利的俄罗斯建筑师鲍里
斯·约凡（Boris Iofan, 1891–1976）和
毕业于圣彼得堡皇家艺术学院的鲁德
涅夫（Lev Rudnev, 1885–1956）。1953
年，在麻雀山（Sparrow Hill）的斯大林
式建筑风格的摩天大楼完工，大部分院
系搬进新大楼。大楼建筑运用了社会主
义象征意义的纹章符号，由大量钢材建
造的高塔塔尖为五角星和麦穗的造型。
摩天大楼的塔尖并没有任何功能，仅在
视觉上成为统治城市的最高点[3]。两侧
的纪念柱上是苏联的国家纹章青铜雕塑
装饰，入口上方有列宁头像和纹章旗帜
装饰。

莫斯科国立大学入口上方有列宁头像的纹
章装饰。

　　苏联时期的莫斯科国立大学主楼
成为令人骄傲的建筑成就，该建筑在大
学的校徽上成为寓意物。莫斯科国立大
学校徽的盾徽盾面为蓝色，上有三个图
形，核心图形为学校主楼立面，另两个
图形是双头鹰和书本。

莫斯科国立大学主楼的
社会主义纹章装饰。

城市纹章：欧洲城市的文化遗产

莫斯科国立大学校徽。

苏联表现社会主义符号图像的重要工程还有莫斯科地铁和铁路站。莫斯科地铁 1935 年时开通了 11 公里，工程方案高度重视站场的设计，在后来开通的若干车站大厅中运用了多样的装饰手法，出现了许多传统盾徽形式上添加社会主义新理念、新内容的设计，这在苏联时期是最为重要的公共设施，目前还是世界地铁工程中最具有艺术气息的地下交通设施。"环状线"（Koltsevaya）建造于 1950 年至 1954 年，"共青团站"（Komsomolskaya）处于繁忙的广场下。地下大厅设计方案展示了传统纹章形式与社会主义符号高度融合的设计意念，建筑师为斯楚席瓦（A.Shchusev，1873–1949），他曾在列宾指导下学习绘画，是从俄罗斯帝国跨越到苏联社会主义建筑实践的优秀建筑师。他于 1941 年获得"斯大林奖"。

20 世纪 50 年代，莫斯科地铁建设进入新高潮，红普列斯妮娅站（Krasnopresnenskaya）是 1954 年开通的地铁站之一，1950 年莫斯科地铁站设计通过竞赛确定方案，年轻的俄罗斯建筑师有了参与的机会。经历几轮竞赛后，由几位年轻的建筑师获得最后的实施方案。实施的设计方案风格与共青团站相似，在穹顶天花进行艺术创作来加强室内空间的装饰，使用盾徽式的外框，装饰框内是表现俄罗斯十月革命历史等内容的壁画。

50 年代建设的还有白俄罗斯地铁站，火车站"白俄罗斯站"1870 年开始运营，是由俄罗斯建筑师斯图科瓦（Ivan Strukov，1864–1945）设计的，1952 年将地铁站与之组合在一起，也

莫斯科地铁"环状线"线路上的"共青团站"大厅装饰设计效果图，由斯楚席瓦等设计，1948 年绘制，藏于莫斯科建筑博物馆。

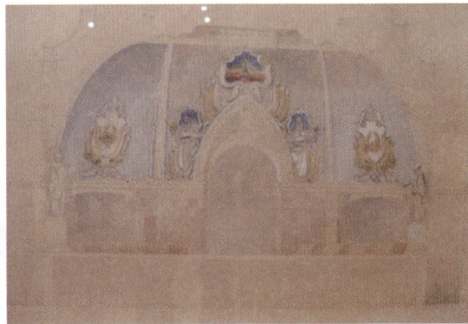

的建筑入口处随着时代变化更换了不同
的纹章装饰。尽管苏联已经解体，但在
俄罗斯许多重要城市的重要建筑上，基
本上还保持着社会主义时期的装饰风
格，为城市增加了一份历史感，如白俄
罗斯火车站现在还保留着苏联的国徽。

在东西欧对峙时，纹章仍然存在
于意识形态相异的国家城市建筑中。塞
尔维亚宗主教大楼是于 1935 年所建，
是塞尔维亚东正教的统治核心，属于拜
占庭复兴后期的建筑风格，由俄罗斯建
筑师设计，入口的上方保持着传统的纹

称白俄罗斯站，1954 年环线开通，该
站成为环线上的主要地铁站之一。车站

莫斯科白俄罗斯站广场
景观速写。

城市纹章：欧洲城市的文化遗产

章形式。

　　在维也纳市政厅，保留了劳动工具的纹章符号。在市政厅入口大厅侧面是以铁锤等劳动工具和花环组合的纹章，成为市政厅建筑历史记忆的一部分。

白俄罗斯明斯克邮政局入口的社会主义纹章装饰。

贝尔格莱德宗主教大楼。

② William Craft Brumfield. *A History of Russian Architecture*. Washington: University of Washington 2004，P.468.

③ William Craft Brumfield. *A History of Russian Architecture*. Washington: University of Washington 2004，P.491.

① ［德］华尔德·格罗比斯著，张似赞译：《新建筑与包豪斯》，中国建筑工业出版社 1979 年版版，第 62 页。

维也纳市政厅入口大厅侧面的纹章装饰。

城市纹章：欧洲城市的文化遗产

V

城堡和纹章装饰艺术

城市纹章的核心图形以中世纪城堡为寓意物是较常见的，如何将具象的城堡形象作为纹章图形符号？其实城堡的各类建筑元素都有可能转化成为纹章语言。在此不妨回顾一下欧洲防御性建筑和城墙城市的历史，可以更好地理解这一系列空间要素如何转换成为图形符号。城堡是城市的起源点之一，也是城市制度的演变基础，城市纹章与之无论是在图形上，还是制度上均有千丝万缕的联系。

马修·约翰逊在《城堡大门的背后》一书中刻画了典型的访客访问城堡的情境："第一眼看到城堡。无论它是处在森林围猎场的中心，还是耸立在远处的高山上，都给人一种内部宏伟华丽的期待。终于到

了大门前，等待被接见的访客能够仔细研究门房或塔楼上装饰的纹章图案。盾徽图案反映了城堡领主家世与家族关系。"[1] 纹章与建筑的关系首先是与中世纪城堡主人的荣耀家族历史和城堡的可识别性需要联系在一起，公共建筑随之也通过纹章表现建筑属性，教堂、市政厅、剧院、博物馆等都与纹章文化密不可分。

① ［美］玛丽莲·斯托克斯塔德著，林盛译：《中世纪的城堡》，上海社会科学院出版社 2013 年版，第 86 页。

一、城堡主人的身份标记

城堡和具备城墙的城市，因地形地貌的变化而千差万别。棱堡的城墙概念付诸实践后，中世纪欧洲城市的军事防御系统形成一定的建造规律。主人更迭，城堡也因主人的爱好、地位和世俗城镇管理关系，随景而迁。城堡（castle）、防御工事（fortification）、城墙（rampart, defensive walls）、城门（city gate）和塔楼（watchertower）是被纹章引用为图形最多的城市建筑形象。城堡或者城墙建成后，主人身份的标记纹章成为城堡个性化的符号，装饰在不同的载体上，成为最易辨别的图形符号。

"巴约挂毯"中的木质城堡。

1. 统治者的城堡

中世纪初期的城堡是建造在堆高土地基上的木结构建筑，四周再用防卫木栏将场地围合起来。"巴约挂毯"中有三处体现了木结构的城堡。这里使用的是征服者威廉在诺曼底常用的堆土建造方式，用木头建起城堡，用泥土垒起城堡的城墙，建筑更高的塔楼便于瞭望，这种建筑方法建造速度快并且容易就地取材。征服者威廉和他的武士征服了英格兰，然后将领地分给随军的主要首领，在封地上按照诺曼底的城堡建造方式（Motte-and-bailey castle）迅速建造了城堡来控制统治的领地。

城堡有各种各样的类型，除了军事功能，不同类型城堡担负的功能差异表现出不同的形态。城堡"castle"一词来自拉丁文"Castra"，复数为"castrum"。它可以解释为"大的军团营地""堡垒围起来的地方"等含义。城堡在中世纪具有多种功能，"城堡是安全的居所，也是管理周围地产的栖身之所，同时也是总部和法庭，它成为其主人权力的可见象征"[1]。中世纪的城堡是城市空间的起源点之一，不少城市是围绕城堡发展起来的。具体而言有两种情形，一是城池与城堡有防卫的距离，或者居险要

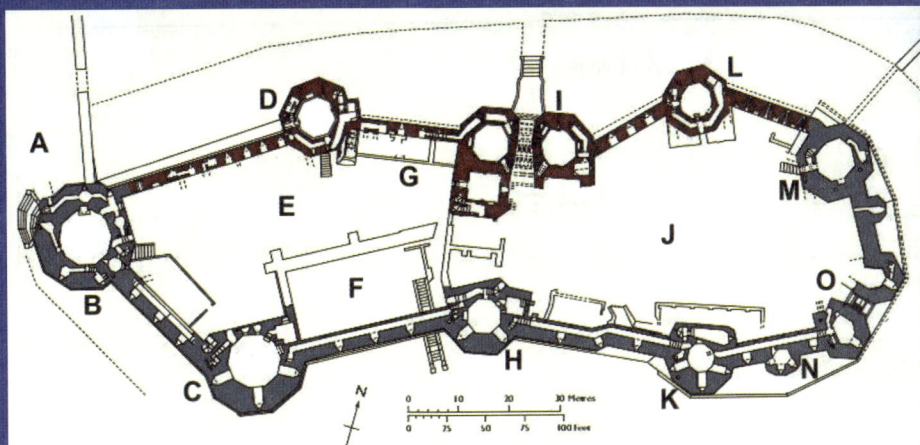

威尔士格温内斯哈里茨
城堡平面图。

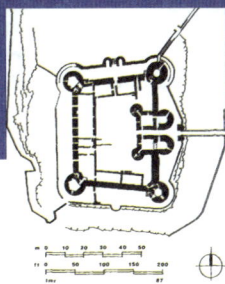

卡那封城堡平面图。

处占据有利防守地形的独立城堡（spur castle）；二是城堡成为城市的中心城池的发源地，城镇围绕城堡扩张。城堡的主人有骑士、领主和君主、贵族、神父或主教等权贵阶层。

威尔士格温内斯（Gwynedd）的哈里茨城堡（Harlech Castle）是13世纪至14世纪欧洲防御城堡的典范，建立于爱德华一世入侵威尔士时期。城堡屹立于岩石山上，利用本地的砂岩为建材，城堡内有大厅、厨房、小礼拜堂，在多次战争中发挥了重要作用。1404年该城堡成为威尔士统治者欧文·格林杜尔（Owain Glydwr，1359–1415）的住所和军事总部。另一著名的城堡是卡那封城堡（Castle of Caernarfon），建于威廉征服威尔士时期，爱德华统治时重修为石墙，改造了城堡结构，共有13座塔楼，结构复杂并且有非常强的防御能力。此外国王将此建成为行政中心，城堡内包括法院、档案馆等非军事功能的机构。格温内斯王国（Kingdom of Gwynedd）是

存在于公元5世纪至13世纪的王国，1283年因爱德华一世的入侵而告终，格温内斯这一历史地区现在仍然被称为威尔士格温内斯郡，人口12万。

德国巴伐利亚的因戈尔施塔特市（Ingolstadt）靠近多瑙河，梅里安制作的城市全景图和地图反映了中世纪后期城市棱堡防卫城墙和对岸军事城堡的空间关系，现在因戈尔施塔特是巴伐利亚地区的第四大城市。梅里安绘制的大部分历史地图中的纹章表现是简洁的形式。地图上因戈尔施塔特城市的空间关系比较简明，主要是表现城市的天际线和防御体系，天际线出现的制高点为教堂建筑，以哥特式建筑风格为主。该城市在1392年至1447年曾经为巴伐利亚—因戈尔施塔特公国（Duchy of Bavaria–Ingolstadt）的首都，公国是神圣罗马帝国的组成部分。城市在1250年获得城市权利后得到全面的发展，1255年建造了公爵城堡，1418年又进一步加建了新城堡。1573年制作的因

城堡和纹章装饰艺术

德国巴伐利亚因戈尔施塔特的1644年城市全景图。

戈尔施塔特历史地图反映了城市已经形成完整的城墙防卫系统。城徽简洁地绘制于图上的左上方，尺度较小。

因戈尔施塔特的城徽来自施逢海姆家族（House of Sponheim）家族，是因河畔克赖堡伯爵（Kraiburg）分支家族成员，于1122—1269年拥有克恩顿公爵（Ducal of Carinthian）头衔，获得了上下巴伐利亚的土地。1246年克恩顿公爵使用了龙头狮身的神兽（Panthier）这一纹章寓意物，当时龙头狮身寓意物为黑色（black panther）。奥腾堡家族（Ortenburg）使用这一寓意物并改其颜色为蓝色（blue panther）。1777—1806年创作的巴伐利亚州的州徽中包含了这一神兽的形象，这一神兽更像狮子，代表了上巴伐利亚和下巴伐利亚历史地区。1835年设计并使用的巴伐利亚王国的纹章包含了这一传统形象，1950年修改的巴伐利亚州徽恢复了原有的龙头狮身的形象。

从中世纪开始，因戈尔施塔特就

德国巴伐利亚州因戈尔施塔特的城徽（右）和巴伐利亚王国的纹章（左）。

1246年克恩顿公爵使用的龙头狮身神兽。

城市纹章：欧洲城市的文化遗产

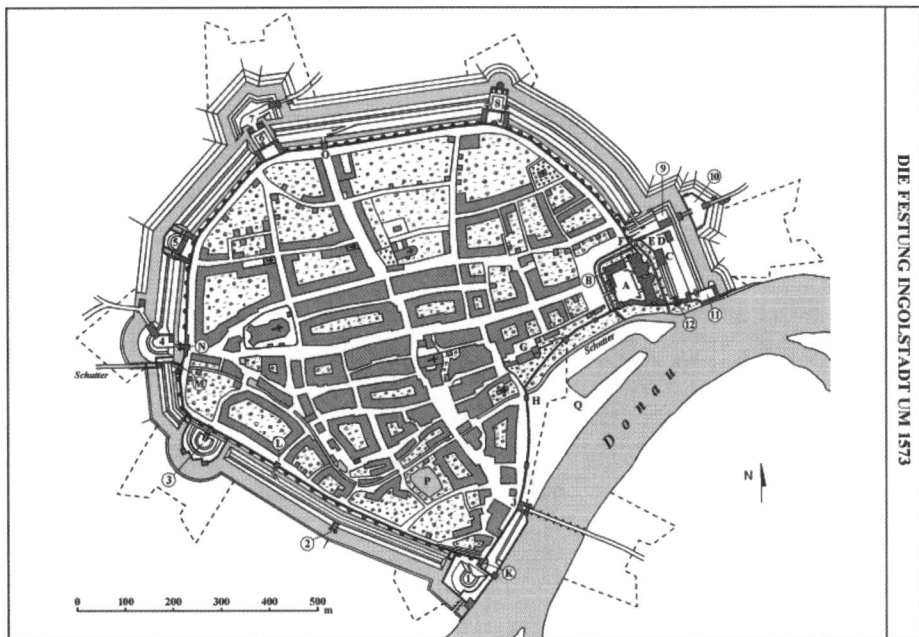

建造了防卫城墙，15 世纪又修建了"新堡"，成为完整的既有防守城墙也有城堡的城市。目前"新堡"改建为"巴伐利亚军事博物馆"，成为德国重要的博物馆之一。

莫斯科克里姆林宫（Kremlin）是各个历史时期积累起来的建筑成果，1147 年在此开始构筑防御工事，利用高台筑起城堡的城墙。1491 年开始建设的斯巴斯克塔（Spasskaya Tower）是意大利建筑师设计的，后来加建了若干城门和塔楼。克里姆林宫采用的虽然是棱堡的城墙形式，但不是欧洲典型的"星堡"城堡。在城堡中建设了一系列非军事的宗教、行政建筑。教堂是伊凡大帝下令在 1320 年至 1330 年建造的，主教座堂从基辅移至此，红场的圣瓦西

里教堂是俄罗斯传统建筑艺术的代表性作品。从 14 世纪至 17 世纪，克里姆林宫得到不断建设，形成了莫斯科大公的行政和政治中心，若干沙皇在此居住乃至下葬于城堡教堂中。宏伟的东正教教堂等的大量建设使克里姆林宫成为宗教

克里姆林宫 1767 年历史地图。

城堡和纹章装饰艺术

439

克里姆林宫斯巴斯克塔钟楼。

莫斯科克里姆林宫 1860 年景观图[②]。

中心。彼得称帝后将首都移至圣彼得堡，克里姆林宫地位下降。19 世纪时建造的红场，十月革命后苏联将政治中心重新定位于此，1929 年建设了列宁墓，1935 年，在斯巴斯克塔塔尖上安装了巨大的五角星，苏联解体后社会主义符号被替代为沙皇双头鹰纹章标志。

处于交通交汇点的城堡往往在人口密集区范围内，区位条件决定了要塞的重要性和城市的繁荣。意大利维罗纳（Verona）处于威尼斯的西面，是意大利内陆核心地理枢纽所在。维罗纳城市建于公元前 1 世纪，在 5 世纪和 8 世纪时分别由条顿和查理曼大帝统治。公元 13 世纪至 14 世纪，城市得到快速发展。这是一座展示罗马帝国时期、中世纪和

城市纹章：欧洲城市的文化遗产

文艺复兴等不同时期优秀建筑的城堡城市。从 1277 年至 1387 年，斯卡利杰罗家族（Scaliger 或 Della Scala family）为城市的统治者。意大利古城统治者斯卡利杰罗一世（Cangrande I della Scala，1291–1329），出生于维罗纳贵族家庭，在 1329 年征服了特雷维索后病逝，矗立在维罗纳古城堡博物馆（Castelvechio Museum）中的他的雕像充分反映了中世纪骑士的盔甲、战马披袍的真实情形。他的继任者马斯蒂诺（Mastino. Della Scala，1329–1351）的雕像同样穿盔甲、持盾牌，原来安置在其墓地上，现在也展示在城堡博物馆。他们所持盾牌上有家族的纹章，以双关语"梯子"为寓意物。在意大利都灵的意大利统一

纪念铭牌上也保留着这一特殊的纹章。

古城堡城墙上有 7 个塔楼，并设置了护城河。1354 年该家族成员——城市的领主斯卡利杰罗二世（Cangrande II della Scala，1332–1359）对已经建成的旧城堡（Castelvecchio）进行改建，将之独立于城区以防市民造反攻打时可以逃脱。在 1354 年至 1356 年之间于城

在意大利统一铭牌上的纹章（左）和《纹章集》中斯卡利杰罗家族的纹章（右）。

古城堡斯卡利杰罗家族纹章（左）和家族成员在德国梅希基斯圣马丁教堂墓志铭上的纹章（右）。

马斯蒂诺骑士雕塑（左）和斯卡利杰罗家族的纹章（右）。

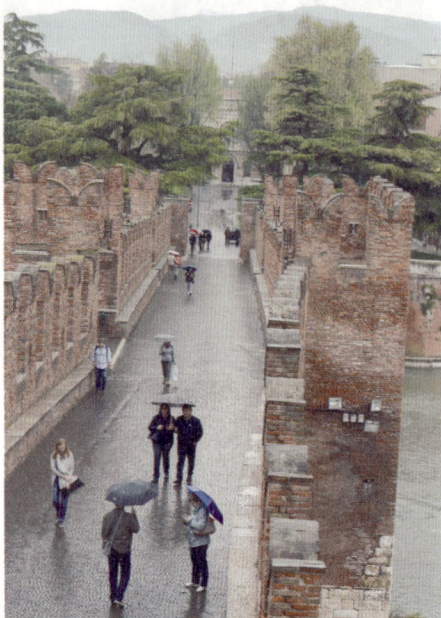

堡靠河边一侧，建造了一条 120 米长的古堡桥（Castelvecchio Bridge，也称斯卡利杰罗桥）连接对岸，规划了一条逃生通道通往德国方向。此桥为三跨的拱桥，最大的拱为 48.7 米，是当时世界上最大跨度的拱桥。1945 年被德国军队摧毁，1949 年至 1951 年，桥梁按照历史上的形态和风格得以重建。

维罗纳将传说中的"朱丽叶阳台"作为城市旅游的亮点，实际上城市还保留了许多文化遗存，如罗马剧场。剧场于公元前一世纪所建，现在仍在使用，每年举办戏剧节，上演莎士比亚经典话剧和哥尔多尼话剧。

欧洲中世纪的城堡和棱堡建设是从军事和政治需要出发，从 16 世纪开

维罗纳城堡桥梁（上）
和桥面现状（下）。

城市纹章：欧洲城市的文化遗产

卡迪夫城堡钟楼上的纹章装饰（左），城堡图书馆的比特边疆伯爵的纹章装饰（右）。

始至17世纪，欧洲的贵族宅第才逐步淡化军事防御功能而关注居住的舒适度，贵族与平民的居住地之间形成了隔离林地，后又发展成为有围墙的花园，18世纪欧洲形成类似"乡村英国重建"的建设运动。

在中世纪，皇帝常用封地封侯的形式，在边疆地区封予亲属爵位和领地，而在这些领地上，领主又建起城堡，特别是选择有防御战略地形条件的山头建立城堡和工事。这些城堡随着经济活动的需要，逐渐演变为城镇。威尔士的卡迪夫城堡（Cardiff Castle）处于卡迪夫市区的中心，是在罗马堡垒原址上建起的中世纪城堡，也是卡迪夫城市的发源地，为城市围绕城堡发展最典型的范例之一，现在已列为英国一级国家历史建筑。该城堡在古罗马时期已经形成一个方形防御堡垒，现在保存下来的最原始部分是11世纪诺曼底人统治英国时建造的城堡。1075年，男爵罗伯特（Robert Fitzhamon）追随威廉一世征服英格兰，开始成为这一历史中心的领主和克莱尔家族（de Clare）的奠基者。城堡从1091年至1536年为威尔士边疆伯爵在格拉摩根领地（Lordship of Glamorgan）的统治中心，在1532年至1542年该领地并入英格兰王国。格拉摩根在现代为威尔士13个历史县，后来又重新进行行政区划调整。城堡在1423年由查利边疆伯爵扩大了规模，之后历经多位边疆伯爵的扩建，形成

格拉摩根郡的纹章（左）、传统格拉摩根郡的纹章（中）、卡迪夫城市纹章（右）。

一座规模宏大的庄园。随着历史的变化，城堡功能日益更新，钟楼和图书馆就是时代的产物。庄园在历史上为多个贵族家族拥有，赫伯特家族（House of Herbert）在 1550 年获得城堡的所有权，他们之间通过联姻继承了城堡和庄园的物业，斯图尔特家族其中的一位成员约翰·克里奇顿—斯图尔特（John Crichiton-Stuart，1744–1814），是第一位使用比特（Marquess of Bute）边疆伯爵的头衔并拥有庄园的成员，他与温莎–赫伯特家族的女儿夏洛特（Charlotte Jane Windsor，1746–1800）联姻获得城

荷兰海牙骑士厅。

城市纹章：欧洲城市的文化遗产

堡物业的继承权。1766 年至 1898 年，斯图尔特家族为城堡的主人，通过贸易和采煤获得巨大的财富。现在的建筑大部分保留的是第三位比特边疆爵的建筑原貌。在 1868 年，城堡增加了 46 米高的塔楼钟楼，钟楼的顶部为多位边疆伯爵的纹章装饰。室内经过修缮装修，成为一座豪华的宫殿，包括宴会厅、图书馆等设施，主人的纹章成为装饰的主题。

二战期间有 1800 人在城堡中避难。1947 年第五位边疆伯爵将城堡卖给了卡迪夫市政厅，成为皇家音乐戏剧学院的公共休闲公园，举办音乐会时可容纳上万名观众。

荷兰海牙（The Hague）骑士厅（Ridderzaal）处于荷兰海牙市中心，旁边有一湖面，周边傍湖建设有政府建筑，骑士厅也包含在其中。建于 13 世纪的骑士大厅，是荷兰伯爵弗洛里斯五世（Floris V，1254–1296）所建。1229 年弗洛里斯的爷爷和荷兰伯爵弗洛里斯四世买下地皮，弗洛里斯五世在这片土地上建立起自己的庄园，同时用于贵族讨论事务，也曾经用作书商交易所。这里从 1446 年开始就是荷兰的政治中心，1891 年至 1904 年重修后将国家和皇室最为重要的仪式性功能保持至今。靠湖的建筑现在是荷兰议会的所在地。

每年举行的"金色巡游"（Golden Coach）的路线是从努儿登堡宫到达骑士厅，王室的许多仪式都在大堂举行。在每年九月的第三个星期二为亲王日，也是国会开会日，荷兰国王在该厅向公

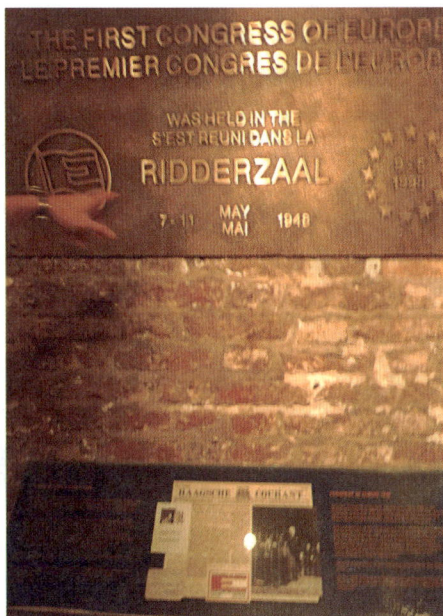

荷兰海牙国会大厅地下室中的荷兰—印度尼西亚和谈纪念碑（上），另一纪念碑石上有手执格列芬盾牌的女神壁雕（下）。

建于13世纪的荷兰海牙国会大厅，也称骑士厅。

海牙骑士厅的纹章。

众演讲，该厅日常用于皇家招待会和国会会议。大厅内部陈设了各省的纹章及其他历史纹章，在室内大厅的高窗上绘制了荷兰城市纹章，玫瑰窗上是荷兰贵族的纹章。1949年在这里举行了荷兰和印度尼西亚的圆桌会议，决定了印度尼西亚的独立交接。地下室有几块纪念牌，其中有一纪念牌记录这一会议。另外还有几块其他纪念碑石，如雕刻有手执格列芬盾牌的女神的碑石。

2. 宗教军事团体的城堡

欧洲许多城市是围绕宗教军事团体的城堡形成的，这类城堡是教廷的武力团体、骑士团与城市统治者三位一体的统治中心，骑士有的效忠于领主，有的效忠于教会，但最大规模的骑士团是教廷承认的几大宗教军事团体。中世纪欧洲有三大骑士团是最为知名的：圣殿骑士团（the Knights of the Temple）、医院骑士团（the Knight of the Hospital of St. John）和条顿骑士团。圣殿骑士团的徽章为两名骑手骑一匹马，意味着贫穷，后来其含义发展为友情和生死与共。这个印章是双面印章，另一面是教堂的象征，最早使用此印章的是第六位团长伯兰特·布兰克福德（Bertrand Blanchefort，1109–1169）。"耶路撒冷圣殿骑士团由雨果·德·帕英建立于1118

年，圣殿骑士团后来成为一个国际修道会，拥有超过 9000 个辖区和地产，870 座城堡。"③教皇依靠这一系列的军事力量强化其统治地位。而骑士们获得的回报是得到领地以及金融贸易等权力。1128 年，教皇通过一次宗教会议将圣殿骑士团组建为一个军事宗教团体，八角十字架是其象征图形。

圣殿骑士团（the Knights of the Temple）印章。

圣殿骑士团后来转为发展金融业而成为国际银行巨头，法国国王腓力四世欠下他们许多债务。1312 年圣殿骑士团在法国国王的操纵下被教皇宣布解散，最后一任骑士团团长雅克·德·莫莱（Jacques de Molay，1240-1314）被法国处以火刑。

三次十字军东征后，欧洲在骑士制度影响下产生各种领地和城堡，这是在中世纪形成欧洲城市体系的另一重要影响因素。

在欧洲中世纪的领地争夺中，基督教的宗教势力借助宗教的军事力量来巩固世俗的统治权，教皇亲自下令宗教军事集团的军事行动，产生的都是血淋淋的悲惨结果。骑士们嘴上说的是"我们是奉上帝之名"，实际上却通过宗教的精神影响力，即所谓文明教化，热衷战斗，使屠杀行为得到美化并被利用来获得"骑士的报酬"。骑士精神讲究忠诚、勇敢和献身，在现代引用为注重个人荣誉和身份的"绅士精神"，骑士献身于谁？什么是教化？骑士铁蹄践踏的是在原来土壤生长出来的文明之花，把十字架插到其用武力征服的城镇和城堡。战斗为了什么，落到实处就是物质报酬和得到爵位的炫耀。

1190 年在阿卡的战斗中，条顿骑士团成立，其成员主要是来自德国的骑士、教士和修士，1230 年，在腓特烈二世（1193—1250）的同意下，骑士团与北方和维斯拉河以东的普鲁士异教徒开战，展开了东拓的进程。在 13 世纪的东征过程中骑士团兴建了许多军事要塞。波兰城市科沙林（Koszalin）是骑士征战过程中建立起来的代表城市，1266 年获得城市地位。距离格但斯克 63 公里的马尔堡也是东拓的成果之一。条顿军团在欧洲最大的城堡塔林也是 13 世纪从条顿骑士团城堡建设发展起来的城市，配合骑士团从神圣罗马帝国（现在的德国）向东中欧进行移民。日耳曼的东拓和条顿军团东征，建立了若干新城，日耳曼民族向东、中欧地区移民，其影响范围远及斯洛文尼亚、爱沙尼亚。

波兰格但斯克（Gdansk，德语 Danzing）是 1308 年被条顿骑士军团征服的城市，骑士团在征服过程中实施了惨烈

格但斯克以城市纹章为主题的琥珀工艺品。

以城市纹章为主题的格但斯克琥珀工艺品。

8

的屠杀。该城市是在港口与奥利瓦修道院的基础上发展起来的，997年确定了名字，由波兰国王梅什科一世建立。该城市在中世纪分为奥尔特、纽斯、瑞其、沃尔等四座独立的城池，各自有独立的防御系统，汉萨同盟时期由于其得天独厚的港口条件而成为汉萨同盟城市成员，1235年，该城根据吕贝克法律通过了城市宪章，1343 年获得城市权利。13 世纪格但斯克有了城市印章，寓意物是骑士的图像。在 15 世纪出现了两个十字架的印章，1457 年盾徽加上了皇冠，同时加上两只狮子为护盾兽。城市的铭文是：不紧不慢（Neither rashly nor timidly）。

描绘格伦瓦德之战的画作。

远眺特拉凯岛中的城堡。

格但斯克 1228 年的印章（上右）、格但斯克公爵印章（上左）和格但斯克城徽（下）。

Gryfska 的战旗。

在维尔纽斯附近的小镇特拉凯（Trakai）上，特拉凯湖湖面宽广。14世纪下半叶在湖中一小岛上建造的"特拉凯岛中城堡"（Trakai Island Castle），是立陶宛大公的另一个政治中心。1377年条顿骑士团袭击了城堡，破坏严重。于1409年休战期时完成了第二期大部分工程。城堡在防御性方面进行了设计，包括三座塔楼、吊桥的入口、壕沟、木结构走廊等。立陶宛大公在此会见外来使者，城堡中最重要的空间是会见大厅，10米宽、20米长。城堡在1511年后改建为监狱，后来严重受损，二战后开始陆陆续续修缮并重现历史原貌。

波兰－立陶宛主要的对手主要是

特拉凯岛中城堡的壕沟（上）和吊桥（下）。

特拉凯岛中城堡的内廷
和大堂。

城市纹章：欧洲城市的文化遗产

立陶宛特拉凯岛中城堡的骑士铜雕。

3. 以采邑主教居住为主要功能的城堡

德国阿沙芬堡市（Aschaffenburg）是巴伐利亚州的直辖市，中世纪时传教士在这里建立了教堂、城堡。1605

日益扩张的条顿骑士团。雅盖沃和维金塔斯带领各部落在 1410 年以波兰—立陶宛联盟名义与条顿骑士团之间展开的战争，史称格伦瓦德之战（Battle of Grunwald），是欧洲历史上重要的战役之一，在留存下来表现战役的绘画中，可以看到刻画详细的交战两方条顿骑士团的军旗和维金塔斯的战旗。

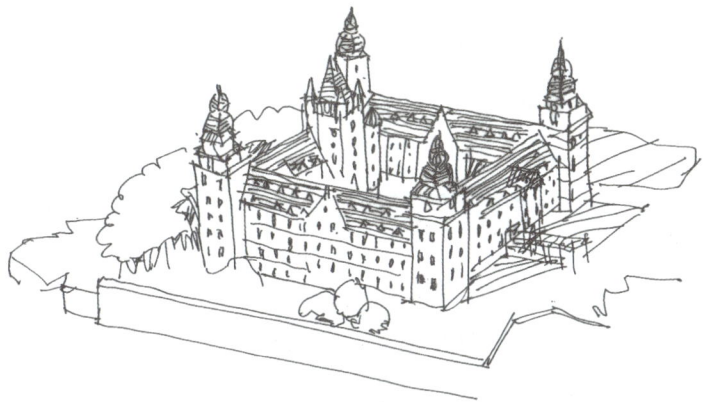

阿沙芬城市中的约翰尼斯堡（Schloss Johannisburg）鸟瞰图。

约翰尼斯堡建筑的装饰利用红砂岩易于雕琢的特性，创造出华丽的外装饰。

年和 1614 年建立的约翰尼斯堡（Schloss Johannisburg）为美因茨主教的第二个住地，城堡以红砂岩为建筑材料，取自附近的山上。城堡保存了 14 世纪及以前的部分遗址，在 19 世纪，这里成为巴伐利亚国王的夏宫。阿沙芬市就是围绕城堡而发展起来的。这座城堡成为德国文艺复兴时期最主要的建筑之一。

约翰尼斯堡（Schloss Johannisburg）的内外院装饰华丽，美因茨主教的纹章和建筑建造的年份都刻在墙上，为 1607 年。

阿沙芬堡市城徽是银色盾面，红色城墙、蓝色屋顶的城堡内，主教端坐着，表现了约翰尼斯堡和美茵茨选帝侯的地域特征。城堡使用的是红砂岩，城

美因茨纹章装饰在城堡的窗楣上。

巴伐利亚州阿沙芬堡市城徽。

巴（St. Willibald）于 741 年建立了艾希施泰特教区。城市获得城市宪章是在 908 年，后成为主教和世俗统治者的采邑并一直延续到 1802 年。威利布罗德堡（Willibaldsburg）建立于 1353 年，处于城市边上的易守难攻之处，为艾希施泰特主教驻地城堡。

堡城徽也是用红色表达这一建筑材料使用特征。美因茨选侯帝的领地是跳跃的而非连绵的，美因茨之外，像阿沙芬城市这样分离的领地有几处。图形在神圣罗马帝国时期为阿沙芬公国所使用。

艾希施泰特县（Eichstatt）的纹章包含了主教的权杖首部、象征工业发展的火炬和原来的领主希尔施贝格（Hirschberg）的象征物鹿角。圣·威廉

阿沙芬主教的纹章。

城堡和纹章装饰艺术

455

1313年依山而建的卡斯特尔格朗德（Castel grande）城堡步道（左）及城市全景图（右）。

阿尔卑斯山最重要的要塞之一是靠近意大利和瑞士边境的瑞士贝林佐纳（Bellinzone）。城市是由一群堡垒群组合而成，包括三组城堡：卡斯特尔格郎德（Castel grande）城堡、蒙特贝罗城堡（Monte bello）和萨索-科尔巴洛城堡，从古罗马、神圣罗马帝国时期到10世纪奥托一世时都是军事要塞。贝林佐纳市主要由三座城堡发展起来而构成城市框架，古罗马时期建立的军事设施奠定了居住地的雏形，中世纪时城堡得到继续完善。1420年蒙特贝罗城堡扩建，在14世纪末为维斯孔蒂（Visconti）家族拥有，曾经是米兰公国的一部分。现在的贝林佐纳城徽还保持

贝林佐纳的卡斯特尔格朗德城堡的垛口。

维斯孔蒂家族的族徽。

中世纪的一些城堡周边发展为领主下的手工业者的居住地，因战争不断而需要城墙防御系统。13世纪是欧洲城市建设城墙的高峰期，城墙经常与城堡联为一体形成防御体系。德国图林根州的重要城市埃尔福特（Erfurt）是州府所在地，八世纪萨克森—盎格尔传教士的代表性人物博尼费斯（Saint Boniface）主教来到这里建立了教区，宗教渐渐成为城市的主导力量。1650年制图师梅里安绘制的地图表现了城区和棱堡城墙围合的城区关系，统治者重点控制的彼得斯堡（Petersberg）在

瑞士贝林佐纳市城徽。

城市纹章：欧洲城市的文化遗产

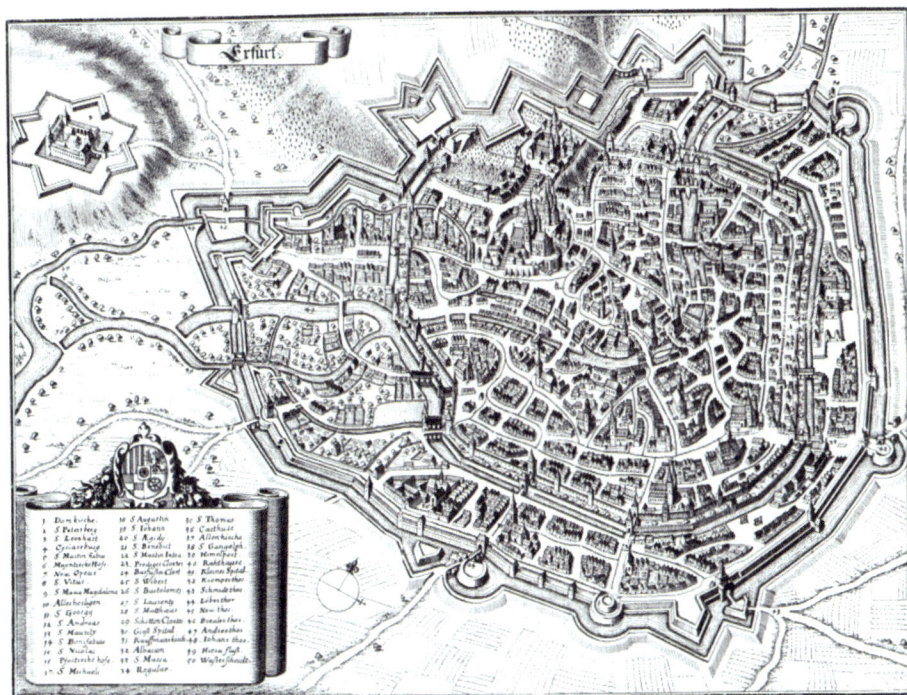

约翰·菲利普（Johann Philipp）的纹章。

地图左上角也被清楚地标志出来。城堡在其后得到进一步加固，包括加强了城中堡的围墙、入口的修建；在 1730 年埃尔福特历史地图中更加清楚地表现了城堡连接防卫性城墙的城市空间特征。

1689 年绘制的美因茨历史地图，同样清楚地绘制了城堡、对岸城堡与防

于 1666 年 至 1668 年建设的城堡入口上的纹章。

卫性城墙的一体化空间关系，城中堡的防御模式是这一时期欧洲城镇的重要空间特征。从公元前13年罗马帝国建立美因茨军事城堡开始，统治者已将城市的防御能力作为主要的建设目标。在中世纪，这里成为宗教中心后，宗教的世俗统治权、神圣罗马帝国的领导权和市民自治权三者在不同历史时期进行角力，其中某一阶层时而占上风，时而处于底层。尽管在13世纪由24人组成的市政厅获得权力，但作为主教的采邑还是其最主要的城市特征。在神圣罗马帝国中，美因茨主教成为选帝侯，在1664年美因茨选帝侯成为城市的统治者。数世纪后，加强防御能力依然是城市功能中不变的主题。

绘制于1730年的埃尔福特历史地图。

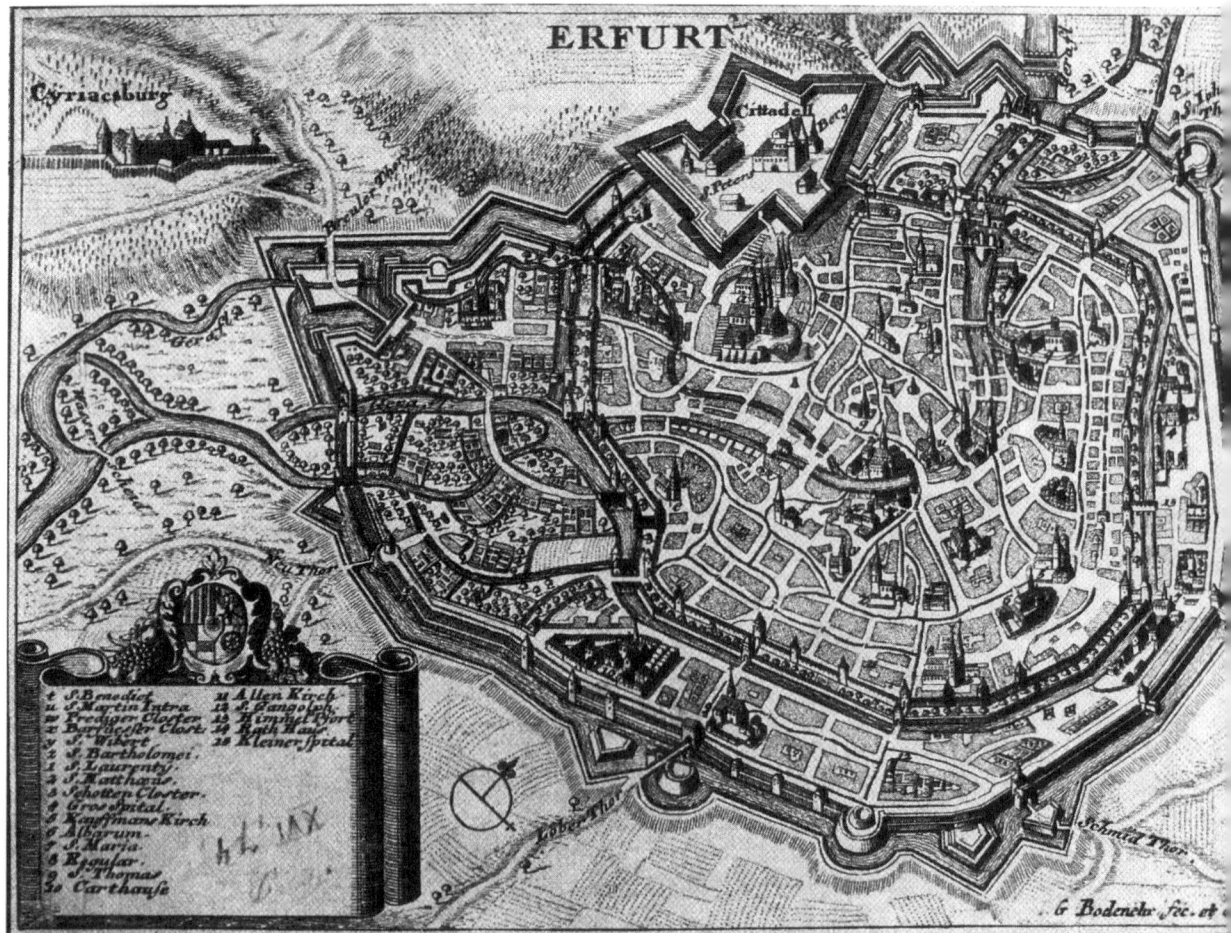

城市纹章：欧洲城市的文化遗产

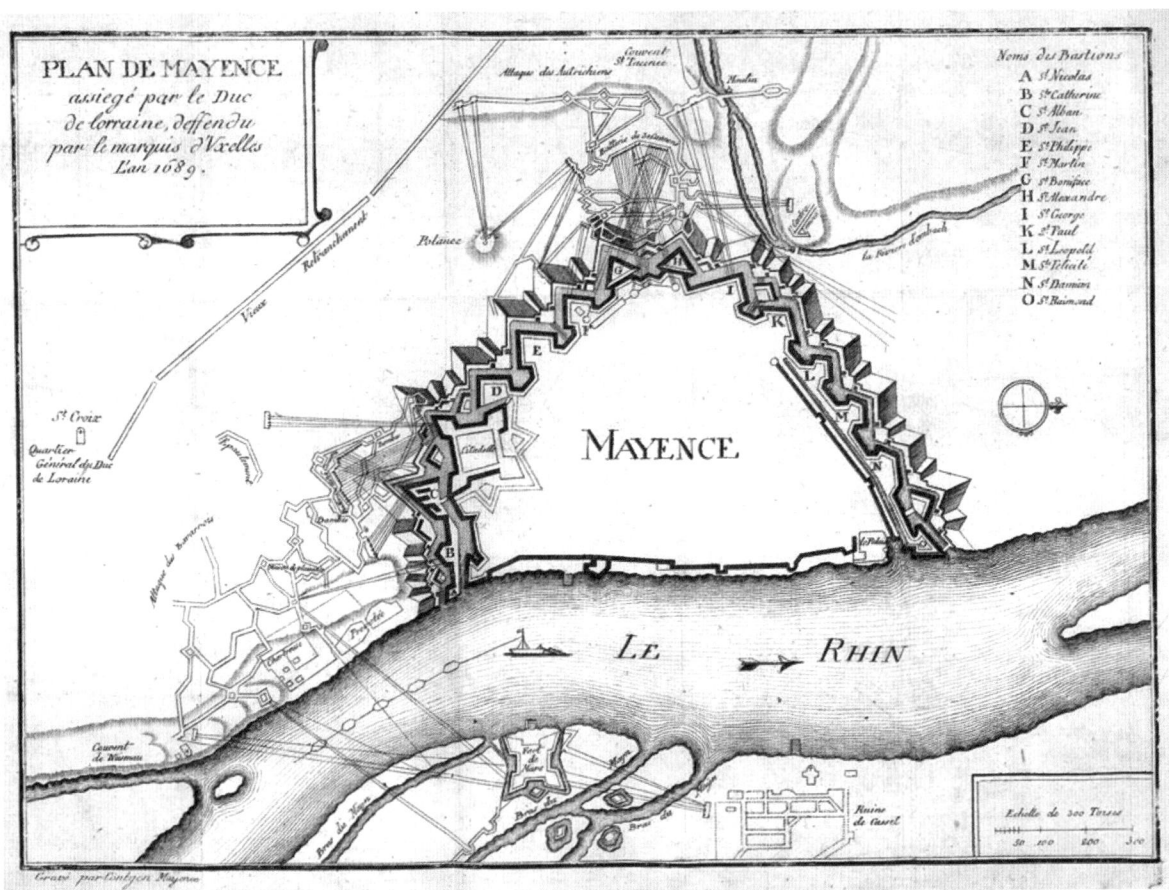

PLAN DE MAYENCE
assiegé par le Duc
de Lorraine, deffendu
par le marquis d'Vxelles
L'an 1689.

Noms des Bastions
A S.t Nicolas
B S.t Catherine
C S.t Alban
D S.t Jean
E S.t Philippe
F S.t Martin
G S.t Boniface
H S.t Alexandre
I S.t George
K 2.t Paul
L S.t Leopold
M S.t Feliate
N S.t Damian
O S.t Raimond

MAYENCE

LE → RHIN

制作于 1689 年的美因
茨历史地图。

① ［美］玛丽莲·斯托克斯塔德著，林盛
译：《中世纪的城堡》，上海社会科学院出版
社 2013 年版，第 12 页。
② Wolfram zu Mondfeld. *Historische Schiff-smodelle.* München: Mosail Verlag GmbH, 1990.
③ ［美］玛丽莲·斯托克斯塔德著，林盛
译：《中世纪的城堡》，上海社会科学院出版
社 2013 年版，第 63 页。

城堡和纹章装饰艺术

二、城门的点睛之笔

城堡的基本形式在古罗马时期已经形成，城门、塔楼和城墙是最基本的防御要素，《建筑十书》已经论述总结了古罗马城堡的设计经验和原则。城堡建设在冷兵器时代的中世纪倍受重视，延续并改良了城堡的结构以保证城堡的安全。同时进一步扩大城市范围，建造有城墙的城市是欧洲基本的城市防御安全手段，同样，要害是城门、城墙和塔楼。建筑者往往在城门处嵌入城市纹章，这是城市的点睛之笔。

1. 城门设计元素

最主要影响城堡安全的是城门，城堡的城门一般较窄，容易防卫，且能够设置各种防卫措施，如壕沟（Moat）、吊桥、护坡（Glacis）、雉堞、多层防守城墙等。城门分为陆地的城门和水面登船的城门。在现存的欧洲城市全景图和鸟瞰图中，城市防御系统是主要表现内容。

英国学者克拉克对中世纪出现的城门有较全面的分析："德意志全境，各地城镇的城墙三分之一都是于1100年至1300年之间兴建的。城墙和城门

壕沟、吊桥、多层防守城墙的入口。

城门体现一定的装饰风格。

中世纪欧洲码头城门采用侧门的形式，塔楼与门结合起来。

有多种功能，除了城防功能外，还能控制城市人口进出，包括控制本城居民、外来人口和旅行者。城门还便于纳捐抽税，城门地带的瓮城还能用做临时监狱和市政厅。"①

城门入口防卫的设施多种手法共用，首先欧洲城市城门一般都比较小，其次设置门栅，门栅形式源于中世纪城堡的典型样式，带有铁制刺刀的栅栏城门称为闸门。大门是用金属条加固的沉重的木门，再加上一层铁栅栏门，采用升降设备，旁边设置门房，在其上层可以操作闸门升降。

除了闸门外，不少城堡还设计了吊桥以加强防守。城堡周边建设壕沟和护城河，吊桥成为唯一的入口，不但可以吊起而且能够转向。另外，增加地形的复杂性也是提升城堡防御能

1576 年规划的米兰城门和棱形堡的城墙紧靠在一起。

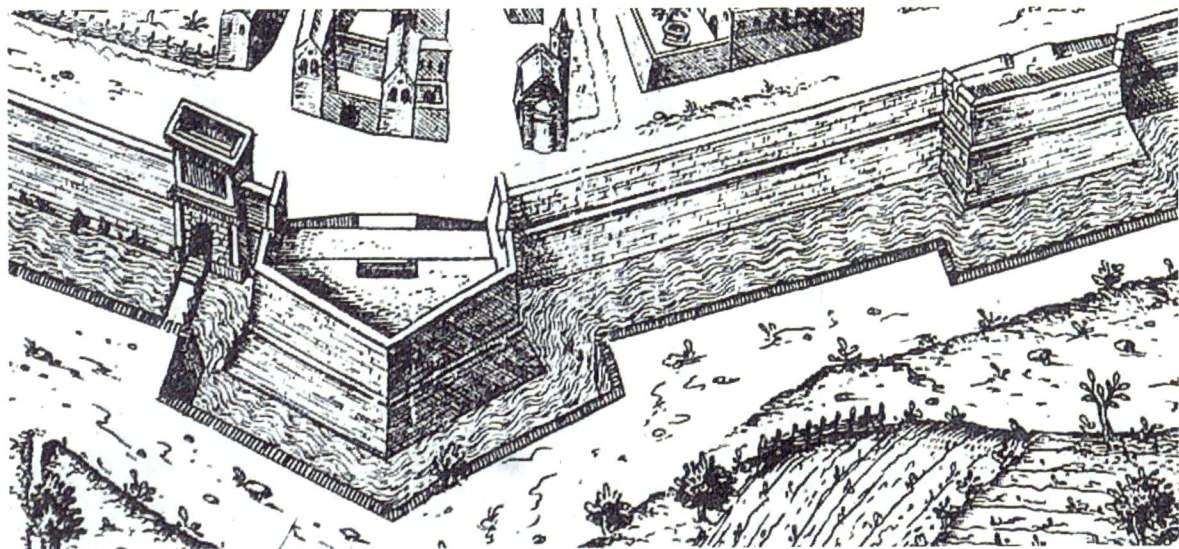

城堡和纹章装饰艺术

461

爱沙尼亚萨雷马岛库雷萨雷城堡（Kuressaare Castle）
门栅。

布拉格王宫城门和塔楼带有铁制刺刀的栅栏。

城市纹章：欧洲城市的文化遗产

WEJŚCIE
ENTRANCE

2,9 m

城堡和纹章装饰艺术

463

皮耶枫城堡的东北塔楼。

屠坑（Machicolation）。

堡（chateau de Pierrefonds）使用的屠坑设施有代表性，这是一座典型的中世纪防御性城堡，在19世纪时进行修缮，现在是许多电影的外景拍摄地。

另外在城墙上加建塔楼和围篱也是提高防御水平的有效办法，围篱扩大了防守范围，一般为木质横梁支撑的步行走廊。双层城墙也能有效加强城堡防御功能，城墙之间成为日常训练的场地。

棱堡（Bastion）、凸堡（Bartizan）是在欧洲防卫城墙上最鲜明的建筑特征，棱堡向外突出增加了防守城墙的角度和空间，为欧洲16世纪末至19世纪最为流行的做法；凸堡在转角处悬挑出来，增加了观察四周环境的视野，14世纪开始应用到城堡的建设中。

欧洲城市的城墙的建设一般分三次高峰时期，一是古罗马时期，二是在12—13世纪左右，三是在15—16世纪左右。

力的有效措施。

除城门外，加强城堡防御水平的有效方法还有创新城墙的建筑形式。屠坑（Machicolation）是城墙特殊的防御装置，利用暗洞可以让防守者在顶部射箭、发射飞弹和当大门着火时浇水，1393年至1407年建造的法国皮耶枫城

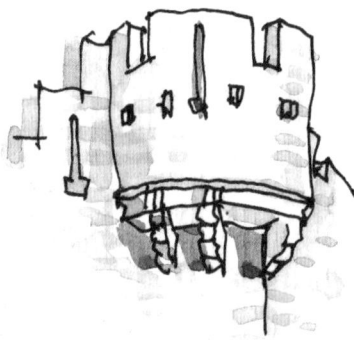

棱堡（Bastion）示意图
（左）和凸堡（Bartizan）
示意图（右）。

《建筑十书》中绘制的
古罗马城墙防御和进
攻设施。

维特鲁威的城墙"类型1"：
幕墙与碉楼，墩柱上架设木质通道

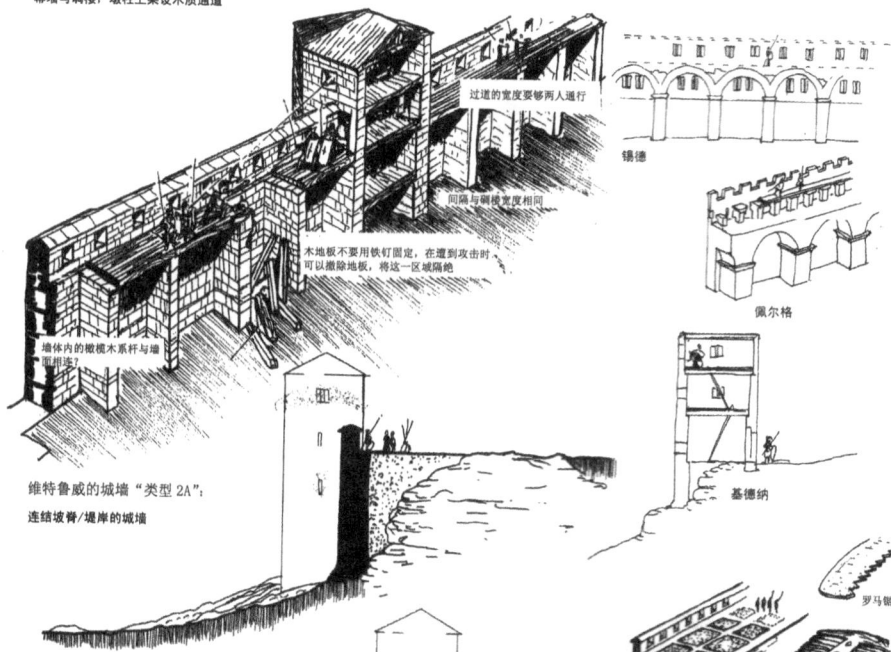

过道的宽度要够两人通行

锡德

间隔与碉楼宽度相同

木地板不要用铁钉固定，在遭到攻击时
可以撤除地板，将这一区域隔绝

佩尔格

墙体内的橄榄木系杆与墙
面相连？

基德纳

维特鲁威的城墙"类型2A"：
连结坡脊/堤岸的城墙

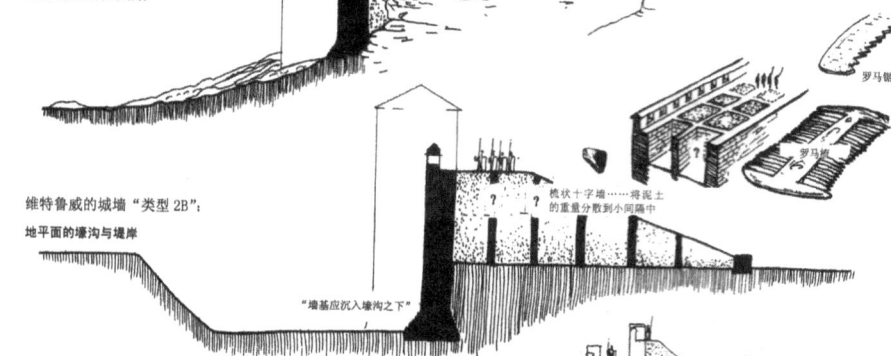

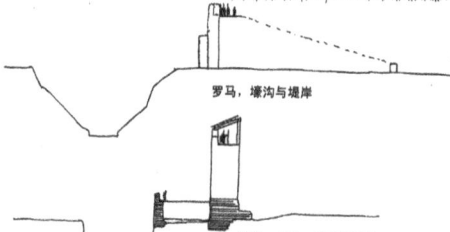

罗马锯

罗马斧

维特鲁威的城墙"类型2B"：
地平面的壕沟与堤岸

梳状十字墙……将泥土
的重量分散到小间隔中

"墙基应沉入壕沟之下"

罗马，壕沟与堤岸

庞贝，两级城墙

雅典，公元5世纪的城墙
（台石上砌筑泥砖）
以及前4世纪的"外围工事"

帕埃斯图姆，城墙与壕沟

465

瑞士贝林佐纳的城墙。

15世纪的布拉格旧城有13个城门，克拉科夫在16世纪最高峰时期有47个塔楼、8个门。同时期米兰的城墙长11公里。第一次高峰是因为罗马帝国的强大，疆域广阔需要加强防卫；12—13世纪城墙的建设高峰是因为欧洲不少城市获得自治权，签订了城市宪章，市民需要更安全的城市防卫；15—16世纪的城墙建设，是由于战争频繁，军事上的攻城武器发生的新变化，棱堡防御军事建筑日趋完善，从而城墙需要进一步改善。

罗马时期3世纪西班牙加利西亚建设的城墙，城墙宽4.2米，高8米至12米不等，长2公里，有10个城门，城墙内的面积约34.4公顷，是目前保存最为完整的罗马时代的城墙。塔楼利用突出的空间观察城墙周边的战情，在中世纪后期的城堡和城市的防御城墙多设计建造有塔楼（fortified tower），13世纪城门的塔楼常用双塔的建筑形式。

塔林的城墙建于1265年，5米高，1.5米宽，是丹麦女王玛格丽特（Margaret

西班牙卢戈城镇罗
马时期的城墙。

Sambiria，1230–1282）下令兴建的，所
以也被称为玛格丽特城墙。城墙在各历
史时期得到不断加固和扩大，至今还保
存着大部分的建筑，被列入《世界遗产
名录》。

西班牙萨拉戈萨的阿尔哈发利亚
（Aljaferia）宫殿是在阿拉贡地区 11 世
纪下半叶建立的伊斯兰城堡式王宫，为
1018—1118 年泰法（Taifa）伊斯兰王
国所建。714 年摩尔人征服了西班牙阿
拉贡地区，1118 年西班牙阿拉贡王国
国王阿方索一世夺回萨拉戈萨的统治权
后，城堡其在统治时期又开始成为阿

塔林的城墙。

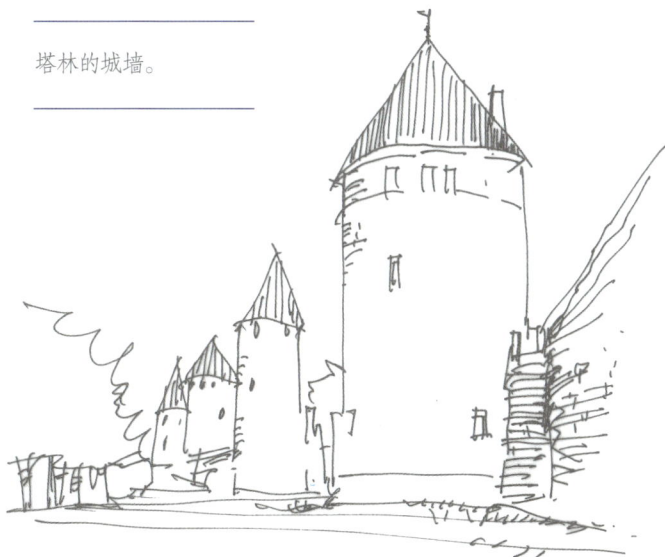

西班牙阿尔哈发利亚（Aljaferia）宫殿的塔。

拉贡国王的居所，将萨拉戈萨定为阿拉贡王国的首都。1593 年，城堡成为军事防御建筑，增加了防御设施，从平面图上可以看到棱堡（bastion）和壕沟（moat）的西方军事堡垒的设计与伊斯兰城堡半圆型塔楼城墙建筑的混合，一般伊斯兰的城墙塔楼为圆形，入口设置复杂的机关加强防守，在 5—6 世纪，拜占庭已经建造了具有强大防御能力的城堡。现在的阿尔哈发利亚城堡保存下来的最古老部分是 9 世纪末建造的塔楼。这座城堡是《世界遗产名录》中"阿拉贡的穆德哈尔式建筑"的一部分。阿尔哈发利亚城堡在城堡装饰上展示了伊斯兰建筑风格，建筑上的窗花格非常精美，完美展现了其风格。城堡现在为阿拉贡自治区地方议会所拥有。

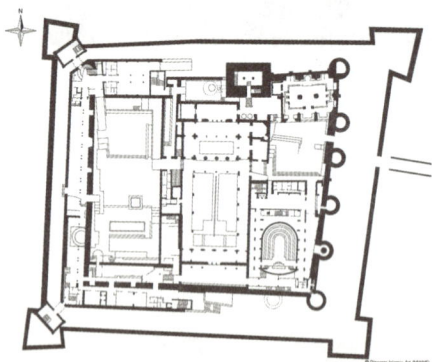

阿尔哈发利亚宫殿平面图，室内伊斯兰风格窗花格和柱头的装饰细部。

1095 年开始的多次十字军东征在欧洲促进了军事城堡建设，在基督教军事团体与伊斯兰军队的对抗中，欧洲也学习了伊斯兰城堡的建造方式来巩固自己的城堡，如双层的城墙、屠坑、吊桥的做法均是来自伊斯兰军事城堡的建造方式。

来自海上的威胁也是中世纪贸易港口城市的防御重点，从而形成了有别于陆上城市的防御城墙。克罗地亚的城市杜不罗尼（Dubrovnik）有"亚得里亚海明珠"之称，城市建立于 7 世纪，11 世纪—14 世纪由阿帕德（Arpad）王朝统治，13 世纪开始成为海上重要港口城市，15 至 16 世纪成为可以与威尼斯匹敌的城邦，经济贸易在拉古萨拉共和国（Republic Ragusa）时期最为繁荣，这一王国存在时间从 1358 年至 1808 年。城市历史中心被列入《世界遗产名录》。

杜不罗尼的城墙防御功能需要从

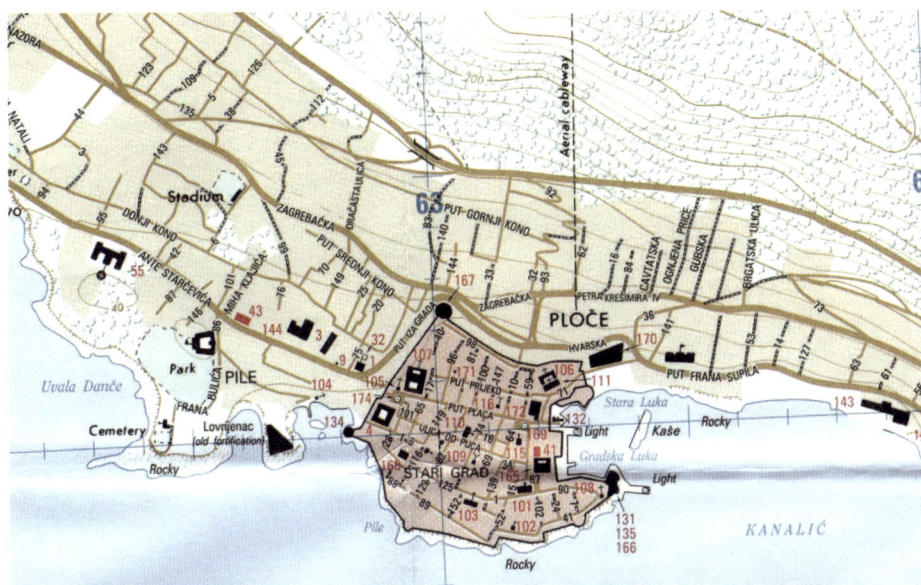

杜不罗尼城市总平面图。

杜不罗尼的港口和城墙。

海上和陆上两方面考虑，借助地形地貌建立高低错落的防御城墙是这座港口城市显著的空间特征，城墙的高度一般在 4 米至 6 米之间，最高处达到 25 米，陆域的城墙厚度相对于海域薄，海上的城墙部分厚度在 1.5 米至 5 米间，在城墙上再建城堡，城墙总长度约 2 公里。保存下来的城墙是 12 世纪至 17 世纪建造的。

壕沟来自诺曼人修建的高土基础塔楼，"壕沟"的英文为"Moat"，而"高地"为"Motte"。为建起山丘高地，在一定直径内挖出一条壕沟，挖出来的土堆积成为山丘并形成城堡的高地基础，这一直径范围内的场地内空地称为

堡场，也可以起到庇护作用。白俄罗斯涅斯维日拉齐维乌城堡的壕沟、护城河和棱堡是建于 1583 年的防御工事，具有典型的棱堡特征。

2. 遗存的城门——城市形象和地方建筑风格的象征

都灵留存的罗马奥古斯丁时期的城门是目前欧洲保留下来的少数罗马时期的城门，建于公元前 25 年，对应城市的南北轴线道路。城门由砖和石头建成，尺度巨大。在 18 世纪至 19 世纪被改建为监狱、音乐学校等，目前在修复中。

中世纪城堡的建筑材料从木材逐

城市纹章：欧洲城市的文化遗产

1478年吕贝克的城门，城门内外的不同立面装饰。

在城门上有句铭文——"城外是战争，城内是和平"。在城墙拱门上方写着意味深长的铭文——"和谐在内，和平在外"（Harmony with, Peace without）。城门在1950年成为博物馆，1995年德国发行了以吕贝克城门为主题的纸币。

德国以吕贝克的城门为核心图形的纸币。

步过渡到石材，对提升城堡的防火和防卫能力都起到重要的作用。在扩大了的城市防御系统中，城门更是成为城市的象征，造型和细部装饰更为考究，石材和红砖成为重要的外墙装饰材料，屋顶形式成为风格的象征。

吕贝克在819年开始建立城堡，1143年荷尔斯泰因伯爵（Adlf von Schauenburg）在城堡基础上建设了城市。吕贝克的城门是欧洲城市中最具有象征意义的，因为吕贝克是汉萨城市同盟的总部，吕贝克城市因而被称为"汉萨女皇"，此城门从某种意义上而言，成为德国和汉萨城市同盟的象征，被称为"红砖哥特建筑"（Brick Gothic）之母。

城门也是分阶段建造的，首层红砖墙为基础，四层的塔楼在后期加建。

比利时梅赫伦市（Mechelen）是一座离布鲁塞尔22公里的8万人的城镇，

梅赫伦市布鲁塞尔港城门。

布鲁塞尔港城门（Brusselpoort）是梅赫伦城市历史上 12 座城门中仅剩的一座。城门建于 1264 年至 1268 年之间，16 世纪时重修了城门的塔楼。这座历史城门在近现代的功能多次改变，曾经作为警察局、青少年中心和艺术中心，现在是博物馆。

荷兰、比利时等国家的城市是填

哈勒姆城门。

473

1638年的瑞士伯尔尼地图显示的三个防卫塔楼，这是城墙随城市规模扩大而不断增建的塔楼。

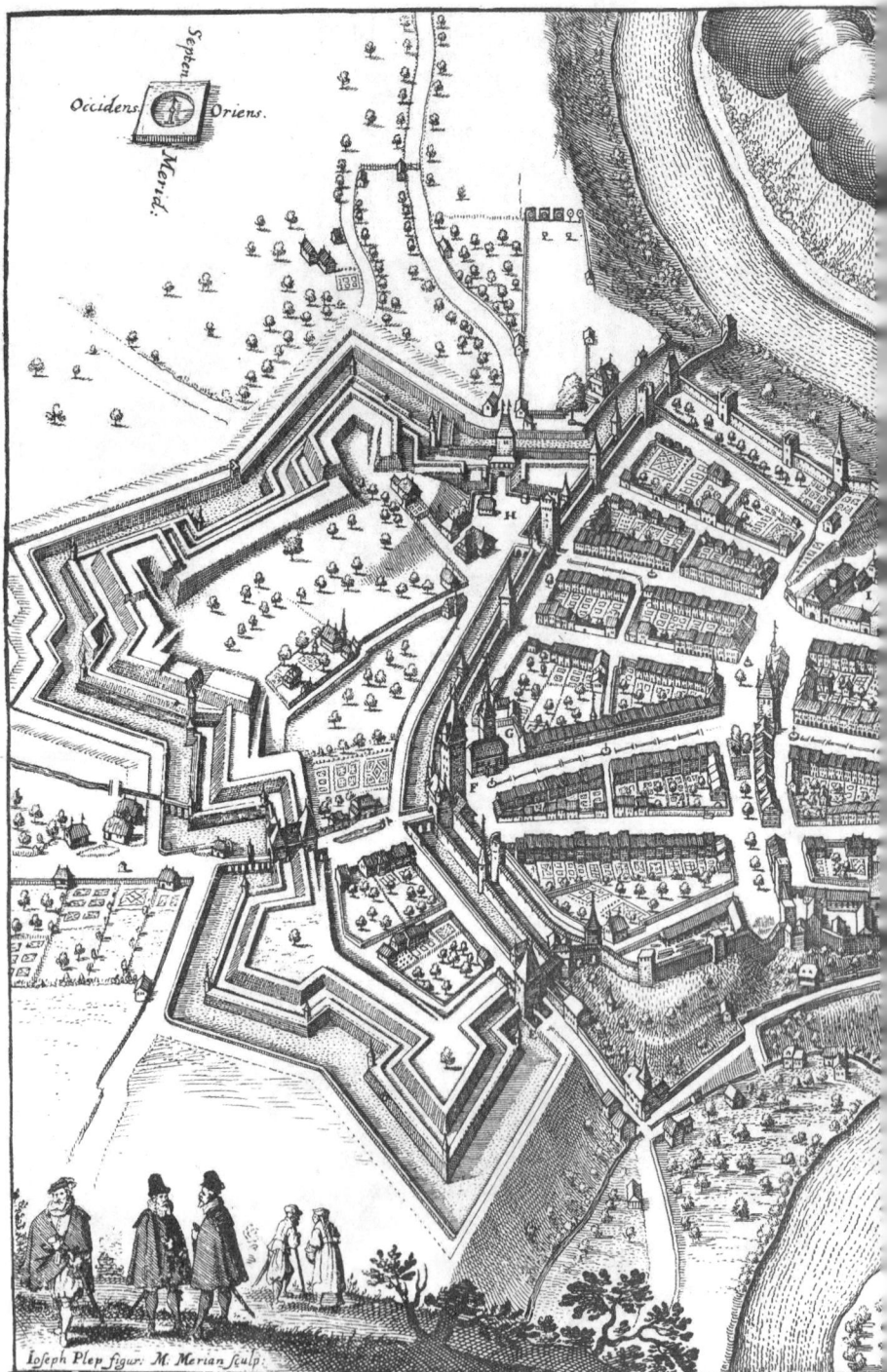

Ioseph Plep figur. M. Merian sculp.

A. S. Vincentzen Münster.   C. Barfüßer Closter, jetz das Collegium.
B. Das Stifft.   D. Die Insel.

城市纹章：欧洲城市的文化遗产

Bern die Hauptstatt in Nücht
land ward erbawen durch Berchtoldum
den V. Hertzogen zu Zäringen A: 1191. vnd
Befreyet von den Keyseren Henrico dem VI. vnd
Friderico dem II. Kam in den Eydgnößischen
Bundt Anno 1353.

RNA

Aar fluß

Passus.
100   200   300

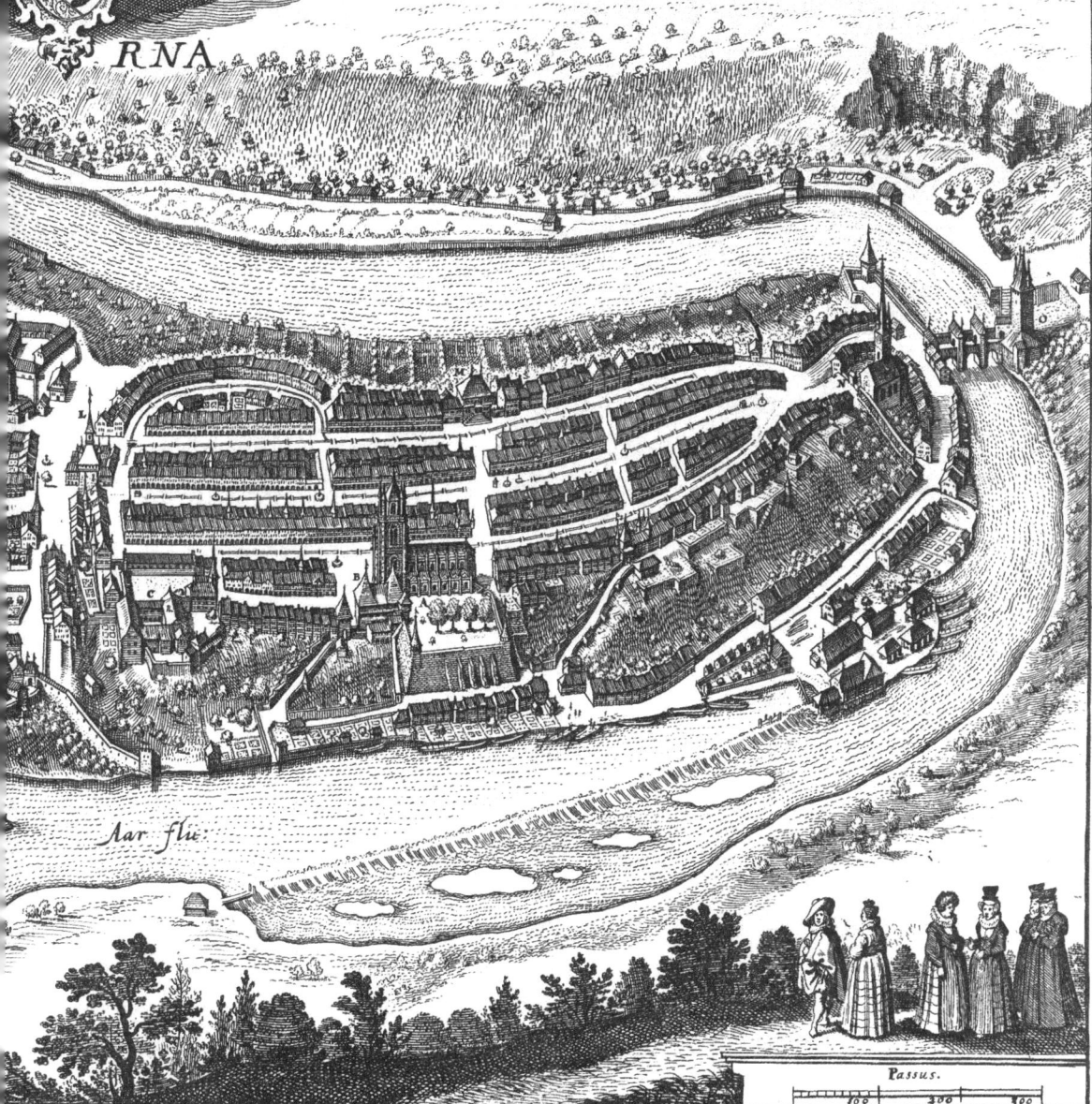

	G. Der ober Spital zum Heilgen Geist.	I. Das Zeughauß.	K. Prediger Closter, jetz der Groß Spital.
lli thor.	H. Goletenmatgassen thor.	L. Zeytglocken.	M. Das Rath hauß.
thor.		N. Nideck.	O. Das Nider thor.

伯尔尼城门钟楼高度的
演变过程。

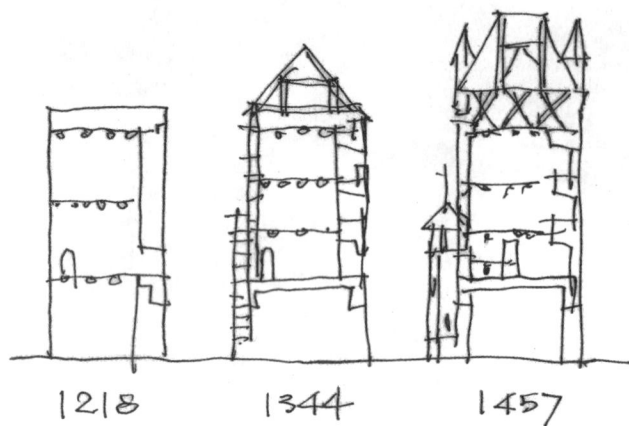

1218   1344   1457   1770   1979

海造地形成的，由于水系的天然防御效果明显，低地地区结合地形特征创造了运河加棱堡的模式，只有跨越水道和运河才能进入城内。哈勒姆城门有别于欧洲其他国家，由桥梁连接城门成为防御系统的重要部分。哈勒姆城市现在保留了这座古老的城门，它是这一地区原有的 6 个城门中唯一保留下来的传统城门。巨型的塔楼、粗石的拼砌、灰蓝色的尖屋顶，使其具有典型的北欧风格。

城门常成为不同历史时期城区扩张轨迹的地标。瑞士伯尔尼的时钟塔，也称 Zytglogge 钟楼，是伯尔尼的城市象征，它原来是 13 世纪城市城堡防卫系统的西城门，建于1218年至1220年。钟楼见证了城市扩张的发展史，它也从城市的边缘演变为现在的旧城中心。

3. 城门与纹章

中世纪的城堡与纹章的装饰结合紧密，将不同材质的家族纹章嵌入城堡入口以显示城堡主人的身份，飘扬的家族纹章旗彰显了城堡的活力。

荷兰莱顿市（Leiden）是北荷兰省的首府，城市周边为运河所环绕。印刷业和纺织业的发展使城市在 14 世纪至 16 世纪显得生机勃勃，而莱顿大学的建立使城市学术风气浓厚。"荷兰北部的莱顿大学也取得了统治地位。莱顿大学创立于1575年，是为了纪念其居民对围城的西班牙军队的英勇抗击。正像荷兰北部的新教和南部的天主教有其高等教育中心那样，他们也有着赫赫有名的印书传统。"② 由于处于低地地区，城市周边由水系构成棱堡式城墙的护城河，城内通过桥梁与外界连接，与哈勒姆城门是同一样的模式。保留下来的17世纪建造的莱顿市城门也是此种模式，但建筑风格更为完美，成为莱顿市的象征符号，以交叉的圣彼得钥匙为寓意物的城徽，成为城门上的重要标志。

1574年，城市参与了反对西班牙统治的斗争中而发生了"莱顿之战"，城市的防御系统起到了重要的作用。城门在城市中显示着重要历史价值，防御性和艺术性同时在城门建筑上得到体现，城市纹章成为城门的标志，红色的砖墙与充满装饰细节的白色门套形成强烈的视觉冲击效果。

15世纪的莱顿是荷兰当时最大的城市，其城市发展的动力是繁荣的布匹产业，城市因纺织技术的进步而形成地区生产中心，开辟运河发挥了贸易运输作用。在1670年城市人口达到6万，成为第二大城市③。莱顿在1575年建立了北荷兰第一所大学而成为学术中心。伦勃朗出生在这座城市，市政厅在城内组织的步行旅游路线包括了"年轻伦勃朗的足迹"，伦勃朗的出生地、上过的学校和伦勃朗绘画导师的工作坊串联成为了旅游线路。

莱顿的城门（上）和城市纹章装饰（下）。

莱顿城门的背面纹章装饰。

莱顿的城市运河景观，开启的桥梁和入口上方均有城徽标志。

城市纹章：欧洲城市的文化遗产

莱顿城堡（Burcht van Leiden）建于11世纪，在后来若干世纪中逐步添建，城市纹章在入口的门上有不同的表现方式。

荷兰莱顿市的城徽以红色的圣彼得钥匙为寓意物，作为护盾兽的狮子在盾徽中有时候是左右两只，有时是单独出现。但在建筑上则完全使用雕塑的表现形式，如在入城的城门上方的城徽，城市内一建筑入口屋顶上的城徽。东城门上方的城市纹章将两侧的护盾兽以写实的方式展示出来，从而增强了艺术感染力。

荷兰莱顿市的城市纹章。

莱顿市城市一入口顶部上的城市纹章雕塑。

东城门上方的城市纹章。

凯旋门作为一种有着特殊纪念意义的城门形式，纹章在拱门拱顶石的位置成为凯旋门主题符号。1693年完工的蒙佩里埃（Montpellier）凯旋门（Porte du Peyrou），纹章是1715年路易十四成为法国国王时添加上的，拱顶的中心部位使用了路易十四的三朵百合花纹章装饰。

在欧洲，俄罗斯是引入纹章文化较晚的国家，但当彼得大帝在选择东西

1658年建造的莱顿城堡入口上方城市纹章（上）和现在外铁门的纹章（中、下）。

LUDOVICO MAGNO LXXII ANNOS REGNANTE
DISSOCIATIS REPRESSIS CONCILIATIS GENTIBUS
QUATUOR DECENNALI BELLO CONJURATIS
PAX TERRA MARIQUE PARTA 1715

蒙佩里埃市的凯旋门。

文化时，完全倒向西方文化从而使纹章文化遍地开花。莫斯科"胜利广场"是一个街心广场，广场中心矗立着雄伟的凯旋门。1829 年至 1834 年在莫斯科通往圣彼得堡的路上建造了一座凯旋门（Triumphal Arch of Moscow），纪念尼古拉一世（Nicholas I）1812 年取得俄法战争胜利（Patriotic War），1814 年开始建造的凯旋门为木结构，1827 年决定开始重建时采用石头结构并用铸铁制作雕塑、纹章装饰和柱饰，1936 年，由

莫斯科凯旋门上的铸铁雕像（左）和莫斯科城市纹章（右）。

于斯大林要求重建城区，凯旋门被拆卸下来，部分凯旋门雕塑部件现存放在莫

城市纹章：欧洲城市的文化遗产

凯旋门上的圣彼得堡（左）和哈尔科夫铸铁城市纹章（右）。

（Kharkiv）、托木斯克（Tomsk）、弗拉基米尔（Vladimir）、坦波夫（Tambov）、雅罗斯拉夫（Yaroslavl）。尼古拉斯一世的文织字母也在凯旋门中得到呈现。凯旋门在1966年重建后形成"胜利广场"的中心。

斯科建筑博物馆。铸铜的俄国士兵雕塑手持沙皇双头鹰标志的盾牌；在凯旋门的女儿墙下（Hight Level of Exposition）排列了一组参战城市的城市纹章饰带，包括莫斯科、圣彼得堡、哈尔科夫

俄罗斯坦波夫市（左）和托木斯克市现在使用的城市纹章（右）。

凯旋门上的托木斯克（Tomsk）（上左）、坦波夫（Tambov）（上右）、雅罗斯拉夫（Yaroslavl）铸铁城市纹章（下）。

铸铁构件在凯旋门部位示意图。

城堡和纹章装饰艺术

481

奥地利的上奥地利州的施瓦嫩施塔特市，最具有象征意义的城市地标是城门，该市 1627 年获得城市权利后城门即已存在，城门在 20 世纪初得以重修。在城门的前后立面均有纹章装饰，采用的是壁画绘制的方法。1638 年的城市印章已经形成了现在使用的城市纹章基本图形。这一城门是双塔城门，在城门上使用的纹章与双塔的建筑构图相协调。

奥地利施瓦嫩施塔特城门（Schwancenstadt，1674）。

城市纹章：欧洲城市的文化遗产

施瓦嫩施塔特 1638 年的城市印章（左）、
现在的城市纹章（右）。

奥地利各城市的城门大多是 11 世纪兴建的城池产物，全国 106 座城市有城墙，是欧洲国家城市中对城门保存较为完整的国家之一。城门的建筑装饰精美，屋顶的形式丰富多彩。城门是地方建筑风格的重要体现，而屋顶更是显示权威、决定建筑形象的要素。克雷姆斯（Krems）的城门（Steiner Tor）就是其中一范例。

奥地利多瑙河畔克雷姆斯位于维也纳以西 70 公里，1305 年获得城市权利，保存下来唯一的城门建于 1480 年，19 世纪在城市拆除运动中幸运地保留下来，2005 年在纪念建城 700 周年时再次得到修缮。克雷姆斯城门为巴洛克建筑风格，在城门上绘制了城市纹章，巴本堡王朝纹章和神圣罗马帝国纹章说明了这座城市的身份和历史。

城门建于 15 世纪，后来再进行了巴洛克风格的重新装饰而成为城市的象征。在门洞上有一块石头刻着神圣罗马帝国腓特烈三世（Friedrich III）皇帝的双头鹰纹章，下面写着 1480 年的年份。1756 年城门在玛丽亚·特蕾西亚（Maria Theresia，1717–1780）作为奥地利女大

公统治时进行维修改为巴洛克风格，城市的城徽也保持着双头鹰作为核心图形。城门的形象曾经作为 1960 年奥地利邮票的主题。巴本堡王朝在 976 年至 1248 年统治奥地利。

19 世纪末，克里姆斯城墙开始拆除，现在保存的城市城门是 15 世纪后期的建筑，成为了城市的标志物，在

克雷姆斯市的城徽。

克雷姆斯的 Steiner Tor 城门，上部分是巴洛克风格盛行时期添加的。

克里姆斯城门和城市外广场。

城市纹章：欧洲城市的文化遗产

克里姆斯城门纹章壁绘。

2005 年庆祝城市获得城市权利 700 周年时再次翻新。特别是城门上的三个纹章壁绘：1756 年的克里姆斯城市纹章、国王拉斯洛五世（Ladislaus Postumus，1440–1457）和皇后玛丽亚·特蕾西亚（Maria Theresia，1717–1780）的纹章，以及小石头上神圣罗马帝国皇帝的纹章符号"A.E.I.O.U"和罗马数字"1480"，意味着城门是在 1477 年与匈牙利的战争中被毁后重修的。玛丽亚·特蕾西亚是哈布斯堡王朝的唯一女性统治者，拉斯洛五世是奥地利公爵，也是哈布斯堡家族成员，这些纹章反映出多瑙河下奥地利河段两岸的经济和政治数世纪间都处在哈布斯堡王朝的影响下。从 1395 年哈布斯堡家族成员鲁道夫四世成为奥地利公爵开始，用加收酒税的办法来增加公国的收入，当哈布斯堡王朝崩溃后，葡萄园的数量急剧减少，哈布斯堡家族控制的许多葡萄园也随着政治没落而荒废。

<hr />

① ［英］彼得·克拉克著，宋一然等译：《欧洲城镇史 400—2000 年》，商务印书馆 2015 年版，第 76 页。
② ［英］L. D. 雷诺兹，N. G. 威尔逊著，苏杰译：《抄工与学者：希腊、拉丁文献传播史》，北京大学出版社 2015 年版，第 183 页。
③ www.visitleiden.nl.

三、世界遗产班贝格城堡的历史与城市纹章

德国巴伐利亚州班贝格市从 10 世纪起成为联系斯拉夫民族，特别是波兰人和波美拉尼亚人的重要纽带。12 世纪处于繁荣历史阶段，在它的城市布局中，采用十字形的道路规划，合理安排教堂、市场等公共设施，形成了三个主要城市中心，其中一中心处于山顶上。班贝格城市的规划模式和建筑风格对德国南部和匈牙利的城市产生了极大的影响。班贝格由于受到战火的破坏较少，故保持着中世纪以来的城市风貌，历史上曾是神圣罗马帝国皇帝和主教的住地，班贝格的教堂和城堡建于山上，而与之分离的城区依水而建并有自己的防御系统。班贝格的市政厅建于 1386 年，利用城门与市政厅结合的形式，在雷格尼茨河上用两座桥连接，称为上桥、下桥，将市民居住的城内与外部主教居住地联系起来，而市政厅独立处于小岛上，这是市民与主教妥协的结果，主教不想让城区里的居民靠近山上的居所和教堂。中世纪的班贝格已经聚集了许多手工业者、商人，他们是保持城市的繁荣的生力军，而主教的住区排除市民的进入，凸显了欧洲当时社会的阶级分层。1461—1467 年市政厅经过

德国班贝格市政厅。

城市纹章：欧洲城市的文化遗产

班贝格市政厅的入口兼过街楼。

市政厅城门过街楼的天花上有装饰，出现的两个中心符号分别是巴伐利亚和弗兰肯的核心象征图形。图形的图案来自巴伐利亚公爵和弗兰肯公爵的纹章，与肋条组合形成有特点的天花装饰，反映了班贝格的历史。

班贝格的城市市政厅的模式是典型的与城市防御系统结合的案例。主教住区独立于市民的商业城区，在7座山丘上均建有教堂，几条河流将之自然地分隔开来。从历史地图可以看到主教住区防御系统很完善，在山顶上设有独立的城堡。城区大量的河流水网使这座城市具有独特的水乡景观，有"小威尼斯"之称。

城门天花的装饰，两个中心符号分别是巴伐利亚和弗兰肯公爵纹章的核心图形。

改建，之后的1744年至1756年，建筑师约翰·雅各布·迈克尔·库切（Johann Jakob Michael Kuchel，1703-1769）增加了洛可可艺术风格。1755年艺术家约翰·安瓦尔（Johann Anwander，1715-1770）绘制的市政厅外墙的壁画，作为历史中心的重要组成部分入选《世界遗产目录》。评语写道："从公元10世纪开始，这座城市就成为联系斯拉夫民族，尤其是波兰人和波美拉尼亚人的重要纽带。自12世纪以来，在鼎盛时期，班贝格城的建筑风格对德国北部和匈牙利产生极大影响。班贝格城逐步成为德国南部启蒙运动的中心。"①

依水而建的班贝格城区，同主教的住区隔河相望。

山上主教住地和城堡上的纹章装饰。

制作于 1617 年的班贝格历史地图。

三个历史中心的示意模型，城堡单独处于山顶上。

17 世纪末至 18 世纪初，班贝格城市文化得到快速发展，18 世纪末的班贝格城成为南部启蒙运动中心，吸引了黑格尔（Georg Wilhelm Friedrich Hegel，1770–1831）和霍夫曼（E.T.A. Hoffmann，1776–1822）等知名哲学家和作家居住于此。

班贝格市山上阿尔腾堡（Altenburg）是独立于城区的，军事与居住功能相结合的范例。从 17 世纪的班贝格鸟瞰图中可以看到城堡和城区的空间关系，城堡处于右上角最远端处。巴伐利亚的重要城市之一班贝格（Bamberg）的地名来自原领主巴本堡家族（Babenberg），家族在山上建有城堡（Castle of Babenberg），976 年至 1248 年，该家族曾经以公爵的身份统治奥地利，也有成员被封为巴伐利亚公爵。903 年该家族失去此领地，之后几经战争的争夺，906 年变为神圣罗马帝国皇家物业，973 年奥托二世重新赠与此领地给自己家族的成员，家族成员同时成为巴伐利亚公爵。1248 年阿尔腾堡落入梅勒尼尔（Merania）公爵手中。城镇围绕班贝格城堡而逐步形

城市纹章：欧洲城市的文化遗产

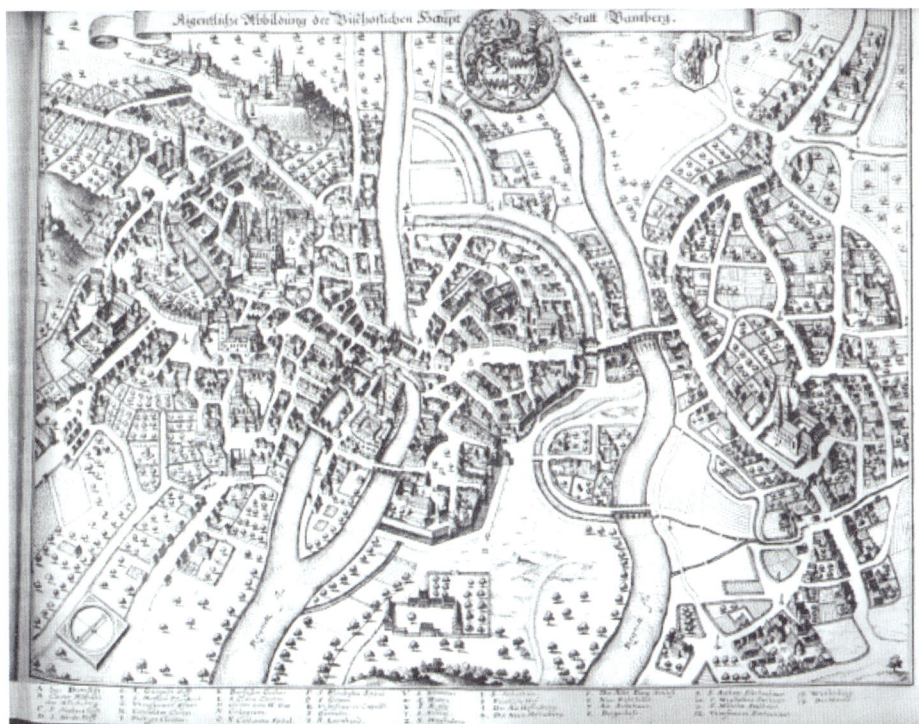

17世纪绘制的班贝格历史地图。

城堡通道边的城市纹章旗帜。

成规模，皇帝亨利二世在 1007 年开始在山上建立了第一座天主教教堂。

在巴伐利亚班贝格城市边上最高的山丘上，1109 年建造了独立的阿尔腾堡城堡，开始注重其防守保卫功能，将之作为战时的避难所。1251年后，地区采邑主教弗斯特比肖夫（Furstbischofe）获得城堡，1305 年至 1553 年城堡为主教的居住地。德国浪漫主义作家、法学家、作曲家 E. T. W. 霍夫曼（Eenst Theodor Wihelm Holfmann，1776–1822）。1808 年来班贝格担任剧院经理时就曾经在此居住，著名歌剧《霍夫曼的故事》即是以他为原型创作的，霍夫曼对这座城堡有着深厚的特殊感情。1801 年，班贝格的一位物理学家

班贝格市阿尔腾堡入口吊桥和主教纹章装饰。

17世纪创作的班贝格公爵浮雕。

城堡和纹章装饰艺术

489

阿尔腾城堡外墙上纹章
装饰（左）和班贝格主
教纹章（右）。

16世纪班贝格历史城市纹章版画表现方
式（1279年城市纹章图形出现在印章上）。

买下了这座城堡。

处于山顶独立而建的班贝格城堡，其入口处现在有主教纹章装饰，在城堡入口内墙面上装饰着17世纪创作的班贝格公爵浮雕，他的盾牌图案表明制作者错误地将后任的城堡主人当成10世纪城堡的建立者。但历史的误会更添加了其文物价值。

在1605年出版的《西伯马切纹章集》中，班贝格城市纹章在220页第三排第2个，使用的是蓝色盔甲的骑士侧面像，骑士手持红色的战旗。

班贝格的城徽令人回想到中世纪的场景，城市的城徽是骑士手持安德希斯－梅勒尼尔（Andechs–Merania）家族梅勒尼尔（Merania）公爵的盾徽，其

中世纪德国班贝格市的印章。

山下河边的班贝克市政厅入口，将城市纹章夸张的表现形式制作成完整洛可可风格的雕塑，同时将阳台上下都结合在其中。这一纹章装饰应该是后期添加的，因其与市政厅建筑风格完全不同。

德国班贝格市政厅入口以城徽为装饰的浮雕。

城市纹章：欧洲城市的文化遗产

班贝格城市旗帜。

上以鹰为寓意物，梅勒尼尔（Merania）公爵曾经是这座城市的领主。以蓝色盾面、白鹰为基础派生出来了城徽，骑士腰佩长剑、手里拿着的标枪带有圣佐治的红十字架，圣佐治是该城市的保护神。1279年城市开始有了城徽图形的印章，安德希斯家族（House of Andechs）在12世纪至13世纪控制着达尔马提亚（Dalmatia，现为克罗地亚南部地区）领地，称为伊斯特拉边疆伯爵（Margraves of Istria），在1153年至1248年也成为梅勒尼尔公爵（Duchy of Merania），现在的城市纹章是1953年根据历史纹章修改而成的。

班贝格城堡纹章象征着领地领主和骑士图形的双重意义。

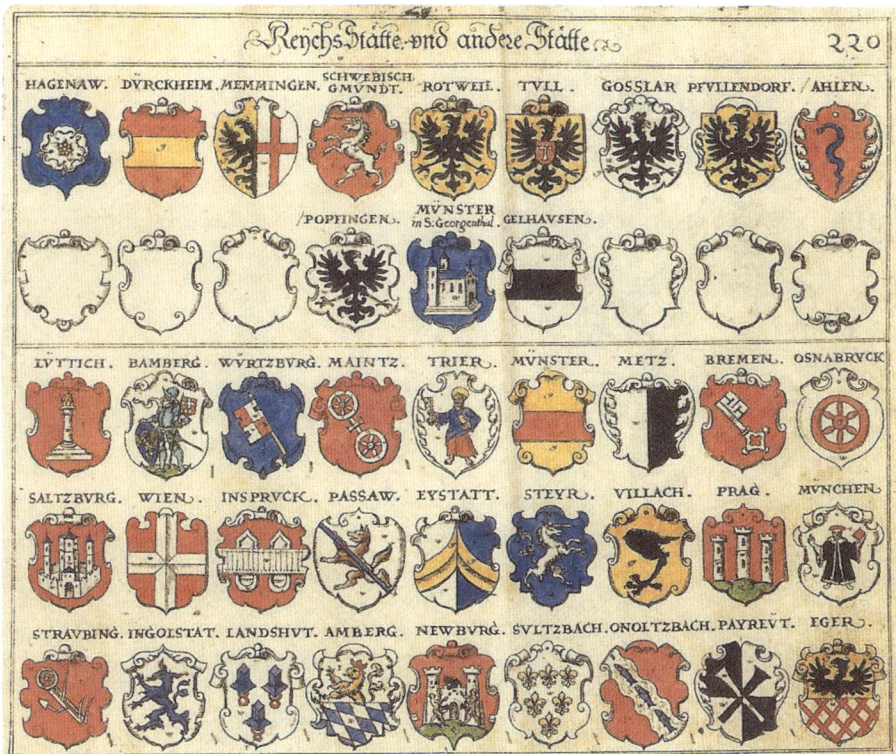

1605年《西伯马切纹章集》中的班贝格城市纹章，位于第三排从左向右数的第二个。

班贝格城市城徽。

安德希斯－梅勒尼尔（Andechs–
Merani）家族盾徽。

① http://whc.unesco.org/en/list/624.

梅勒尼尔公爵的纹章。

城市纹章：欧洲城市的文化遗产

荷兰海乐国会"骑士厅"历史建筑

四、世界遗产捷克克鲁姆洛夫城堡的纹章故事

被列入《世界遗产名录》的捷克克鲁姆洛夫市是以克鲁姆洛夫城堡为中心建立起来的城镇，城镇虽然规模小，但见证了波希米亚、神圣罗马帝国和奥匈帝国的盛衰，经历了第一、第二次世界大战的风云。古城的历史建筑体现了哥特式、文艺复兴和巴洛克的艺术实践，而历史建筑上的纹章，印证了欧洲艺术发展的历程，也为捷克、奥地利和德国等欧洲国家家族历史脉络提供了实证。

1. 城堡、领主和纹章的演变

捷克的克鲁姆洛夫（Cesky Krumlov）是位于南波希米亚地区，依瓦尔塔瓦河（Vltava）而建的小镇，城镇的核心克鲁姆洛夫城堡是除了布拉格城堡外最大的城堡，城堡融合了哥特式、文艺复兴式和巴洛克风格。1992年旧城中心被列入《世界遗产名录》。

克鲁姆洛夫城堡最初建于1240年，为克鲁姆洛夫领主维特克（Witigonen）家族的成员所建，1302年领主去世无后，其亲戚罗森伯格（Rosenberg）家族继承城堡并延续至1602年。罗森伯格在南波希米亚是重要的贵族，该家族是对波西米亚影响巨大的王族，对捷克中世纪的发展发挥了重要的作用。

克鲁姆洛夫城堡总平面图。

克鲁姆洛夫鸟瞰图。

城堡和纹章装饰艺术

城堡的钟塔。

象征着文艺复兴式的依上而建的庭院式建筑群形成规模。钟楼在 1590 年采用了文艺复兴流行彩绘装饰进行外表装饰，成为优美的城市象征性景观。

罗森伯格家族在克鲁姆洛夫城堡中生活了三百多年。由于城堡主人威廉旅行到过意大利，对当时意大利文艺复兴的文化艺术和建筑风格留有特别深刻的印象，回到城堡后进行改建，文艺复兴的建筑风格成为城堡的主流。

后来封地传给他的儿子约翰·安东（Johann Anton I. von Eggenberg，1610–1649），他的后代柯林斯亚（Johann Christian I. Von Eggenberg，1641–1710）同来自施瓦芩贝格家族的女伯爵玛丽·恩斯特尼（Marie Ernestine von Eggenberg，1649–1719）结婚，又创造了一次强强联合的社会关系网络。他们选择城堡为长期居住地，这一时期城堡扩大建设规模，采用许多巴洛克风格元素，如增加了城堡巴洛克花园。他们夫妇对文化和艺术有很高的鉴赏力，增加了城堡的文化含量。城堡收藏的艺术品、建立的剧场、图书馆都是这时期的产物。

施瓦芩贝格家族的族徽出现在《18 世纪中叶的克鲁姆洛夫城堡》画作的左下角，城堡呈现改造后的巴洛克风格。约翰·安东过世后，埃根贝格家族没有男性继承人。从 1710 年起，施瓦芩贝格家族就继承了他的封号和领地，先是女伯爵自己管治，1719 年在她过世后传给了施瓦芩贝格家族的成员亚当（Adam Franz zu Schwarzenberg，1680–

在 13 世纪上半叶首先建设的城堡部分，为相对简单的哥特风格建筑。罗森伯格家族在建设管理城堡过程中，最有成就的成员是 16 世纪的威廉·罗森伯格。威廉（Wilelm of Rosenberg，1535–1592）在 16 岁时开始管理家族的事务，家族居住地克鲁姆洛夫城堡规模扩大并逐步转变为文艺复兴建筑风格。1581 年钟塔建设至 54 米最高点，这也

《18世纪中叶的克鲁姆洛夫城堡》，1743 年 G. A. Horner 创作。

1732），他是女伯爵的侄子，以王子身份负责南波希米亚王国的物业经营和发展。

从这一阶段开始，城堡面貌基本保持稳定至今，在过去数个世纪里经过多次维修。尽管年代久远，但历史风貌基本保存下来。

城堡的主人或者家族经历了维特克家族、罗森伯格（Rosenberg）家族、埃根贝格（Eggenberg）家族和施瓦岑贝格（Schwarzenbergs）家族统治下的欧洲社会文化发展历史关键阶段，它们也代表着欧洲中世纪哥特文化、启蒙时期人文

柯林斯亚（Johann Christian I. Von Eggenberg, 1641–1710）肖像（左）。施瓦岑贝格家族女伯爵玛丽·恩斯特尼（Marie Ernestine von Eggenberg, 1649–1719）的肖像（右），均创作于 1680 年左右。

克鲁姆洛夫城堡夜景（上）和18世纪从中国进口的漆画家具（下）。

思想、文艺复兴，以及巴洛克艺术的盛行等重要时期艺术和建筑实践。1947年施瓦芩贝格家族将城堡移交给捷克斯洛伐克。

2. 城堡的主人和纹章的寓意物变化

与罗森伯格家族有关系的维特科维奇（Vítkovci）家族是捷克波希米亚南部最古老的家族之一，它的建立者为维特克（Vitek，1120–1194），他原是君王的高级伺从，后来拥有捷克南部的大片土地而成为伯爵。去世后5个儿子

城市纹章：欧洲城市的文化遗产

分别分得父亲的领地而形成五个分支，他们均为波希米亚贵族，第二儿子维特克二世（Vitek II）成为克鲁姆洛夫领主，巩固了家族的地位，1253年家族选择了克鲁姆洛夫城堡为居住地，从13世纪延续至1611年。维特克家族的纹章以玫瑰为寓意物，是从13世纪传承下来的。维特克二世继承了家族的传统，以玫瑰为纹章的寓意物，但颜色有所改变。1302年，有前克鲁姆洛夫领主纹章的头盔和头饰，以5瓣绿色的玫瑰花为寓意物[①]。这是其家族传统族徽在家族成员分开后，采用5种颜色来区分不同的分支。

罗森伯格的族徽寓意物为红玫瑰。威廉将族徽修改为下半部分是红色和白色相间的斜杆，中间是黑色的蛇，上半部分为五分叉的红色玫瑰。护盾兽为熊。

罗森伯格族徽：下半部分为红色和白色相间的斜杆，中间是黑色的蛇，上半部分为五分叉的红色玫瑰。

领主维特克的纹章，1302年，维特克的孙子成为克鲁姆洛夫统治者，纹章也是以玫瑰为象征物，证明了家族的内在联系。

城堡中的罗森伯格家族彩绘纹章。

护盾兽为熊的纹章。

城堡和纹章装饰艺术

499

1846年菲利佩创作的罗森伯格家族最后的贵族彼得·沃克（Petr Vok，1536-1611）的肖像画。

二世将此地赏赐给家族的支系斐迪南二世（Ferdiand II. Von Habsburg）。

1628年，费迪南二世将领地封给奥地利维也纳贵族汉斯·乌尔里希·冯·埃根贝格（Hans Ulrich von Eggenberg，1568-1634）并冠以克鲁姆洛夫公爵头衔。埃根贝格家族发源于现在的奥地利的施泰尔马克州（Styria），格莱兹是首府。汉斯·乌尔里希·冯·埃根贝格出生于格莱兹（Graz），1568年在图宾根接受教育。

威廉在经营资产方面有很高的天赋，他也是服务马克西姆二世（Maxmilian II）的高级皇家官员。去世后因没有后代，其弟彼得（Peter Wok von Rosenberg）接管了遗产。1592年城堡为威廉的弟弟罗森伯格家族最后的贵族 Petr Vok（1536-1611年）所有。1846年菲利佩（Ch. I. Phillipot）创作的罗森伯格家族最后的贵族彼得·沃克（Petr Vok）的肖像画中，左手边专门描绘了刻有罗森伯格家族族徽的花坛。

17世纪罗森伯格家族无后代可继承，最后的贵族彼得·沃克在1611年去世，其遗孀被迫将城堡卖给神圣罗马皇帝鲁道夫二世（Rudolf II，1552-1612），他同时也是波希米亚国王、德国国王、匈牙利和克罗地亚国王。1602年来自哈布斯堡王朝的罗马皇帝鲁道夫

奥地利埃根贝格家族的族徽（左）及其家族成员约翰·安东·冯·埃根贝格（Johann Anton I Von Eggenberg）1628年成为克鲁姆洛夫公爵时的纹章，中间的小盾徽是埃根贝格的族徽（右）。

约翰·安东·冯·埃根贝格（Johann Antonin von Eggenberg）的纹章盾面划分了多个区域：5朵红色玫瑰代表克鲁姆夫，轮子代表巴特拉德古斯堡（Radgona，现奥地利城市），金色的锚代表普图伊（Ptuj，现斯洛文尼亚城市），银色的锚代表格拉迪什卡（Gradiska，现波黑城市），白色的鹰代

城市纹章：欧洲城市的文化遗产

表波斯托伊纳（Postojno，现斯洛文尼亚城市）和阿奎莱亚（Aquilea，现意大利城市），这些小盾族徽包含了大量的家族历史信息。

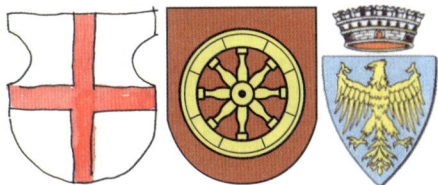

现在斯洛文尼亚的城市普图伊的城徽（左）、现在奥地利的城市巴特拉德古斯堡市城徽（中）、现在意大利的城市阿奎莱亚城徽（右）。

施瓦岑贝格家族（Schwarzenberg）有文献记载始于 1432 年，族徽是盾面上有一顶金色的王冠，三只戴王冠的渡鸦呈三叶草型地围绕王冠。盾顶站着一只展翅的、伸出红色舌头的渡鸦，该家族 1479 年就有了这一族徽。1774 年家族因没有男性继承人而消亡。

施瓦岑贝格家族的纹章，是中世纪随着领地的扩大和势力的增长而出现的，纹章在几百年间经历多次变化。家族的领地包括法兰克利亚（Franconian）和波希米亚（Bohemian）两个地区。施瓦岑贝格家族是中世纪时从赛因斯海姆（Seinsheim）家族分离出来的支系，是神圣罗马帝国的一个邦国，最早的族徽为蓝色白色相间的竖杠。1429 年获得男爵称号后，家族的纹章出现了军事设施建筑，银色的塔楼和黑色的山顶；纹

1599 获封为帝国伯爵后的施瓦岑贝格族徽。

章盾面组合的添加变化是领地扩大或者联姻结果在图形上的体现。1599 年获封为帝国伯爵后，纹章四分之一的盾面增加了渡鸦（raven）叼啄一个土耳其人（Turk）的图像，渡鸦在西方是智慧的象征，这是为纪念 1599 年该家族收复了土耳其人占据的城市拉布（Raab，现为上奥地利的一座小城）；1622 年家族成员成为克鲁姆洛夫公爵，5 朵五分叉红色玫瑰是其寓意物。1670 年提升为亲王伯爵，领地又扩大了，纹章的内容又增加了。在盾面右下角增添了燃烧的树干，代表着玛丽·安娜·冯·舒尔茨，红色和银色三个齿型代表着 schultz，中间的小盾徽是三束棍为寓意物，另一半是黑山上的塔楼。

施瓦岑贝格家族克鲁姆洛夫公爵的纹章——出现了军事设施建筑塔楼的形象，采用典型的波兰式的盾徽外形。

波兰罗兹省文奇察市城市纹章。

赛因斯海姆族徽。

不同领主的纹章组合：埃根贝格家族克鲁姆洛夫公爵（1610—1649），Margravine of Brandenburg-Bayreuth（1609–1680）等。

施瓦岑贝格家族成员1429年获得男爵后的族徽。

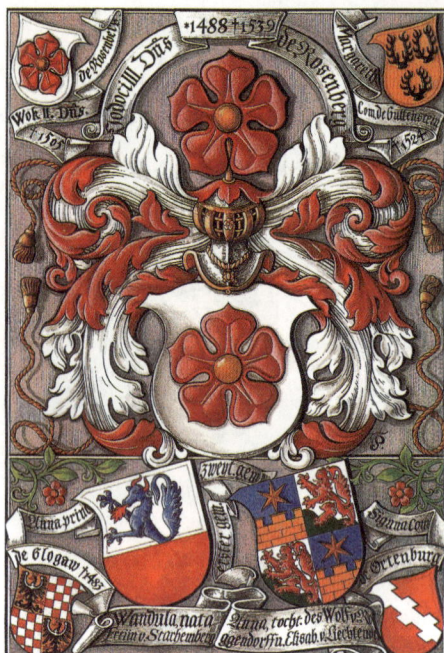

德国弗兰肯行政区的区徽。

　　渡鸦在波兰的纹章图形中是常用的符号。波兰文奇察（Leczyca）城市在1267年获得城市权利，1331年为条顿骑士团所控制。14世纪至17世纪最

城市纹章：欧洲城市的文化遗产

弗兰肯公爵的纹章（左）、美因茨主教纹章（中）和维尔茨堡的城章（右）。

奥地利的施泰尔马克州的州徽（左）和格拉兹的城徽（右）。

德国克莱特高的城徽（上左）、德国布兰迪斯的城徽（上右）、德国沙因费尔德的城徽（下左）和德国基钦根县的城徽（下右），都同赛因斯海姆家族分离出来的支系法兰克利亚家族、施瓦芩贝格家族的族徽图形有关。

为繁荣。1409 年雅盖隆王朝在山顶上建造了波兰哥特式建筑风格的红砖皇家城堡（Leczyca castle），四周有壕沟，城墙高 10 米，17 世纪和 18 世纪在战火中被毁，但很快又重建。城市纹章是红色的三座塔楼上站着一位僧人，两只黑色渡鸦（胖头鸟）停在塔顶上，城市在 14 世纪就出现了这一图形的纹章。渡鸦是两种最大的乌鸦之一，渡鸦的象征意义在不同民族间截然不同，有的国家将它作为高度智慧的象征。

施瓦芩贝格家族另一分支也是法兰克尼亚领地（现德国巴伐利亚州的北部）的领主，被封为弗兰肯公爵（Duchy of Franconia），现在的弗兰肯行政区是巴伐利亚州的一个行政区。在区徽上的盾面上半部分使用了弗兰肯公爵（Duchy of Franconia）纹章图案，呈现红色和白色相间的齿形；下半部为美因茨主教的舵轮和维尔茨（Wurzburg）的纹章对分。

这些纹章也联系着历史上的领地领主使用的纹章图形，可以在克鲁姆洛夫公爵的纹章中找到对应的图案。

3. 历史建筑上的纹章装饰艺术和历史信息

城堡中无处不在的纹章结合彩绘艺术留存于建筑上，成为今天可以研究城堡主人各种历史信息的珍贵载体。

在这些家族的建筑中，家族的纹章用各种形式表现在建筑上，显示家族辉煌的历史脉络，增加建筑的个性和装

城堡连廊上方绘制了威廉·罗森伯格纹章和其第三任夫人的纹章。

具用家族的纹章作为装饰，表现出专用的权利；在玻璃、皮革等材质上也用纹章装饰，在材质的使用上，也是多样的，铁件、石料等都可以成为展示纹章的材料。赫卢博卡（Hluboka）市是施瓦岑贝格家族的领地，其家族城堡赫卢博卡城堡，将纹章的渡鸦啄摩尔人的图形变成门拉手的建筑部件。施瓦岑贝格家族的克鲁姆洛夫公爵纹章成为铸铁门栅上的装饰题材。

城堡中绘制纹章的工艺品和家具。

克鲁姆洛夫城堡中主楼梯间天花上的纹章壁画装饰，绘制于 1840 年。

饰感。纹章通常出现在走廊的墙壁上、楼梯的天花板上。

来自萨克森小镇埃贝尔斯巴赫（Ebbersbach）的炼金术士安东·米席尔（Anton Michael）1588 年买下了 Siroka

走廊内以印章形式展示的约翰·安东·冯·埃根贝格纹章（左）和施瓦岑贝格族徽（右）。

在城堡中不少器皿、工艺品和家

赫卢博卡（Hluboka）市施瓦岑贝格家族的赫卢博卡城堡，将纹章的图形渡鸦啄摩尔人的图像变成拉手的建筑部件（左）。施瓦岑贝格家族（Schwarzenberg）克鲁姆洛夫公爵的纹章装饰在铸铁门栅上（右）。

教堂中的纹章。

建于 16 世纪 Siroka 大街 77 号石门框上的玫瑰花族徽装饰，为萨克森文艺复兴式（Saxon Rennaissance）。

路 77 号房子，该建筑建于 16 世纪初，安东在 16 世纪末买下建筑后改造了建筑入口，现在还保留着石门框上的壁龛（niche）和玫瑰花族徽的装饰，艺术风格为萨克森文艺复兴式（Saxon Rennaissance）。安东·米席尔是被罗森伯格家族的威廉雇用的若干炼金术士之一。威廉作为文艺复兴时期有名望的贵

Siroka 大街。

族，热衷于炼制"灵丹妙药"以求长生不老。在他去世后，其弟将此位炼金术士关在城堡的监狱，于 1593 年去世。

4. 城市历史公共建筑和城市纹章

克鲁姆洛夫城徽的核心图形是盾面的上半部分以红色玫瑰花和三只渡鸦为寓意物的小盾徽，是不同历史阶段领主埃根贝格族徽和罗森伯格族徽的结合。盾徽的下半部分是城墙、塔楼和城门。它包含着影响捷克和波希米亚的三个贵族族徽，透过城徽可以理解克鲁姆洛夫城市变迁与捷克和波希米亚的民族国家历史。

克鲁姆洛夫市的城徽。

克鲁姆洛夫 1336 年、1406 年、1443 年、1480 年的城市印章。

产生于 15 世纪的市政厅印章（Sealing-stick）成为城市的象征。

城徽与不同历史时期的领主密切相关，从 1336 年第一个城市印章开始，图案随着城堡的领主变化而变。不同处在于城堡主人家族的族徽更替，他也是封建制度下克鲁姆洛夫领地的领主。城门的建筑风格随时代而异，体现在塔楼的屋顶形式和门栅开闭方式。这些印章和城徽的演变体现了欧洲文化艺术沿革的轨迹。

在 1671 年约翰·科柯林斯亚·冯·埃根贝格成为城堡主人时确定了城徽并

城市纹章在城市公共建筑城门上的表现方式（左、中），城中井盖上的城市纹章（右）。

捷克南波希米亚大区纹章。

克鲁姆洛夫市政厅，墙上用彩绘的手法绘制了克鲁姆洛夫市的城徽。

其纹章颜色：蓝色和白色。

位于市政广场（Svornosti Square）旁的旧市政厅是在16世纪时将两栋民宅建筑用拱廊方式连接起来的历史建筑，1582年买下房子的原业主奥地利商人也是市议员，1597年市议会买下房子成为市政厅。现在的建筑上绘制着4个纹章，分别是以波希米亚狮子为象征图形的纹章、施瓦岑贝格族徽、埃根贝格家族族徽、克鲁姆洛夫市的城徽。窗的边框也采用彩绘的手法。

市政厅外墙其他有历史意义的纹章也绘制于上。

波希米亚狮子为象征图形的纹章（左）、施瓦岑贝格族徽（中）、埃根贝格家族纹章（右）。

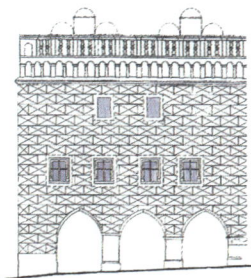

使用至今。

在城市中，作为领主的象征，纹章出现在公共建筑上，这些公共建筑大多是家族的物业或者出资建设的建筑，体现了统治者的权利。在施瓦岑贝格家族成为统治者时，城市的建筑也多使用

克鲁姆洛夫市政厅建筑立面的变化。

城堡和纹章装饰艺术

该建筑将几个不同功能的空间联系在一起，从 14 世纪到 16 世纪上半叶两次主要的建设期，从哥特式向文艺复兴转变。市政厅墙上的壁绘纹章记录了这一座小镇不同时期的统治者，也是市政制度变化的象征。1420 年，城市开始由 12 位市议员构成市议会，市长为轮值制，每位议员担任一个月。此外还有一名执政官（Magistrate）拥有警察和司法权力，执政官和市政议员（Aldermen）构成小规模的市政厅。市政厅有了印章，也成为城市的象征。15 世纪后半叶，开始获得领主的同意设立集市，市政厅和领主从中获得财政上的支持，这里成为上奥地利区的中心。

克鲁姆洛夫以城堡为中心，城堡周边的城镇贸易和手工业发展起来，人口聚居、城镇逐步兴旺，成为波希米亚南部的手工业和贸易中心。

市政厅面对的市政广场是城市政

1910 年 的 市 政 广 场
（上）和二战结束时在广场集合的美国和捷克军队（下）。

城市纹章：欧洲城市的文化遗产

广场的建筑。

治、文化和旅游中心，许多城市相关的历史事件都发生在此。周边的建筑均是历史建筑。

其中一栋面对广场的建筑（Svornosti No. 7）在 1500 年左右属于雅库贝克（Jackoubek）家族，后来属于领主威廉（Wilhelm von Rosenberg）的物业。在 1574 年成为旅馆，之后又经过多次转手。该建筑主结构是哥特式，在 16 世纪下半叶改变立面和首层大厅成为文艺复兴风格。20 世纪 70 年代重新维修并采用文艺复兴风格的壁绘装饰。

现在名为卢兹酒店（Hotel Ruze）

广告牌的纹章和窗户窗框的纹章装饰。

的 16 世纪建筑原由罗斯伯格家族所建。在克鲁姆洛夫城市中，罗斯伯格家族是天主教的推动者，1586—1588 年在

三个阁楼式的三角墙（attic gable）突出坡顶的主入口立面和文艺复兴式彩绘的立面装饰。

城堡和纹章装饰艺术

市政厅入口的券顶石刻着罗斯伯格家族纹章（左）和外立面（右）。

庭院四周绘制了多个纹章装饰。

克鲁姆洛夫建立了耶稣会学校（Horni No. 154），这座耶稣会学校历史建筑保存着多方面的历史文化信息。在这座三层建筑围合的庭院中采用五彩粉饰（Sgrafitto）的壁绘装饰，绘制着威廉—罗斯伯格家族骑士的盾徽纹章以及他的第四任妻子 Rosenberg von Pernstejn 家族公牛寓意物的纹章，还有耶稣会的缩写 HIS 纹章。

这一历史建筑充满着文艺复兴式的壁绘装饰，也将纹章作为重要的象征物与建筑结合起来。在入口的半圆拱门上的券顶石将罗斯伯格族徽 5 分叉的红色玫瑰巧妙统一起来，下方是威廉的纹章。1773 年耶稣会解散后建筑为军队所用，在 1889 年建筑被拍卖，新的业主获得酒店的营业执照，取名为卢兹酒店并保持至今。

建筑背立面为日晷（Sundial）的彩绘。

20 世纪 60 年代和 90 年代，该建筑得到修缮并保持了原来的风貌。在这里，捷克贝奈斯总统发表了第二次世界大战时期的著名演讲，总统的演讲给人以勇气和灵感。在现成为酒店的庭院中树立着一座纪念碑，以向二战期间流亡在英国的捷克军队退伍军人、指挥官表示敬意。以下为贝奈斯总统于 1945 年年 12 月 14 日的著名演讲节选：

"那些有罪之人为了向自己乃至全世界证明自己的行为是正当的，人们将相信和传播他们的谎言，这一时刻将至。

我曾经说过，留意你们在监狱和

庭院中墙面上的纹章：罗斯伯格族徽（左）、威廉第四任妻子家族的族徽（中）和威廉本人的纹章（右）。

城市纹章：欧洲城市的文化遗产

集中营里所忍受的一切。做这些的目的并不是想让你们告诉大家发生了什么事情，而是当这个清除运动开始时，你们得以以此来维护自己的立场。毋庸置疑，清除运动即将开始，它将是对我们的国家和人类自由的一次攻击。"

5. 席勒与克鲁姆洛夫的风景

近代捷克出现了一位伟大的表现主义代表性艺术家埃贡·席勒（Egon Schiele，1890-1918），克鲁姆洛夫是他母亲（Marienee Soukupova）的出生地，席勒出生于托伦，在维也纳接受艺术教育，1909 年应克里姆特的邀请，19 岁的席勒参加了在维也纳举行的艺术展，与梵·高的作品同时出现在展览厅。1911 年搬到克鲁姆洛夫居住和创作绘画，席勒居住在克鲁姆洛夫期间，创作了大量作品，特别有意义的是城镇的风景画。在克鲁姆洛夫期间，他创作了《克鲁姆洛夫景观》《克鲁姆洛夫黑夜》《在蓝色河流上的城镇》《死城》等作品。他的一系列风景画对形态的提炼和概括达到相当高的水准。但他的生活风格和价值观与这个中世纪氛围的小镇格格不入，他被当地的居民赶走，后搬到维也纳附近的小镇纽伦巴赫。1918 他因流感而英年早逝。席勒对奥地利分离派和表现主义绘画有开创之功，"席勒的主题，如风景和城市，鲜花和肖像（包括自画像）基本上恪守传统，象征性的维度和装饰性趋势承继于克利姆特，但是席勒观察力非凡，目光犀利而冷峻，他采用地震仪（seismographic）等高线式将事物刻画到绘图的表面，实际已从内部突

克鲁姆洛夫贝奈斯总统的座像。

席勒自画像，1914 年作，2018 年成为维也纳街头介绍维也纳利奥波德博物馆席勒作品展的招贴画，该博物馆是世界上收藏席勒作品最多的博物馆。

《克鲁姆洛夫景观》，席勒创作于 1912 年。

流经城堡和城市的瓦尔塔瓦河（Vltava）河和城市景观。

席勒的作品《桥》（The Bridge，1913）（有纹章装饰画框）（上）和1805年创作的多瑙河上瓦豪河谷段木桥的油画作品（下）。

破了前辈的那些概念。"② 正因为在描绘城市景观相对传统的表现手法，通过席勒的作品还可以领略到100年前克鲁姆洛夫的城市环境。

席勒的城市风景画多数重点表现流经城市的瓦尔塔瓦河两岸多变的中世纪和文艺复兴时期的建筑屋顶，抓住了城市的神韵。他借住的小屋就靠近瓦尔塔瓦河。2018年是四位奥地利新艺术运动艺术家去世100周年，维也纳进行了纪念包括席勒、克里姆夫等四位同年去世的新艺术运动领军人物的活动。

通过对创作于1805年的多瑙河上瓦豪河谷段木桥的油画作品和席勒作品

《桥》的对比，可以领略到100多年后席勒的艺术表现手法对结构的把握老到而简约，线条的力量得到充分的释放。

1913年，席勒创作了克雷姆斯城镇风景画《多瑙河克雷姆斯的斯第因景观》（Stein an der Donau II，1913），对比席勒100年前的风景画和克雷姆斯和斯第因社区的景观现状，特别是通过对画作中两座教堂的比较，席勒对建筑的描绘把握得传神、准确，小镇的风貌也得到了生动的呈现。

现在在克鲁姆洛夫河边席勒居住过的小屋设立了席勒纪念博物馆（Egon Schiele garden studio），这座建于17世

城市纹章：欧洲城市的文化遗产

纪的房子经修缮成为城市新的观光点，席勒放荡不羁的艺术个性与这座充满欧洲传统纹章艺术氛围的小镇共同构成了波希米亚多元的文化特质，席勒为克鲁姆洛夫创造了一座更加坚固的艺术城堡。

---

①　Jan Muller. *Cesky Krumlov: Castle and Chateau*, Prague: Helma v.o.s. 1996, p.7.
②　［奥］玛蒂娜·皮帕尔著：《走近奥地利百年绘画艺术（1860—1960）》，收录于《奥地利百年绘画展（1860—1960）》，中国—奥地利艺术学会、中国世纪坛世界艺术馆编著，北京时代华文书局 2015 年版；图片来源：Jan Muller. *Cesky Krumlov: Castle and Chateau*。

席勒创作于 1013 年的《多瑙河克雷姆斯的斯第因景观》(*Stein an der Donau II*, 1913)（上）和多瑙河克雷姆斯市斯第因社区现状景观（下）。

五、拉齐维乌家族的涅斯维日城堡和埃斯特哈希家族城堡

1. 白俄罗斯的涅斯维日城堡和拉齐维乌家族

涅斯维日（Nesvizh）城堡是拉齐维乌家族（Radziwills）重要的宫殿城堡，该家族在立陶宛诞生并维持了500多年的欧洲显赫王族地位，其成员在波兰、俄国、普鲁士、立陶宛等王国中扮演过重要的政治角色，成员中有立陶宛大公、波兰王后、神圣罗马帝国亲王等重要历史人物。家族曾经拥有23座王宫、423座大小城镇并拥有自己的军队。

被列入《世界记忆名录》的"拉齐维乌家族文档和涅斯维日城堡图书馆收藏品"（Radziwills' Archievs and Niasvizh Library collection）是由俄罗斯、芬兰、立陶宛、波兰和乌克兰共同提出的，文献包括多种中世纪图书，该家族1564年出版波兰语新约《圣经》，约2万件藏书是1770年前出版的。藏品中还包括了稀缺的手稿，古代欧洲、阿拉伯、日本和中国的兵器和瓷器。1770年立陶宛公国将部分文献藏在该家族城堡中，16世纪为了收藏手抄本而设立了城堡图书馆，18世纪时是当时私人馆藏规模最大的图书馆之一，有关家族的文献原藏于此。1770年俄国军队攻占了城堡并将文献搬到了圣彼得堡。2005年被列入《世界遗产名录》，家族的档案在2009年被列入《世界记忆名录》。

从拥有者的象征符号意义出发，中世纪及后期的图书封面和藏书票常用家族的纹章装饰，纹章图像出现在封面装潢上或书中的插图中。

拉齐维乌家族图书馆藏书"Radziwills' Archievs and Niasvizh Library collection"中的中世纪图书和藏书票。

拉齐维乌家族纹章的演变见证了家族地位上升的过程，拉齐维家族在 1413 年采用了一个被称为"特兰比"（Traby）的纹章，三只"丰饶之羊角"组合成为核心图案，在波兰纹章文化中共用这一纹章的有 300 多个贵族家族。1518 年，家族再被神圣罗马皇帝马克西亚尔一世授予使用"黑鹰"专属纹章并被委任为梅特利艾亲王（Reichsfurst）。1547 年被神圣罗马皇帝查理五世授予奥利卡世袭头衔，家族的纹章变得更为复杂，小盾徽盾面划分了四个分区，包括了基斯扎卡家族（House of Kiszka）的族徽，寓意物是马蹄铁，另一区为在 1413 年获得贵族纹章后加上戴皇冠的黑鹰的特兰比家族盾徽，族徽的铭文是：上帝指引我们（God advise us）。

家族披皇袍的神圣罗马帝国亲王的纹章（左）和家族树上的族徽，（右）藏于拉齐奥城堡。

拉齐维乌家族纹章的演变：拉齐维乌家族"特兰比"（Traby）的纹章（上左）、拉齐维乌家族分支基斯扎卡家族（House of Kiszka）的族徽（上右）和 1547 年神圣罗马皇帝授予的纹章（下）。

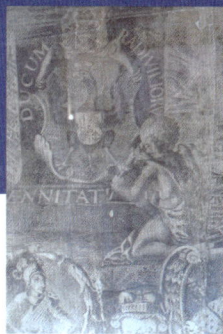

涅斯维日（Nesvizh）城堡是在 1533 年家族获赠土地后建设起来的，城堡由意大利建筑师设计，城堡主体建筑在 16 世纪末完成，在 17 世纪建造了四个防卫塔楼，以后各年代都有加建，所以城堡建筑混合了文艺复兴、巴洛克以及本地建筑工艺等多种风格，直到 1939 年城堡列入国家保护遗产才停止建设，涅斯维日城堡是这一地区最美的城堡，是难得的历史留传下来的中世纪后期豪宅。城堡跨过小河的入口上方刻有族徽，城堡主建筑立面的山花上和室

涅斯维日拉齐维乌家族城堡景观。

内装饰多以族徽为装饰主题，六边形庭院将各建筑连接成为整体，基督教教堂与居住建筑有机结合在一起。16 世纪

利用复杂的入口空间加强防卫，增加攻城的难度。白俄罗斯涅斯维日拉齐维乌城堡的壕沟、护城河和棱堡的关系。

至 19 世纪，数百年间建筑不断地被改建或者重建，17 世纪下半叶又按照当时的荷兰军事防御建筑理论进行重建，成为棱堡式和宽壕沟的城堡。尽管如此，还是抵挡不住俄罗斯和瑞典军队的进攻[①]，现在城堡还保持着壕沟和棱堡的形式。

18 世纪下半叶，拉齐维乌家族走向衰落，但城堡依然是伟大的建筑遗产。现在城堡山墙上的纹章装饰由三个纹章组合而成，包括"特兰比"（Traby）的纹章纹章、基斯扎卡家族（House of Kiszka）的家族纹章和波兰白鹰的象征纹章。1518 年神圣罗马皇帝马克西米利亚授予家族成员米克拉·拉齐维尔（Mikolaj II Radziwill，1470–1521）亲王称号，1547 年在家族纹章原来图形基础上增加了黑鹰图形。

哈特曼大厅（Hetman hall）是在 18 世纪中期进行装修的，哈特曼是波兰—立陶宛联盟最高军事指挥官的称谓，大厅在天花四角有纹章装饰。在称为"兵工厂"（The Arsenal）的大厅中陈列着若干门火炮，雕刻精美。

白俄罗斯拉齐维乌家族涅斯维日城堡收藏的神圣罗马皇帝授予的家族纹章证书，藏于拉齐奥城堡。

城市纹章：欧洲城市的文化遗产

涅斯维日城堡主楼(左)和城堡入口（右）的家族纹章装饰。

城堡使用家族的两种纹
章在室内装饰中展现。

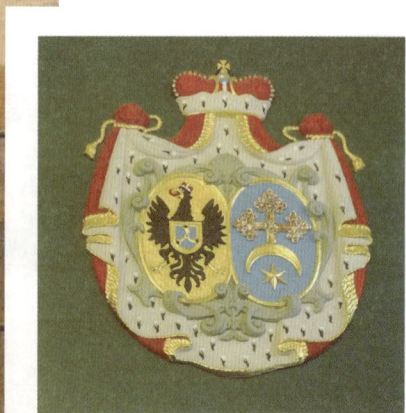

涅斯维日城堡天花上的
纹章（左）和火炮上纹
章装饰（右）。

　　　　城市纹章：欧洲城市的文化遗产

白俄罗斯拉齐维乌城堡哈特曼大厅天花纹章装饰。

现在处于白俄罗斯境内的涅斯维日拉齐维乌家族城堡（Nesvizh Castle），城堡原属于波兰—立陶宛联盟马佐夫舍（Mazovia）历史地区中最强大的家族之一基斯扎卡家族（House of Kiszka），拉齐维乌家族与其家族联姻，当基斯扎卡没有男性继承人以后，1533年城堡成为拉齐维乌家族物业。涅斯维日

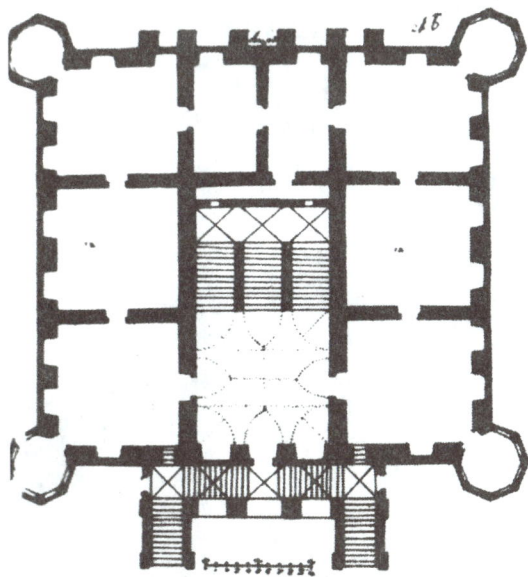

有家族纹章的城堡住所设计图纸。

（Nesvizh）城堡最原始部分的建筑是由石头建造的，1551 年立陶宛的文档开始存于城堡中。城堡 1583 年开始新的建设，家族成员尼古拉斯·拉齐维乌立陶宛亲王在 1586 年至 1599 年进行建筑设计时，邀请出生于意大利科莫省卡尼奥（Cagno）的意大利建筑师和耶稣会会士吉欧凡尼（Giovanni Maria Bernardoni，1541–1605）负责，他是第一个在波兰和立陶宛进行巴洛克风格建筑设计的建筑师，他在此工作了 13 年，他的设计作品包括城堡、修道院和教堂。

拉齐维乌城堡因为跨越了 16 世纪至 19 世纪不间断地修建而集多种建筑风格于一体，是白俄罗斯最具代表性的建筑文化遗产，从而成为了旅游胜地，现在的涅斯维日市是有 1 万多居民的旅游城镇。

2. 奥地利埃斯特哈希宫和海顿

奥地利城市埃森施塔特（Eistnstadt），靠近匈牙利边境，城市最为知名的是埃

历史城堡的风景画。

城市纹章：欧洲城市的文化遗产

斯特哈希宫殿内庭速写。

斯特哈希宫殿，历史上许多奥地利贵族曾造访此宫殿，哈布斯堡王室与埃斯特哈希家族从 17 世纪至 19 世纪一直保持良好关系而经常到访此处。宫殿起源于 13 世纪此处的防御堡垒，1364 年为匈牙利贵族卡尼扎斯（Kanizais）所拥有，并开始建立城堡和埃森施塔特城墙整体防御体系。1445 年该宫殿被哈布斯堡王朝征服，开始作为奖励品赠予亲信。1622 年哈布斯堡君主将城堡赠

宫殿中埃姆匹尔厅入口处的牌匾，使用纹章的护盾兽格列芬作为装饰。

柱子底座上的纹章装饰。

宫殿的空白盾徽装饰。

城堡和纹章装饰艺术

海顿画像和其墓地。

予跟随着皇帝南征北战的军事指挥官尼古拉斯·埃斯特哈希侯爵（Nikolaus Esterhazy，1583–1645），尼古拉斯·埃斯特哈希侯爵及家族后代有过各式各样的政治联姻，包括列支敦士登公主（1768—1845）、德国图尔与塔克西斯公主（1794—1874）和英国伯爵菲利尔的女儿（1822—1853），她们均在城堡担任侯爵夫人的角色。

家族保持富有和兴盛，埃斯特哈希侯爵在 1742 年至 1748 年"奥地利王位继承战争"中为玛利亚·特雷莎效力，结果押宝成功，埃斯特哈希家族一直将城堡及庄园传递给后人直至近代。哈布斯堡王室来往匈牙利的途中，这里成为重要的中转站，奥地利皇帝弗郎茨·约瑟夫一世 13 岁时就到访过此处，"茜茜公主"伊丽莎白·亚美莉·欧根妮（Elisabeth Amalie Fugenie，1837–1898）1853 年嫁给表亲奥地利皇帝弗郎茨·约瑟夫一世，也成为了这里的贵客并与侯爵夫人建立了长期的友谊。

埃斯特哈希宫殿是时尚的领先者，1649 年侯爵保罗将宫殿改建为巴洛克风格的建筑，在 17—18 世纪装修中，纹章建筑语言成为要素，宫殿中的立面上使用的空白盾徽护盾者是人物，埃姆匹尔厅（Empiresaal）窗台下的牌匾，使用纹章的护盾兽格列芬作为装饰。

维也纳古典乐派奠基人、交响乐之父弗郎茨·约瑟夫·海顿（Franz Joseph Haydn，1732–1809）的音乐人生之旅与这座城堡密不可分。保罗·安东·埃斯特哈希侯爵（1711—1762）非常欣赏

城市纹章：欧洲城市的文化遗产

宫殿音乐厅的族徽壁画装饰（下）和宫殿中海顿经常表演的音乐厅（上）。

海顿的音乐才华，1761年海顿被他任命为埃斯特哈希宫殿的副乐长，1768年成为乐长（Hofkapell-meister），在宫殿的音乐厅中充分展示了自己的音乐才能，1761年至1790年在埃斯特哈希侯国宫殿度过了完美的音乐人生，1794年之后，他每年均在夏季回到埃森施塔特，但不限于服务于埃斯特哈希侯爵，他还在贝尔格教堂（Bergkirche）演出，1800年海顿在此演奏了"忧伤弥撒曲"②。教堂建于1715年至1803年，1809年海顿病逝于维也纳，1820年海顿的遗体迁回埃森施塔特并葬于18世纪建造的贝尔格教堂（后改称为"海顿教堂"）的北塔楼下，而头骨于1954年才回葬于此，因此专门在贝尔格教堂旁建造了海顿纪念堂。现在海顿演奏过的管风琴和指挥首演的曲谱成为了公众参观的重点。

城堡中的音乐厅是保罗·安东·埃斯特哈希侯爵在1670年建造的，后经巴洛克风格的改造而富丽堂皇，在海顿

Profil über daß Fürtl: Schloß Lüfenstadt.

去世后，为了纪念这位音乐大师而命名为"海顿厅"，在天花彩绘的画面中有埃斯特哈希家族的族徽彩绘。现在有关于海顿的音乐节"国际海顿日"每年9月在"海顿厅"举行，每年大厅的演出有近百场，吸引着世界各地的古典音乐爱好者到访。

宫殿中建造的地下酒窖有300年的历史，是奥地利最大的酒博物馆。700件展品让参观者领略奥地利酒文化历史。在各类的酒器、盛器中，纹章的影子随处可见。地下酒窖中特殊的展品

地下酒窖中木桶盖上皇帝和皇后茜茜公主的头像。

埃斯特哈希家族族徽纹章木雕艺术品。

埃斯特哈希城堡宫殿入口面对的广场。

埃斯特哈希家族族徽的寓意物出现在介绍现代宫殿的信息板上。

有木酒桶盖上皇帝和皇后茜茜公主的头像，有埃斯特哈希家族族徽的巨型木质艺术品。

埃斯特哈希宫入口面对的广场，广场对面是宫殿的马厩，现在被改为咖啡厅。在入口两侧是两座哨岗的亭子，屋顶使用古代骑士头盔的造型作为装饰。广场上有喷水池，喷水池的底座上装饰有埃斯特哈希家族的族徽。

现在埃森施塔特设计了一条海顿之旅的步行游径，串联着海顿这座城市重要旅游地点，共10处纪念地，从墓地海顿教堂、埃斯特哈希宫殿、法兰西斯科教堂到城市修道院、海顿故居等。海顿故居靠近城墙，海顿在此居住了

宫殿前广场喷水池底座的埃斯特哈希家族族徽装饰。

12年，距离埃斯特哈希宫殿很近，仅有200多米远，处于城墙内宫殿的东面。从城堡布局可以看出城堡宫殿是独立防御体系，采用的是领主城堡与城墙

城堡和纹章装饰艺术

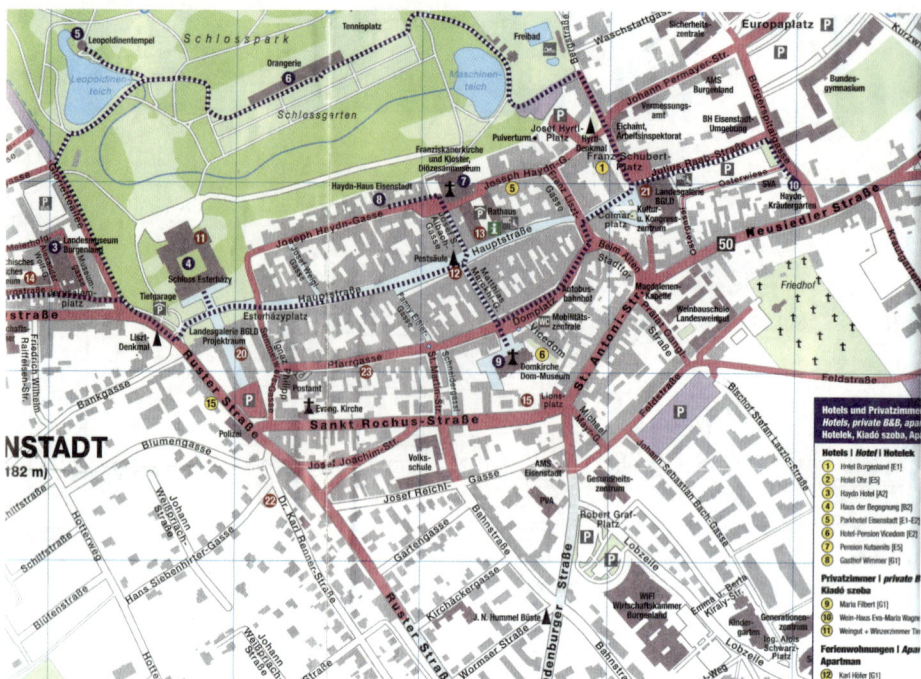

埃森施塔特地图,蓝色虚线是"海顿步行径",有编号的蓝色圆圈是与海顿有关的历史建筑观光点。

分离的模式,封建领主在危急时易于逃脱。海顿步行径的纪念地中陈列展示有7件管风琴,均是海顿使用过的,曾被他用来创作音乐作品,现在仍然可以正常使用。

海顿故居往东是始建于1386年的方济会教堂(Franciscan Church)和修道院,1529年被毁,1629年埃斯特哈

城墙与内城中的圣方济会教堂、修道院和海顿故居的景观速写。海顿故居是画面右边的房子,远方后哥特式建筑风格的高塔是主教天主教堂圣马丁教堂,是1463年为埃森施塔特领主所建的教堂。

VERMITTLUNGHILFEKURS
FUR JUGENDLICHE

教区博物馆 Eisenstadt
2018.7.13

希侯爵重建后转交方济会修道院，海顿使用过的管风琴陈列于此，修道院也是埃斯特哈希侯爵们的墓地。出了城门就是埃斯特哈希宫殿的花园，一个古树参天、绿草葱葱的野趣园林，"海顿步行径"贯穿整个林地。

埃斯特哈希城堡宫殿是欧洲历史建筑中巴洛克风格运用杰出的范例，但如果没有音乐家海顿，人们对它的兴趣可能会大打折扣。世人可能忘掉了埃斯特哈希家族的荣华富贵，全世界却永远会记住海顿，正如他自己说的"我的语言全世界都能懂"。

① Promo Group "Studio R2" Niasvizh, Palace and Park Ensemble 2014 Niasvizh Zimaletto, 11.
② Gerhard Winkler. *Joseph Haydn: grosser österreichischer Komponist*. Vienna: Musikhaus Doblinger, 2005, p.103.

方济各教堂入口埃斯特哈希纹章装饰，教堂入口的纹章装饰。

城堡和纹章装饰艺术

海顿曾经常散步的埃斯特哈希宫花园。

埃森施塔特商业街上以海顿命名的酒吧。

城市纹章：欧洲城市的文化遗产

VI

城市纹章在现代城市
生活中的运用

城市纹章代表着欧洲的传统图像艺术精华，现代社会中，我们依然可以在许多欧洲建筑遗产中看到嵌入其中的纹章装饰。但是，除此之外，在欧洲现代城市社会活动和当代的视觉图像设计艺术创作中，城市纹章是同样不可忽视的重要组成部分。在符号学视域下，城市纹章是任何图形都无法替代的重要符号，是"古为今用"的重要文化表征。

葡萄牙里斯本"贝林塔"屋石防卫墙垛和哨塔。

一、城市公务活动的纹章运用

1. 市政厅的公共设施和物品

在现代欧洲，纹章被广泛地应用在日常的公务活动中。城市设施和办公物件的制作需要规范化、易复制的纹章样式，因此，各国家制定了现代版的纹章制作新规范，从地方城市政府层面乃至国家层面规范纹章样式。色彩简约，造型简洁的图形样式是共同的设计要求。当代纹章最重要的突破是黑白或单色图形的出现，既适应了现代设计、印刷品、文件等公共物品的使用需求，又符合时代的审美要求。

现代荷兰用于公务需要的规范化国家纹章形式。

荷兰国家为规范使用纹章，制定了适应各政府机构的国家纹章标志（wordmark），极具现代抽象之美而不失传统纹章原韵。国庆日是荷兰最重要的庆典活动，是各国国家纹章充当主角的时刻，荷兰驻广州领事馆举行国庆庆祝晚宴时在每个环节都使用了国徽。

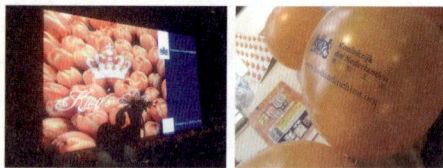

荷兰规范化国家纹章运用形式，荷兰国庆活动播放宣传片和彩色气球上的国家纹章。

西班牙城市马德里、巴塞罗那创新了城市纹章的表现方式，不拘泥于传统的纹章规则，使用规范化的黑白图形以方便印刷和传播。其中，马德里的新标记使用了纹章加城市名称的叠加图像表达方式。

爱德华皇冠纹章是以 1601 年爱德华登基时的皇冠实物为样式进行艺术

城市纹章：欧洲城市的文化遗产

创作形成的纹章，在正视图中，冠顶的半拱是最明显的图像特征，中间是"Pattee"十字架。后来当上大不列颠帝国国王的维多利亚、伊丽莎白等女王均嫌皇冠太重而另有选择。现代设计黑白版的纹章，皇冠是爱德华皇冠的样式，但摆脱了传统纹章的色彩桎梏，更适应现代的印制需求和传播方式。

马德里、马卡略议会的标记形式。

爱德华皇冠和大不列颠现代设计黑白版的纹章。

现代行政部门的牌匾是最常见的纹章载体，欧洲各国的城市政府部门、欧洲殖民地国家的行政部门和东欧解体后的国家政府部门均使用纹章作为政府部门招牌的装饰标志。

教堂的诵经台是公共演讲讲台模仿的对象。在宗教场所的教堂，讲台就是诵经台，常用纹章装饰。讲台（lectern）是市政厅、议会等机构展示城徽的常见载体，彰显了主办方的身份，强调了特定的场合和地点。

美国在公开场合的讲台都印有国家纹章、城市纹章或者是州的纹章，以此表明主办者机构。美国总统发表讲话，讲台用的是美国国徽。笔者参加了2002年在洛杉矶举办的"911"纪念集会，集会上的讲台以洛杉矶的公共印章为装饰，表明主办者是洛杉矶市政厅。

洛杉矶的城徽以印章的形式出现。1846年加利福尼亚棕熊（California grizzly bear）出现在加利福尼亚共和国旗帜上，1849年成为该州印章上的寓意物。洛杉矶城徽其他的寓意物还包括：19世纪墨西哥的纹章——仙人掌上的鹰；美国13个州的象征——13个星的盾徽；

圣彼得堡政府机构有城市纹章的标志牌。

2002年洛杉矶"911"纪念集会上的演讲台，以洛杉矶的城徽装饰。

里斯本市政厅议员使用的专用文具。

克罗地亚萨格勒布市政厅文具书夹也是以城市纹章和国家纹章装饰。

西班牙统治的象征——卡斯蒂利亚和莱昂王国的城堡和狮子。外环写着"洛杉矶城1781年",盾徽内环与外环的空间处是三种水果:葡萄、橄榄和橙。

在葡萄牙里斯本市政厅大厅,展示了一套里斯本市政厅议员20世纪使用的专用文具,均是以里斯本城市纹章为标记。

克罗地亚扎布勒布市政厅文具书夹也是以城市纹章装饰。

2. 现代友好城市的纹章纪念

友好城市纪念墙是欧洲城市政府在市政厅前后竖立的重要纪念物,有时候与市政厅的某个墙面结合起来,会通过一些特殊的纹章组合表达友好之意,集中展示了该城市的友好城市的城徽。意大利曼尼瓦市市政厅在外墙上留出空间,将世界不同国家友好城市的城徽留在墙上。

慕尼黑市政厅在大门入口侧面白色墙体最显要位置展示了友好城市的城市纹章,包括基辅、哈拉雷(Harare)、津巴布韦、扎幡、辛辛那提、爱丁堡、维罗那、波尔多等城市。

城市纹章:欧洲城市的文化遗产

意大利曼尼瓦的友好城市城徽墙。

兰茨胡特市市政厅前地面的城徽装饰。

慕尼黑市政厅入口展示的友好城市纹章组合，包括基辅（上排左）、哈拉雷津巴布韦（上排中间）、辛辛那提（上排右）、扎幌（中间左边）、波尔多（中间右边）、爱丁堡（下排左）、维罗那（下排右）等慕尼黑友好城市的城市纹章。

除了在市政厅的应用，艺术化的城市纹章在不同媒介上通过图像符号传递特殊的文化信息，如商店的招牌、邮票、纪念品等等。纹章在实用艺术中的应用如奥古斯根城市金饰店将城市纹章的寓意物松果图形变为商店的招牌，兰茨胡特一商店利用城徽三头盔基础图形作为招牌。

波兰托伦市友好城市牌區墙。

德国兰茨胡特市市政厅前的地面，将友好城市的城徽制成金属材料的图案作为地面装饰，兰茨胡特市城徽与其友好城市的城徽并列，形成特殊的地面景观。

德国奥古斯根和兰茨胡特商店以城市纹章为主题的招牌。

波兰托伦与中国友好城市桂林的牌匾。

德国兰茨胡特城市市政局的徽号，起源于传统城徽，但进行了平面化处理。

将城市名称作为文字标记（word mark）和传统城徽的新形式结合是目前通用的表现手法。德国兰茨胡特的城徽寓意物三顶头盔，在现代的图像使用中变得十分抽象。

德国兰茨胡特市印有城徽的纪念品（左）和莫斯科城徽整体形象的工艺品（右）。

城市纹章还经常用在城市政府用作纪念和庆典的物品、用具和别具意义的礼品上，赋予物品独特的城市纪念意义。

温哥华市的城市纹章于 1969 年由英国纹章院批准使用。由出生于英国、后移民到加拿大的艺术家布鲁姆费尔德（James Blomfield，1879–1951）在 1903年设计，但中间多有波折，20 世纪 60年代英国纹章院才批准。该纹章虽然形式上还是欧洲传统的盾徽的形式，但体现了北美城市的特征和新移民的精神：上半部分部首是两朵茱萸（dogwood），它也是省花，中间是原住民的图腾柱（Kwakiutl totem pole）。波浪纹象征着城市被大海环绕。盾徽的铭文是：土地和空气使该地得到繁荣。盾徽两侧的扶盾者是两位普通市民，代表温哥华的传统产业：伐木业和渔业。盾徽上有头盔，其上是壁冠以及象征港口的帆船[①]。

在加拿大大不列颠哥伦比亚省的国立、州立公园，乃至大不列颠哥伦比亚大学，到处可以看到图腾柱的景观。该省海达瓜依群岛（Haida Gwaii）尼斯汀村（Ninstints）保存着海达人图腾柱和村落遗址，图腾柱是具有历史价值的

城市纹章：欧洲城市的文化遗产

典型样式。

加拿大海达瓜依群岛岛名的意思是"海达人的岛屿"，殖民地时期旧称为夏洛特女王群岛（Queen Charlotte Islands），2010 年才重新更名为原来传统的名称。该岛在 13 000 年前就有人居住，经考古发现，岛上约有 100 多座村庄，在 18 世纪的贸易中发挥了重要作用。格雷厄姆岛（Graham）是群岛中最大的岛屿，面积约 6000 多平方公里，岛上现在建立了"海达人文化遗产中心"，保存有 6 根当年海达人居住村落中的图腾柱和传统的"长屋"。群岛中的安东尼岛上的尼斯汀村（Ninstints）

加拿大大不列颠哥伦比亚省海达瓜依群岛安东尼岛上尼斯汀村的古老图腾柱，被列入《世界遗产名录》。

保存着海达人图腾柱和村落遗址，岛上留下的图腾柱是海达人在村落中间竖立起来的，鬼斧神工的造型令人叹为观止，展示了海达人的艺术造诣和社会权力。欧洲人对原住民的压迫使村民在1880年左右迁移，此处保留下来的原汁原味的海达人图腾柱和村落遗址，因其独特的文化价值而被列入《世界遗产名录》。

西班牙巴塞罗那城市警察的徽章（左）和马德里城市警察的徽章（右）。

3. 纹章艺术在公共机构的延伸

　　警察是城市公共安全的守护者，警徽是公共权力的象征。警徽是在城市纹章基础上的再创作，反映了城市警察的地域性。各国城市警察名字各异，但执行公务的内容基本相同，城市议会立法规定其执法的事务，地方负担其财政，所以其徽号、口袋徽章、标志等均与城市的纹章高度一致。慕尼黑警察局是州警察系统的组成部分，巴伐利亚州下辖十个地区警察局。

德国慕尼黑市政警察的徽章（Patch of the Munich City Police）（左）和巴伐利亚州警察的徽章（右）。

　　政府的制服标记是公务员身份权威的象征，政府执法或礼仪人员的制服以纹章装饰表示庄重。

　　公共管理需要识别符号，城徽是权威和公共权力的象征，可以彰显公共管理者的身份。不少城市的公务人员的制服以该城市的城徽装饰。图为华沙无名英雄纪念墓边站岗警卫的制服，饰有华沙的城徽。

华沙无名英雄纪念墓边站岗警卫制服上的徽章，是华沙的城徽。

　　制服上饰有独特城徽，体现了地区特点，为城市活动创造气氛。自中世纪延续至今的带纹章的制服，尽管制服的款式发生了很大的变化，但纹章始终

城市纹章：欧洲城市的文化遗产

London
Stock Exchange

伦敦证券交易所标记。

就是在伦敦城徽基础上进行再创造而产生的，盾面三分之一为天平，象征着公平交易。现在的伦敦证券交易所入口处、交易所网站中以及相关物品上均可找到这一与伦敦城徽高度相似的印记。

作为可识别的权威符号饰于服装，在城市公共活动中成为特殊的象征。克罗地亚首都萨格勒布举行世界乒乓球锦标赛时，颁奖引导员的制服背后饰有萨格勒布城市纹章，在电视转播中传至世界各地，展示了举办城市的历史和文化。

国家纹章和城市纹章也经常出现在其他公共领域的演展，比如金融和体育机构。有200多年历史的伦敦证券交易所（London Stock Exchange）的标记

圣马力诺国家纹章（左）和圣马力诺奥委会徽章（右）。

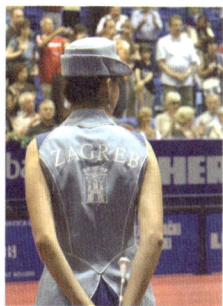

萨格勒布世界乒乓球锦标赛，颁奖引导员制服上饰有城市纹章。

城市纹章在现代城市生活中的运用

圣马力诺共和国（San Marino）是意大利境内的国中国，成立于1263年，是世界上第一个共和国，在19世纪末意大利统一时，这一"城市国家"得到"意大利统一之父"朱塞佩·加里波第的支持，保证这一地区制度维持不变并保持独立，因为早年加里波第在统一国家的过程中，得到过圣马力诺的保护。圣马力诺国家在外交上保持中立，军队在举行重要仪式和站岗时才出现，国土面积60平方公里，人口3.3万（2016年的统计数据），1992年成为联合国成员国。

尽管是"袖珍国家"，但圣马力诺具备完整的国家制度，不仅有国旗和国徽，有首都，还有若干自治体，国家机构甚至还包括奥林匹克委员会，尽管从未得到奖牌。国家纹章和首都的城市纹章使用相同的寓意物——三座城堡塔楼，飘扬的白色鸵鸟羽毛代表亚平宁半岛，塔楼耸立在绿色草地上，绶带上用拉丁文写着"自由"。盾徽上的王冠象征着该国是拥有独立主权的共和国。塔楼代表蒂塔诺山上的三座塔楼，塔楼初建于13世纪，之后陆续修建形成三塔楼的形式，现在中心历史城区共同被列入《世界遗产名录》。圣马力诺奥委会徽章延续国家纹章的形式，成为悬吊下坠的勋章形式，上方为卷幔呈现的圣马力诺国旗，最顶端为奥林匹克五环的图形。

城市支柱经济产业为旅游业和银行业，实际上圣马力诺的居民日常工作的范围没有受到"国境"的限制，白天在附近的意大利城市活动，晚上"回国"。

萨马兰奇的个人纹章（左）和1991年授予萨马兰奇世袭的侯爵爵位证书（右）。

城市纹章：欧洲城市的文化遗产

纹章也可作为个人荣誉象征。1991年12月31日，萨马兰奇（Samaranch Torello，1920–2010）因为对奥林匹克事业杰出的贡献而被西班牙国王卡洛斯一世授予世袭的侯爵爵位，产生新的个人纹章。纹章包含了萨马兰奇的个人纹章图形、侯爵的象征图形，冠饰为皇冠。这一爵位为萨马兰奇女儿玛利亚·特雷莎·萨马兰奇所继承，现在在巴塞罗那奥林匹克公园萨马兰奇家族墓地的墓碑石上刻有这一纹章。

---

① www.vancouverhistory.ca

二、网络时代和城市纹章的延伸

1. 网络时代政府官方网站的标记

中也嵌入了百合花图形。

政府官方网站经常将源于传统城徽的新形式城徽作为网页的标志。传统城徽作为传统寓意物的历史意义是无可替代的，它体现了历史洪流中一脉相承的信息；但面对网络时代，城市纹章需要作出相应的调整以满足页面设计的总体要求。纹章出现在网站上，成为现代城市的标志，各城市表现的手法和展示方式千差万别。奥地利萨尔兹堡官方网站的城徽，采用黑灰主调，突出城市名称，更为出彩的是在城市名字前出现了红色的冒号，这是萨尔兹堡传统纹章的颜色。

奥地利萨尔兹堡官方网站的城徽和城市标记形式。

色彩关联传递着历史传统，传统寓意物以现代的表现方式适应时代需要。

德国富尔达（Fulda）城市标记和传统城徽的共同之处就是寓意物百合花，象征着富尔达修道院的黑色十字架，占据了城市纹章盾面一半，另一半是百合花。尽管这是在 744 年建立的修道院基础上形成的古老城市，但城徽表现形式有了根本性变化，城市名字字母

捷克维索基纳州泰尔奇（Telc）的网络标志在使用盾徽的基础上，更加突出城市名字，采用立体化的设计。这座城市的 15 世纪哥特式建筑风格的历史建筑得到很好保护，城市中心区被列入《世界遗产名录》，评语写道："泰尔奇的建筑坐落于小山顶上，房屋最初为木结构。自 14 世纪末的一场大火之后，小镇以石头为材料进行了重建。整

富尔达（Fulda）城市标记和传统的城市纹章。

座城池有城墙环绕，另外还有人工河网增强了其防卫功能。城镇的哥特式城堡重建于 15 世纪晚期，采用了新哥特式风格。"

德国萨克森州的哥廷根市（Gottingen）在 10 世纪左右一个名为"Gutingi"的村庄基础上建成，后来因在 1351 年成为汉萨联盟城市而经济繁荣，哥廷根大学也称乔治－奥古斯特－哥廷根大学，建立于 1734 年，由汉诺威君王乔治二世（George II，1683–1760）在启蒙运动精神感染下所创立，是欧洲最古老的大学之一，与弗赖堡大学、图林根大学和海德堡大学并列成为德国最知名和古老的大学，城市因此也成为著名的大学城。哥廷根城徽出现在中世纪后期，寓意物为城门内的狮子。1641 年梅里安在哥廷根城市全景图上描绘了这一象征标志。

在城市纹章设计图形方面，今人也在寻找更新的途径，现代设计没有完全脱离纹章规则，基本保持着传统纹章的基本图形，却更新创造为新的纹章形式，在色彩方面偏向于简化或者用单色进行艺术表现。

传统纹章与壁冠紧密相关。抽象、简约的图形表现形式替代了繁琐的传统纹章语言，反映出现代设计理念。西班牙巴斯克自治区的圣塞瓦斯蒂安市（San Sebastian）城市纹章也是写意和具象两种形式共存。圣塞瓦斯蒂安市是位于西班牙与法国交界处的海滨城市，城市纹章有两种表现形式，最大区别是写意的冠饰和传统、具象的皇冠。由于港口的重要地位，城市在古罗马时期已经是帝国的领地，历史上被各王国争夺。城徽用寓意物帆船表现了其地理特点，也有写意和具象两种表达方式，政府网站纹章的表现方式体现了设计更新的理念，同时又继承了传统的历史信息。

2016 年，意大利中部人口 2700 人的古城阿马特里切（Amatrice）被强大的地震摧毁，200 多居民罹难，令人痛惜。西罗马帝国瓦解后，这里曾经被伦巴第统治，后来又成为那不勒斯王国安茹王朝的组成部分，1927 年城市融入拉齐奥大区。纹章反映了这段历史：红色的盾面白色十字架代表城市属于"教皇派"的政治倾向，锯齿型凹处的空间是百合花。阿马特里切城市官方网站运用叠彩透明的处理手法，将图片作为背景，表面层是清晰的城市纹章。

2014 年葡萄牙波尔图发布了城市

Donostiako Udala
Ayuntamiento de San Sebastián

西班牙圣塞瓦斯蒂安政府网站的城市纹章

捷克维索基纳州泰尔奇（Telc）官方网站的城市纹章和纹章的大徽造型。

德国哥廷根市城徽（左）和哥廷根大学校徽（右）。

写意式城市纹章（上）和传统城市纹章的多种表现方式（下）。

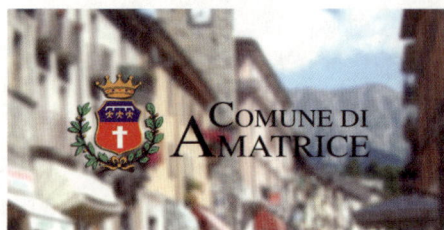

城市纹章（左）和意大利阿马特里切城市官方网站叠彩透明的处理手法（右）。

的视觉新图形，称为"Porto"。正如波尔图市长所言："从现在开始不是波尔图的形象改变了，是我们观察波尔图角度变化了。我们使用了最简单的 Dot 语言。"[①] 设计者来自波尔图大学，将城市最具有代表性意义的历史遗产文化等具象的城市文化景观转化为抽象的图形语言，组合成为充满美感的图案，成为城市品牌的宣传载体。波尔图传统的墙壁装饰，蓝色的瓷砖画是最具有特色的表现手法，波尔图火车站建于 20 世纪初，大厅用巨幅的蓝色瓷砖画描绘了葡萄牙国家历史重大事件和交通史。城

市标志设计图形传承传统，使用蓝色的线描，充满波尔图传统装饰风格。

2. 重要国际事件新标记

2014 年，在俄罗斯索契举办冬奥会时采用了富有时代特征的会徽：互联网时代的域名，字母与数字构成的组委会网站名字成为会徽的象征符号。这代表了互联网时代索契市的新城徽，相信它比传统的索契市城徽更使世人难以忘怀。这一符号也与俄罗斯紧密联系在一起。

作为时尚之都的米兰对现代表现手法和色彩体系的运用确实无愧"设计之都"的美誉。2015 年世博会会徽是从 700 件作品中以网络投票的形式选出的，采用"叠彩"（a blend of colorful shades）的色彩表现手法，黄色、蓝色和洋红色（Magenta）三种基本色变化出丰富多彩的颜色，象征着光产生多种多样的光影和能源，是又一次将互联网时代的象征手法用于国际活动中的成功设计。现代网站设计的展示形式"叠彩"是图片特殊处理技巧，这次博览会官方网站也使用了这一技术，将"2015"四个阿拉伯数字与世博会的英

波尔图火车站的瓷砖壁画。

城市纹章：欧洲城市的文化遗产

文缩写"EXPO"四个字母巧妙结合在一起。吉祥物为11种水果组合体"福蒂"（Foody），它是从文艺复兴时期意大利米兰艺术家朱塞佩·阿尔钦博托（Giuseppe Arcimboldo，1526–1593）的画作中得到启发，与本次世博会主题"滋养地球，生命能源"和健康食品的主张相吻合。在推广和应用方面，也与会徽紧密结合，博览会设置的儿童游戏活动场区放置的充气水果显得生动而活泼。在米兰火车站出口推广活动时以水果装饰的男女果神，灵感就来自文艺复兴时期朱塞佩的著名画作《维尔图努

世博会举行期间以水果充气球造型的儿童游乐场

斯》（Vertumnus）。维尔图努斯是古罗马神话的果实、植物之神，该作品将神圣罗马帝国皇帝鲁道夫二世的头像用水果、鲜花、蔬菜、植物等装饰起来，象征罗马神话中的果神，《维尔图努斯》现在为瑞典斯库克洛斯特城堡（Skoloster Castle）博物馆镇馆之宝。朱塞佩的另一代表作是《四季》，同样使用水果、植物和鲜花环绕头部的象征表现形式。艺术史将朱塞佩的艺术风格列入 16 世纪的"手法主义"的范畴，朱塞佩的艺术风格影响一直延续至今，不少当代艺术作品仍受之影响，纹章图形艺术也不例外，拉齐奥大区的 Pomezia 城镇的城市纹章也采用象征表现形式绘

制果神。米兰世博会从色彩的运用到标志的结合显示出设计理念的一致性，可以说是"很米兰"。

米兰世博会的广告下方常显示四个主办机构的纹章和标记，包括伦巴第大区、米兰市政厅、米兰省和米兰商会，用简单图形清晰表述了复杂名称。

2010 年温哥华冬奥会和 2014 年索契冬奥会的会徽采用的象征符号分别是古老的因努特石堆与时尚的数码，两种象征符号独具特色。2010 年冬奥会举办地加拿大温哥华，2011 年的原住民注册有印第安人 15080 人，梅蒂斯人 18485 人，全国以印第安人为唯一身份的 851560 人，梅蒂斯人 451795 人[②]。2010 年的温哥华冬奥会的会徽是加拿大原住民用于辨认地理位置的因纽特石堆（Inuluk），这一符号富有历史传承、极具地域特征，力求体现加拿大温哥华的文化多样性。它在某种程度上是温哥华和加拿大的符号象征。因纽特人称之为"指路人伊拉纳克"（Ilanaaq the Inuksuk），"伊拉纳克"在因纽特语中是"朋友"的意思。

意大利 2015 年米兰世博会的会徽。

拉齐奥大区的 Pomezia 城镇的城市纹章采用果神的象征表现形式。

陈列在米兰火车站前的米兰 2015 年世博会"果神"雕塑。

1999 年加拿大政府为努纳武特民族政府（Nunavut）再次设计纹章，从几百份的设计稿中确定了新的纹章，寓意物采用了因纽特石堆和因纽特的灯油（kudlik），上半部分是蓝色的天空与北斗星，用圆形图像代替欧洲传统的盾徽，但还是摆脱不了欧洲传统纹章的模式，设计了以加拿大地区的一角鲸鱼（narwhal）和鹿（caribou）为护盾兽，以"冰屋"替换头盔，但英国女王的皇冠依旧位于纹章的上端，象征主权。

2010 年温哥华冬奥会会徽。

努纳武特民族政府（Nunavut）的新纹章。

温哥华市政厅陈设的温哥华冬奥会会徽造型。

城市纹章：欧洲城市的文化遗产

冰屋（Igloo，因纽特语"房子"之意）的剖面示意图。

3. 新城市联盟的符号："悠闲生活国际网络"和新汉萨城市联盟

"悠闲生活国际网络"（Cittaslow international network）是 1999 年来自意大利托斯卡纳大区的格雷韦伊恩基亚恩蒂市（Greve in Chianti）市长 Paolo Saturnini 的创意，得到几位小城镇的市长响应。该组织制定的标准是人口规模在 5 万以下的城镇才具有资格加入，强调市民身体健康、美食、环境友好、传统手工业的复兴和悠闲的慢生活方式，现在全世界在 2014 年有 30 个国家的 208 座城镇加入该组织，总部设立在意大利中部的奥尔维亚托（Orvieto）③。

"悠闲生活国际网络"城市联盟使用一个具有象征意义的标志（Hallmark）——橙色的蜗牛，外围的壳体是城市高楼，这个标志被各成员城市使用④。

冰岛都皮沃古尔（Djupivogur）慢城橙色的蜗牛标志。

冰岛的小城镇都皮沃古尔是该城市联盟成员。小镇处于冰岛的东部，爱尔兰传教士是这里最早的居民，汉萨联盟的商人也将此地作为商站同丹麦进行贸易。城镇以安静和悠闲生活为城市的理想模式，岛上面积 1133 平方公里，居民 470 人。2013 年符合标准加入"悠闲生活国际网络"。

冰岛都皮沃古尔城市纹章。

意大利托斯卡纳大区的格雷韦伊恩基亚恩蒂市城市纹章。

图像，与波美拉尼亚家族的寓意物相关，从舌头到爪子，在色彩以及造型上均进行特殊处理，采用的是汉萨联盟主色调。它也是梅克伦堡－前波美拉尼亚州的最大的城市，城市的城徽经历三次变动，1257 年开始使用的城市印章的图案是戴着王冠的牛头（Sigillum），是梅克伦堡的徽章图形；1307 年用的是鹰头狮身兽，1367 年改为现在的图案（Signum）。1367 年，城市加入汉萨联盟后依规则而产生新城徽，上面还专门刻有汉萨城市的名称。与格赖夫斯瓦尔德相比较，格列芬的形象有所不同，红色的舌头是最为明显的标志，纹章规则的要求推动了形象的创新，使欧洲城徽充满无穷无尽的图形创造力。

都皮沃古尔也使用自己的城市纹章，城市纹章保持传统盾徽的外形，但突破了盾徽形式的约束，象征地区地理的金字塔山体突出了城市边界。

1524 年，意大利佛罗伦萨的航海家、探险家乔瓦尼·达韦拉扎诺（Giovanni da Verrazzano，1485–1528）出生于意大利佛罗伦萨附近的小镇格雷韦伊恩基亚恩蒂市（Greve in Chianti），小镇的广场上现在还竖立着航海家的雕像。乔瓦尼 1506 年生活在法国上诺曼底大区的迪耶普（Dieppe），1523 年受法国国王弗朗西斯科一世（King Francis I of France）赞助开始了航海计划，寻找太平洋海上贸易新航线，1524 年发现了新海岸带。当时，弗朗西斯科一世的头衔是昂古莱姆公爵，于是为纪念捐助者，乔瓦尼将新发现的纽约命名为新昂古莱姆（Angouleme）。

汉萨联盟城市的城市纹章具有高度的可识别性，以红色和白色为主色调。德国罗斯托克市是传统汉萨联盟城市，历史上是波美拉尼亚家族的领地。城市纹章盾面的上半部分为鹰头狮身兽

1815 年，维也纳会议决定新加入三座汉萨联盟城市：汉堡、不来梅和吕贝克，官方名字保持"自由汉萨城市"的前缀并保持至今。1980 年前汉萨联盟城市又组织了新的"城市汉萨联盟"，进一步推动了城市之间的贸易、文化和旅游的交往。总部设在德国的吕贝克市，由该市市长兼任主席，有了新的标

德国汉萨城市罗斯托克的城市纹章（左）和印章（右）。

记。原红白相间的彩带依然是新标记的构成元素。

每年成员城市轮流举办一届"新时代汉萨日"（Hanseatic Days of New Time）的活动，举行以城市政治、经济和文化合作为主题的论坛。第一届由荷兰的兹沃勒（Zwolle）举办，2014年主办城市是吕贝克市。活动期为4天，130个城市的1500位代表团参加活动⑤。

新汉萨城市联盟的标记。

2015年6月4至6月7日，第35届"新时代汉萨日"在爱沙尼亚的城镇维尔扬迪（Vijandi）举行。十字军东征时期，维尔扬迪在条顿骑士团的分支沃尔尼亚（Livonian order）宝剑骑士团的统治下，14世纪城市成为汉萨城市联盟的成员，它处在西欧与俄罗斯贸易线路上，优越的地理位置促进了城市的经济发展。目前城镇有2万居民，城市面积仅为14.6平方公里。本次活动的口号是"因创造而重生"（Born to be creative）。城门（Ivo Linna's Gate）是城市的象征性地标，同时在此举行了有杰出爱沙尼亚海外艺术家参加的民族音乐会，包括冰岛、俄罗斯在内的汉萨城市联盟的80个城市代表团参加了各种商业和文化论坛，包括传统音乐会、爵士音乐会、经济论坛、各城市产品微型博览会、飞行员青年营、历史传统生活体验区，各城市的手工艺者被邀请参加各种城市活动。同时主办方也邀请非联盟的组织参加。

2017年的举办城市为荷兰的坎彭（Kampen），主题是"水的联系"，因为艾瑟尔河水系的连接，坎彭能与其他汉萨城市进行贸易活动而逐渐繁荣。

2018年举办城市是罗斯托克，活动方富有创意地将一批年轻人置于仿古帆船抵达城市码头，他们按照传统装载方式卸下货物，并在鱼市场进行交易，重现历史上海上贸易的情形。城市在宣传推广活动中，均使用传统汉萨城市纹章红与白的主色调。

---

①　Rul Moreira. Porto. Porto: Porto City Hall, 2016.
②　北京邮电大学课题组：《关于北美少数民族政策和措施的研究》，2015年，第66页。
③　www.cittaslow.org.
④　www.djupivogur.is.
⑤　www.hanse.org.

三、现代纹章设计风格的新特征

贝尔格莱德的城市大徽。

近现代的纹章设计出现两种趋势，一种趋势是，部分新兴的城市和地区将表现重点放在城市自然地理特征上，如以特有的动物和植物作为寓意物，或者对传统的寓意物进行形式上的改良以适应新时代的审美要求，这是北欧国家尤其是挪威的变革方案；另一种趋势是封建制度中留存下的寓意物在城徽上的复古运用，尤其是在东欧国家的城市和地区，但这种复古运用又体现了形式感的新意。

1. 地域族群传统图形与民族自恋

贝尔格莱德（Belgrade）城徽是现代的设计，城徽以打开门的城堡为寓意物。城徽上的城堡是白色的，也是贝尔格莱德"白色城堡"的形象表现。匈牙利国王将这座城市封赏给自己的女婿，使他成为塞尔维亚第一位君王。

20世纪30年代，城徽的设计风格产生新的变化。贝尔格莱德的城徽来自前南斯拉夫著名画家安德雷耶维奇（Dorde Aandrejevic-Kun，1904-1964）在1931年参加竞赛获奖的设计作品。他早年在欧洲德国、意大利、法国和塞尔维亚的贝尔格莱德接受教育。1947年他还设计了南斯拉夫的国徽。尽管南斯拉夫发生了巨变，20世纪30年代贝尔格莱德在前南斯拉夫时期设计的城徽大徽形式依然留存，王冠选择的是壁冠，但保持着白色双头鹰这一底蕴深厚的历史图腾。

作为塞尔维亚的首都，贝尔格莱德仍继续使用安德雷耶维奇设计的城徽，其设计表现出强大的生命力。纹章颜色红、蓝、白是塞尔维亚民族的颜色，也是城市的象征颜色。壁冠为五垛口，在塞尔维亚纹章规则中象征首都的等级。大徽是塞尔维亚的象征——双头白鹰，拥抱着盾徽，鹰爪分别握着剑和橄榄枝，象征着战争与和平。

伊拉克库尔德斯坦的纹章。

库尔德族是长期生活在这一地区的民族。库尔德地区的政府纹章源自库尔德的古老王国——米底王国（Median Empire）的象征图形，图形中张开翅膀的鹰顶持着太阳，太阳的色彩构成与旗帜（Kurdish flag）一致。底部分别用阿拉伯文和英文写着"库尔德地区政府"。太阳、鹰都是代表着米底王国。鹰的翅膀有四只羽毛、太阳的光芒分红色和绿色各四束，而"四"代表库尔德民族分别住在土耳其、叙利亚、伊朗和伊拉克四个国家，纹章在 1992 年批准通过。白色代表和平、红色代表斗争、黄色代表生命来源、绿色代表风光。

伊拉克库尔德斯坦地区的纹章设计是东西方艺术相结合、古代和现代文明相融合的图形体现。鹰是古代以古波斯为中心的米底王国（Median，公元前 678—公元前 540 年）的象征，鹰的翅膀和尾巴均有羽毛数量的象征含义。下半部分学习欧洲传统纹章的设计规则，类似绶带上写有 KRG 三个字母，是英语库尔德斯坦地区政府首字母（Kurdistan Regional Government）的缩写。

历史上库尔德在 19 世纪创建索兰（Soran Emirate）王国，独立的时间很短，后来被奥斯曼帝国吞并。1848 年库尔德丧失其独立地位，在 19 世纪末与奥斯曼帝国不断抗争以追求民族独立。旗帜在 1900 年左右的独立运动时开始时使用，21 支太阳光束与库尔德的传统宗教亚兹迪教派（Yazidi）的符号语言共处其上[①]。这面旗帜也被称为

西西里岛大区区徽。

太阳旗，尽管阳光与和平是多少民族的不懈的追求，但在复杂的民族与地区冲突中往往显得苍白无力。

1960 年在西西里岛阿格里真托（Agrigento）考古发现了一件陶器，希腊时期称为迪诺斯（dinos），是日常用来装酒的器皿。最富历史意义的是器皿上画着三只屈腿的图案，这一古老而神秘的符号，一直未找到历史原型，在古希腊语传统中被称为特里斯科勒斯（Triscle），妖怪格尔鲁尼（Gorgone）有三条腿，一些学者认为它来自东方，象征巴力神（Baal），代表时间的永恒。此考古发现使这一特殊符号的历史源头可以追溯到公元前 7 世纪下半叶。2000年，西西里岛大区将它作为区徽，而西西里岛的帕赫莫市（Pahermo）也将这

挪威勒丁思市（Lodingen）的城市纹章和传统的鲍威尔结。

城市纹章在现代城市生活中的运用

西西里岛阿格里真托（Agrigento）
出土的有特里斯科勒斯（Triscle）
古希腊时期风格的器皿。

特里斯科勒斯（Triscle）
图形在西西里岛的招牌
和旅游工艺品上的应用。

城市纹章：欧洲城市的文化遗产

古老而神秘的符号作为城徽。在西西里岛上，这一特殊的图形成为广告、旅游用品的重要内容和题材，成为了极具吸引力的视觉艺术。

马恩岛（Isle of Man）是英国的皇家属地，城徽也以"三脚"为寓意物，

马恩岛的城徽。

制作于1486—1492年之间的《韦尔尼格罗德纹章集》，菲森城市纹章在第二排左起第4位。

1996年获准使用。13世纪曾出现在岛国国王的纹章上，英国人认为它出现在纹章上的时间比西西里岛还要早。而德国与奥地利接壤的万人小镇菲森（Fussen），在制作于1486年至1492年之间的《韦尔尼格罗德纹章集》（Wernigerode Armorial）中已经有纹章记录。

1984年设计的挪威勒丁思市（Lodingen）的城徽以传统的象征——被称为幸运结或情人结的鲍威尔结（Bowen Knot）进行再创造，这里是五个地区的水上船运中心，从17世纪开始威尔士人鲍威尔（James Bowen）在纹章上使用这种结为寓意物。

2. 公投的符号：民族和地缘政治争夺的象征

尽管城市自治是欧洲城市的基本原则，但政治地位、经济作用、领主和皇室居住地和首府，以及近现代的城市区划，还是显示出城市间地位的差异，各国城市纹章通过不同的纹章语言表现出城市地位的不同。而纹章本身也由于纹章元素，如护盾者、冠饰而产生不同规格的纹章。民族自信是欧洲许多民族国家共同的特点，要在文化上、语言上自我欣赏和高度自我表扬，这种重要性甚至在某些时候大于对经济和资源的考量。纹章是具有民族性的符号语言，是民族文化的高度表现形式和载体。

政治改革经常需要进行行政区划调整，对传统图像的保护使之逐步演变

为政治符号。行政区划调整在现代欧洲国家频繁进行，德国、英国以及北欧都有类似情况，这就产生了新的纹章或者标记。通过新的行政区划调整产生相适应的现代城乡变化是政府公共管理手段之一，于是新的行政单元的纹章随着城市化进程而产生，但城市纹章语言的多样性一般仍被新城市纹章坚守。

民族国家仍然是欧洲最具影响力的一种政治形式，但同时也存在各种危机，"民族国家最大的弱点在于其隐含的排外性，比如法国是法国人的。从历史上说，这种特有的缺陷是其衰弱的根源。多民族国家（如南斯拉夫和比利时）会面临分裂；同质化单一民族国家（如波兰和葡萄牙）则是历史的偶然（有时是悲剧性的）产物"，1995年托尼·朱特教授写下这段文字时，南斯拉夫解体正在进行中。

时至今日，比利时弗拉芒族群独立意识日益增强，15—19世纪比利时战争不断，1830年比利时才成为国家，全国分法兰德区，瓦隆区和布鲁塞尔首都区。比利时的布鲁塞尔为欧盟所在地，欧洲团结联盟的象征性国度充满分

格林纳达省（左）、阿的斯省（中）和塞维利亚省的纹章（右）。

城市纹章：欧洲城市的文化遗产

裂的危机，颇具戏剧性。希腊债务危机引发欧洲存在前途的担忧，而希腊是欧洲文明之摇篮，如果希腊离开欧盟，根还在吗？经济是欧盟形成的基础，"它的签约国列出了一份时间表，计划着减免关税和促进和谐发展，以达到最终调整货币实现自由商品、货币和劳力兑换的目标。"[②] 欧元就是这一理念的结果，也是欧盟运行的重要象征。

欧洲国家内部也是高度强调自治的文化，行政体系充分体现了这一特征。西班牙是高度强调自治的国家，全国共有 17 个自治区（包括单一省的自治区），自治区的下面再设立省和自治市，共 50 个省和 2 个自治市，全国有大小不一的 8118 个城镇。从自治区、省到自治市均有自己的纹章。从同一自治区的三个省格林纳达省、阿的斯省和塞维利亚省的纹章可以看出领地的复杂性，而各省纹章表现形式自由多样，这也是强调"自治"的结果。组合的意图比融合的意图更受地方政府的欢迎，因为完整的图像信息更能体现历史公国的存在。

西班牙的自治区制度经 1978 年宪法修订，在省行政层级上增加自治区，为文化与历史同一性和认同感强烈的地区争取自主权利，同时确保国家的统一。

英国一直被苏格兰分离所困扰。苏格兰的皇家纹章文化体现了历史上苏格兰与英格兰的文化差异。苏格兰的皇家纹章最早出现在 1235 年亚历山大二世（Alexander II）的印章中，13 世

苏格兰 2014 年公投标语。

纪后半期开始采用双层框、百合花节点装饰形成苏格兰传统纹章的象征盾面（royal tressure），苏格兰地区统一采用这一纹章基础形式[③]。

苏格兰的独立公投若成功，大不列颠帝国的旗帜象征符号将改变。苏格兰在 843 年就曾为独立国家，1603 年苏格兰和英格兰形成共主联盟，英格兰国旗是圣佐治十字架，苏格兰是圣安德鲁十字架，1606 年两国国旗合并成为最初的米字旗，1707 年形成《1701 年联合法案》。爱尔兰的主保圣人是圣帕特里克，X 形的红色十字架是其象征，再一次重叠形成现在的米字旗。1979 年，苏格兰进行了独立的民意表决，2014 年 9 月 18 日举行独立公投，55.3% 反对独立。若公投成功，1603 年的米字旗将改变三种十字架的图形。2014 年苏格兰两大阵营公投标语口号不同，但视觉色彩主调是一致的，都是采用苏格兰旗帜上的蓝色和白色。

12 世纪至 17 世纪初使用的苏格兰王室纹章。

3. 简约的途径

相对而言，现代北欧国家在使用和设计城徽规范化方面比欧洲其他国家

瑞典西博尔藤县内两座自治市的城市纹章：北马林市（上）和挪威奥瑟勒市（下）。

更进一步。1950 年至 1980 年期间，北欧包括芬兰、挪威和瑞典等国家对原有的城徽和郡的纹章进行规范化设计，提升了城徽的设计水准。

瑞典的纹章系统性和高设计质量令人称道。简化了传统图形的花哨、浮躁，但对传统图形又能起到有效的保护，这体现了北欧现代城徽和纹章设计之妙，1970 年进行过全国规范化的纹章整理行动。北马林市（Nordmaling）以三文鱼为寓意物，怒舍市（Norsjo）以松树为寓意物，斯图利曼市（Storuman）以内湖和山脉为寓意物，奥瑟勒市（Asele）以鹿角为寓意物。艺术家建立在对自然界动植物和地理特征充分理解的基础之上，抽象又诗情画意地表现了城市的风光。这些城市规模很小，多建立于 19 世纪，但一直以来与自然保持和谐相处。

位于瑞典北部西诺尔兰省（Vaster-norrland）的松兹瓦尔市（Sundvall）的

瑞典松兹瓦尔市城市纹章。

挪威西福尔郡（Vestfold）的纹章。

城徽由埃立克（Erik Dahlbergh，1625–1703）绘制。埃立克于 1700 年绘制的城市全景图上展示的城徽以骑士头盔作为

1700 年由埃立克（Erik Dahlbergh，1625–1703）绘制的松兹瓦尔全景图。

城市纹章：欧洲城市的文化遗产

波兰凯尔采（Kielce）的城市纹章。

克拉科夫城徽。

寓意物，现在城徽上使用的寓意物是礼帽，与鱼叉一起构成传统的图形。松兹瓦尔于1621年获得城市权力，这是一座在近代瑞典形成的工业城市，伐木业是重要的产业，现有人口9万。

皇冠的表现形式最能够反映纹章艺术演变的历史特征。挪威西福尔郡（Vestfold）直接用皇冠为寓意物。纹章寓意物是中世纪的王朝的叶冠，但采用的是现代设计图形，1970年被批准使用。

城徽的传统壁冠和寓意物在现代设计语言中产生新的形式，波兰凯尔采（Kielce）的城徽红黄两色，将城市名字缩写CK置于皇冠之下；克拉科夫的现代城徽更为简约，将城市名字的首个字母K作为城市象征。

瑞典的独特标志是"三皇冠"，无论是皇家的纹章，还是斯德哥尔摩市政厅的塔顶装饰，还是国家议会的标志，都可以见到这一瑞典象征图形。现代设计手法去繁就简，皇冠以新的图形出现在议会的标志上，并改为叶冠以体现大众化。处于瑞典北部的多罗泰（Dorotea），人口仅有2000多，1980年正式成为自治体。城市纹章为红色盾面部首，下半部分为金色盾面。部首的寓意物为简约的金色叶冠，下半部分以站立的红色熊为寓意物。

瑞典议会的标志（左）和瑞典城市多罗泰盾徽王冠（右）的现代表现手法。

智利披市勒亩市（pichilbmu）市的城市纹章。

城市纹章在现代城市生活中的运用

纹章的冠饰简化也呈现在宗教纹章图形中，智利披市勒亩（pichilbmu）市通过竞赛在 1986 年产生新的城市纹章，该市出现了枢机主教这一重要教廷职位，所以冠饰是主教帽子的新形式图形。这座城市是海滨城市，也是冲浪者的圣地。这一地区曾经是西班牙的殖民地，智利独立后，1891 年该城市获得自治权。

德国萨尔州奥特韦勒(Rottweiler) 的城市纹章。

1920 至 1970 年英国大伦敦区的伦敦市徽。

意大利索韦拉托市的城市纹章。

大伦敦区的伦敦市的壁冠在 1920 年至 1950 年间经过两次修改，1970 年后取消。20 年代的壁冠采用的是完全写实的手法，带有角堡。50 年代的设计采用的是简约的概念化表现方式。

德国萨尔州的城市纹章采用的是红色平面化造型的壁冠，这种红色平面化的壁冠是德国城徽中常用的壁冠表达形式，萨尔州的城市奥特韦勒（Rottweiler）的城徽壁冠同样使用该种形式。意大利索卡拉布里大区的索韦拉托市（Soverato）城徽壁冠采用非对称的现代设计。

现代许多城市的壁冠强调的是装饰意义，平面化、简约化是设计趋势，象征意义多于空间的真实性。保加利亚和德国对于这一表现形式的突破最为明显，保加利亚洛维奇（Lovech）城市纹章的壁冠已经完全告别传统纹章的形式，显得简约明了，而壁冠采用现代表现方式是保加利亚城市纹章最明显的特征。

普罗夫迪夫市（Plovdiv）是保加利亚第二大城市，1988 年设计的纹章是在 1938 年图形基础上继续完善而

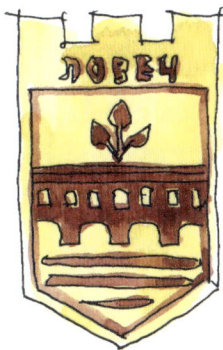

保加利亚洛维奇城市纹章。

成。1969年设计的布拉戈耶夫格勒
（Blagoevgrad）城市纹章完全是用现代
设计手法，纹章色彩规则已不作为遵循
的依据。一般保加利亚城市纹章的壁冠
使用三座塔楼的壁冠，普罗夫迪夫市城
市纹章壁冠使用了四座塔楼。

德绍（Dessau）市在2007年与罗
斯劳（Rosslau）市合并称为德绍－罗斯
劳市，原来的德绍市城徽简约富有装饰
性的壁冠保持下来，成为新成立的德
绍－罗斯劳市的城徽壁冠。

保加利亚布拉戈耶夫格勒城市纹章（左）、
普罗夫迪夫市城市纹章（中）和丘斯藤迪
尔城市纹章（右）。

4. 大自然的礼赞

挪威的行政区划分为19个郡，在
下一层面为自治市。西阿格德尔郡
（Vest-Agder）的纹章于1958年批准使
用，黄色的橄榄树，盾面是绿色。奥普
兰郡（Oppland）纹章寓意物是白头雍
属的白头雍花（Pulsatilla vernalis），俗
称为"冰学女士"，是奥普兰地区独特
的花，被选为"郡花"，1989年通过的
奥普兰郡的纹章以它为寓意物，两朵白
色郡花摇曳在绿色的盾面上。

挪威的纹章设计正如上面讨论到
的，从20世纪20年代开始进行简约纹
章艺术运动，重在减少颜色、强调图形
形式的抽象表现，无论是曼达尔市的城
徽，还是西阿格德郡的纹章，都达到了
雅致、简练的视觉效果。19个郡的纹
章均是由两种颜色构成，采用盾徽的形
式，没有壁冠或者皇冠的纹章冠饰，虽
然寓意物有的来自中世纪后期，但在
20世纪六十至八十年代进行了重新设
计，这一系列郡的纹章体现了现代平面
设计的审美要求，是现代统一规范管理
的结果。

挪威西阿格德尔郡（左）和奥普兰郡纹章
（右）。

挪威除了将传统纹章寓意物在继承中创新，同样在新城徽设计中充分挖掘和体现地域性，地区的野生动物和植物世界是取之不尽的创作题材。麝牛（Muskox）是多夫勒（Dovre）城市纹章的寓意物，麝牛并不是本土动物，但在1932年10头麝牛被放养于这一地区，至今已有超过300头麝牛生活在此。希特拉（Hitra）自治区是北欧红鹿（Red Deer）数量最多的地区，红鹿是鹿这一物种数量最多的品种，城市纹章选择红鹿头部为寓意物，但用银色表现鹿首，纹章盾面为蓝色，没有完全按照现实中动物的颜色。海德马克郡的小镇廷瑟（Tynset）选择驼鹿（Moose）为寓意物，也是因为这里生活着大群的驼鹿，以此展示城市的地理特征。

挪威多夫勒城市纹章（左）、希特拉自治区城市纹章（中）和廷瑟城市纹章（右）。

挪威新时代的城徽和行政机构的纹章在全国范围内的规则比较统一，通常色彩不超过三种颜色，以双色为主。北欧的城徽创造了一个与该地区自然地理环境相一致的、令人向往的浩瀚大自然，宛如一首大自然的颂歌。

挪威西尔达尔郡（左）、奥姆利郡（中）和比格兰郡的纹章（右）。

大片的荒原是大自然赋予挪威的优越自然条件，以挪威南部为例，其由东阿格德尔郡（Aust-Agder）和西阿格德尔郡（Vest-Agder）两个郡组成，人口28万，每平方公里17人，80%的城镇靠近海岸线，是挪威的新发展地区，主要以渔业、林业和旅游业为主要产业。1991年设计并使用的比格兰（Bygland）城徽，用黄色欧亚猞猁（European lynx）作为寓意物，象征旷野的自然地理环境，绿色盾面象征发达的农业和林业。这里居住的1200人生活在13万平方公里的土地上；1987年设计的奥姆利（Amli）城徽寓意物选择了这里特有的银狐，这里有着在欧洲难以找到的、适应银狐生存的自然环境；1986年设计的西尔达尔（Sirdal）城市纹章的寓意物——三只飞翔的柳雷鸟

城市纹章：欧洲城市的文化遗产

挪威亨墨菲斯城市纹章（上）和勒斯特城
市纹章（下）。

是为体现了挪威良好的自然地理环境，
也是强调城市处于极地这一地理位置的
象征，城徽在 1938 年由当地的一名教
师设计，分别在 1986 年、2001 年又进
行修改，也是少数使用壁冠的挪威城
市纹章。勒斯特（Rost）城市纹章是以
地方特有的黑色鸬鹚鸟（shags）为寓
意物。

（Lagopus，willow grouse），是这里特有
的鸟类。

　　挪威亨墨菲斯（Hammerfest）的城
徽寓意物是北极熊，挪威并不是北极熊
（Polar bear）的居住地，选择这一动物

①　Kurdish Institute of Paris.
②　［美］托尼·朱特著，林骧华等译：《战
后欧洲史：繁荣与革命 1953—1971》，中信出
版社 2014 年版，第 64 页。
③　Charles Boutrll. *English Heraldry*. London:
Cassell, Petter, and Galpin, 1867, p. 269.

四、突破传统纹章规则的城市标志

1. 城市名称文字（word mark）和城市纹章的结合

简化寓意物的造型、增添反映城市名称的文字表达，这有利于现代解读和各种制品的印制，在城市公共活动中得到更为广泛的传播，是目前普遍使用的城市视觉图像表现形式。

德国汉堡共有分7个区，其中的中区（Hamburg Mitte）的城市标记运用了传统汉堡城徽的寓意物——塔楼城门，采用的是现代平面设计表现形式。德国行政区划为适应经济合作和交通区位条件变化，产生了大都市区的聚集空间，汉堡近期与周边两个地区合作，形成汉堡大都市区，产生的新都市区标记也是采取现代平面设计的形式。该设计图案是1998年德国设计师彼得·施密特（Peter Schmidt）设计并由汉堡联邦州颁布的。红色的城堡、开放的城门，传承了汉堡传统城市纹章的要素，蓝色波纹表现了港口的城市地理特征，现在汉堡城市指引牌均使用现代标志。将典型的、具有代表性的现代城市景观转换为城市图形象征标记也是常用的设计手法，不少城市在保留原来城徽的同时，重新设计完全没有关联的新标记，城市名字和主要城市景观成为图形的构成要素。采用这类设计的有乌克兰的利沃夫、加拿大的多伦多、德国的纽伦堡等城市的标志。

约旦首都安曼的城徽既保持了伊斯兰文字图形特征，又展示了现代气息。意大利伦巴第大区的区徽完全采用现代的设计图形而放弃了传统欧洲的纹章形式。

写意的纹章寓意物采用白描的手法表现。纹章寓意物海格力斯（Heracles）站立在海格力斯之柱，身边是降服的

约旦首都安曼（Anman）的城徽，由阿拉伯文安曼的变形字体构成象征图案。

德国纽伦堡的新标记。

城市纹章：欧洲城市的文化遗产

法国朗格多克−鲁西永大区
（Languedoc−Roussillon）佩皮
尼昂（Perpignan）市的旗帜。

南普敦城市议会的标志。

汉堡的标记，保留了城徽核心图形。

两只狮子。建筑形象为概念性的数根线条。法国西部马耶纳省城府拉瓦勒（Laval）城市纹章传统纹章和现代标记都是狮子的寓意物。传统城市纹章来自于中世纪拉瓦勒家族（House of Laval）的族徽，该家族在 1464 年已断代。

从奥佩德（Oppede）考古遗址发现的公元 76 年墓碑石上，出现了"方型回文"（Sator Square）书写的表达形式，四个方向都能够读通的句子，在中国文字中也有类似的表达方式。2010 年城市政府同时使用传统的城市纹章和现代设计的标志，现代平面设计的标志颇有新意，使用了大写的城市名字字母，最后的字母反向倒写，用"回文"（palindrome）的表达方式，从左至右读和从右至左读均表达同一含义，提升了标志的趣味性，图形视觉给人留下深刻

的记忆，该城市处于贸易和战略要道，长期战争不断，现在城市人口约 5 万。

城市名字也可与纹章抽象出来的典型图形结合起来创造新标记，蒙特利尔城市标记将城市名字与玫瑰的抽象图形完美结合在一起。

法国拉瓦勒城市纹章。

法国奥佩德发现的"回文"石碑。

法国城市拉瓦勒（左）和蒙特利尔的两种标记（右）。

法国东部城市巴勒迪克
（Bar le Duc）城市纹章
（上）和现代标记（下）。

德国兰茨胡特城市市政局的徽号，起源于传统城徽，但进行了平面化处理。

法国东部默兹省省会城市巴勒迪克（Bar le Duc）虽然仅有 1.5 万居民，但却拥有悠久的发展历史，城市纹章采用对分的表现形式，其中一半反映了存在于 1033—1766 年的巴公国（Duchy of Bar）和伯国传统的双鱼纹章图形和安茹家族的蓝色盾面上若干金色的十字架，这与现在默兹省的纹章相同，图形来源于蒙贝利亚尔家族（Montbeliard）的纹章，与之色彩有所不同，该家族的纹章是红色盾面上有着双鱼为寓意物，曾经是巴伯国的统治者，后来安茹家族在 15 世纪成为统治者。蒙贝利亚尔家族也是蒙贝利亚尔伯国的统治者，首府就是蒙贝利亚尔，城市纹章也保留着红色盾面金色双鱼的图形。巴勒迪克现在使用城市纹章和现代标记结合的方式，将双鱼图形保持下来，而且采取的是红色和蓝色两种传统色彩，寓意物和壁冠都是写意的手法，没有盾徽的框架，在底部加上城市名字的文字。

城市名字作为文字标记（word mark）和传统城徽新形式的结合是目前通用的表现手法。德国兰茨胡特的城徽寓意物为三顶头盔，在现代图像使用中变得十分抽象。

2. 传统图形新造型

1956 年，巴西将首都从里约热内卢迁往新首都巴西利亚，巴西建筑师奥斯卡·尼迈耶（Oscar Niemeyer）在这片土地上留下了其个性化的作品，成为现代建筑被列入《世界遗产名录》的少见项目。他在 1960 年设计了联邦区的城徽，以"高原宫"（Palacioda Alvorada）建筑的柱子形式作为标记的图形，完全摆脱传统纹章的外形限制，寓意物用四个箭头形成十字架称为"巴西利亚十字架"以象征权力，中间形成四方形状，象征城市的会议功能。

尽管行政上的调整使该设计图案被一分为二用作巴西利亚州旗帜上的标

巴西首都巴西利亚联邦区的标志（左、中）和巴西利亚"高原宫"（Palacioda Alvorada）总统府（右）。

城市纹章：欧洲城市的文化遗产

志，而外形却被用于各种标志中，如市政护栏、出租车的标志等有公共市政属性含义的设施中。

　　狮鹫、熊和城堡在现代设计视野中重新得到解读。挪威特罗姆斯郡（Troms）建立于 1866 年，纹章是 1960 年设计的，象征物为狮鹫，是 13 世纪挪威北方影响力最大的家族比雅尔科伊家族（Bjarkoy dyasty）的象征符号。东福尔郡萨尔普斯堡市（Sarpsborg）人口为 5.4 万，城市的城徽于 1991 年重新设计，但原型来自 1556 年的纹章，13 世纪统治贵族萨尔普斯堡伯爵（Alv Eringsson，1290 年去世）以熊象征强

挪威特罗姆斯郡（左）、萨尔普斯堡市城徽（中）、东福尔郡（Ostfold）的纹章（右）。

大，城堡与城市名字有关联。东福尔郡（Ostfold）的纹章是 1958 年设计的，象征太阳升起的晨光，也象征人类初始，在这里发现了大量史前石刻。

　　都灵为意大利王国开国时的首都，

都灵市政厅（左）、城市纪念牌上的城徽（中）、市政厅纪念雕像底座上的城徽（右），反映了都灵 19 世纪城徽形象的变化。

都灵的城市纹章。

王国的盾徽是在原萨伏依王朝的盾徽基础上在四周加上蓝色的边框形成的，选择的中心图案为法式盾徽外形，这同萨伏依家族的法国情结有关。最早在此居住的部落为陶里尼（Taurini）人，是利古里亚人和凯尔特人（Ligurian-Celto）部落，称此地为"Taurasia"，希腊语 Taurus 的文字中有牛的含义，Taurus 是在占星术黄道 12 宫中与天文学对应的金牛座，符号为牛头，都灵（Torino）的名字与此有关，都灵的名字在意大利文字中是"年轻的公牛"，城市的城市纹章寓意物与城市名字相关联，核心图形是后脚独脚站立的金牛。城市纹章采用瑞士盾的盾徽形式，盾面为蓝色。橙色或金黄色代表金属，纹章王冠是饰有

九颗珍珠的伯爵王冠。现在都灵使用的纹章造型已对冠饰进行改良，冠饰上珍珠形象的表达方式充满创意。同时，盾徽中的寓意物牛的形象被艺术处理，相比传统图形，牛的形象显得更有力量和张力。都灵城徽在 1930 年采用瑞士盾徽后持续使用至今。

城市纹章基本造型不变，但冠饰形式随时代变化而渐趋简约。将都灵市政厅纪念雕像底座的城徽和记录铭文的纪念牌上城徽进行纵向比较，可以看出都灵 17 世纪至 20 世纪初期艺术审美和社会价值观的演变。

德国图林根州的耶拿（Jena）市城徽是以新设计手法演绎传统故事，以简约的线条表现了圣佐治刺龙的故事。

德国图林根州的耶拿（Jena）市城市纹章。

德国兰茨胡特商店以城徽为主题的招牌。

德国奥古斯根金饰店以城徽为主题的招牌。

　　除了在市政厅的应用，艺术化、简约化的城市纹章还在不同媒介上通过图像符号传递特殊的文化信息，它们大量出现在商店的招牌、邮票、纪念品等商业活动媒介中。

　　比如，德国巴伐利亚奥古斯根和兰茨胡特两城市的城徽在实用艺术中的使用：奥古斯根—金饰店将城徽的松果图形变为商店的招牌。兰茨胡特—商店的招牌以三头盔的城徽为基础图形。

五、与城市纹章相关的品牌

1. 城市纹章符号的再创造：城市球队的队徽

西班牙巴伦西亚城市纹章和两支城市球队都以蝙蝠为队徽的图案。

2018 年足球世界杯在俄罗斯举行，万众瞩目、代表国家出征的球员来自世界各地的城市顶级俱乐部，这些俱乐部多数有百年悠久历史。城市球队是城市形象的代表，队徽或者俱乐部纹章多使用与城市纹章相关联的视觉图形，城市中的球队也代表着城市的荣誉，由于高度的国际化和电视传播普及，俱乐部影响力甚至超越城市本身，城市的球队在当今成为城市品牌的符号，其队徽在多媒体的时代通过网络、电视被世界观众广泛认知。

多数城市运动俱乐部的纹章是城市纹章的图形延伸，许多球队的队徽来自城市纹章的原型。队徽是印在队服上在球场上形成团体力量的象征，这与中世纪纹章在战场上识别敌友的作用有相同之处。在和平年代，不同球队间的竞争代表着城市间荣誉的争夺，将城徽的典型要素融入队徽中，意味着代表城市集体而战。

西班牙巴伦西亚的两支球队都以蝙蝠作为队徽的图案，与来自城市的城市纹章上的蝙蝠意义相通。传说国王在战争前梦中出现了蝙蝠，第二天战争取得胜利，蝙蝠为城市带来力量，成为城市敬崇的纹章寓意物。

西班牙皇家马德里足球俱乐部成立于 1902 年，1917 年由于他们高超的球技国王授予俱乐部冠上"皇家"（Royal）的称号并在队徽上使用皇冠。百年队徽经历了五至六次修改，但 M.F.C 也就是马德里足球俱乐部缩写的三个字母保持百年如一。城市的特点没有在队徽上得到体现，但在队旗上得到弥补，站立的熊和树，体现了城市的特征。

巴塞罗那足球俱乐部成立于 1899 年，创立者汉斯·甘伯（Hans Gamper，

城市纹章：欧洲城市的文化遗产

皇家马德里足球俱乐部开始使用于 1902 的队徽和现在队徽的变化过程（从左至右）。

1877—1930）于 1899 年 10 月 22 日通过报纸发出成立足球俱乐部的广告，得到市民积极回应而迅速成立俱乐部。随着时间推移，俱乐部超越足球本业，成为代表了加泰罗尼亚的文化象征。甘伯出生于瑞士北部的温特图尔，1899 年来到巴塞罗那的初衷是准备乘船赴南美开拓糖业生意，来到巴塞罗那后喜欢上这座城市并决定留下来。他在巴塞罗那参加教会的活动、做杂志的出版编辑等，更重要的是参与这座城市中英国人、西班牙人的足球活动，遂产生了建立俱乐部的构想。巴塞罗那的队服颜色有强烈的瑞士巴塞尔 FC 的队服色彩搭配风格，该俱乐部早于巴塞罗那俱乐部 6 年建立，成立于 1893 年，这与这位来自瑞士的创始人应该有直接关系。

巴塞罗那足球俱乐部的队徽是典型的盾徽，右上方的红黄相间的竖条是巴塞罗那传统的加泰罗尼亚旗帜图形，来自阿拉贡王国与加泰罗尼亚王国合并后徽章的图形，也是现在巴塞罗那城徽的核心图案之一；在盾面左上方是圣佐治十字架，下方为队服的颜色，于 1900 年开始使用此种颜色搭配的队服。中间的 FCB 缩写由巴塞罗那俱乐部英文名字首个字母组合。

城市球队是城市形象的象征，队徽或者俱乐部纹章多使用与城徽相关联的视觉图形，城市中的球队也代表着城市的荣誉，其影响力甚至超越城市本身，城市的球队在当今成为欧洲城市品牌的符号。

米兰伊曼纽尔二世步廊（Galleria

最早的皇家马德里足球队合影（上）和皇家马德里足球俱乐部队旗（下左）、队服上的队徽（下右）。

巴塞罗那足球俱乐部队徽。

城市纹章在现代城市生活中的运用

米兰伊曼纽尔二世走廊马赛克地面上的都灵城市纹章（上）和被踩出黑洞的公牛造型局部（下）。

有好运，现在都灵城市纹章的公牛睾丸已成为深深的洞。

意大利都灵有两支意甲的足球俱乐部：都灵队和尤文图斯队，均有超过百年的历史，两支球队均采用都灵城市纹章寓意物"公牛"图形为构成要素，但运用了不同的设计手法。尤文图斯队名字众所周知，但队徽与城市纹章的关系大众可能不一定了解。

尤文图斯俱乐部成立于1897年，建立俱乐部是一群当地中学（Massimo D'Azeglio high school）的年轻人在都灵聚会时产生的想法，尤文图斯是"拉丁文年轻人"的意思。都灵FC建立于1906年，队徽上写着这一年份，这一年该俱乐部与1891年成立的国际都灵FC合并，两支球队都是都灵古老的足球队，所以均采用了都灵的城市纹章的寓意物"公牛"为核心图形来设计俱乐部徽章标记，主色调是黑白两色。

V Emanuete II）的拱廊街为游客所熟悉，这一有玻璃顶棚的购物街是奢侈品、时尚服装发烧友必到之处。商业建筑于1877年建成，是世界上最早的购物街之一，玻璃和钢结构等现代材料和技术在这一综合体中得到充分的运用，伊曼纽尔二世是意大利王国第一个国王的名字。

游客可能没有时间关注购物街马赛克地面的图案，最特别的是用马赛克铺砌的都灵城市纹章，传说如果在都灵城市纹章寓意物"公牛"的睾丸（the testicles of bull）上用脚跟旋转三次就会

尤文图斯俱乐部钥匙卡纪念品。

都灵两支球队都灵队（左）和尤文图斯队的队徽（右两图）。

曼彻斯特市的城徽在曼联不同历史时期的队徽中均得到体现。英国曼联俱乐部成立于1878年，在1902正

城市纹章：欧洲城市的文化遗产

曼联队 1958 年慕尼黑
空难纪念碑。

英国曼彻斯特队不同年
代的队徽（上左、上右）
和英国曼联队服上的队
徽（下）。

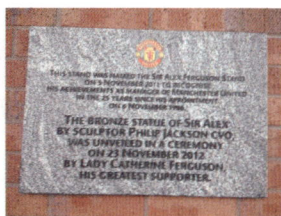

式命名为曼彻斯特联队（Manchester United）。盾徽的上半部分来自曼彻斯特城徽的部分图案"帆船"，现使用的队徽中间的象征图形是在 1973 年加上的拿三叉戟的红魔鬼弗雷德（Fred the Red），球队的昵称"红魔"即来自于此。1958 年发生的"慕尼黑空难事件"，曼联队慕尼黑欧洲杯四分之一半决赛取得胜利后返程途中发生空难，23 名球员和官员罹难。

英国利物浦俱乐部于 1892 年成立，1901 年设计的队徽是利物浦城徽的寓意物利物鸟（Liver Bird），嘴上叼着金雀花，这是 1797 年英国纹章学院正式批准授予市议会的，近年在队徽上增加

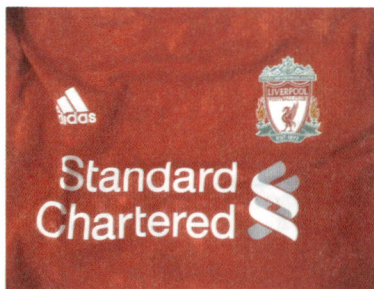

的左右两边的火炬，是为了纪念 1989 年发生在谢菲尔德希斯堡球场人群踩踏惨案（Hillsborough Disater）身亡的 96 名利物浦球迷。

巴西 2015 年联赛冠军科林蒂安俱乐部，1910 年由来自崩黑奇罗区（Bom Retiro）的意大利和西班牙劳工成立，是圣保罗州最早的俱乐部，球队的队徽多年来经过数次变化，俱乐部主场看台下的墙面上记录了队徽的发展过程。

世界上最古老的足球俱乐部是成立于 1862 年的诺丁郡足球俱乐部（Notts County），于 1863 年建立的斯托克城足球俱乐部（Stoke City Football Club）是英国的职业足球队中历史第二长久的球队，1925 年斯托克获得城市地位，球队使用了城市的名字和城徽，从 1950 年到了 1977 年这段时期使用特伦特河畔斯托克纹章，1970 年后产生简洁的

曼彻斯特市的城市纹章。

利物浦的城市纹章
（左）、利物浦队的队徽
（中）和利物浦队服上
的队徽（右）。

城市纹章在现代城市生活中的运用

小镇佰斯勒姆（Burslem）的彩色旧城徽，可看到青花瓷寓意物。

巴西科林蒂安足球俱乐部博物馆中展出的各时期佩有不同队徽的球衣。

英国斯托克城足球俱乐部队徽，铭文写着"陶工"。

队徽，在 2001 年进行修改，还增加了该队与瓷都有关的昵称"陶工"（The Potters），并写在盾徽下的绶带上。

斯托克处于"英国之心"这一工业革命最具代表性的地区，工业革命发展后这一区域工业种类多样性的特点明显。斯托克是工业革命时期由若干小镇形成的瓷都，特伦特河畔斯托克（Stoke-on-Trent）也称斯托克，18 世纪中期，沿着德比（Derby）到纽卡斯尔（Newcastle）的路上发展成陶瓷工业区，交通十分便利。

慕尼黑俱乐部建立于 1860 年，队徽从 1860 年至 1899 年都以字母为象征，1973 年改以狮子为象征。德国拜仁慕尼黑（Bayern Munich）和慕尼黑 1860 俱乐部队是慕尼黑形象推广最有代表性的两支球队。拜仁慕尼黑于 1900 年成立，队徽的核心图形是蓝白菱形图形，缘于巴伐利亚的传统纹章。最初由 F、C、B、M 的字母构成队徽，1954 年第一次采用州旗，逐步演变为印章式的队徽，现在的队徽开始使用于 1996 年。

德国慕尼黑 1860 俱乐部队徽的演变。

城市纹章：欧洲城市的文化遗产

拜仁慕尼黑俱乐部的队徽。

2. 汽车标记中的城市纹章元素

在城市日常生活中与城徽相关的商品品牌比比皆是。时至今日，纹章的设计仍与品牌运营和传播密切相关，不少产品商标和标记在内容和形式上都与史上该地区的纹章文化有关。商标是品牌最为重要的视觉载体，成为了世界性的语言。汽车行业标志与城徽的联系紧密，最具代表性。

英国牛津（Oxford）的城徽，冠饰为蓝色狮子，是英王室的象征，白色玫瑰是兰卡斯特家族的符号。盾面上的核心图形是蓝色水面上的一头红色的牛，这是具有双关含义的城市纹章。图形来自 14 世纪城市的公共印章，1634 年获授权使用。它也成为牛津当地汽车品牌摩里斯（Morris Motors）的标志。

著名的意大利豪华跑车阿尔法·罗密欧（Alfa Romeo）是意大利重要的汽车生产设计基地，车的标记和 F1 车队的符号中包含了米兰和维斯孔蒂家族的纹章。

3. 酒标和酒产地城市纹章

在图形符号方面与城徽关系密切的还有城市的酒类产品，尤其是啤酒、红酒和香槟的酒标，经常与城徽的图形

牛津市城徽（上）和牛津生产的汽车摩里斯（Morris Motors）的标志（下）。

意大利阿尔法·罗密欧跑车标志的历史演变。

慕尼黑狮牌（Lowenbrau）
啤酒徽记。

联系在一起。勃艮第（Burgundy）大区是法国历史悠久的地区，是法国葡萄酒的最佳产地之一，不少该地区产出的葡萄酒都用该区的纹章，这也是历史上勃艮第公爵的纹章。

慕尼黑 Oktoberfest 啤酒公司总部大楼以城徽和巴伐利亚纹章为壁画内容装饰外墙面，公司在 18 世纪就使用狮子为公司的标记。此款啤酒用狮子的正面头像，周边配有巴伐利亚的蓝白相间的菱形图案。

勃艮第（Burgundy）纹章和当地生产的一种葡萄酒的瓶颈酒标。

建立，城市的城徽是由波希米亚白色双尾狮小盾与城墙组成，城市在 16 世纪因发展酿酒业、矿业而繁荣。19 世纪与奥地利的林茨建立了铁路马车轨道交通，为欧洲轨道交通之开端。美国百威啤酒最早出自此处，酒标上使用了城徽的图形。

捷克布杰约维采的城徽（左）和美国百威啤酒的酒标（右）。

德国著名的贝克啤酒公司（Beck's Brewery）是不来梅的啤酒公司，其商标也与不来梅的城徽一样使用了圣彼得的圣物钥匙为寓意物，目前此啤酒是全球销量最好的啤酒。

德国不来梅贝克啤酒公司商标。

捷克布杰约维采（Budejovice）市由波希米亚国王奥塔卡二世于 1265 年

2016 年比利时啤酒被列入联合国教科文组织《人类非物质文化遗产名录》，比利时啤酒的历史可以追溯到十字军东征时期，修道院以出售低度酒精的啤酒获得资金。现在比利时啤酒的品牌有上千种，立狮瑞德勒柠檬汁啤酒（Luxus Radler）是比较有名的一种。

比利时啤酒和酒标，啤酒罐装包装。

慕尼黑 Oktoberfest 公司的双尾狮徽记（右），慕尼黑公司总部大楼（左）。

六、欧洲著名的传统城市节日巡游与纹章传统文化

城市的巡游源自古罗马时期战争结束后的凯旋庆祝活动，浩大的游行是罗马皇帝乐此不疲的重大城市活动，它与凯旋门的产生联系在一起。中世纪之后，城市巡游目不暇接，罗马教皇热衷于富有仪式感的巡游，加冕等活动免不了巡游这一重要环节，教皇骑兵卫队在前开路，枢机主教、高阶教士和外国使臣组成浩大的队伍在罗马城内外穿梭。历史文献的记载中都少不了纹章形象在巡游过程中的展示等内容，教皇的纹章出现在凯旋门上及各类旗帜上。

在白金汉宫举行的骑士比武及巡游场面。

城市纹章：欧洲城市的文化遗产

目前欧洲许多城市从 20 世纪 70 年代开始流行模仿古罗马、中世纪骑士比武的"真人秀"（Live ation role-playing game），参与者扮演各种骑士角色并使用相应的武器和盾牌。英国、德国、俄罗斯、意大利等国家的城镇模仿骑士竞技比武的节日活动仍然颇具吸引力，他们在活动中使用古代的号旗和有纹章的盾牌，这些活动吸引了大量的游客观看和参与，成为旅游活动的重要内容。城市巡游在古希腊、古罗马变成了激励士气、祭拜神灵和展示王权的重要仪式，而时至今日，欧洲不同城市有许多具有象征意义的城市巡游，这是展示传统纹章文化的重要时机。

1. 西西里岛阿加塔节城市巡游

西西里岛的卡塔尼亚市，主保圣人是圣阿加塔（Agatha of Sicily，231-251），她是基督教圣徒，基督教处女殉道者，出生于西西里岛的贵族家庭，传说被施以酷刑后，圣彼得用神力使她康复，阿加塔殉道后葬于卡塔尼亚大教堂。"阿加塔节"是世界第三大基督教节日，节日特色为使用模仿"乳房"的点心。"阿加塔节"城市巡游活动中，数十人抬出保存在卡塔尼亚大教堂的有阿加塔神像的抬轿巡游展示。

Piazza . Duomo . Catania .

卡塔尼亚主教广场上的
大象城雕和市政厅、天
主教堂速写。

城市纹章：欧洲城市的文化遗产

卡塔尼亚省纹章（左）和卡塔尼亚市城市纹章（右）。

西西里岛卡塔尼亚主教广场以城徽为主题的公共艺术品。大象的披毯是城徽另一种表达形式，城徽上的寓意物是背上站着阿加塔的大象。

卡塔尼亚市城徽由城市保护神阿加塔的第一个字母 A 和大象结合起来，另一种形式是阿加塔站在象背上。主教广场树立了城徽的寓意物——大象雕塑，雕塑所用的材料是火山灰。这座大象雕塑已成为城市的地标景观。

在文艺复兴时期，卡塔尼亚也是意大利文化艺术中心城市之一，17 世纪阿加塔传说故事的题材成为许多画家喜爱的绘画主题。

西西里岛的卡塔尼亚市是古代欧

于 1614 年创作的《圣彼得营救阿加塔》（*Saint Peter Healing Agatha*），意大利巴洛克时代的著名画家乔瓦尼·兰弗朗科（Giovanni Lanfranco）绘制。

卡塔尼亚主教广场鸟瞰。

梵蒂冈圣彼得广场（St. Peter's Square & Area）上阿加塔的雕像，制作于 1667—1668 年，雕塑家为乔瓦尼·玛丽亚·德·罗西（Giovanni Maria De Rossi）。

卡塔尼亚的城徽用浮雕的形式表现。

城市纹章在现代城市生活中的运用

从主座教堂鸟瞰卡塔尼亚广场和市政厅。

城市纹章：欧洲城市的文化遗产

意大利西西里岛卡塔尼亚市政厅入口的城市纹章装饰。

洲文化和阿拉伯文化交融的城市，831年到1073年，在伊斯兰西西里王国（Emirate of Sicily）的统治下，岛上东西方文化得到融合发展。西西里岛在地中海地区的战略地位显赫，无论阿拉伯帝国还是希腊、罗马、法国、奥地利等强大王国，都曾占领过这一重要岛国，也留存了多元文化的印记。意大利西西里岛卡塔尼亚市的市政厅是17世纪城市被火山摧毁后重建的。这里形成城市的中心广场，也称主教广场。纹章艺术在建筑、广场主题雕塑中得到充分体现，城徽与巴洛克的建筑浑然一体，在市政厅入口处以城徽体现其公共建筑属性，与巴洛克的建筑语汇自然地配搭在一起。巴洛克建筑样式中"破山花式窗楣"将纹章的作用发挥得淋漓尽致。

西西里岛卡塔尼亚市于17世纪大地震后重建，当时正好巴洛克风格流行，城市的建筑主要以巴洛克的建筑风格为主，各建筑的细节包括纹章的表现形式都充满了艺术想象力。

2. 德国巴伐利亚兰茨胡特婚礼巡游（Landshut Wedding）

德国巴伐利亚州兰茨胡特婚礼巡游（Landshut Wedding）是欧洲最具有历史传统特点且规模最大的巡游活动，为纪念巴伐利亚公爵的儿子（George, Duke of Bavaria, 1455-1503）和波兰雅盖隆王族的女儿（Hedwig Jagiellon, 1457-1502）于1475年结婚，这是一场政治联姻。巡游活动从1903年开始，

1975年发行的纪念"兰茨胡特婚礼巡游"纪念邮票（左）和城市纹章（右）。

城市纹章在现代城市生活中的运用

585

1985 年后固定为四年举办一次，市政厅和市政广场是重要的巡游场地。现在城市主要是利用节日巡游来丰富城市生活和吸引游客。城市现在人口才 6 万，但巡游时却有 12 万游客参与。参加巡游的市民以中世纪后期的装束出现，具有骑士风格的各种表演是必不可少的内容，一般从星期五开始各种活动，星期天上午是结婚巡游，接着就是骑士比武和骑行，晚上市政厅举行盛大舞会。1972 年发行的"兰茨胡特婚礼巡游"纪念邮票反映了穿着中世纪战袍的骑士比武的场面。

城门既是城徽寓意物选择的题材，也是城徽展示的场所。公元 500 年左右，日耳曼人开始聚集于兰茨胡特定居，后来该地成为巴伐利亚州的首府。13 世纪末形成新、老城区的城市格居。城徽为三个铁头盔带红色的带子，1275 年形成。现在城门上方嵌入了这一城徽。

城徽展现在市政厅钟楼和教堂独立钟楼的不同部位，市政厅的塔楼和钟楼的时钟是倍受城市市民瞩目的地方，城市的城徽成为时钟的核心图案元素。

德国兰茨胡特城门上的三头盔城徽。

兰茨胡特（Landshut）城门。

城市纹章：欧洲城市的文化遗产

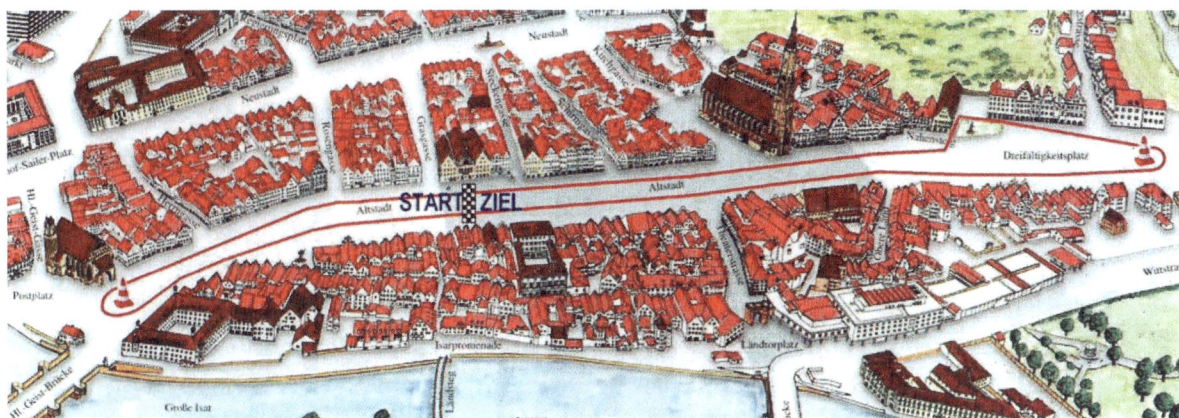

兰茨胡特的圣马丁教堂独立钟塔高处的时钟也嵌入巴伐利亚的纹章和兰茨胡特的城徽。教堂初建于1389年，建成耗时110年。耗时55年建成的钟楼是世界上最高的红砖建筑之一，高131米。巴伐利亚公爵的儿子和波兰雅盖隆王族的女儿婚礼巡游从圣马丁教堂开始，通过旧城到达市政厅。波兰公主出自雅盖隆家族，是当时最富有的王族之一，二者的婚礼相当豪华。兰茨胡特市政厅巴伐利亚公爵和雅盖隆公主的彩色玻璃肖像画是市政厅的重要装饰，巴伐利亚公爵的头部后面是兰茨胡特的城市纹章。另一幅彩色玻璃人物肖像的对象是巴伐利亚公爵亨利十四（Henry XVI, Duke of Bavaria, 1386–1450）和奥地利大公女儿（Maddalena Visconti, 1366–1404）夫妻，画的下半部分别有两大家族的纹章。

德国兰茨胡特城区鸟瞰图。

兰茨胡特的圣马丁教堂独立钟塔上的纹章装饰。

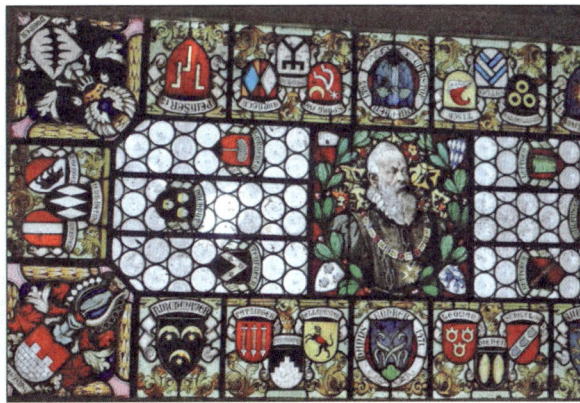

兰茨胡特市政厅会议室天花板上的彩色玻璃纹章装饰。

巴伐利亚州兰茨胡特市政厅楼梯旁巨幅的巴伐利亚公爵和雅盖隆公主彩色玻璃装饰画。

3. 阿姆斯特丹的运河和巡游

1550 年左右安特卫普成为地图印制的中心城市，出版了大量独立的地图以及地图集。世俗化的商业发展促进了地图测量的准确性，16 世纪荷兰共和时期的大发展使阿姆斯特丹在此时期超越了安特卫普和乌得勒支。荷兰的阿姆斯特丹在 12 世纪时还是一个小村庄，后因贸易发展而兴旺扩展，"1275 年，阿姆斯特丹被荷兰伯爵准予自治管理，从此其商业稳定发展，1306 年阿姆斯特丹另一个确认和增加权利的宪政被批准，而在在一个世纪后，城市广场和第一个市政厅建立起来了"①。

阿姆斯特丹历史上留下的运河总长超过 100 公里，运河上建有 1500 多座各式各样的桥梁，两岸是 16 世纪至 17 世纪建造的历史建筑，2010 年被列

入《世界遗产名录》。在安特卫普衰落的时候，充满世俗化的城市阿姆斯特丹崛起。有一种被称为"Waterschap Map"的地图在 1572 年至 1650 年被广泛使用，它用于获得水资源管理的公司进行填海和排水系统建造。阿姆斯特丹是低地国家世俗公众力量主导城市发展的代表性城市。从留存的历史地图中可以看到，在 16 世纪末至 17 世纪初，阿姆斯特丹实施了运河港口规划，通过运河排干沼泽地并填土造地，通过出售土地获得资金建设城市并形成运河区，以此快速扩大城市的规模。

"测量"起源于对土地丈量后的不动产登记，荷兰伯爵在 1300 年至 1330 年设置了"测量官"的职位，地理学家、建筑师、僧人和军事工程师参与地图的测量以及绘制，但他们不是官方认可的测量官。最早有测量登记的文档是

城市纹章：欧洲城市的文化遗产

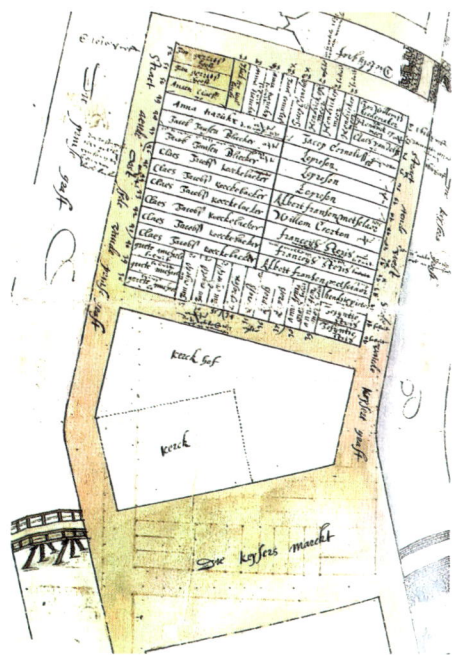

阿姆斯特丹地块划分图。

1282 年有关乌得勒支教区的文献，测量地图成为法庭上判案的证据。这缘自当时低地国家土地买卖活跃，对地图精确度要求逐步提高②。阿姆斯特丹是通过填海造地迅速成长起来的城市，而填海造地需要精确的地图，由此可见，市场需求是提升地图制作水平的重要动力。

为对填海的土地进行地块划分，保证出售的图纸是土地的合理分区结果，需要对公共道路规范化，并且从经济效益考虑，细分长条形的地块可以增加土地收益，因此现在阿姆斯特丹形成了独特的连排建筑风格。阿姆斯特丹辛格（Singel）运河连排建筑成为城市的特殊景观。辛格运河在 1480 年至 1585 年建成，是具有军事防御功能的护城

河，铸币广场（Muntplein）处于河边。

制作于 1544 年的阿姆斯特丹城市鸟瞰图右边的就是辛格运河，可以看到城市刚扩大到此地。该地图由出生于阿姆斯特丹的黄金时代画家、制图师 C.安东尼兹（Cornelis Anthonisz，1505–1553）制作，C.安东尼兹是 16 世纪阿姆斯特丹著名的画家、版画家和制图师，绘制的若干具有艺术效果又写实准确的城市鸟瞰图留存于世。他曾将绘制的地图作为礼物献给神圣罗马皇帝。从 1544 年 C.安东尼兹绘制的地图中，可以看到城墙形成相对完整的系统，阿姆斯特尔（Amstel）河的河水流入城内。城区内辛格运河边的铸币塔建于 1480 年，是城墙的防卫塔楼，也是城门所在地。

1662 年，建筑师丹尼尔（Daniel Stalpaert，1615–1676）绘制的阿姆斯特丹地图更具有专业性，地图展示出城市规划的严谨性。建筑师参与了阿姆斯特丹市政厅的建造和城市的扩展规划，他设计的建筑成为重要的历史遗产并保

1544 年由 C.安东尼兹制作的阿姆斯特丹鸟瞰图。

1662 年建筑师丹尼尔绘制的阿姆斯特丹地图。

荷兰天文学家、地理学、数学家希蒙·施特温（Simon Stevin，1548–1620）。

留至今。

C. 安东尼兹和丹尼尔制作的这两幅地图，1544 年版的地图可以看做是现状图，1662 年的应该被称为规划图，通过网状的规划，连通运河，造地后进行切割出卖，在较短的时间内使城市面积扩大了四倍，城市空间容量和财政均获益。与王权和领主的土地不同，填海造地在市政厅的权力范围内，这更增加了商业化运作的灵活性。

阿姆斯特丹同心圆型运河城市形态与荷兰人希蒙·施特温（Simon Stevin，1548–1620）的理论有关，希蒙是这一时期重要的城市理论家，他同时也是一位数学家、工程师，对港口城市的建设有独到的见解。他强调运河与港口的关系，运河贯穿城市并延伸至郊外，为城市模式提供弹性发展空间。他的理论影响了安特卫普和阿姆斯特丹的城市发展规划③。

17 世纪，阿姆斯特丹有两种主流城市发展模式，一是来自阿尔萨斯（Alsace）的丹尼尔（Daniel Speckle，1532–1589）的"理想城市"（ideal cities），另一个是来自布芦赫（Bruges）的希蒙·施特温（Simon Stevin，1548–1620）的网格状的棱堡模式，他认为城市的外部尺度在 2.8 公里长、2 公里宽时较为合理和舒适。阿姆斯特丹在 70 年后采用了希蒙·施特温的城市尺度和模式④。希蒙·施特温在思考抽象化城市平面布局时提到，他是受当时的水上城市思想的启发。当阿姆斯特丹规划扩大城区时采用了其理论。

在"辛格运河以内的阿姆斯特丹 17 世纪同心圆型运河区"（Seventeenth-Century Canal Ring Area of Amsterdam inside the Singelgracht）被列入《世界遗产名录》时，评语是这样的："这些新的城市空间可以统一发展建造商业房屋与大量的纪念性建筑。阿姆斯特丹的城市扩张是这一历史时期同类城市发展中规模最大，同时也是最均衡的。这一历史市区也是大规模城市规划的范例，直到 19 世纪它还仍旧为世界各地所参考。"1607 年的运河建造计划将城区扩大了四倍，每条运河均成为城市发展的边界。

1585 年阿姆斯特丹城市人口为 3 万，1600 年为 5 万，1670 年发展到 20 万人。外城墙一直采用棱堡的形式⑤。

1607 年的规划以第一环运河——希伦格拉特（Heerengracht）运河为基础，沿着建于 1593 年棱堡防卫城墙（Bastioned walls）的位置，平行向外扩大城区范围，分别建造了第二、第三条运河，形成的土地功能明确，棱堡城墙费用筹措均采取商业运作的模式，由私营机构投资，新造的土地向公众出售，1607 年的规划形成的城市土地规模是原来的四倍。

从 1649 年布劳绘制的阿姆斯特丹地图、1655 年规划地图、1688 年弗劳德利克（Frederik de Wit）绘制的阿姆斯特丹规划地图中可以看到城墙在逐步向外拓展。布劳绘制的地图上，西北面土地功能还没明确，城市建设尚未延伸到东北城墙内，空间上还没有建设。但 30 年后的 1688 年，从弗劳德利克绘制的地图中可见，城市的土地功能基本上已经明确了。

欧洲中世纪后期的世俗化城市形态特征明显，运河、港口及商业移民成为城市的发展动力。17 世纪至 18 世纪，欧洲形成了几个活力蓬勃、规模扩大、人才聚集的城市。而这一系列城市的兴起与海上贸易和欧洲国家对世界其他地区的殖民发展密切相关。

铸币塔或称蒙特塔（Munttorn），是阿姆斯特丹地标式的历史建筑，是一座具有手法主义设计风格的高塔。阿姆斯特丹的城墙建设也历经了数百年不断拆除和扩展城区范围的过程，历史留存的旧城门现在处于城市中心区，铸币

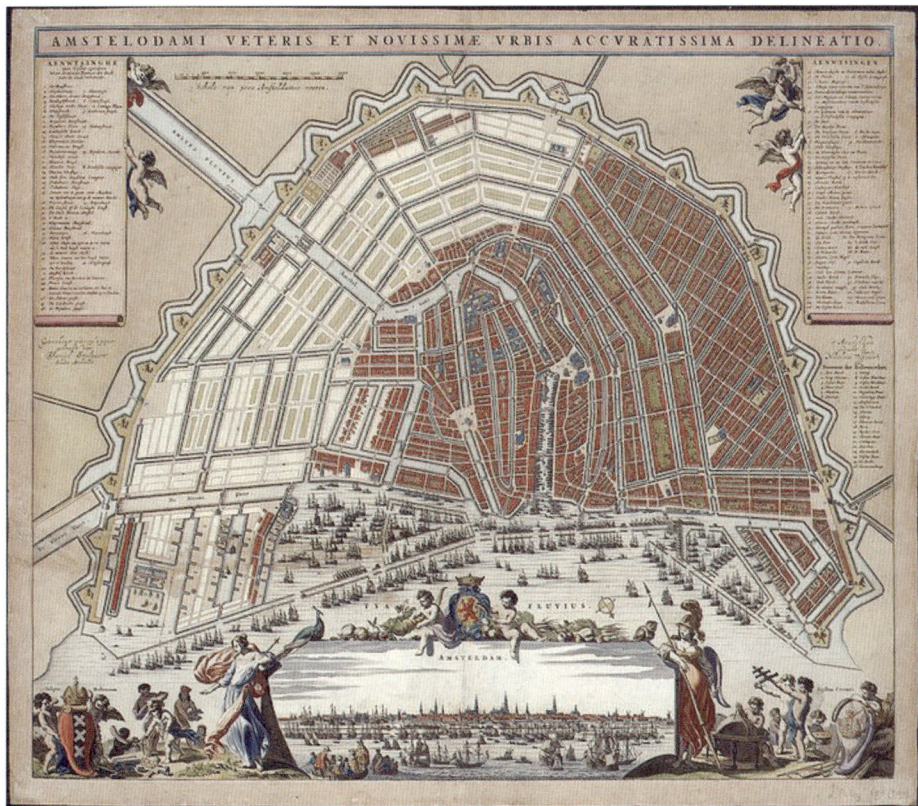

弗劳德利克（Frederik de Wit）于 1688 年绘制的阿姆斯特丹地图。

阿姆斯特丹运河和铸币
塔景观速写。

MONTELBAANSTOREN
1512

MET VERDEDIGNGSWA
WITH FORTIFICATION -LLEN
WALL AQ 1585

阿姆斯特丹 蒙特尔班塔
4/8. 2012

城市纹章：欧洲城市的文化遗产

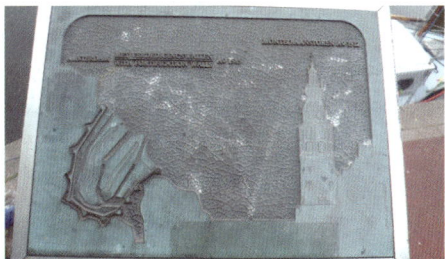
阿姆斯特丹的旅游点指示牌显示出 1585 年棱堡型城墙和铸币塔。

塔（蒙特塔）就是 1480 年原来的城门。1618 年的大火烧毁了东塔，只剩下西塔，伦勃朗专门记录了西塔烧毁后的景观。1620 年按照文艺复兴的建筑风格进行装饰，亨德里克·德·恺瑟为建筑师，他在塔顶进行开放式的设计，并在塔的四面安装四个时钟。1668 年在塔顶安装了铜钟组合。17 世纪因建筑坚固的安全特征，城市将此塔作为储藏银币和金币的仓库，日后就被称为铸币塔。附楼被嵌入了另一种形式的城徽，

一艘大帆船上的船员举着阿姆斯特丹城市纹章的旗帜和荷兰王国的纹章盾牌。现在铸币塔处于市中心区，铸币广场成为繁忙的城市公共活动空间。

运河景观是阿姆斯特丹城市最具有历史价值的资源，运河上的各种桥梁是重要的旅游节点。

阿姆斯特丹的城市形态演变有别于欧洲传统的中世纪城市，经历的是典型的世俗化历程。城市的发展更多地强调港口的贸易和航海功能，以填筑土地来增加城市容量。阿姆斯特丹创造了独特的城市交通和城市结构模式，创造了同心环形运河，陆地交通与水上交通同时规划建设，闸和桥起到重要的作用。

阿姆斯特丹阿姆斯特尔运河（Amstel）上可开启的桥闸"瘦桥"（Magere Brug）最早建造于 1691 年，重建于 1934 年，桥闸是"上开桥"（Bascule bridge），被称为阿姆斯特丹最美的桥。

阿姆斯特丹运河大大小小的桥需

伦勃朗的阿姆斯特丹运河和铸币塔速写，呈现城市昔日繁荣贸易的景象。

要用序号排列才能进行管理辨认，"蓝桥"（blue bridge）编排的序号是236，是重要的景观通车桥梁之一，桥在1883年被刷成蓝色，桥上的灯柱用纹章图形——皇冠和船装饰柱身。

许多桥闸在运河建造伊始就已经形成，当近代钢结构、混凝土结构形式出现后，阿姆斯特丹大量重新建造适应现代交通方式和审美取向的桥梁，处于中心区、在1929年建造的可开启的桥闸，序号281，2002年被列入荷兰国家文化遗产名录。荷兰列入国家级的文化遗产有6万多处。

序号283的桥是近代设计的桥梁，2.85米宽，6.76米长，2001年被列入荷兰国家文化遗产名录。建筑师是船务公司总部大楼（Shipping House）的设计者梅恩（Joan van der Mey，1878–1949）。在运河进入港口处，现有被称

"蓝桥"灯柱上的纹章装饰。

城市纹章：欧洲城市的文化遗产

为第一栋真正"阿姆斯特丹学院派"
（Armsterdam School）代表作的船务公
司总部大楼（Shipping House），建筑处
于阿姆斯特丹港，具有历史和旅游纪念
意义。1595 年开始这里属于荷兰探险
家（Cornelis de Houtman，1596–1599）

序号 281 的钢桥的细部
节点装饰为海马造型。

阿姆斯特丹运河上 1929
年建造的可开启的桥闸
（Peperbrug）（序号 281）
的景观速写。

阿姆斯特丹·运河　5/8 2012

城市纹章在现代城市生活中的运用

阿姆斯特丹辛格运河
边序号为"Brug 283"
的平桥与连排建筑景
观速写。

城市纹章：欧洲城市的文化遗产

Amsterdam 2012.8.

船运公司总部改造为酒店后的建筑入口。

出发往东印度开拓香料之旅的船运公司总部建筑遗存。阿姆斯特丹学院派是流行于20世纪初的建筑流派，与同时期的德国红砖建筑风格类似，他们除在美学上追求建筑内外结构的一致性与传统荷兰建筑色彩之外，也对社会运动感兴趣。他们关注工人住宅、社区学校等。在1913年至1916年完成第一期工程，1926年至1928年完成第二期工程，作品包括荷兰蒸汽船公司等6家船运公司总部，其中一家是与亚洲贸易的东印度公司，是保持与印度尼西亚、马来西亚通航贸易的公司，一直到马来西亚独立才结束。建筑师是出生于豪达的梅恩（Joan van der Mey），他是荷兰阿姆斯特丹学院派的成员之一。这一学派汇集了阿姆斯特丹多位艺术家，走的是新艺术运动的风格，航海时代的探险、世界各大州异国情调等海洋文化均可作为装饰的主题。有意思的是，建筑建造首期时提早烧制第二期红砖，保证了两期工程建筑外立面材料材质和色彩的一致。20世纪90年代该作品被列入荷兰最佳100处历史遗产，大部分船运公司在20世纪70年代搬出，阿姆斯特丹市政厅交通运输公司成为建筑的业主。此后建筑师按照传统的新艺术运动风格对之进行室内改造，2007年后该建筑开业成为一座五星级酒店。

"阿姆斯特丹骄傲"同性恋巡游就是在阿姆斯特丹城市中最著名的几条运河中进行的，活动于每年8月的第一星期周末举办，华丽的船载着游行的人们载歌载舞，有的船上装饰物以三个圣安

阿姆斯特丹同性恋运河巡游的场景。

德鲁十字架为标志，以城市纹章的主要图形构成要素表达城市个性，也是该组织的标记：垂直排列的三个圣安德鲁的十字架再加上"笔者们骄傲"的字体，这是阿姆斯特丹同性恋者组织的符号，这足以说明在城市活动与生活中，城市纹章的视觉传播运用是相当广泛的。

"船屋"（Hotel barge）产业的产生发生在20世纪60年代内河航运业衰败的时候，欧洲许多船运公司将运河航行的船泊改造成为可以居住的、漂浮的旅馆。运河成为阿姆斯特丹城市生活的一部分，在阿姆斯特丹辛格运河上，许多来自欧洲其他城市的游客，自己驾驶船只通过运河抵达城市市区，惬意地居住在辛格运河边。

船屋旁加带露台式的浮台供人们享受阳光。

停满船屋的阿姆斯特丹运河，从欧洲其他城市
通过运河抵达的居住型度假船。

① ［英］杰弗里·帕克著，石衡潭译：《城邦：从古希腊到当代》，山东画报出版社 2007 年版，第 149 页。

② Cornelis Koeman and Marco van Egmond. "State Contexts of Renassance Maooing Surveying and official Mapping in Low Countries, 1500-1670." In *The History of Cartography*, Volume 3, Part 2, edited by David Woodward, P.1253. Chicago: the University of Chicago Press, 2007.

③ ［美］斯皮罗·科斯托夫著，单皓译：《城市的形成：历史进程中的城市模式和城市意义》，中国建筑工业出版社 2005 年版，第 112 页。

④ Fred Feddes. *A Millennium of Amsterdam*. Bussum: THOTH Publishers, 2012, p. 97.

⑤ 同上，第 81 页。

城市纹章：欧洲城市的文化遗产

小结

从欧洲政治的变迁可以看出，从民族到国家，从城邦到城市，欧洲城市因宗教、战争、伦理的历史演进，身份认同也有所改变。城徽凝固了城市历史的某个片断，反映了欧洲城市发展的轨迹。东欧解体后，多个国家重新寻回自身民族最强大时期的历史王国的皇冠，寻回狮子、鹰和鹰头狮等象征权威的神兽；反观西欧的国家，故事依旧，在意大利这片古罗马文明诞生的土壤之上，国徽仍然保持红边五角星和大齿轮，荷兰的国歌依然是1568年威廉·凡·拿骚贵族所写的："对西班牙的国王永远尊重，我们相信你，依靠你，我们的主和上帝！"当笔者询问荷兰驻广州的领事，荷兰民众是否曾提出修改有关永远尊重西班牙国王的歌词时，她告诉笔者，欧洲国家的概念模糊了，民族、公国的认同似乎更多，比利时的弗莱芒大区、西班牙的加泰罗尼亚、加拿大的魁北克，缅怀更多的是昔日王国的余晖和原宗主国的纯正。

综上，笔者大略总结城徽的意义如下：

（一）城徽是战争与和平的双重体现。战争年代的征夺产生了矛与盾，和平时期的管理需要印和章，城徽便应运而生。

（二）以小见大，城徽从王者的权威身份转化为公民社会的城市标志。城徽是城市市民共同希望的体现，展示了城市文化和历史。

（三）城徽是城市景观中最为生动的符号，也是最能体现城市象征意义的细节，城徽是欧洲城市建筑装饰语言的重要母题。

（四）制度特别是城市自治制度是推动城徽产生的动力之一，人的生存需求和服务的需要是规模和组织机制、形式合理与否的衡量要素，而城徽的视觉形象是制度的诠释。

（五）语言、历史和文化是民族国家的促进要素，象征图案是一种语言的表达方式。在全球化背景下，更应该关注多样性，无论今天和明天，传统图案象征体系是保持民族独立性和文化传承的基石之一。

（六）符号的传播能力是无穷的，视觉形象表达的东西比文字语言包含的东西更为直接和易于辨识。

现在欧洲的纹章在视觉艺术、机构运行和个人生活中作为可识别符号在持续发挥作用，尤其在产品设计、历史研究领域发挥着巨大作用。与此同时，随着全球化的进程，要求纹章遵守共同的法规似乎越来越难，彰显城市的个性变得尤为重要，一些城市放弃传统的城徽而采用现代设计风格的新标志即是此因。

参考文献

一、中文资料

1. 著作

［澳］约翰·赫斯特：《你一定爱读的极简欧洲史》，席玉苹译，桂林：广西师范大学出版社，2011年。

［德］奥古斯特·毛乌：《庞贝的生活与艺术》，杨军译，上海：上海三联书店，2014年。

［德］弗里德里希·迈内克：《德国的浩劫》，何兆武译，天津：天津人民出版社，2014年。

［德］华尔德·格罗比斯：《新建筑与包豪斯》，张似赞译，北京：中国建筑工业出版社，1979年。

［德］罗伯特·科尔：《周末读完德国史》，欧阳林等译，上海：上海交通大学出版社，2012年。

［德］罗尔夫·托曼编著：《哥特艺术》，李珮宁等译，北京：北京出版集团公司、北京美术摄影出版社，2014年。

［德］罗尔夫·托曼编著：《神圣艺术》，林瑞堂、黎茂全、杜文田译，北

京：北京出版集团公司、北京美术摄影出版社，2016年。

［德］罗尔夫·托曼编著：《巴洛克艺术》，李建群、赵晖译，北京：北京出版集团公司、北京美术摄影出版社，2014年。

［德］马克思、恩格斯：《共产党宣言》，中共中央马克思、恩格斯、列宁、斯大林著作编译局编译，北京：人民出版社，2018年。

［德］塞巴斯提安·哈夫纳：《不含传说的普鲁士》，周全译，北京：北京大学出版社，2016年。

［俄］O. N. 普鲁金：《建筑与历史环境》，韩林飞译，北京：社会科学文献出版社，2011年。

［法］巴斯图鲁：《纹章学：一种象征标志的文化》，谢军瑞译，上海：上海书店出版社，2002年。

［法］布尔努娃：《丝绸之路：神祇、军士和商贾》，耿昇译，昆明：云南人民出版社，2015年。

［法］弗雷德里克·鲁维洛瓦：《伪雅史》，李圣云译，上海：上海文艺出版社，2011年。

［法］皮埃尔·拉迈松主编：《西

方文明史欧洲谱系》，方友忠译，北京：中国人民大学出版社，2012年。

［法］雅克·阿塔利：《卡尔·马克思》，刘成富译，上海：上海人民出版社，2010年。

［法］约翰·怀特海：《18世纪法国室内艺术》，杨俊蕾译，桂林：广西师范大学出版社，2003年。

［古罗马］维特鲁威：《建筑十书》，陈平译，北京：北京大学出版社，2012年。

［荷］彼得·贾德森：《哈布斯堡王朝》，杨乐言译，北京：中信出版社，2017年。

［荷］布拉姆·克姆佩斯：《绘画、权力与赞助机制：文艺复兴时期意大利职业艺术家的兴起》，杨震译，北京：北京大学出版社，2018年。

［荷］马里特·威斯特曼：《荷兰共和国艺术》，张永俊、金菊译，北京：中国建筑工业出版社，2008年。

［荷］雨果·格劳秀斯：《论海洋自由或荷兰参与东印度贸易的权利》，马忠法译，上海：上海人民出版社，2013年。

［美］C.沃伦·霍利斯特，盖伊·迈克林·罗杰斯：《西方文明之根》，杨扬译，上海：上海锦绣文章出版社，2013年。

［美］巴里·伯格多尔：《1750—1890年的欧洲建筑》，周玉鹏译，北京：清华大学出版社，2012年。

［美］保罗·M.霍恩伯格，林恩·霍伦·利斯：《都市欧洲的形成1000—1994年》，北京：商务印书馆，2009年。

［美］保罗·M.霍恩伯格，林恩·霍伦·利斯：《都市欧洲的形成：1000—1994》，阮岳湘译，北京：商务印书馆，2009年。

［美］保罗·斯特拉森：《美第奇家族：欧洲最强大家族缔造权力与财富的故事》，林凌等译，北京：机械工业出版社，2016年。

［美］简·德·弗里斯：《欧洲的城市化：1500—1800年》，朱明译，北京：商务印书馆，2015年。

［美］克莱格·哈贝森：《艺术家之境：历史背景下的北部欧洲文艺复兴》，陈颖译，北京：中国建筑工业出版社，2010年。

［美］克斯汀·唐尼：《伊莎贝拉：武士女王》，陆大鹏译，北京：社会科学文献出版社，2016年。

［美］拉尔斯·布郎沃恩：《维京传奇：来自海上的战狼》，豆岩、陈丽译，北京：中信出版社，2016年。

［美］玛丽·普拉特·帕米利：《你一定爱读的极简法国史》，孙骞骞译，北京：民主与建设出版社，2016年。

［美］玛丽莲·斯托克斯塔德：《中世纪的城堡》，林盛译，上海：上海社会科学院出版社，2013年。

［美］欧内斯特·伯登：《世界典型建筑细部设计》，张国忠译，北京：中国建筑工业出版社，1997年。

［美］浦洛基：《欧洲之门：乌克兰2000年史》，曾毅译，北京：中信出版社，2019年。

［美］乔尔·科特金:《全球城市史》,王旭等译,北京:社会科学文献出版社,2006年。

［美］乔纳泰·德瓦尔德:《欧洲贵族1400—1800》,北京:商务印书馆,2008年。

［美］斯皮罗·科斯托夫:《城市的形成:历史进程中的城市模式和城市意义》,单皓译,北京:中国建筑工业出版社,2005年。

［美］史蒂芬·贝莱尔:《奥地利史》,黄艳红译,北京:中国大百科全书出版社,2009年。

［美］托马斯·F.斯坎伦:《爱欲与古希腊竞技》,肖洒译,上海:华东师范大学出版社,2016年。

［美］托尼·朱特:《论欧洲》,王晨译,北京:中信出版社,2014年。

［美］托尼·朱特:《战后欧洲史:繁荣与革命1953—1971》,林骧华等译,北京:中信出版社,2014年。

［美］詹姆斯·奥唐奈:《新罗马帝国衰亡史》,夏洞奇等译,北京:中信出版社,2013年。

［美］朱迪斯·M.本内特,C.沃伦·霍利斯特:《欧洲中世纪史》,杨宁、李韵译,上海:上海社会科学院出版社,2007年。

［日］宫崎正胜:《海图的世界史:海上道路改变历史》,朱悦玮译,北京:中信出版社,2014年。

［日］松田行正:《零:世界符号大全》,黄碧君译,中央编译出版社,2013年。

［日］盐野七生:《罗马人的故事:罗马不是一天建成的》,计丽屏译,北京:中信出版社,2011年。

［日］盐野七生:《罗马人的故事:罗马统治下的和平》,徐越译,北京:中信出版社,2012年。

［日］盐野七生:《文艺复兴是什么》,计丽屏译,北京:中信出版集团,2016年。

［瑞典］克里斯蒂娜·J.罗宾诺维兹,［美］丽萨·W.卡尔:《当代维京文化》,肖琼译,北京:中国社会科学出版社,2015年。

［意］L.本奈沃洛:《西方现代建筑史》,邹德侬等译,天津:天津科学技术出版社,1996年。

［意］达尼埃拉·塔拉布拉编著:《阿姆斯特丹国家博物馆》,孙迎辉译,南京:译林出版社,2016年。

［意］马基雅维里:《君主论》,阎克文译,南京:译林出版社,2012年。

［意］卢卡·莫扎蒂编著:《雅典考古博物馆》,陆元昶译,南京:译林出版社,2015年。

［英］L.D.雷诺兹,N.G.威尔逊:《抄工与学者:希腊、拉丁文献传播史》,苏杰译,北京:北京大学出版社,2015年。

［英］S.斯莱特:《纹章插图百科》,王心洁、马仲文、孙骞骞等译,汕头:汕头大学出版社,2009年。

［英］阿兰·R.H.贝克:《地理学与历史学:跨越楚河汉界》,阚维民译,北京:商务印书馆,2008年。

［英］安德烈亚·彼佐得：《罗马风艺术》，贾旻苜、郭睿、朱映华译，北京：中国建筑工业出版社，2004年。

［英］保罗·卡特里奇主编：《剑桥插图古希腊史》，郭小凌、张俊、叶梅斌等译，济南：山东画报出版社，2005年。

［英］保罗·科布利：《劳特利奇符号学指南》，周劲松等译，南京：南京大学出版社，2013年。

［英］彼得·哈珀，汤姆·哈珀：《华丽的地图：权力、宣传和艺术》，田甜等译，北京：中国地图出版社，2018年。

［英］彼得·克拉克：《欧洲城镇史400—2000年》，宋一然等译，北京：商务印书馆，2015年。

［英］丹·琼斯：《金雀花王朝：缔造英格兰的武士国王与王后们》，陆大鹏译，北京：社会科学文献出版社，2015年。

［英］丹·琼斯：《空王冠：玫瑰战争与都铎王朝的崛起》，陆大鹏译，北京：社会科学文献出版社，2018年。

［英］迪金斯，霍华士：《地理学发达史》，楚图南译，合肥：安徽人民出版社，2013年。

［英］菲奥娜·斯沃比：《骑士之爱与游吟诗人》，王晨译，上海：上海社会科学出版社，2013年。

［英］弗兰克·韦尔什：《香港史》，王皖强等译，北京：中央编译出版社，2007年。

［英］戈登·柴尔德：《欧洲文明的曙光》，陈淳等译，上海：上海三联书店，2008年。

［英］亨利·卡门：《黄金时代的西班牙》，吕浩俊译，北京：北京大学出版社，2016年。

［英］杰弗里·帕克：《城邦：从古希腊到当代》，石衡潭译，济南：山东画报出版社，2007年。

［英］柯玫瑰，孟露夏：《英国国立维多利亚与艾伯特博物馆：中国外销瓷》，张淳淳译，上海：上海书画出版社，2014年。

［英］克里斯托弗·希伯特：《教皇往事：波吉亚家族》，曾珏钦译，重庆：重庆大学出版社，2014年。

［英］罗伯特·比尔：《藏传佛教象征符号与器物图解》，向红笳译，北京：中国藏学出版社，2007年。

［英］罗伯特·欧文：《伊斯兰世界的艺术》，刘运同译，桂林：广西师范大学出版社，2005年。

［英］罗杰·克劳利：《征服者：葡萄牙帝国的崛起》，陆大鹏译，北京：社会科学文献出版社，2016年。

［英］罗斯·米切尔，安得鲁·简斯：《地图：它们不为人所知的故事》，廖平译，北京：中国地图出版社，2018年。

［英］马克·格林格拉斯：《基督教欧洲的巨变》，李书瑞译，北京：中信出版社，2018年。

［英］马克·马佐尔：《巴尔干五百年：从拜占庭帝国灭亡到21世纪》，刘会梁译，北京：中信出版社，2017年。

［英］迈克尔·列维：《西方艺术史》，孙津等译，南京：江苏美术出版社，1987年。

［英］尼尔·弗格森：《帝国》，雨珂译，北京：中信出版集团，2012年。

［英］尼古拉·克莱伯：《罗马尼亚史》，李腾译，上海：东方出版中心，2010年。

［英］桑贾伊·苏拉马尼亚姆：《葡萄牙帝国在亚洲》，巫怀宇译，桂林：广西师范出版社，2018年。

［英］西蒙·蒙蒂菲奥里：《耶路撒冷三千年》，张倩红、马丹静译，北京：民主与建设出版社，2015年。

［英］朱利安·D. 理查兹：《揭秘北欧海盗》，徐松岩译，北京：外语教学与研究出版社，2015年。

［清］印光伍，张汝霖，祝淮：《澳门记略·澳门志略》，北京：国家图书馆出版社，2010年。

安田朴：《中国文化西传欧洲史》，北京：商务印书馆，2000年。

大成编著：《外销瓷器价值考成》，北京：华龄出版社，2007年。

陈文海译注：《法兰克王室年代记》，北京：人民出版社，2019年。

龚之允：《图像与范式：早期中西绘画交流史》，北京：商务印书馆，2014年。

国家图书馆典藏阅览部编：《寸纸留香：国家图书馆西文藏书票集萃》，北京：国家图书馆出版社，2011年。

洪霞：《欧洲的灵魂：欧洲认同与民族国家的重新整合》，北京：中国大百科全书出版社，2010年。

湖北省博物馆编：《曙光时代：意大利的伊特鲁里亚文明》，北京：文物出版社，2013年。

解光云：《多维视域下古典雅典城乡关系》，合肥：安徽人民出版社，2007年。

金国平，吴克良：《早期澳门史论》，广州：广东人民出版社，2007年。

李济著：《中国文明的开始》，北京：外语教学与研究出版社，2011年。

联合国教育、科学及文化组织编著：《世界的记忆》，金琦、万洁译，合肥：时代出版传媒股份有限公司、安徽科学技术出版社，2015年。

廖旸编著：《蛮族艺术》，石家庄：河北教育出版社，2003年。

林纯洁：《德意志之鹰：纹章中的德国史》，杭州：浙江大学出版社，2016年。

吕章申主编：《道法自然：大都会艺术博物馆精品》，合肥：安徽美术出版社，2013年。

吕章申主编：《地中海文明：法国卢浮宫博物馆藏文物精品》，北京：北京时代华文书局，2013年。

吕章申主编：《佛罗伦萨与文艺复兴名家名作》，合肥：安徽美术出版社，2012年。

吕章申主编：《鲁本斯、凡·戴克与弗兰德斯画派：列支敦士登王室珍藏》，北京：北京时代华文书局，2013年。

吕章申主编：《罗马与巴洛克艺术》，

城市纹章：欧洲城市的文化遗产

北京：北京时代华文书局，2014 年。

吕章申主编：《名馆·名家·名作：纪念中法建交五十周年》，北京：北京时代华文书局，2014 年。

马冠尧：《香港工程考：十一个建筑工程故事 1841—1953》，香港：三联书店（香港）出版社，2011 年。

马千：《医院骑士团全史》，北京：台海出版社，2016 年。

全山石主编：《意大利画家阿尔戈尼》，济南：山东美术出版社，2001 年。

任继愈主编：《宗教词典》，上海：上海辞书出版社，1985 年版。

任进：《中欧地方制度比较研究》，北京：国家行政学院出版社，2007 年。

《世界各国国旗国徽国歌纵览》，北京：中国民族摄影艺术出版社，2008 年。

汤开建：《明代澳门史论稿》，哈尔滨：黑龙江出版社，2012 年。

王次澄等编著：《大英图书馆特藏中国清代外销画精华》，广州：广东人民出版社，2011 年。

亚力编：《席勒油画·水彩》，长春：吉林美术出版社，2003 年。

意大利西西里自治区，中国国家图书馆：《西西里五千年的灿烂文明》，2006 年。

中国 - 奥地利艺术学会、中华世纪坛世界艺术馆编著：《奥地利百年绘画展 1860—1960》，北京：北京时代华文书局，2015 年。

中国社会科学院语言研究所词典编辑室编：《现代汉语词典》，北京：商务印书馆，1996 年。

中华世纪坛世界艺术馆、意大利佛罗伦萨地区博物馆中心局、意大利乌斐济美术馆、意大利佛罗伦萨学院美术院：《意大利文艺复兴艺术》，北京：文物出版社，2006 年。

周定国主编：《世界地名翻译大辞典》，北京：中国对外翻译出版公司，2008 年。

2. 报告、论文、报纸等文献

［德］阿尔布雷希特·迪勒：《城市与帝国》，收录于《构想帝国：古代中国与古罗马比较研究》，［德］穆启乐主编，上海：复旦大学出版社，2013 年。

［德］彼得·克劳斯·舒斯特：《光亮与阴影：论艺术中的启蒙和辩证》，收录于《启蒙的艺术》，吕章申主编，北京：中国社会科学出版社，2011 年。

［意］玛丽亚·安娜·马力诺：《手持丰饶之角的天使》，收录于《罗马与巴洛克艺术》，吕章申主编，北京：北京时代华文书局，2014 年。

《广州民国日报》1925 年 7 月 8 日、12 月 15 日、12 月 30 日，广东国立中山图书馆藏。

刘润和：《香港市议会史 1883—1999 从洁净局到市政局及区域市政局》，香港历史博物馆、康乐及文化事务署出版，2002 年。

欧盟委员会：《明日之城：挑战、愿景、开拓前进》，布鲁塞尔，2011 年。

二、英文资料

1. 著作

Ann Hiley. *Regensburg: A Short History*. Regensburg: Verlag Friedrich Pustet, 2013.

Charles Boutrll. *English Heraldry*. London: Cassell, Petter, and Galpin, 1867.

Christine Freise-Wonka, Peter Eberts and Kenneth Wynne. *Bamberg World Heritage*. Bamberg: Bayerische Verlagsanstalt Bamberg, 2006.

Cesar Guillen Nunez. *Macao's Church of Saint Paul: A Glimmer of the Baroque in China*. Hongkong: Hongkong University Press, 2009.

Comune di Roma. *The Capitoline Museums*. Roma: Mondadori Electa, 2000.

Christopher White. *Rembrandt*. New York: Thames &Hudson , 2008.

David Sanctuary Howard.*Chinese Armorial Porcelain, Volume II*. Chippenham: Heirloom &Howard Limited, 2003.

Delio Mendonca. *Saint Francis Xavier*. Goa: New age Printers, 2013.

Enviro Foto. *Canada's Wild Lands*. Quebec: Éditions GID, 2004.

Edizioni Kina and Italia L.E.G.O.. *Lake Garda: Civilisation, Art and History*. Rome: Kina Italia, 1999.

Eva Michel and Maria Luise Sternath. *Emperor Maximilian I And The Age of Durer*. New York: Prestel Publishing Ltd., 2012.

Fernando de Teran Troyano. *En Torno A Madrid*. Madrid: Lunwerg, 2006.

Fred Feddes. *A Millennium of Amsterdam*. Bussun: Thoth, 2012.

Giancarlo Gasponi. *Tuscany: A Marvel of Man and Nature*. Trento: Euroedit, 1991.

Hi lario Fernardes Sfx. *Francis Xauier and the Spirtuality of Dialogue*. Goa: Xavieriam Publication Society, 2012.

Joel Levy. *The Atlas of Lost Treasures: Rediscover Ancient Wonders from around the World*. London: Godsfield, 2008.

Jan Muller. *Cesky Krumlov: Castle and Chateau*. Prague: OSWALD, 1996.

Katrin Unterreiner. *The Habsburgs: A Portrait of an European Dynasty*. Vienna: Pichier Verlag, 2011.

Laimonas Briedis. *Vilnius: City of Strangers*.Vilnius: Baltoslankos leidykla, 2018.

Michael Siebler. *Roman Art*. Cologne: Taschen, 2007.

Mariana Pascaru. *Romania tourist*

guide. AD LIBRI, 2006.

Oleyniket al.. *Macao: country study guide.*International Business Publication, USA, 2013.

P. Angelo Maria Caccin O. P.. *Santa Maria delle Grazie and Leonardo's Last Supper*. Milan: Nicolini , 1994.

Panaghiotis Christou and Katharini Papastamatis. *Greek Mythology*. Florence: Bonechi, 2009.

Rikard Larsson.*Secrets of the Walls: A guide to Stockholm City Hall*. Stockholm: Bokforlaget Langenskiold, 2011.

Romantische Ansichten Von Stadten and Schlossern der guton alten zeit. *Malerisches Altes Europa*. Hamburg: Verlages Rolf Muller, 1970.

Selahattin Erdemgil. *Ephesus: Ruins and Museum*. Istanbul: NET Turistik Yayinlar, 2003.

Salvatore Gristina. *La Cattedrale Di Catania*. Catania: Edizioni Arcidiocesi Catania, 2009.

State Museum of the History of St. Petersburg and The Peter and Paul Fortress Foundation for Culture and Education. *The Peter and Paul Fortress*. St. Petersburg: State Muscum of the History of St. Petersburg, 2012.

Spiro Kostof. *The City Shaped: Urban Patterns and Meanings Through History*. London: Bulfinch Press, 2003.

The Muscum of Macau. *A Museum in an Historic: Site The Monte Fortress of St. Paul*. Macau: the Muscum of Macau, 1999.

UNESCO. *Memory of the World*. London: HaperCollins, 2012.

William Craft Brumfield. *A History of Russian Architecture*. Washington: University of Washington Press, 1993.

William R. Sargent.*Treasures of Chinese Export Ceramics: from the Peabody Esses Museum*. New Haven: Yale University Press, 2012.

Wolfram Eberhard. *A Dictionary of Chinese Symbols: Hidden Symbols in Chinese Life and Thought*. London and New York: Routledge&Kegan Paul, 1986.

Wolfram zu Mondfeld. *Historische Schiffsmodelle*. Munnchen: Mosail Verlag GmbH, 1990.

2. 论文

Cornelis Koeman and Marco van Egmond. "Surveying and Official Mapping in 1500-ca.1670 Low Countries." In *The History of Cartography* Vol. 3 Part 2, edited by David Woodward, 1246-1296. Chicago: University of Chicago Press, 2007.

Cornelis Koeman, Gunter Schilder, Marco van Egmond and Peer van der Krogt. "Commercial Cartography and Map Production in the Low Countries, 1500-ca.1672." In *The History of Cartography* Vol. 3 Part 2, edited by David Woodward, 1296-1383. Chicago: University of Chicago Press, 2007.

Edward M. Kandel. "The Language of Blazon, " *Coat of Arms*, no.146(1989).

Hilary Ballon and David Friedman. "Portraying the City in Early Modern Europe: Measurement, Representa-tion and Planning." In *The History of Cartography* Vol. 3 Part 1, edited by David Woodward, 680-705. Chicago: University of Chicago Press, 2007.

John P. Brooke-Little. "The Arms of Oxford University and its Colleges, " *Coat of Arms*, no. 5, 6&7(1951).

John A. Goodall. "Heraldry in Italy during the Middle Ages and Renaissance," *Coat of Arms*, no. 37(1959).

R. J. Parsons."The Herald Painter, " *Coat of Arms*, no. 146 (1989).

Richard L. Kagan and Beniamin Schmidt. "Maps and the Early Modern State: Offical Cartography." In *The History of Cartography* Vol. 3 Part 1, edited by David Woodward, 661-681. Chicago: University of Chicago Press, 2007.

Robert Karrow."Centers ofMap Publishing in Europe, 1472-1600." In *The History of Cartography* Vol. 3 Part 1, edited by David Woodward, 661-680. Chicago: University of Chicago Press, 2007.

W. T. Collins. "Spanish Armorials, " *Coat of Arms*, no. 161(1993).

3. 有关重要网站

www.citylondon.gov.uk

www.visitleiden.nl

www.unibo.it

www.heraldica.com

www.heraldica.org/batolo.htm

www.theheraldrysociety.com

www.congress.no/

www.mestonachodcz./en/

www.british-history.ac.uk

www.fondazionedellatorre.com

www.citylondon.gov.uk

www.LiveryCompanies.com

www.artfound.org/supporting-museums/art-weve-helped-buy/art work

www.vasamuseet.se

www.govt.nz

www.lecercleguimard.fr

www.comune.voltra.pi.it

www.milanocastllo.it

www.manuscript.szm.com

www.Perugiaonline.com

www.seeker.com.

部分历史纹章、历史地图来自网站：

daten.digitale-sammlunger.de

gallica.bnf.fr

www.Barry Lawrence Ruderman

Antique Maps.Inc

www.historic-cities.huji.ac.il.

www.erfgoedle-iden.nl

www.bavarikon.de

（书中手绘纹章及速写为作者本人所绘，照片大部分为作者所拍或朋友提供，书中有若干图片来源于维基百科网站（www.wikipedia.com），因有些图片无法确定作者，在此表示歉意并致谢。）